Das Team ist der Boss

Erfolg durch Selbstorganisation

gewidmet:

Marshall B. Rosenberg
und dem Fall Babylons

Gendern Sie bitte meinen Text beim Lesen nach Ihrem Belieben,
bis Sie das Ergebnis rundum befriedigt.

Das Team ist der Boss

Erfolg durch Selbstorganisation

Gabriel Fritsch

Mannheim 2023

Website: https://gfk-plus.net

Verlagslabel: Care-Verlag

Druck und Distribution im Auftrag des Autors:

tredition

tredition GmbH, Heinz-Beusen-Stieg 5, 22926 Ahrensburg, Germany

Inhalt

Vorwort von Wolfram Müller

Es ist mir eine große Freude, das Vorwort für "Das Team ist der Boss!" zu schreiben, ein Buch, das einen außergewöhnlichen Beitrag zur Welt der Organisationsentwicklung leistet. Als begeisterter Anwender der Gewaltfreien Kommunikation (GFK) nach Rosenberg, sowohl im privaten als auch im beruflichen Kontext, habe ich stets die transformative Kraft dieser Methodik erlebt. Dieses Buch stellt eine bahnbrechende Integration der GFK in die Organisationsentwicklung dar und zeigt, wie man auf dieser Basis moderne, lebendige Organisationen erschaffen kann.

Als Projektmanager, der sowohl in agilen als auch in klassischen Umgebungen tätig ist, finde ich die Einbeziehung modernster Projektmanagementansätze, insbesondere des Critical Chain Project Management (CCPM), besonders bereichernd. Die Integration der Selbstorganisation als zentrales Konzept ist faszinierend und weit entfernt von oberflächlichen Teamdynamiken. Es geht vielmehr darum, wie Selbstorganisation genutzt werden kann, um eine neue Form der Zusammenarbeit auf Augenhöhe zu ermöglichen.

Das Buch präsentiert sich als ein Füllhorn von Konzepten, Ideen und Werkzeugen, die in dieser Form und Kombination einzigartig sind. Besonders beeindruckend ist die Aufbereitung dieser Inhalte in einem schrittweisen Vorgehen, das sich an sechs zentralen Hindernissen orientiert. Jeder Schritt wird durch präzise Handreichungen unterstützt, die auf die jeweiligen Herausforderungen fokussieren.

Insgesamt ist "Das Team ist der Boss!" ein wahrhaft umfassendes Werk, das eine Fülle von Ideen nicht nur vorstellt, sondern sie fundiert in einen stimmigen Gesamtzusammenhang bringt. Dieses Buch ist nicht nur eine Lektüre, sondern ein Wegweiser für alle, die moderne Organisationsformen auf Basis von Respekt, Verständigung und gemeinsamer Entwicklung anstreben.

Wolfram Müller, Nov. 2023

Gründer von DolphinUniverse (erste Community für selbstorganisierte Changes auf Basis der Theory of Constraints)

https://dolphinuniverse.team

Selbstorganisation als Lösung

Erfolgreiche Zusammenarbeit ist seit jeher die Grundlage aller menschlichen Zivilisationen. Sie führt zu Wachstum von Unternehmen, Institutionen und Staaten. Wachstum bedeutet, dass sich ein System einerseits im Rahmen seiner Möglichkeiten ausdehnt und sich andererseits innerhalb seiner Ausdehnung immer feiner ausgestaltet. Denken wir nur daran, wie Computer, Smartphones und das Internet aufkamen und dann in kurzer Zeit die Welt eroberten und schließlich sogar einen eigenen virtuellen Kosmos innerhalb unserer Welt bilden konnten. Wie sehr hat das wiederum Partnerschaften, Haushalte, Schulen, Unternehmen und die Politik verändert? Wie haben sich im Zuge dessen unsere Gewohnheiten und Ansprüche gewandelt? Ja sogar unsere Weltwahrnehmung und unser Weltverständnis sind anders geworden. Wie transformiert das, was aus unserer Zusammenarbeit hervorgegangen ist, unweigerlich unsere weitere Zusammenarbeit?

Menschen schreiten gemeinsam voran und mit ihrem Fortschritt verändert sich unweigerlich auch die Art ihrer Gemeinschaften. Das geschieht mit wachsender Geschwindigkeit. Jeder Fortschritt fordert Teams und Unternehmen heraus, mithalten zu können. Bei einer ansteigenden Komplexität von Aufgaben, Strukturen und Regelwerken müssen wir uns laufend besser organisieren, um unser produktives Zusammenspiel noch managen zu können. Gelingt uns das, folgt daraus weiteres Wachstum, das dann alles noch komplexer werden lässt. Sobald wir ab einem Punkt überfordert sind, schleicht sich eine Degeneration ein, die letztlich zum Kollaps führen muss. Das Fazit ist einfach zu ziehen: Wir befinden uns in einer *Komplexitätsfalle*. Der Fortschritt, mit dem wir nicht mithalten können, bedeutet das Ende unseres Teams, unseres Unternehmens oder sogar das Ende einer ganzen Zivilisation.

Auf diesem Weges werden wir bestimmte Hürden zu bewältigen haben und auf jeden Fall werden wir an zwei entscheidende Schwellen geraten. An ihnen muss sich die Art, wie wir uns organisieren, nicht nur optimieren, sondern sogar völlig transformieren. Gelingt uns das nicht, scheitern wir an der Komplexität unserer Systeme, Projekte und Aufgaben, die sich aus dem fortschreitenden Wachstum unweigerlich ergibt.

Die erste dieser Schwellen haben wir bereits vielerorts ausreichend erfolgreich bewältigt, indem wir uns von der dominanten Führung von Teams und Institutionen verabschiedet haben. Wir erkannten, dass ein Team keine Höchstleistungen erbringt, wenn Willkür und Unterdrückung herrschen. Ein selbstherrlicher Chef oder eine zentrale Schaltstelle der Machtausübung ist für die kluge Organisation von Projekten einfach schädlich, vor allem wenn es dabei primär darum geht, Herrschaft um ihrer selbst willen auszuleben. Eine dominante Teamkultur wirkt sich speziell in der

Wissensarbeit und bei kreativen Herausforderungen völlig verheerend aus. Schulen mit dominantem Unterricht sind zwar oft besser als gar keine Bildung, doch der psychischen Gesundheit und der Teamfähigkeit. Mit Dominanz werden Wesen dressiert und nicht gebildet. Sie werden gewaltsam einem Kollektiv von Untertanen angepasst und nicht in den feineren sozialen Fähigkeiten trainiert. Die Zeiten, in denen der dominante Stil angesagt war, sind weitgehend vorbei, weil wir als Menschen aus ihm herausgewachsen sind. So lange ist das allerdings noch nicht her und natürlich gibt es auch noch einige Nachzügler.

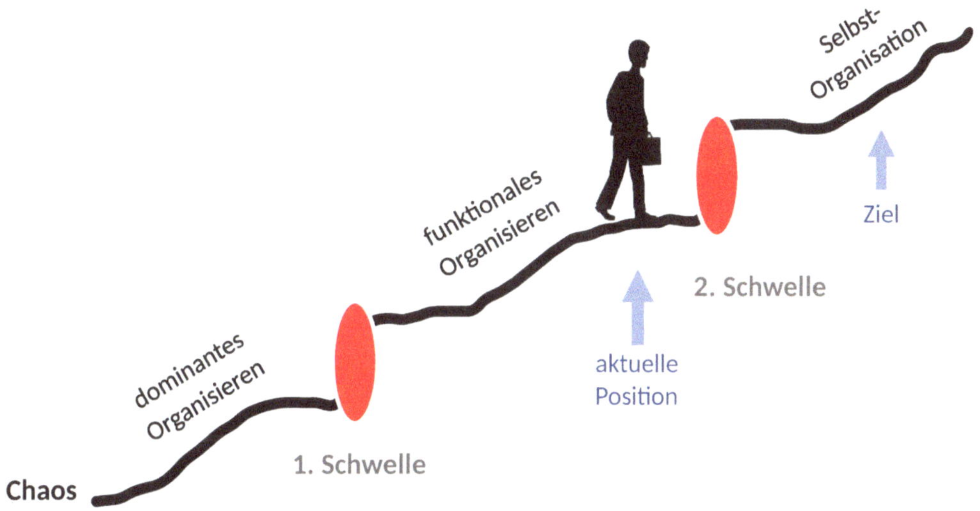

Abb. 1: Die zwei Schwellen auf dem Weg zum produktiveren Miteinander

Heute stehen wir bereits vor der zweiten Schwelle und diese fordert uns noch einmal anders heraus. Die Komplexität vieler Projekte überfordert unsere pyramidenartigen Entscheidungsstrukturen. Zentrale Führung wird dadurch zum Flaschenhals des Unternehmens. Dezentralisieren wir in Antwort darauf die Projektführung immer weiter, sprechen wir ab einem gewissen Punkt von Selbstorganisation: Die Teams werden zum Boss der Projekte. Eine Umgestaltung der Zusammenarbeit, bei der das Team zum Chef wird, verlangt allerdings auch von den Teammitgliedern, dass sie ihr eigener Boss und nicht Untertan sind. Echte Selbstorganisation basiert auf der Vernetzung selbständiger Menschen. Natürlich braucht das mehr als nur Eigenständigkeit und den Willen, gemeinsam zu arbeiten. Eine klare Methodik und gute Tools sind in der Praxis unverzichtbar. Dieses Buch soll selbstbewussten und selbstbestimmten Menschen helfen, im Team diese zweite Schwelle zu bewältigen.

- Es soll Menschen Mut machen, gute eigene Wege in der Teamarbeit zu gehen.
- Es soll Teams dabei unterstützen, ihre Projekte auch ohne eine vorgesetzte Führungskraft sinnvoll zu steuern und effizient umzusetzen.
- Es soll Unternehmer*innen zeigen, wie sie Führung als gemeinsame Aufgabe ansehen und projektweise dezentralisieren können.
- Es soll einer Gesellschaft Vertrauen in eine selbstgestaltete Zukunft geben.

Betriebe und Projekte müssen nicht in der Komplexitätsfalle landen und von einem ausufernden und trotzdem immer ineffizienteren Management langsam erdrückt werden, wie von einer Riesenschlange.

Wie überwindet man diese zweite Schwelle?

Auf eurem Weg zum Team als Boss sind folgende Aufgaben zu bewältigen:

a. Ihr braucht ein ausreichendes Grundverständnis von echter Selbstorganisation und solltet wissen, was das für euch bedeutet.

b. Ihr braucht einen methodischen Ansatz, um euch im Team verlässlich selbst zu organisieren.

c. Ihr braucht eine Idee, wie ihr diesen Ansatz möglichst einfach und stressfrei integrieren könnt.

Auf diese Reise wollen wir uns begeben und wir wollen den Bogen von der allgemeinen Theorie bis hin zur konkreten Praxis spannen. Wir wollen das Team mit seinem Projekt als organisches System verstehen. Um dies zu erreichen, werde ich die Aufmerksamkeit auf sechs Hürden lenken, die jedes Team überwinden muss, um sich wirklich selbst organisieren zu können und gebe euch für diesen Weg auch einige gute Tools an die Hand.

Wir beginnen mit den theoretischen Grundlagen echter Selbstorganisation, denn wir brauchen ein ausreichendes Verständnis, um was es dabei geht. Begreifen wir das, dann wird uns auch klar, dass uns ein neues Miteinander auch ein anderes Selbstgefühl und Selbstverständnis vermitteln wird. Bereiten wir uns also darauf vor, neue Wege auf neue Art zu gehen.

Ein Team organisiert sich selbst

Mit „Das Team ist der Boss“ sollen vier wesentliche Ziele erreicht werden:

1) Projekte und Unternehmen sollen aus der Komplexitätsfalle geführt werden.
2) Die Zusammenarbeit soll sich für alle Beteiligten sinnvoll und lebensdienlich gestalten.
3) Statt Teams zu führen, sollen die Projekte im Team geführt und zwischen den Teams gemanagt werden.
4) Durch die Vernetzung der individuellen Fähigkeiten und Ressourcen aller Teammitglieder soll ein inspiratives, proaktives und kreatives Potenzialfeld entstehen. Man setzt also weniger auf die Summe der Fähigkeiten einzelner Teammitglieder, sondern auf das aktivierte Team als Ganzes.

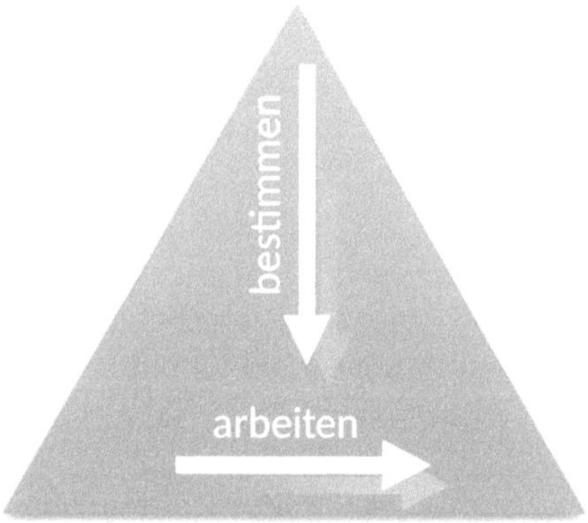

Abb. 2: Eine Trennung zwischen Entscheiden und Realisieren ist nicht immer glücklich.

Das erfordert einen neuen Ansatz im Management. Herkömmlich ist meist der Chef der primär Bestimmende. Der zentrale Charakter von Führung setzt sich über die Ebenen des Unternehmens fort, indem für alle Bereiche Führungskräfte eingesetzt werden. Diese führen nach den Angaben, die sie von den jeweils oberen Eben erhalten. Die praktische Umsetzung der Projekte übernehmen die geführten Teams und Mitarbeiter. Das heißt im übertragenen Sinne: Der Architekt arbeitet nicht mit auf der Baustelle und die Arbeiter, die dort Ziegel um Ziegel aufeinandersetzen, haben keinen Anteil an der Planung der Architektur. Die Vorteile dieser Trennung liegen auf der Hand: Alle Beteiligten können so entsprechend ihrer Ausbildung und ihrer Fähigkeiten in genau definierten Zuständigkeitsbereichen wirken. Der Chef und die wenigen anleitenden Personen werden sich schnell einig und können ihre Beschlüsse in klaren Anweisungen vermitteln. Damit sind auch die Verantwortlichkeiten recht eindeutig, was bei Misserfolgen die Fehler- und Schuldsuche erleichtert. Auf diese Weise bildet sich eine Top-Down-Organisationsstruktur mit Ebenen, und organisatorischen Zentren aus. Diese kann man sich als isolierte Entscheidungssilos vorstellen. Die Dominanz geht nun weniger von einzelnen Personen und deren Willkür aus als vielmehr von einer funktionalen Struktur mit all ihren Regeln und Festsetzungen.

Menschen verhalten sich in funktionalen Systemen oft unnatürlich und seltsam befangen, wozu sie außerhalb dieser sehr zweckorientierten Strukturen weit weniger neigen. Der natürliche Fluss von Kommunikation und Interaktion verfängt sich im funktionalen Geflecht der Unternehmen und Institutionen. Potenziell liebevolle Menschen reduzieren sich zu netten, pflegeleichten und immer regelkonformen Mitarbeitenden mit doppeltem Boden. Was für ein Mensch verbirgt sich hinter der maskierenden Erscheinung als Mitarbeiter oder Chef?

Geht eine Gesellschaft diesen Weg konsequent weiter, findet sich am Ende jeder Mensch in seinem eigenen privaten Entscheidungssilo wieder – allein in seiner Wohnung, in seinen virtuellen Räumen und in seinen Träumen von einem besseren Leben. Alle tarnen sie das jedoch recht gut nach außen hin. Eine professionelle Maske wird zur zweiten Haut. Mit den vielen unglücklichen Einzelpersonen ist sich eine funktionale Schicksalsgemeinschaft am Ende ihr eigenes Schicksal.

Könnten die Verantwortlichkeiten in einem Projekt nicht auch ganz anders und viel natürlicher geregelt werden? Könnten sich die Potenziale der Mitarbeitenden nicht selbstorganisiert verteilen und bündeln? Könnte nicht das ganze Team erfolgreich Boss sein?

In komplexeren Projekten, in welchen es vielseitige und zeitnahe Informationen, Lösungsvorschläge und Entscheidungen braucht, haben Hierarchien und Entscheidungssilos massive Nachteile, die wegfallen, wenn wir Projekte vernetzt auf Augenhöhe organisieren. Gerade in Entwicklungsteams, Startups und anderen kreativen Arbeitsumgebungen, in denen die Aufgabestellung eine allseitige Sensitivität und Entscheidungskompetenz erfordert, werden starre Regelungen, lange Wege, feste Rollenverteilungen, Statusdenken, Machtgefälle etc. zum Sand im Getriebe. Es frustriert alle Beteiligten, wenn immer größere Hürden überwunden werden müssen, um souverän am Erfolg mitzuwirken. Selbstbestimmte Mitarbeiter wollen außerdem lieber mit anderen arbeiten als unter ihnen.

Es scheint eine natürliche Bewusstseinsevolution zu geben. Wir erkennen, dass Menschen heute zunehmend mit Aversion reagieren, wenn sie hierarchisch geführt und rein funktional eingebunden werden. Das beginnt schon bei den Kindern, die stärker beteiligt sein wollen und mehr entscheiden möchten. Eine dominante oder rein funktionale Schulbildung führt dazu, dass sie zurückweichen und abschalten. Dieses

Verhalten tragen sie in ihr späteres Berufsleben hinein. Einige andere streben danach, selbst zum Chef einer hierarchischen Institution zu werden. Damit lösen sie ihr eigenes Problem der fehlenden Eigenständigkeit systemkonform, jedoch auf Kosten anderer und ihrer wirklichen Träume.

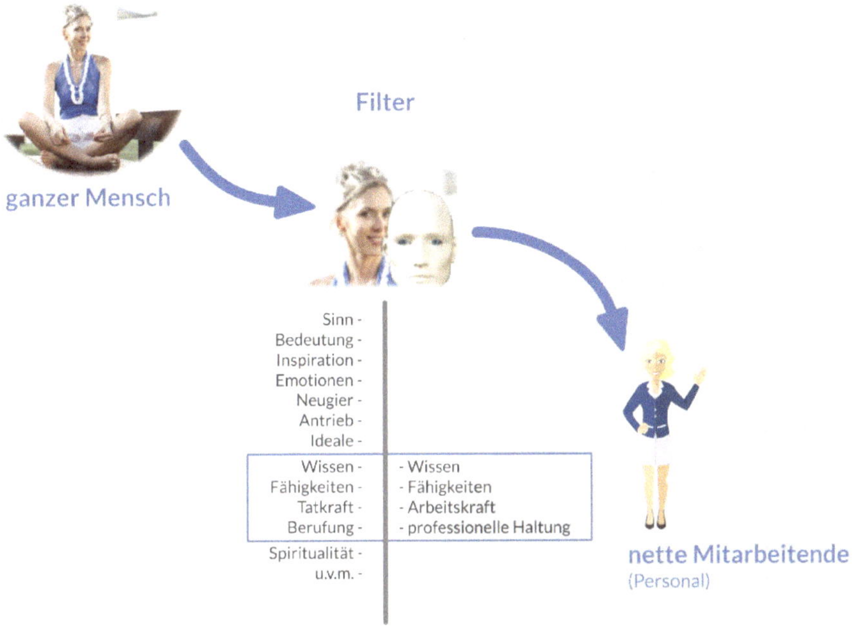

Abb. 3: Funktionale Strukturen regen die Reduktion vom Menschen zum Mitarbeitenden an. Der Mitarbeitende ist die formale Repräsentanz des Menschen, sein *Avatar* sozusagen. Dazu kommen noch eventuell Titel, Nummer, Position, Funktion und die zu spielende Rolle. Was ist der Preis dafür und wer zahlt ihn?

Würden wir den jungen Menschen in der Schule die Möglichkeit geben, sich zu Expert*innen des vernetzten Gestaltens heranzubilden, dann bräuchte es dieses Buch nicht. Jedes Team wäre dann bereits der Boss seiner Projekte. So erkennen wir vor allem bei der Jugend immer weniger Bereitschaft, ihre Bedürfnisse den Erfordernissen beruflicher Angelegenheiten unterzuordnen[1]. Wenn wir das nicht einfach nur wieder als Generationenproblem[2] verstehen wollen und damit eigentlich fast kapitulieren würden, sind wir schnell geneigt, das als Defizit einzelner Jugendlicher anzusehen. Wir

[1] Stichwort: *Quiet Quitting*: Nur die für das eigene Fortbestehen nötige Zeit zu arbeiten und sich ansonsten unverfügbar zu machen.

[2] Stichwort: *Generation Z*

diagnostizieren bei ihnen diverse psychologischen Schwächen. Gängige Lösungsvorschläge gehen in Richtung Medikamente, Psychiater und Psychologen. Doch mit einer neuen Art der Team- und Projektgestaltung hätten wir dieses Problem vielleicht gar nicht. Es könnte sogar so weit gehen, dass die unbewusste Weigerung vieler Menschen nur darauf hindeutet, dass es Zeit für ein neues Miteinander ist. Sollte es sich tatsächlich nicht um persönliche Probleme, sondern um systemische Mängel handeln, wäre auch die Lösung auch nicht beim Individuum zu suchen, denn ein Problem kann immer nur dort gelöst werden, wo es sich befindet und nicht woanders.[3]

Neue Zeiten erfordern neue Sichtweisen und Methoden. Komplexere Aufgaben in einer immer komplexeren Umgebung brauchen komplexitätsfähige Strategien des Miteinanders, die den Menschen angenehm sind. (Das erinnert mich an die Frage: *Warum haben die alten Ägypter Pyramiden gebaut?* Antwort: *Weil es ihnen leicht fiel.*) In der Theorie hat man das längst erkannt und spricht heute schon so viel von Agilität, Lean und New Work, dass solche Begriffe, kaum sind sie neu entstanden, schon als Buzzwords (überstrapazierte Schlagwörter) gelten. Hierarchien werden verflacht und immer neue Leadership-Methoden tauchen auf, doch das zentrale Leitprinzip der Funktionalität bleibt immer bestehen und auf diese Weise ist eine echte Verwandlung von Teams und Unternehmen unmöglich. Wir sollten uns also fragen: Wollen wir die dominante bzw. funktionale Projektgestaltung in die Zukunft hineinretten, oder wollen wir unser Miteinander grundlegend transformieren und damit auch diese zweite Schwelle nehmen, vor der wir heute stehen?

Zugegeben: Es ist nicht einfach, die Unternehmenskultur einerseits so radikal wie nötig und andererseits so dezent wie möglich zu verändern. Aber vielleicht ist es doch einfacher als gedacht, wenn wir es richtig angehen. Bei einer Transformation geht es im Wesentlichen um etwas völlig Neues, das mehr mit Visionen als mit den Problemen der Gegenwart zu tun hat. Der Schmetterling braucht die Schwierigkeiten der Raupe nicht mehr zu lösen.

Abb. 4: Der Autor hat mit seinem Konzept der *Natürlichen Vernetzten Intelligenz* durch GFK-plus beim Deutschen KI-Preis 2019 mitgemacht. KI und NVI hängen zusammen und bedingen sich wechselseitig.

Insofern glaube ich nicht, dass wir den nächsten Level durch Verbesserungen auf

[3] Wie Paul Watzlawick in einem Vortrag 1997 bemerkte, wäre die Lösung dann schnell das eigentliche Problem (ISBN-10: 3830291337).

der technischer Ebene und im besseren funktionalen Zusammenspiel von Mensch und Maschine suchen sollten. Es sollte uns vielmehr um eine neue Organisiertheit gehen, welche die gemeinschaftlichen Potenziale integrieren kann. Dafür werden wir auf achtsame und kreative Selbstorganisation setzen müssen, weil wir mit rein funktionalen Ablaufmethoden nicht weiterkommen werden, selbst wenn wir diese massiv mit KI unterstützen würden.

Dieser Ansatz der echten Selbstorganisation führt allerdings zur Auflösung der abgeschotteten Managementsilos und damit zur Entthronung persönlicher und formaler Machtmonopole. Es kommt unweigerlich zu einem Kulturwandel. Was sich für manche wie ein unklares und waghalsiges Unterfangen anhören mag, wird bald in vielen Bereichen die notwendige Voraussetzung für erfolgreiche Projektgestaltung sein. Wer dabei die Nase vorn hat, bekommt die aufgeweckteren Mitarbeiter, die interessanteren Projekte, die spannendere Zusammenarbeit und schnellere Ergebnisse. Auch können wir so der funktionalen KI-Krake eine natürliche vernetzte Herzintelligenz als Boss voranstellen, was ich zunehmend als einen beruhigenden Gedanken empfinde.

Die drei Ebenen der Projektorganisation

Worum geht es bei „Das Team ist der Boss"? Es geht um einen neuen Level, wie sich Menschen für ein Projekt organisieren.

Abbildung 5: Die drei Ebenen der Projektorganisation

Bei der Organisation von Projekten lassen sich drei Ebenen ausmachen: An der Basis befindet sich die taktische Ebene. Hier wird ein Projekt mit erprobten Konzepten praktisch umgesetzt. Auf diese Ebene kann man kaum verzichten, denn wenn man sich von der konkreten Umsetzung verabschiedet, machen alle anderen Bemühungen nur mehr wenig Sinn.

Die nächste Ebene ist die, auf der wir ein Projekt planen und organisieren. Wir bezeichnen sie als die strategische Ebene. Hier sind nicht mehr die Arbeiter zuhause, sondern die Techniker, Architekten und Ingenieure. Auch die Künstliche Intelligenz wird hier immer mehr zum Mitspieler.

Vielleicht wollen wir das Management unserer Bewusstseinskräfte weder einem Chef noch einem Regelwerk, einem Framework, einer App oder einem Computerprogramm überlassen. Dann ist es an der Zeit, die Bewusstseinskräfte sich selbst organisieren zu lassen. Wir eröffnen hierfür eine neue dritte Ebene, auf der sich die Mitarbeitenden in Hinblick auf das gemeinsame Projekt selbst sinnvoll organisieren und immer wieder neu positionieren. Dazu bedarf es eines ausreichenden Bewusstseins, das u.a. eine gute Sensitivität für das Projekt, die anstehenden Aufgaben und die Mitarbeitenden beinhaltet. Es geht darum, die natürliche Menschlichkeit und die Potenziale im Team in einem Projekt zu vernetzen.

Ein Beispiel: Früher hat man für den Bau eines Hauses einfach Ziegel angekarrt, ein paar Leute zusammengerufen und dann losgelegt (Ebene 1). Heute braucht es erst einmal Pläne, Feststellungsverfahren, Bewilligungen und ein geeignetes Management der Baustelle (Ebene 2), bevor die praktische Umsetzung möglich wird. Die Welt ist eben nicht mehr so simpel, wie sie einst war und wir können die Uhren nicht zurückdrehen.

Doch auch diese Sachlage hat sich bereits wieder verändert. Die Zeiten, in denen die einen den Plan vorgeben konnten, der dann von den anderen einfach nur abgearbeitet wurde, sind vielerorts vorbei. Die Praktiker vor Ort werden zunehmend zu den Sensoren und Impulsgebern für die Theoretiker und Strategen. Ja, sie müssen sogar selbst planerische und organisatorische Aufgaben übernehmen, damit die Agilität der Prozesse erhalten bleibt. Allseitige Achtsamkeit, Commitment, Kommunikation und Vernetzung werden zu den Basis des Erfolges.

Es hat sich dabei bewährt, die beiden unteren Ebenen immer weiter auszudifferenzieren und den ersten Schritt einer Selbstorganisation zu gehen: Man überlässt den Mitarbeitern auf der taktischen Ebene ihre volle Entscheidungsfreiheit in ihrem Projektbereich und mischt sich da nicht ein. Stichworte dazu wären z.B.:

- *Control by Objectives* (Zielvorgaben) statt *Control by Command* (Handlunganweisungen)
- Vermeiden von *Mikromanagement* (Der Stratege leitet die Praktiker vor Ort an.)
- das Prinzip *„Think globally, act locally"* (Nicht zu lokal planen und nicht zu global handeln)

Die Arbeiter auf der unteren taktischen Ebene können ihre Tätigkeiten meist am besten einschätzen.[4] Auch ist es nicht gerade inspirationsfördernd, wenn man von anderen gesagt bekommt, wie man was zu machen hat. Man lässt also die Entscheidungsgewalt dort, wo sich die Umsetzungskraft befindet.

Die Mitarbeitenden sollen das ihnen vorgegebene strategische Ziel der mittleren Ebene einfach auf ihre Weise erreichen. Man versucht, die ins Team implementierten Führungskräfte zu Coaches der Teams zu machen, um spannungsfreier arbeiten zu können.[5]

Auch das ist Selbstorganisation, aber nur auf taktischer Ebene. Ein unvollständiger Sprung über den Graben führt nicht zum Erfolg. Eine halbe Brücke ist keine ganze Lösung. Was wäre nun der nächste Schritt?

Auf der dritten Ebene stellt sich die Aufgabe, Menschen zueinander in Bezug auf das Projekt zu managen. Das geschieht notwendiger Weise überwiegend selbstorganisiert. Als soziale Wesen vernetzen wir unsere persönlichen Stärken, Schwächen, Ressourcen, Wünsche, Inspirationen, Fähigkeiten und Kräfte, damit wir uns synergetisch abstimmen und klug ausrichten können. Hier hat die Gemeinschaft die Möglichkeit, sich nicht nur nach faktischen Notwendigkeiten, sondern vor allem nach gemeinsamen Visionen und nach inspirativen Zielen auszurichten. Das sorgt für Freude und Heiterkeit. Die Last der vielen visionslosen Notwendigkeiten kann aus dem Miteinander weichen.

Intelligent vernetztes Bewusstsein ist die halbe Miete, zumindest wenn das angestrebte Projekt nicht trivial ist. Triviale Projekte werden auch weiterhin nach altem Muster sehr erfolgreich organisiert werden können, auch wenn wohl viele Tätigkeiten verstärkt von Maschinen und KI-gestützten Robot-Systemen (RAS: *robotic and autonomous systems*) übernommen werden.

Mit dem, was wir modernes Leadership nennen, versucht man seit einiger Zeit, diese dritte Organisationsebene zu integrieren und dabei trotzdem die grundsätzliche Entscheidungsoberhoheit der elitären Managementsilos zu erhalten. Deshalb spricht man so viel vom idealen und super authentischen Leader und kaum vom organischen Leading als die gemeinsame Aufgabe des Teams. Man möchte nur ungern die alten Hierarchie- und Verteilungsstrukturen opfern. Bei Projekten verhindert dies eine tief-

[4] Interessanterweise kann man das sogar bei der Entwicklung militärischen Doktrinen beobachten. Führen mit Auftrag statt Führen mit konkreten Anweisungen bedarf zwar fähiger Kräfte, ist aber viel flexibler und robuster im Einsatz.

[5] In der Produktion führt das zu klugem taktischen Projektmanagement mit z.B. der Theory of Constraint (ToC: Engpassmanagement), die von Eliyahu M. Goldratt formuliert wurde. Gerade im reinen Produktionsbereich sind die ToC und weiterführende Frameworks wie das Critical Chain Project Management (CCPM) wegweisend.

greifende Transformationen und die beteiligten Menschen macht das nur bedingt glücklich.

Andererseits gibt es auch die vielzitierte normative Wucht des Faktischen. Wir wollen mit „Das Team ist der Boss" keinesfalls eine romantisch verklärte und damit zum Scheitern verurteilte Organisationsform skizzieren, die fälschlicher Weise von idealen Menschen ausginge, jedoch mit den tatsächlichen Mitarbeitenden und ihren Schwächen einfach nur überfordert wäre.

Ein Team als Boss muss also auf dieser dritten Ebene den tatsächlich vorhandenen relevanten Stärken, Schwächen und Neigungen der Mitarbeitenden zu einer klaren Bewusstheit im Projekt verhelfen. Das wird in der Praxis mal besser und mal schlechter gelingen und wird anfangs vielleicht auch ein begleitendes Training erfordern. Wir werden uns offen als die zeigen müssen, die wir für das Projekt gerade sein können, wenn wir uns in Synergie vernetzen wollen. Wir suchen im Projekt eine gemeinsame und zielgerichtete Veränderungskraft und wollen dabei unsere persönlichen Ausgangslagen keinesfalls vernachlässigen.

Die rein funktionale Projektorganisation der zweiten Organisationsebene hat man im Lauf der Zeit schon ziemlich gut optimieren können, weil es dort eben nicht um die Menschen selbst ging, sondern nur um ihre Funktionalität im Rahmen der Projekte. Stichworte sind Qualitätsmanagement, Compliance, Standardisierung und Automatisierung. Mit den neuen Errungenschaften der Technik und den heutigen Kommunikationsmöglichkeiten ist das alles recht gut gelungen. Durch agile Methoden und einem klugen Wertstrommanagement tauchen stets neue Fortschrittsimpulse im Bereich des funktionalen Projektmanagements auf. Doch all das geschieht hauptsachlich auf der zweiten Ebene der Projektorganisation. Eine Frage bleibt dabei also unbefriedigend gelöst: Wie organisiert sich optimaler Weise das Bewusstseinspotenzial der planenden und durchführenden Menschen auf der dritten Ebene?

Momentan werden Menschen als Human Resources wie Maschinen und Zahnräder in die Prozesse mit eingeplant, und zwar von den „besseren" Menschen, den dafür vorgesehenen Leadern, die allerdings ihrerseits wie Maschinen und Zahnräder hierarchisch ins Ganze integriert sind. Und ganz oben steht der Big Boss oder einige Vorstände, die ihrerseits alle auch nur Teil der großen, sozioökonomische Maschine sind.

Dem Primat des Kapitals kann anscheinend kaum widersprochen werden. Money makes the world go around. Geld mutierte vom Mittel zum Ziel und die Dominanz dieses Parameters zementiert den dominant-hierarchischen Grundaufbau eines jeden Unternehmens, der anschließend von einer funktionalen Projektorganisation mehr oder weniger günstig überlagert wird. Menschen fügen sich in diese Konstrukt ein und unterwerfen sich, besonders, wenn sie sogar nett und scheinbar „respektvoll" behandelt werden. Dann tut es eben nicht so weh. Dabei entstehen jedoch in ihnen Widersprüche, mit denen nicht alle gut umgehen können. Und der anzustrebende Profit verdeckt die echten Motivationen, Ziele und Visionen aller Beteiligten. Die Funktionalität ist selbst in einem nicht sonderlich funktionalen Hamsterrad gefangen. Unsere Logik scheint nur begrenzt logisch, sobald wir das Ganze aus der Vogelperspektive bzw. Menschheitsperspektive betrachten.

Die Problematik zeigt sich im Business z.B. bei den ethischen Werten. Diese werden ausschließlich von den offenen Herzen der Beteiligten in die Unternehmensstruktur und die Projektgestaltung hineingetragen. Sie sind keinesfalls durch ein rein intellektuelles Konzept, durch Apelle, Forderungen oder Ähnliches zu realisieren. So kann es z.B. per se keine verordnete Solidarität geben – ein Widerspruch, der in den letzten Jahren offensichtlich wurde. Werte sind auch nicht durch die reine Proklamation von Werten, oder durch Richtlinien, Regeln und Gesetze ersetzbar. Jede Ethik braucht die mit dem Herzen involvierten Menschen und nicht nur formal agierende Arbeitskräfte. Durch die lebendigen Herzen kommen die vielseitig wertvollen heterogenen Einflüsse mit ins Spiel, mit denen man ausschließlich mittels Vernetzung gut umgehen kann. Die uniformen Zwangskollektive werden deshalb unweigerlich den selbstbestimmten Netzwerken weichen.

In unserer berechnenden Welt verrechnet man sich zunehmend, weil Leben nicht konstruiert und kalkuliert, sondern gelebt werden will. Wirft man einen Stein in die Luft, so kann man nach den Formeln einer Wurfparabel gut vorhersehen, wo dieser landen wird. Wirft man dagegen einen Vogel in die Luft, dann ist Selbiges nur möglich, wenn man ihm vorher die Flügel mit Klebeband an den Körper gebunden hat.

Haben wir zu fliegen verlernt? Wollen wir nicht die Flügel unserer Herzen und unsres Geistes gebrauchen? Die steigende Komplexität der Welt sorgt dafür, dass unsere Projekte zunehmend gelebt und erlebt werden müssen. Das wird sowohl für die Menschen als auch für die Prozesse alternativlos. Das Team dient mehr und mehr als die Zentrale der Projektorganisation, was der klassischen Herangehensweise widerspricht und deshalb auch unzureichend mit geeigneten Tools unterstützt werden konnte.

Für jene Projekte, in denen rein funktionales Organisieren bereits den erwünschten Erfolg bringt, bräuchte es das besser vernetze Bewusstsein der Mitarbeitenden nicht unbedingt, doch eine fürsorgliche Projektorganisation erschafft neue Lebensrealitäten, in denen sich die Mitarbeitenden deutlich wohler fühlen.

Und wie sieht das aus, wenn wir in längeren Zeiträumen denken? Immer mehr Menschen warten auf einen Sprung in eine fürsorgliche Unternehmenskultur. Sie wollen nicht länger wie Maschinen und Zahnräder verplant werden. Sie sehnen sich nach einer lebensdienlichen Vernetzung ihrer Potenziale. Somit lassen sich die Projekte mit bewussteren Menschen oft nicht mehr so geschmeidig funktional managen und das wird in Zukunft nicht besser werden.

Wir brauchen also für die erfolgreiche Projektgestaltung eine neue Ebene des vernetzten Bewusstseins und machen deshalb folgerichtig das Team zum Boss. Das Team organisiert die gemeinsamen Prozesse und sollte deshalb etwas von organischer Selbstorganisation verstehen. Damit das gelingt, habe ich die Methode GFK-plus[6] entwickelt, die bei „Das Team ist der Boss" zur praktischen Anwendung kommt. Wenn wir die sechs Hürden auf dem Weg zum Team als Boss bewältigen, haben wir es geschafft.

Nachdem moderne Unternehmen ihre Projekte bereits sehr gut funktional organisieren (Ebene 1 und 2), geht es nun also um die Fähigkeit, das individuelle Bewusstsein aller Beteiligten zu einer starken Organisationszentrale zu vernetzen (Ebene 3).

Mit funktionalen Kunstgriffen und Umwegen werden wir nicht mehr lange zurechtkommen. Das Organisieren von Menschen ist damit weder länger die Aufgabe einer hierarchischen Führungsstruktur noch auf der strategischen 2. Organisationsebene zu leisten. Insofern kann eine fürsorgliche Teamvernetzung auch nicht von einer Künstlichen Intelligenz übernommen werden. Die gut vernetzten Teammitglieder werden nicht länger verplant, sie planen, organisieren und steuern selbst die Arbeitsprozesse. Sie sind nicht die Zahnräder der großen sozioökonomischen Maschine, sondern das Herz von einem sozialen Metaorganismus.

Vertrauen wir der natürlichen Vernetzungsaffinität des sozialen Wesens Mensch und stellen die nötigen Tools zur Verfügung, dann entsteht sowohl eine neue Sensitivität über das Projektumfeld als auch für die weitere Umwelt. Was das bedeutet, muss heute kaum mehr ausgeführt werden. Die zukünftige Steuerung unserer Zivilisation könnte ohne diese Sensitivität nur durch Verbote, eine immer engmaschigere soziale Kontrolle und mit brachialen Regelungen kompensiert werden, wie das z.B. in China versucht wird. Das zieht allerdings bei souveränen und freiheitsliebenden Menschen das massive Absinken von Inspiration und Motivation nach sich und ist somit auch keine Lösung. Es wird uns also kaum eine Alternative bleiben. Das Schöne dabei ist, dass wir die organische Selbstorganisation ohne großen Aufwand im Kleinen beginnen können.

---

[6] Die Methode GFK-plus hat sich durch die Kommunikationsforschung im Bereich der klassischen Gewaltfreien Kommunikation nach Dr. Marshall B. Rosenberg ergeben. Gesucht wurden vom Autor mit der Unterstützung von mehreren erfahrenen GFK-Trainer*innen die „vier fehlenden Schritte der GFK" für das lebensdienliche Organisieren von Projekten. Daher stammt der Name. Im Weiteren hat sich daraus eine komplette Methode und im Weiteren das Praxisprogramm „Das Team ist der Boss" ergeben.

Es gibt drei Ausgangssituationen, die für ein Team als Boss sprechen:

a. **Euer Projekt**: Das Projekt, das ihr als Team verfolgt, ist komplex und erfordert eine sehr bewusst abgestimmte Zusammenarbeit. Ihr organisiert und verfeinert euer Produkt, während ihr daran arbeitet. Kreativität, Achtsamkeit und gute Kommunikation sind dabei gefragt. Ihr könnt nicht einfach auf standardisierte und automatisierte Abläufe zurückgreifen. Für den Erfolg braucht ihr das inspirierte Zusammenspiel aller Beteiligten.

b. **Die Teamgestaltung**: Ihr seid eine Gruppe von Menschen, die sich als gleichrangig ansehen und ihr wüsstet nicht, wie ihr eine verträgliche Hierarchie einführen könntet. Oder ihr habt eine Hierarchie und wollt diese nicht nur verflachen, sondern am liebsten gleich ganz loswerden, ohne dabei jedoch an Ernsthaftigkeit, Engagement und Führung zu verlieren. Startups, Initiativen, Kooperationen unter Selbständigen, New Work Projekte und Spezialist*innen-Teams verlangen nach echter Selbstorganisation.

c. **Neugier und Experimentierfreude**: Ihr möchtet euch als Unternehmen einfach gerne besser aufstellen und habt sowohl die Flexibilität als auch die Projekte, mit denen ihr eine organische Selbstorganisation versuchen wollt. Vielleicht passt das gleichwertige Zusammenspiel unterschiedlicher Menschen perfekt zu eurer Unternehmensphilosophie und zu euren Idealen.

Welche Vorteile hat das Team als Boss?

Warum sollten sich also ein Unternehmen mit „Das Team ist der Boss" beschäftigen:

1. Weil jeder Mensch von seiner Position im Projekt aus über eine besondere Perspektive und über ein anteiliges Wissen vom Ganzen verfügt.

2. Weil jeder Mensch an seiner Position und mit seinem Fachwissen schnell und direkt eingreifen und das Projekt ausbalancieren kann.

3. Weil durch jeden Menschen Sinn, Bewusstsein, Inspiration, Talent und Bedeutung ins Projekt hinzukommen.

4. Weil individuelle Potenziale oft erst in fürsorglicher Gemeinsamkeit zur Geltung und Entfaltung kommen können.

5. Weil wir kluge Vernetzung unserer individuellen Potenziale sowohl für eine gute visionäre Projektausrichtung als auch für die schnelle Bewältigung von Problemen brauchen.

6. Weil es ein besonderes Vergnügen und eine Quelle von Inspiration ist, sich gemeinsam kreativ zu erleben.
7. Weil in einer immer vielschichtigeren Welt Selbstorganisation oft noch die einzige Möglichkeit ist, komplexe Aufgaben angemessen und auf kurzen Wegen bewältigen zu können.
8. Weil für Menschen, die Freude an ihrem Leben haben wollen, lebendiges Miteinander gegenüber einem funktionalen Miteinander im deutlichen Vorteil ist.
9. Weil lebendige und sensitive Menschen nicht nur ein Zahnrad in der großen sozioökonomischen Maschine sein wollen. Sie verweigern sich sowohl durch bewusste Manöver als auch unbewusst in Form von Krankheiten, Depression und Burnout.

Ein sich selbstorganisierendes Team ist unschlagbar, es sei denn, es schlägt sich selbst. Logisch betrachtet wäre ein gutes Team in den meisten Situationen der bessere Boss. Das hat viele Gründe: Viele Augen sehen mehr als nur zwei und alle Teammitglieder können sich untereinander auf Augenhöhe beraten. So gelingt es ihnen, ihr Wissen und ihre Potenziale zu aktivieren, zu positionieren, zu vernetzen und zum Einsatz zu bringen. Sie sind nahe am Projektgeschehen und finden gemeinsam oft mehr Lösungsmöglichkeiten. Auch ist die Kommunikation wie ein Fluss, der schlecht nach oben fließt, während sich das Wasser horizontal ganz von selbst ausbreitet. Schuld und Scham sind ohne Hierarchie ein zahnloser Wolf, was dem Team in seiner Kritikfähigkeit und Fehlerkultur nur guttut.

Was ist das Risiko?

Selbstorganisation bedarf der Bereitschaft und der Fähigkeiten der Individuen. Bevor ihr also mit der Praxis beginnt, ist es sinnvoll, die aktuelle Teamsituation zu analysieren. Hierbei hilft zum Beispiel auch die Checkliste, Kapitel 4.a, s.134. Jede Veränderung kann anfangs zu einer Destabilisierung führen. Ein Team sollte sich deshalb seiner Schwachstellen bewusst werden, wenn es sich auf eine organische Selbstorganisation einlassen will. Spürt ihr die sich ausbreitende Neugier und Vorfreude, kann es los gehen. Bleibt die Inspiration nach ersten Experimenten aus, fehlt vielleicht noch eine Maßnahme, oder Selbstorganisation ist gerade noch nicht euer Ding.

Fast jedes größere Team hat mindestens einen, von sich selbst überzeugten oder sogar chronischen Kritiker in seinen Reihen. Doch ohne neues Wissen und die Erfahrung, wie eine erfolgreiche Selbstorganisation das Team und das Projekt verändern kann, ist jede Kritik voreilig. Sie ist eher als Vorurteil, Unwille, Verweigerung und präventiven Widerstand zu verstehen. Davon sollte man sich nicht irritieren und einbremsen lassen und den Moment der sinnvollen kritischen Auseinandersetzung in die Zeit nach den ersten Resultaten verschieben. Dann verstehen alle mehr und vor dieser Zeit ist es einfach besser, optimistisch vorzugehen, denn der Pessimismus schreibt sich sein eigenes Drehbuch, das nichts mit „Das Team ist der Boss" zu tun hat. Skeptizismus und Übellaunigkeit wollen halt selbst immer mal den Chef spielen, bei jedem von uns. Wenn man das versteht, muss man es nicht mehr unbedingt ausleben. Gebt euch einfach eine narrenfreie Experimentierzeit und evaluiert die Ergebnisse anschließend in aller gebotenen Gründlichkeit[7]. Jedenfalls macht es einen Unterschied, ob das Team mit einem offenen oder einem geschlossenen Gemüt an die Sache herangeht. Sucht euch also zum Starten möglichst die Leute zusammen, die dafür offen, optimistisch und bereit sind.

Generell ist anfangs mit einer gewissen Unsicherheit zu rechnen, die uns zögern lassen kann. Es kann hilfreich sein, sich von Zeit zu Zeit mit Experten auszutauschen, die bereits mehr Erfahrung auf diesem Gebiet haben, auch wenn wir alle noch Pioniere einer neuen Art von Zusammenarbeit sind. Mehr zu diesem Thema findet ihr unter anderem auf der Webseite von Das Team ist der Boss (siehe Kapitel 5.f, s.235).

Was ist organische Selbstorganisation?

Man sagt, dass Menschen in ihrem Leben vor allem nach drei Qualitäten streben: Autonomie, Kompetenz und guten Beziehungen. Hinter dem Bedürfnis nach Autonomie steckt der Wunsch, die eigenen Projekte selbst zu führen. Hinter dem Bedürfnis nach Kompetenz steht der Wille zu lernen, zu trainieren und sich aktiv zu entfalten. Hinter guten Beziehungen steht das Bedürfnis, großartige Teams zu bilden und miteinander Erfolg zu haben. Alle drei Punkte können bei „Das Team ist der Boss" problemlos Erfüllung finden. Wenn wir aber Teams unter eine dominante Führung stellen, Kompetenz als isolierte individuelle Perfektion verstehen und unsere funktionale Zusammenarbeit mit menschlicher Beziehung verwechseln, dann haben wir trotz aller Bemühungen nur die besten Voraussetzungen für ein umfassendes Unglück geschaffen. Da hilft es nicht, wenn sich dieses wie eine stille Entzündung lange Zeit unter dem Wahrnehmungsradar abspielt.

---

[7] Stichwort Retrospektive bei agilen Methoden.

Ein funktionales Team arbeitet im besten Fall wie eine Maschine. Man muss ihr Energie zuführen und sie kontrollieren. Ein organisches Team hingegen wird von inneren Lebenskräften angetrieben und gelenkt. Inspiration, Verständnis, Neugier, Tatkraft, Leistungsfreude, der Willen zur Kreation und die Freude am gemeinsamen Wirken und am geteilten Erfolg erfüllen das Team von innen heraus mit Leben. Das bewusste Selbst eines jeden Teammitglieds steuert das ganze Team mit.

Was sind die häufigsten Fragen und Bedenken?

Funktioniert das auch mit virtuellen Teams? Was macht man, wenn etwas schief läuft? Wie lange dauert die Umstellung? Was ist, wenn nicht alle das Team als Boss gut finden? Was wird die Aufgabe der bisherigen Chefs und Leitungspersonen? Kann sich auch ein mittleres und größeres Unternehmen organisch selbstorganisieren?

Es gibt viele Unsicherheiten und die wichtigsten Fragen und deren Antworten kommen erst mit der Praxis. Davor wird oft eher gezweifelt als gründlich hinterfragt, denn ein nicht unerheblicher Teil der Mitarbeitenden hat stets ein mulmiges Gefühl bei Veränderungen, besonders wenn sie die eigene Position betreffen. Doch das Beruhigende bei einer echten Selbstorganisation ist, dass auch das eigene Gespür wie ein Kompass fungiert und so die aktuelle Lage mitorganisiert. Jede Person trägt zu der sensitiven Projektweisheit des Teams bei, aus der heraus das Projekt gesteuert wird. Dabei geht es nicht um das perfekte Zusammenspiel, sondern nur darum, dass alles angemessen oder zumindest ausreichend gelingt. Außerdem gilt, was man bereits von anderen Methoden kennt: Schnell scheitern, schnell lernen und die Wege gehen, die sich öffnen. Sobald etwas verrutscht, sollten Erkenntnis und Korrektur möglichst spontan geschehen. „Direkt steuern anstatt distanziert managen", ist das Motto.

Die meisten Teams werden im Spielmodus von sich aus den Wunsch nach ständiger Verbesserung (*continuous improvement*) haben, was heute als wichtiger Managementgrundsatz gilt. Sobald der Spielmodus in den Kampfmodus bzw. den gefühlten Überlebenskampfmodus wechselt, wird davon allerdings keine Rede mehr sein. Andererseits sind Kampf und Überlebenskampf auch keine große Seltenheit. Braucht es also erst einmal etwas grundsätzliche Entspannung, kann das Unternehmen versuchen, mit Ansätzen wie *Theory of Constraint* (ToC), dem *Critical Chain Process Management* (CCPM) und Ähnlichem für etwas Entspannung in den funktionalen Strukturen zu sorgen, bevor es sich der echten Selbstorganisation zuwendet.

Fokus auf Problemlösungen oder auf visionäre Ziele?

Klassisches Management hat viel mit Problemlösung zu tun. Genau genommen geht es dabei sogar zentral um die Lösung oder Umschiffung von Problemen auf dem Weg hin zum unternehmerischen Ziel. Und auch das Ziel ist meist die Lösung eines Problems, das marktwirtschaftlich nutzbar ist. Bei „Das Team ist der Boss" organisiert sich das Team jedoch nicht auf Grund von Problemen sondern auf der Basis von fünf positiv antreibenden Elementen, die für eine innere Ausrichtung sorgen:

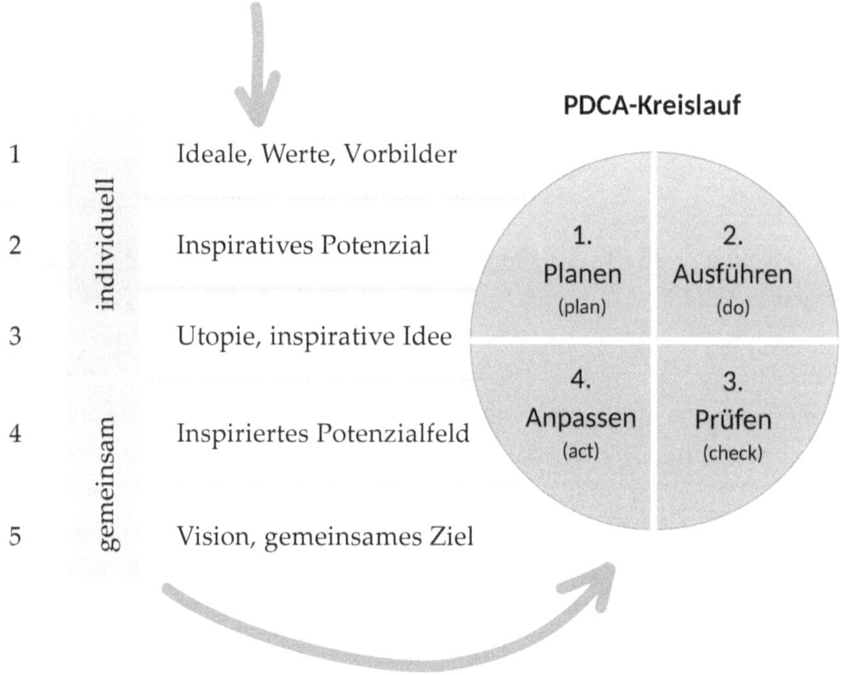

Abb. 6: Die Energie wird von den Individuen her aufgebaut. Im Potenzialfeld der auf das Projekt ausgerichteten Gemeinschaft reifen die Energien zur Vision. Diese wird dann realisiert, was hier erst einmal mit dem bekannten PDCA-Kreislauf angedeutet wird. Wir werden jedoch dazu eher den Vier-Schritte-Kreis von GFK-plus verwenden (Kapitel 4.b, s.137).

Ideale sorgen dafür, dass der Mensch über sein eigenes inneres Koordinatensystem verfügt. Die weiteren vier Elemente bauen aufeinander auf und verdichten einen kreativen Prozess. Ist ein Mensch inspiriert, dann beginnen verschiedene Utopien in ihm aufzusteigen. Utopien sind hoffnungsvolle, jedoch nicht nötiger Weise realistische Vorstellungen. Kommen inspirierte Menschen mit ihren Utopien und individuellen Vorstellungen zusammen, bildet sich ein gemeinsames kreatives Potenzialfeld. In diesem finden sie schnell zu einer realistischen Vision.

Hat das Team eine gemeinsame Vision, dann hat es auch eine positive produktive Ausrichtung. Die Teammitglieder möchten etwas herstellen, konstruieren und produzieren. Dafür entwickeln sie eine geeignete Projektumgebung, eine passende Strategie und praktische Konzepte für die Umsetzung.

Sobald es um die Produktion geht, werden natürlich auch Schwierigkeiten auftauchen. Vom Prototypen bis zum fertigen Produkt ist es ein weiter Weg. Neues soll sich in alter Umgebung zeigen und Hindernisse werden sichtbar. Jetzt verliert ein Team hin und wieder seine positive, visionsbasierte Ausrichtung und lässt sich von den Problemen vorantreiben. Probleme wollen gelöst werden, um Erfolg haben zu können. Das Dringliche verkleidet sich hier immer mal als das Wichtige.

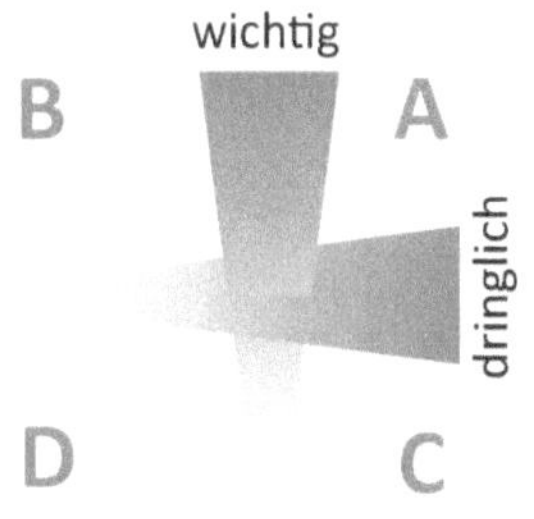

Abb. 7: Zeitplanung nach den Parametern *wichtig* und *dringlich*. Aufgaben im Feld B sind wichtig, die im Feld A sind wichtig und dringlich. Im Feld C drängt Unwichtiges und um Feld D ist das, was weder wichtig noch dringlich erscheint.

Was ist der Unterschied zwischen einem Problem und einer Vision im Zentrum unserer Zielausrichtung? Ist das Problem gelöst, dann ist es weg. Ist die Vision verwirklicht, ist dagegen nicht das Unerwünschte verschwunden, sondern das gewünschte Ergebnis hat sich verwirklicht, z.B. in Form eines genialen Produktes.

Die Probleme in einem Unternehmen kann man gut den sieben Problemfeldern zuordnen. Fokussiert man sich zu stark auf einen dieser sieben Bereiche, verliert man dabei nicht nur die positive Vision aus den Augen, sondern auch die anderen Problemfelder. Wird man dann aktiv, führt das zwar zu einer Veränderung und wahrscheinlich auch zu einer gewissen Verbesserung, doch die Zielausrichtung und das Gespür für die größeren Zusammenhänge gehen dabei verloren. Das Team sollte deshalb Probleme und Problemlösungen nicht in das Zentrum seines Wirkens setzen und sich davon vereinnahmen lassen. Es würde seinen eigenen Kurs verlieren.

Die verführerischen 7 Problembereiche haben übrigens alle etwas mit Funktionalität zu tun:

1. Finanzen

2. Daten
3. Technologie
4. Strategie
5. Training und Kommunikation
6. Reorganisation
7. Regeln, Rechenschaften, Prüfungen

Mit dem Team als Boss sehen wir die Lösung von Problemen nicht als Ziel, sondern nur als Rahmenbedingung an und justieren unser Vorgehen entsprechend. Das eigentliche Projekt ist jedoch ein kreativer, lebensdienlicher und visionsgelenkter Schöpfungs- und Entfaltungsprozess. Primär wissen wir, wohin wir wollen (Vision, fürsorgliche Organisationsebene) und lösen dafür sekundär alle anfallenden Schwierigkeiten auf dem Weg (funktionale Organisationsebene). Damit haben wir im Team oder Unternehmen eine grundlegende positive und gemeinsame Ausrichtung, die alle verstehen können. Das ist ein wichtiger Punkt.

Kreativität sollte natürlich nicht dazu führen, dass Prozesse kreativ aus dem Ruder laufen oder Probleme zu wenig beachtet werden. Für die Selbstorganisation ist wichtig, dass sowohl das angestrebte visionäre Ziel als auch der dafür nötige konstruktive Prozess allen Beteiligten im ausreichenden Maß bewusst ist.

Was können wir also daraus lernen? Manager und andere Mitarbeitende, die nicht in das visionäre Geschehen involviert sind, konzentrieren sich auf das Managen von Problemen und unterliegen als gute Problemlöser dabei oft dem, was man das Leiden an den eigenen Fähigkeiten nennt: Sie tun, was sie gut können und vermeiden das, was sie etwas weniger gut können.

Ein selbstorganisiertes Team als Boss lässt sich von visionären Zielen leiten. Wenn die Visionskraft aus einem Team gewichen ist, wie die Luft aus einem Luftballon, dann liegt die Lösung dafür sicher nicht darin, sich hingebungsvoll mit einem der verführerischen sieben Problembereiche zu beschäftigen. Wie löst das Team mangelnden Groove, fehlende Inspiration, lahmes Commitment und schwachen Zusammenhalt? Der Versuch, ein Team von außen zu befeuern, nennt man Motivierung und nicht Motivation. Den Schalter oder Regler, den man lange Zeit an den Mitarbeitenden suchte, gibt es nicht. Sie müssen von innen heraus Feuer fangen. Hier wird es für problemorientierte und entscheidungsfreudige Manager schwierig, weil sie vorpreschen wollen und wie ein Lastengaul den Karren – das inaktive Team – ziehen würden. Dazu wurde unter *Goodhart's Gesetz*[8] auch noch bekannt, worauf auch einige andere Ökonomen hingewiesen haben: Legt man Kennzahlen, fest, um Ziele zu erreichen und verknüpft die Kennzahlen mit einem Belohnungs- oder Bestrafungskonzept, dann führt das zu einer Verwirrung im System und die Kennzahlen werden zum Problem. Grund ist, dass sich die Mitarbeitenden dann auf die Kennzahlen konzentrieren und das Projekt in seiner Ganzheit aus den Augen verlieren.[9] Das ist, als würde man beim Fahren nur auf das Lenkrad und nicht auf die Straße achten. In Push-Systemen, in denen das Team hierarchisch vorangetrieben wird, ist das noch zerstörerischer als in Pull-Systemen, bei denen der Antrieb von Seiten der Kunden kommt. Die Kennzahlen eines Systems (global, übergeordnet) oder Subsystems (lokal, untergeordnet) sollten also erhoben, jedoch nicht zum Pushen verwendet werden. Man darf sich fragen, ob Bonuszahlungen, die Höhe des Unternehmensprofits oder des Einkommens der Teammitglieder nicht auch eine Kennzahl ist. Doch das nur am Rande.

Das Team als Boss wird für seine gemeinsame inspirative Aktivierung den Bereich des klar Messbaren, Zählbaren, Planbaren und Berechenbaren - also den formalen Yang-Bereich – verlassen müssen. Es wendet sich dem zu, was aus dem gemeinsamen Potenzial heraus entsteht, was in den Menschen und Potenzialfeldern emporkommt. Hier sind die phänomenalen Yin-Kräfte im Spiel: Die Lebendigkeit, das Bewusstsein, das Sinn-Empfinden, die Kreativität, die Inspiration und die wie auch immer geartete Spiritualität oder achtsame Präsenz der Beteiligten. Sie machen den Spirit einer Unternehmung aus. Niemand kann diese symphonischen Zusammenklang befehlen. Er stellt sich unter den stimmigen Bedingungen von selbst ein. Mit einigen Tools kann man diesen Prozess allerdings effektiv fördern und das wollen wir versuchen.

---

[8] Charles Goodhart, Berater der Bank of England und Professor der London School of Economics and Political Science.

[9] Ein Beispiel: Ein Unternehmen will die Leistung seiner Programmierer an der Anzahl der Code-Zeilen bemessen, die sie schreiben. Die Programmierer schreiben sich daraufhin einen Algorithmus, der den Code einfach nach Wunsch sinnfrei aufbläht, nur um stressfrei auf die gewünschte Zeilenanzahl zu kommen.

Drei Arten von Miteinander

Wir unterscheiden für die Teamorganisation drei Arten von Miteinander:

a. Aktives Miteinander

b. Passives Miteinander

c. Nebeneinander

Im **Nebeneinander** braucht es nur wenig Abstimmung. Eine Person sitzt am Schreibtisch, eine andere werkelt in der Halle an einem Prototypen, eine weitere sortiert das Materiallager – kein Problem. Wichtig ist nur, dass sie sich nicht untereinander behindern oder übermäßig irritieren. Außerdem sollen die Ergebnisse nicht dem gemeinsamen Projekt entgegenstehen.

Genauso ist es bei dem von mir so bezeichneten **passiven Miteinander**, bei dem die Beteiligten zwar zusammenwirken, jedoch alles nach gewohnheitsmäßigen Mustern abläuft. Die Vorgänge sind einstudiert. Man braucht weder groß nachzudenken noch aktiv zu organisieren. Als Beispiel kann man die nächste Serie einer erprobten Produktion heranziehen, die wie das übliche und immer wiederkehrende Frühstück einer Familie einfach nur *business as usual* ist. Es gibt ein paar Tools, die dem Team dabei helfen, eine gute Harmonie und Ordnung zu erhalten, doch solange das ganze Teamleben nur aus Nebeneinander und passivem Miteinander besteht, braucht es kein Team als Boss.

Wir kennen aus unseren Partnerschaften, was auch für Unternehmen gilt: Irgendwann fressen die Routinen die Seele auf. Sollte unser anfangs noch spannendes Miteinander immer fließbandartiger und passiver werden und dieses passive Miteinander weiter ins Nebeneinander abgleiten, dann war es das. Die lebendige Essenz weicht aus der Gemeinschaft wie die Luft aus einem lecken Schlauchboot und sie fällt früher oder später in sich zusammen. Das Leben am Fließband beginnt irgendwann selbst an uns vorbeizufließen, während wir stehen bleiben und uns verloren gehen.

Die Lösung liegt im **aktivem Miteinander**, denn mit ihm kommt wieder Spannung in den sozialen Metaorganismus eines Teams. Visionäre Projekte, die uns herausfordern, sind die Nahrung für jede Gemeinschaft. Andererseits braucht gerade ein aktives Miteinander eine gute gemeinsame Abstimmung und intelligentes gemeinsames Vorgehen. Das ist der Grund, weshalb wir für die Einführung von „Das Team ist der Boss" die Notwendigkeit von experimentellen Projekten betonen.

Wir beginnen damit, die Teamkultur zu beachten. Sie ist die erste Hürde auf dem Weg zum organisch selbstorganisierten Team (Siehe auch Kapitel: Die sechs Hürden für das Team als Boss, s.57). Im Team versuchen wir nicht, uns gegenseitig zu verändern, sondern unser Verhalten günstig aufeinander abzustimmen. Dazu brauchen wir vor allem eine geeignete Team- oder Unternehmenskultur. Mit ihr werden wir als Team in unsere Projekte hineinwachsen und mit den Projekten mitwachsen.

Worauf wartet ihr?

Start-Ups und Neugründungen haben es etwas leichter. Sie können sehr umfassend mit „Das Team ist der Boss" durchstarten. In bereits etablierten Unternehmen kann ein interessiertes Team mit einem kleinen ausgesuchten Projekt beginnen. Auch das hat seine Reize. Risiko und Aufwand sind damit sehr überschaubar. Und natürlich ist auch ein Start mit nur einigen Tools von GFK-plus denkbar und überaus einfach.

Im Kapitel 6, s.249 werden wir mit der GFK-plus Matrix zwischen dem innovativen Bereich im Unternehmen und seiner standardisierten und automatisierten Produktion unterscheiden. Die Abläufe einer stabilen und gesicherten Produktion sind natürlich anders anzugehen als der Bereich, in dem kreativ an Neuem gearbeitet wird und den die Teams als Boss besonders stärken können. In den rein produktiven und verwaltenden Bereichen gilt es mehr, dass die Menschen sich und ihr Miteinander aktivieren. Hier kann man mit wenig viel erreichen. Auch das ist in der GFK-plus Matrix berücksichtigt. Sobald allerdings Projekte anhand ihrer Größe komplex zu werden beginnen, kommen Produktion und Innovation zusammen und dann ist es mehr als nur sinnvoll, gut trainierte Teams am Start zu haben.

Eine neue Unternehmenskultur kann natürlich heranwachsen. Die lebendigen Zellen der Gemeinsamkeit sind die Menschen. Die Organe der Gemeinsamkeit sind die Teams. Das Unternehmen ist der Metaorganismus. Man kann sich das Unternehmen auch als Garten denken. Die fürsorgliche Kultur ist die gute Erde, die alle Pflanzen nährt. Das gelingende Zusammenspiel von Pflanzen, Bakterien, Insekten und Tieren ergibt ein produktives Wohlfühlbiotop. Dieses Wachstum braucht etwas Zeit und geistigen Freiraum.

Von einer bestehenden Geschäftsleitung ist die Offenheit und die Weitsicht gefordert, die Transformation von einem funktionalen Miteinander zu einem Metaorganismus mitzutragen, wo auch immer sie angemessen gelingen will. Sie sollte nicht unbedingt versuchen, alte und neue Paradigmen in den Teams zu vermischen. Hybride haben es nämlich doppelt schwer.

Der gute Start mit „Das Team ist der Boss" könnte folgendermaßen aussehen:

1. Die Ist-Situation im Unternehmen/Projekt analysieren
2. Über das Team als Boss erzählen und inspirieren
3. Ein Team finden, das mit echter Selbstorganisation starten will
4. Erste Testprojekte mit eventuell etwas Unterstützung von außen durchführen
5. Dem organischen Wachstum folgen und die Organisationsform sich natürlich entwickeln und ausbreiten lassen.
6. Die Grenzen der schnellen Ausbreitung akzeptieren und danach eine langsame Ausbreitung angemessen fördern.

Dieser Prozess wird anfangs wahrscheinlich etwas Unterstützung brauchen. Videos und Material stehen zur Verfügung. Mehr dazu seht ihr im Kapitel 5.f, s.235: Download-Tooldepot.

Ansonsten helfe auch ich gerne. Der Aufwand lässt sich kaum vorhersagen. Situationen, Menschen, Projekte und Unternehmen sind einfach sehr unterschiedlich. Positive Auswirkungen sollten sich schnell zeigen. Wo dagegen unerwarteter Weise positive Veränderungen ausbleiben, wird eine vertiefte Analyse der Situation recht bald sinnvoll und kann helfen, Schwachstellen zu identifizieren und das weitere Vorgehen zu strukturieren. Meist liegen hier Missverständnisse oder alte Spannungen zu Grunde. Wenn der Start gut gelingt, geraten die Menschen und das Team nach einer Phase der schnellen Adaption an ihre Kompetenzgrenzen und sie kommen nicht mehr so zügig voran. Jetzt sind Reflexionstreffen und Weiterbildungen der Garant dafür, dass der Prozess nicht auf halbem Weg stagniert. Selbstorganisierte Teams sollten sich auch untereinander vernetzen, denn sie können viel voneinander lernen. Zufriedenheit sollte nicht der einzige Parameter für die Einschätzung sein, ob man weit genug gekommen ist. Vielleicht wird man mit dem nächsten Schritt ja noch zufriedener. Ziel einer Weiterbildung ist die weitere Vereinfachung durch ein höheres Niveau der Selbstorganisation.

Systeme und Menschen in Systemen

Alles in der Welt ist entweder ein System oder ein Systembestandteil. Jeder von uns hat z.B. einen Körper, der auch nur ein System innerhalb von Systemen ist und der in sich verschiedene Subsysteme (untergeordnete Teilsysteme) vereint, wie etwa den Blutkreislauf, das Immunsystem oder das Nervensystem. Bei einem Unternehmen ist das nicht anders. Um Probleme von Systemen lösen zu können, sollte wir sie systemisch verstehen und das betrifft, wie gesagt, eigentlich jedes Problem, das es gibt.

Auch wenn wir alle einen Körper unser Eigen nennen, bedeutet das nicht, dass wir viel über ihn wissen. Vielleicht wollen wir uns deshalb zu einem Körper-Spezialisten ausbilden lassen. Allerdings ist erst einmal unklar, was für eine Art Spezialist das sein könnte. Wir könnten eine der vielen Varianten von Physiotherapeut oder Arzt werden, ein Biologe oder Anthropologe. Ein Pharmakologe versucht, die chemischen Veränderungen im Körper zu verstehen und darauf einzuwirken, was ihn aber nicht zu einem der unterschiedlichen Ernährungsspezialisten macht. Und alles, was die Gene, das Gehirn als Wahrnehmungsorgan oder die Evolution der Biologie betrifft, eröffnet noch mal weitere Wissensfelder. Niemand hat da wirklich den kompletten Durchblick aber zusammen stellen uns unterschiedliche Experten ein sehr breites Spektrum an Wissen über den Körper zur Verfügung. Es ist dem Prinzip nach systemisches Wissen.

Der Körper ist ein Organismus, ein lebendiges System aus Zellen und Organen. Ein echtes Team wird, anders als ein funktionales Team, als Metaorganismus bzw. als ein sozialer Körper betrachtet. Wie bei unserem eigenen Körper ist ein angemessenes oder zumindest ausreichendes Grundverständnis kein Fehler, ja sogar die Vorbedingung dafür, dass wir uns für unser Projekt intelligent verhalten können. Andererseits brauchen wir erst mal keine Wissenschaft daraus zu machen. Die Organe unseres Körpers haben ja auch nie eine gesonderte Schulung erhalten und machen trotzdem einen hervorragenden Job. Sie haben ein erstaunlich gutes Zusammenspiel miteinander und stellen sich nicht nur individuell, sondern auch mit den anderen Organen zusammen auf jede Situation ein, in die der Körper gerät. Da braucht nur das Licht der Sonne am Abend etwas rötlicher zu werden oder sich die Temperatur etwas zu verändern und schon beginnt ein umfangreicher und subtiler Regelmechanismus. Der ganze Körper verfügt dabei über eine höhere Logik als jedes einzelne Organ. Rein mit dem Verstand könnten wir dieses Geschehen nicht einmal komplett nachvollziehen und kein Chef, kein CEO, könnte den feinen und vielfältigen Metabolismus steuern. Wir schlafen weder mit Willenskraft ein noch können wir uns selbst zum erwachen bringen. Gut, wir können einen Wecker stellen, aber wenn da die Batterien leer sind, wäre es dann ein ewiger Schlaf? Auch das Gehirn verfügt über keine zentrale Chef-

Instanz, was uns noch vor einiger Zeit in Erstaunen versetzt hat. Wo ist denn dann unser Ich zuhause? (Klar, das Team als Boss weiß es: Im Wir ;-).

Bei Staaten, Unternehmen und bei rein auf funktionales Zusammenspiel begrenzte Teams ist das anders. Sie haben ihre Chefs und Hierarchiestrukturen. Dafür organisieren sie sich aber auch wesentlich weniger komplex als ein Körper.

Wenn wir die Mitarbeitenden als Zellen und Organe eines echten Teams ansehen, dann müsste es auch für sie eine sich ganzheitlich einsetzende Logik geben, die emergent ist, die also aus der Gesamtheit des Teams wie automatisch emporsteigt. Es wird dazu jedoch mehr brauchen als nur jedermanns Verstand, damit sich das Team als Boss sinnvoll und konstruktiv verhalten kann. Für die intelligente Selbstorganisation braucht das Team Freiheit, Mut und Vertrauen. Es braucht ein Projekt, auf das es sich ausrichtet. Und es braucht eine Methode, welche eine echte Selbstorganisation möglich macht.

Natürlich braucht es daneben auch genug Informationen, Wissen, Fähigkeiten und eine gute funktionale Abstimmung, denn der fürsorgliche Metaorganismus wird sich am Ende des Tages als tatkräftig und leistungsstark beweisen müssen.

Wer mehr zu Systemen an sich und zu systemischem Denken erfahren möchte, der kann sich beim *System Innovation Network*[10] umsehen. Dort gibt es viele Kurse und gute Beschreibungen. Systeme lassen sich mittels *System Mapping* übersichtlich darstellen, was manchmal hilft, sie zu analysieren und zu managen[11]. Allerdings fehlt dabei ein wesentlicher Aspekt, der auch anderweitig gerne übersehen wird. Wir konzentrieren uns zu sehr auf das Sichtbare, Greifbare, Messbare und formal Fassbare. So erhalten wir funktionale Systembetrachtungen nach den formalen Yang-Prinzipien, gehen jedoch an den essenziellen Yin-Prinzipien vorbei. Das ist wie auf einem Auge blind zu sein. Teamsysteme sind wie Organismen, nicht wie Maschinen.

Die technisch dargestellte Systemstruktur ist nicht das System, sondern nur ein mögliches Abbild der funktionalen Struktur eines Systems. Das sollten wir nicht verwechseln. Was helfen uns die besten Systemanalysen, wenn wir uns als Menschen nicht zu einem guten organisch wirkenden System zusammenfinden können?

Ein System der aktiven Zusammenarbeit – ein Team oder Unternehmen, wie wir es erleben wollen – besteht aus Menschen, einem Projekt und einer sich darauf ausrich-

---

[10] https://systemsinnovation.network

[11] Z.B. mit dem iModeler von Consenso. Hier ist ein Artikel, der Einiges zusammenfasst: https://t1p.de/p07y9

tenden Projektumgebung. In ihr soll sich das Projekt gut verwirklichen lassen. Das alles ist hoffentlich harmonisch in ein größeres Ganzes eingebettet.

Dr. Walter von Lucadou, ein Physiker, Psychologe und Phänomenologe aus Freiburg, hat die Kombination von Technik und Lebewesen, als *Pseudomaschine* bezeichnet. Das Auto ist für sich genommen eine Fortbewegungsmaschine. Wir können alle Abläufe in ihm berechnen und gut verstehen. Sobald sich ein Mensch hineinsetzt, bilden Mensch und Maschine zusammen eine Pseudomaschine. Trotz all unseres technischen Wissens vom Auto haben wir nun keine Möglichkeit mehr, zu berechnen, wohin und auf welchen Wegen dieses fahren wird.

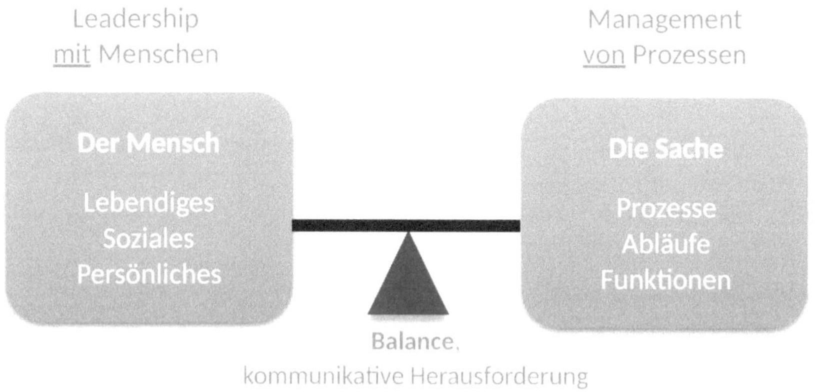

Abb. 8: Systeme bestehen aus Menschen und Dingen

Versuchen wir eine Pseudomaschine wie eine ganz normale Maschine einzusetzen, dann gelingt das nur, wenn auch die Menschen, die mit der Maschine verbunden sind, sich wie eine Maschine verhalten und quasi mechanisch allen Vorgaben folgen. Damit verlieren sie jedoch ihre eigenen menschlichen Stärken. Wir erhalten dann zwar wieder eine recht gut berechenbare Situation, aber der Preis, den alle dafür bezahlen, ist sehr hoch. Unvorhergesehene Schwierigkeiten tauchen auf, denn wir haben ein Spannungssystem erzeugt, in welchem sich die gebändigten Bewusstseinskräfte als Stress manifestieren müssen. Von manchen Menschen wird die Spannung verinnerlicht und sie werden nach einer längeren Zeit oft krank. Prof. Nossrat Peseschkian, der Begründer der Positiven Psychotherapie hat die kritische Grenze hierzu bei sechs Monaten gezogen. Andere leben diese systemischen Spannungen expressiv aus und werden ungemütlich, und sei es „nur" daheim oder bei den Autofahrten. Sind nun die einzelnen Menschen problematisch oder liegt die Ursache in der ungünstigen Systemordnung? Irgendwie trifft beides zu, doch ohne das System zu verändern, wird sich kein echter Erfolg einstellen können.

Das zeigt uns, dass es für alle Beteiligten wichtig ist, sich in der Projektgestaltung lebendig auszuleben und sich nicht nur funktional angepasst zu verhalten. Dies ist auch, wie bereits erwähnt, die einzige Möglichkeit, Werte und Tugenden zu integrieren, die ja frei gelebt werden wollen. Eine Roboter kann den menschlichen Ausdruck von Tugenden zwar simulieren, aber er kann diese nicht aus dem eigenem Herzen heraus ableiten, was seine Charakter-Emissionen zu geistlosen Quasi-Tugenden degradiert.

Im organischen Projektmanagement gleitet das selbstorganisierte Team wie ein Surfer auf den Wellen des Projekts dahin. Die steuernden Bewegungen des Surfers folgen sensitiv in jedem Moment der Welle. Das Zusammenspiel von Körper, Surfbrett und Welle ist ein komplexes Geschehen und kein trivialer Ablauf.

Organisiertes Miteinander findet auf drei Kulturstufen statt

Je nach Reife und Bewusstheit zeichnen sich unterschiedliche Spielarten des Miteinanders ab. Z.B. werden politische Grundausrichtungen sichtbar, sei es eine Diktatur oder eine Art von Demokratie. Die Wirtschaft könnte eine freie Marktwirtschaft, eine Planwirtschaft', eine libertäre Ordnung oder etwas anderes sein.[12]

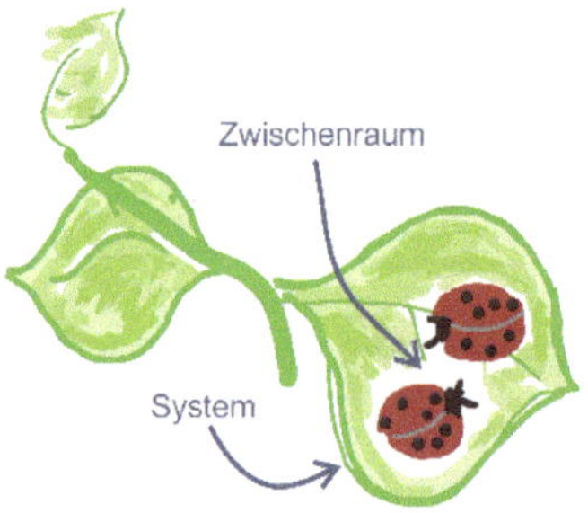

Abb. 9: In jedem System ist der Zwischenraum zwischen den Individuen und die Kultur des Miteinanders sehr wichtig.

Nun macht es sowohl für unsere Selbstwahrnehmung als auch für die Qualität unseres Miteinanders einen großen Unterschied, in welchem System wir aufwachsen, lernen und arbeiten. Grundlegend dafür sind weniger die politischen Stilrichtungen, sondern vor allem die prinzipiellen und leider weniger beachteten Kulturstufen, die eine einzelne Familie genauso beeinflussen, wie ein Team, ein Unternehmen oder Weltbühne als Ganzes.

Die Erde macht den Garten. Deshalb ist es so wichtig, die Teamkultur zu beachten und weiterzuentwickeln. Die Kultur des Miteinanders entscheidet über das zwischenmenschliche Klima, über die Qualität der Kommunikation, und über den Erfolg bei der Selbstorganisation. Die Auswahl der Teamkultur ist somit der erste Schritt und auch

[12] Siehe z.B.: Spiral Dynamics von C. W. Graves, D. Beck, C. Cowan

die erste Hürde für ein Team als Boss. Wir können drei unterschiedliche Kulturstufen ausmachen:

Dominante Systeme – Kultur der Dominanz und der Bändigung

Kulturentwicklung beginnt mit dominanten Systemen. Dominanz bändigt den ungeordneten Zustand. In dominanten Systemen wird das Verhalten der Menschen vor allem durch emotionale Impulse und Triebe getriggert. Diese emotionalen Impulse kommen laut dem Kulturstufenmodell aus dem Steuerungszentrum „Bauch" bzw. werden diesem zugeschrieben. Nach dem Prinzip von Dominanz und Unterordnung entstehen Kollektive, ähnlich einer Herde oder einem Rudel. Kollektive sind konforme Gruppen. Sie bauen sich nach und nach zu hierarchischen Institutionen auf. Der Mensch versteht sich in dominanten Systemen sehr biologisch und ist nahe an seiner Natur als biologisches Lebewesen. Überleben ist damit auch die zentrale Herausforderung, die ihn beschäftigt. Das Recht des Stärkeren, der stärkeren Gruppe oder der stärkeren Institution organisiert die dominanten Systeme. Mächtigkeit wird als Dominanz gelebt. Dominante Systeme sind Schamsysteme.

Funktionale Systeme – Kultur der Funktionalität und des Rechts

Menschen verstehen sich in funktionalen Systemen als Leistungsträger und planen ihr Verhalten mit den immer abstrakteren Überlegungen und Strategien. Diese werden im Kulturstufenmodell dem Steuerungszentrum „Kopf" zugeschrieben. Die Positionen, Funktionen und Rollen der Menschen werden immer individueller, was Systeme bei mehr Wohlstand, steigendem Bewusstsein und einem verfeinerten Rechtssystem auch zulassen können. Moderne Gesellschaften wachsen heran. Technik und Wissenschaften erblühen. Alles wird immer weiter geordnet, geregelt und geplant – nur eben nicht von dir oder mir. Am Ende schleicht sich durch die progressiv steigende Komplexität eine immer größere Absurdität ein. Regeln werden widersprüchlich. Alles individualisiert sich, bis nichts mehr zusammenpasst. Vereinsamung und Zerfall der überlasteten Regelwerke sind die Folge. Menschen könnten glücklich sein, sind jedoch statt auf Wohlbefinden und Fürsorge auf Wohlstand und Ablenkung fokussiert. Der Motor der Spaßgesellschaft dreht hoch, jedoch im Leerlauf. Depression wird nach der manischen Phase der Zivilisation zur Grundstimmung. Alles funktioniert so lange, bis die Menschen nicht mehr mitkommen wollen oder können. Funktionale Systeme sind Schamsysteme.

Fürsorgliche Systeme – Kultur der Fürsorge

Menschen verstehen sich immer mehr als bewusste Wesen mit einem physischen Körper. Sie werden „virtueller". Gemeinsame Visionen und fürsorgliches Miteinander vereinen die unterschiedlichen persönlichen Interessen. Teams organisieren sich projektbezogen, achtsam und sensitiv durch das Steuerungszentrum „Herz". Individuelle Potenziale werden anpassungsfähig vernetzt. So können komplexe Aufgaben befriedigend gelöst werden. Durch die sensitive Einbindung und Unterstützung, die ein jeder bekommt, blühen die Menschen auf und verhelfen auch anderen und den gemeinsamen Projekten zur Blüte. Visionen und Strategien lenken das größere Geschehen, und jeder kann einen visionären und strategischen Einfluss auf das Projekt nehmen. Es gilt die echte Selbstorganisation. Die individuelle Selbstverwirklichung wird im Team möglich. Fürsorgliche Systeme sind Achtsamkeitssysteme.

Wie entwickelt sich Kultur und wie kommt es zu einem Kulturwechsel

Auf den größeren Bühnen ist die Kulturveränderung sowieso eher zäh voranschreitender evolutionärer Prozess, der bei der dominanten Kulturstufe beginnt und sich nach einer funktionalen Phase langsam zur Kulturstufe der Fürsorge hin weiterentwickelt.[13] Private Gemeinschaften, Teams und kleinere Unternehmen könnten sich dagegen ihre Kultur des Miteinanders und auch ihre Kulturstufe nach Belieben auswählen. Allerdings sind Reife und Bewusstseinsentwicklung der Teilnehmenden die ausschlaggebenden Faktoren.

Wir sind noch nicht bei der Fürsorge als unser zentrales organisatorisches Prinzip angekommen. In den letzten Jahrhunderten haben wir uns in unseren Breiten immerhin weitgehend vom rein archaischen Dominanzmodus verabschiedet. Systeme sind generell ab einer gewissen Größe und Komplexität nicht mehr mit ihm zu handhaben. Recht schnell kommen nicht mehr zu lösende Probleme auf, die von der Dominanz selbst herrühren. Nach außen hin macht sich ein dominantes Herrschaftssystem auch wenig Freunde, was immer wieder zu seinem Ende führt, weil man sich die falschen Gegner aussucht oder einfach, weil Kämpfe und Kriege zu teuer werden. Der Schritt auf die nächste Kulturstufe kommt, wenn die Menschen zu klug für ein Dominanzsystem werden. Oft braucht es viele Streitigkeiten und Revolutionen, bevor Menschen bereit sind, ihre einheitlichen Kollektive aufzugeben und ein diverses Miteinander zu akzeptieren, das dann vertraglich geregelt wird.

---

[13] Der systemische Coach Karl Hosang hatte – wohl in Zusammenarbeit mit seinem Vater, dem Philosophen Maik Hosang – die 8 sozialen Entwicklungsstufen von Don Becks bekanntem Modell Spiral Dynamics in drei Gruppen eingeteilt, die sich prinzipiell mit den drei Stufen des Kulturstufenmodells decken: 1. Überleben, 2. Energieminimierung, 3. Homöostase. Die Entwicklung der Zustände würde laut Hosang zu einer erhöhten Komplexitätstoleranz führen. Dazu passen könnte auch Maik Hosangs *Theorie der kokreativen Liebe*. Das Kulturstufenmodell ist zwar getrennt entstanden, doch die Grundaussagen weisen in die selbe Richtung.

Dominanz ist zwar durch die Qualität des schnellen und direkten Vorgehens bei lokalen und trivialen Aufgabestellungen immer mal wieder sinnvoll, wie z.B. für die spontane Abwendung einer Gefahrensituation. Ihr Vorteil liegt in der Einfachheit und im geringen Anspruch an Bewusstheit, Kommunikation und freudiger Mitarbeit. Doch als feineres Organisationsprinzip ist Dominanz wenig tauglich.

Dominanz erzeugt – wie auch die anderen Kulturstufen – eine eigene innere Systemlogik. Man hat z.B. feststellen müssen, dass jene, die durch das Schwert leben, oft auch durch das Schwert sterben, wobei die Schwertschmieden, die Schwerter, die Schwertschulen und die Schwertkämpfe alles Produkte der Kultur der Dominanz sind. In diesem System sollte man besser keine Schwächen zeigen, und auch die Darstellung von Stärke kann ins Auge gehen.

Diese erste Kulturstufe ist nur sehr begrenzt mit der zweiten und dritten kombinierbar. Sie weist uns auf die Dominanz der Naturgewalten hin und auf unseren Überlebenskampf mit ihnen. Sie lässt uns die faktische Wucht des Mangels spüren, damit wir gute Antworten auf die Knappheit von Ressourcen suchen. Im Zwischenmenschlichen offenbart uns Dominanz, dass wir mit der Entwicklung unserer Menschlichkeit noch arg hinterherhinken. Im Kampf um sein Überleben zeigt sich der Mensch als biologische, vergängliche Kreatur und nicht als freier, geistiger Mensch.

Als es darum ging, eine größer und komplexer werdende Gesellschaft günstiger als dominant zu organisieren und auch die Bewusstseinsentwicklung der Menschen bereits ausreichende Fortschritte gemacht hatte, kamen die funktionalen Systeme auf. Mit durchdachten Routinen organisiert man das Miteinander formal und versucht, mit Regeln, Gesetzen und Prinzipien Krisen zu vermeiden oder zu bewältigen. Ein Benimm-, Rechts- und Entlohnungssystem durchdringt das Zusammenleben grundlegend und jeder Mensch kann verstehen, was er zu tun und zu lassen hat, was seine Freiheiten sind, was er verdient und was ihm gebührt. Zeit und Geld trainieren die Abstraktionsfähigkeiten träger Menschen. Frauen werden den Männern nach und nach gleichgestellt, da physische Stärke und Robustheit nicht länger die wichtigsten Qualitäten sind. Von der ehemaligen Dominanz der stärkeren und dadurch hierarchisch höhergestellten Personen, Gruppen und Institutionen ist man zu der Dominanz des Rechts übergewechselt, das jetzt für alle gleich gelten soll. Das ist zwar auch nur eine Form der Dominanz, allerdings in einer abstrakteren und leistungsfähigeren Gestalt.

Wenn jemand aus der Reihe tanzt, weiß man, welche Bestrafung diese Person je nach Rechtssystem „verdient" hat. Z.B. Auge um Auge und Zahn um Zahn, aber gerechter Weise nicht mehr. Von der abschreckenden Bestrafung gelangte man im Laufe der Kulturentwicklung zunehmend zur ausgleichenden Strafe, weil sie für die Zukunft einfach bessere Ergebnisse erzielt.

In diesem wissenschaftsfreudigem Kulturmodus werden die menschlichen Belange stark systematisiert. Die verschiedenen industriellen und geistigen Revolutionen sprechen vom Erfolg dieser Kulturstufe. Sie wären in einer dominanten Ordnung nicht möglich gewesen, vor allem auch, weil dort die Ideologien ihr kleingeistiges Zuhause haben. Als die Erde noch flach war und der große Boss seinen Geschöpfen zürnte und sie peinigte, hatten wir Pferde, Karren und Kutschen. Heute können wir durch die Lüfte fliegen, was uns aus damaliger Sicht zu Hexen und Zauberern gemacht hätte. Unser Gott ist heute in etwa so gerecht wie unser Rechtssystem. Er wütet nicht mehr, sondern straft nur nach seinen Geboten. Selbst seine Unerbittlichkeit bekommt Risse.

Wir sind jetzt die Kinder eines funktionalen Systems, das sich zwar aus einem dominanten Modus herausentwickelt hat, diesen aber noch nicht ganz ablegen konnte. Trotzdem stehen wir schon wieder vor unüberwindlichen Herausforderungen. Mit regionalem Staatsrecht und internationalem Handels-, Kriegs- und Menschenrecht versucht man, unterschiedliche Systeme, Untersysteme und Systembereiche in guter Kontrolle und Ordnung zu halten. Dabei blähen sich die immer widersprüchlicherer werdenden Rechtsapparate weiter auf, bis sie bei größter Ausdehnung ihre maximale Wirkungslosigkeit erreichen. Das Peter-Prinzip [14] gilt auch für Systeme. Ihre Verwaltung und Überprüfung verschlingen am Ende mehr Ressourcen als zur Verfügung stehen. Zudem fokussieren wir in funktionalen Systemen viel stärker auf Probleme statt auf Visionen. Das sorgt für eine umfassende Orientierungslosigkeit. Das WAS und auch das WIE ist weitgehend klar, - aber WOZU eigentlich?

Zwar können wir auf immer mehr Unterstützung von technischem Gerät zurückgreifen, doch letztendlich finden wir uns selbst im Bauch einer großen, sozioökonomischen Maschine wieder, die von allen bedient und erhalten wird, jedoch von niemandem mehr verstanden, gesteuert oder kontrolliert werden kann.

Auch die Hoffnung auf die KI als Retterin der funktionalen Weltordnung wird sich zerschlagen, da die Systeme mit ihr noch komplexer werden. Der funktionalisierte Mensch wird vom Maschinenkosmos gesteuert, anstatt als Sinn- und Geiststräger den Ton anzugeben und visionär die Geschicke des großen Ganzen zu lenken.

Die Zeichen der Überforderung und des Zerfalls zeigen sich schon bei relativ kleinen Unternehmen, vor allem aber bei Konzernen, Finanzmärkten, virtuellen Plattformen und Allianzen von Politik und Wirtschaft. Unsere Umwelt trägt die Signatur einer mit sich überforderten Menschheit. Alle Systeme würden zwar ohne die vielen Menschen,

---

[14] Das Peter-Prinzip beschreibt, wie fähige Mitarbeiter die Karriereleiter weiter nach oben klettern und dabei mit ihnen fremden Aufgabefeldern konfrontiert werden (Führung, Management, Verwaltung, ...), die sie immer schlechter bewältigen können, bis sie am Ende an der Position ihrer maximalen Unfähigkeit angekommen sind und dort bleiben, weil sie nicht mehr weiter befördert werden.

die ihnen beiwohnen, nicht existieren. Doch sie haben am Menschen vorbei ein gespenstisches und individuell nicht mehr kontrollierbares Eigenleben entwickelt.

Den Menschen dienen diese Systeme nur mehr sehr begrenzt. Doch anstatt die Herrschaft zu übernehmen, mutieren wir zu austauschbaren Sklaven. Wir sind derart überfordert, dass es durch Konflikte und Abschottungsversuche zur Zersplitterung der sozialen Bündnisse kommt. Alle versuchen, ihre immer kleiner werdende heile Welt zu retten, und fallen dabei immer weiter in ein dominantes Miteinander zurück oder gleiten sogar ins ungeordnete Chaos ab. Wir sind aus einem Paradies verstoßen, das wir noch nie erreicht hatten. Die Erkenntnis jenseits von Richtig und Falsch fehlt uns. Rutscht das System ab, rutschen wir mit ihm alle den Berghang hinunter. Der nächste Aufstieg der Menschheit wäre ein sehr mühsamer.

Die Erfolgsgeschichte einer jeden funktionalen Kultur ist also auf eine gewisse Komplexitätsobergrenze begrenzt. Darüber hinaus hat dieser Systemmodus keine wirksamen Mittel mehr gegen die ansteigende Überforderung.

Der Impuls, auf die überlastete Systemordnung einfach nur verzichten zu wollen, ist leider auch naiv. Menschliches Miteinander wird immer einer Ordnung folgen, die eine der drei Grundformen annehmen muss: dominant, funktional oder fürsorglich.

Auch die Überlegung, die Komplexität des Zusammenlebens zu reduzieren, indem wir zu kleinen Stammesverbänden zurückkehren, ist unrealistisch, da uns die weltweite technische Vernetzung das einzigartige Überleben von Milliarden von Menschen sichert und wir mit abgeschotteten Stammes- oder Clanstrukturen nur eigensinnige Mikrosysteme errichten würden, die weit weniger Menschen ernähren könnten. Solch eine Systemzersplitterung ließe das Gesamtspiel nur noch komplizierter werden und wir würden noch schneller im Chaos enden.

Es wird auch nicht ausreichen, irgendeine weitere romantische Gesellschaftsideologie in ein philosophisches Gewand zu kleiden und dafür einzelne ethische Werte als zwischenmenschliche Ansprüche zu vertreten. Konkrete Menschen werden immer ein konkretes Miteinander formen, und das schreit in einer immer kleiner werdenden und immer dichter bevölkerten Welt förmlich nach einem praktischen, handhabbaren und ideologiefreien Prozess, der der interaktiven Natur und dem kommunikativen Wesen des Menschen Rechnung tragen kann. Wir werden es, wie auch immer, auf die Kulturstufe der Fürsorglichkeit schaffen müssen, wollen wir, dass es mit unserer Zivilisation gut weitergeht.

Die 3 Systemkarten im GFK-plus Kartenset

Das GFK-plus Kartenset (siehe auch Kapitel 5.f, s.235) stellt unter anderem drei Systemkarten zur Verfügung. Sie zeigen uns die Vorteile, die ein Team als Boss hat. Mit den Karten könnt ihr die Herausforderungen, vor denen ihr steht, gut verstehen und euch entsprechend darauf einstellen. Insofern dienen die drei Systemkarten der Vorbereitung des Teams darauf, selbst Boss zu sein.

Download Kartenset PDF

Wir haben uns nicht nur als Individuen, sondern auch als Menschheit lange in dominanten und funktionalen Systemen aufgehalten und tun es immer noch. Sie üben einen sehr hypnotischen Einfluss auf uns aus. Die Sprache dieser Systeme wirkt trennend oder vereinnahmend. „Du kriegst den Menschen aus dem Dorf, aber das Dorf nicht aus dem Menschen", heißt es. Die Dominanz von Personen, Regeln und Formalismen hat unser Bewusstsein dressiert, trainiert und gebannt. Aus dieser Verstrickung werden wir uns jetzt lösen und in eine fürsorgliche Kultur mit verbindender Kommunikation überwechseln. *„Das ist kein Vorschlag. Das ist ein Auftrag"*[15]

Manche von uns tragen eine Uniform und sind *die Polizei, die Krankenschwester* oder *der Paketdienst*. Wir sind Techniker*innen oder Wissenschaftler*innen mit bestimmten Titeln. Daneben sind wir Mutter und gleichzeitig auch Tochter, Vater und auch Sohn, Chef und gleichzeitig auch Befehlsempfänger. Alle haben wir ineinander verschachtelte Positionen, Funktionen und Rollen inne. Als gemaßregelter Teil und ökonomischer Faktor der großen, sozio-ökonomischen Maschine haben wir das essenzielle Menschsein und damit unser Wesen vergessen und so den guten Zugang zu unserer ureigenen Ressourcenquelle verloren, in dem sich auch die Qualitäten der Menschlichkeit und der tiefere Sinn der Menschheit finden lassen.

Im ersten Schritt werden wir eine integre und völlig emanzipierte Position betreten und ahnen dabei eine frische Macht, die unsere eigene, natürliche Macht ist. Es gibt etwas Richtiges in jedem Falschen und das sind wir selbst unserem Wesen nach. Leider ist damit alleine noch nicht viel möglich. Es fehlt noch die gute Verwirklichungsstruktur, welche die Kräfte des Teams zusammenführen und positiv kanalisieren kann. Das nächste Richtige im Falschen wird also unsere Vernetzung sein müssen. Sie erschließt uns erst die unglaublichen Möglichkeiten von Richtigem und Gelingendem. Mit dem Vier-Schritte-Kreis (siehe Kapitel 4.b, s.137: Der Vier-Schritte-Kreis von GFK-plus) werden wir das praktisch umsetzen lernen.

---

[15] Zitat von Thomas Gast, Männerschmiede

Viele haben versucht, sich aus den herkömmlichen dominanten und funktionalen Systemen zu befreien, doch der Mensch ist ein Systemwesen und wird in Gemeinsamkeit immer Systeme bilden und in ihnen leben. Sogar ein großer Teil des Gehirns ist nur dafür zuständig, das gemeinsame Spiel zu verstehen und mitspielen zu können. Es geht also weniger darum, sich aus den Systemen zu befreien als vielmehr um die Befreiung der Systeme selbst.[16]

Wir brauchen nur in eine beliebige Organisation zu gehen und merken: Da steckt System dahinter. Und genau das ist gemeint: Die Organisation ist nicht das System, sondern das System steckt hinter dem organisierten Miteinander. Aber wo steckt es denn genau? Wenn alle Menschen aus dieser Organisation auf den Malediven Urlaub machen würden und am Ende gar nicht wieder kommen würden, weil es dort so schön ist, befände sich das System dann auf den Südseeinseln oder in den zurück gelassenen Gebäuden und Aktenschränken? Wir ahnen das das System ein Wechselspiel ist zwischen den physischen Strukturen einer Organisation und unserem Geist mit seinen geistigen Strukturen.

Was noch hinzu kommt: In diesen Systemen haben wir bestimmte Fähigkeiten entwickelt und orientieren uns im Alltag viel lieber nach unseren Fähigkeiten als nach unseren Schwächen. Doch im Rahmen von „Das Team ist der Boss" beginnen wir ein neues Spiel und werden uns darauf einlassen müssen, erst einmal etwas unbeholfen loszulegen, um neue Fähigkeiten auf einem anderen Niveau zu entwickeln.

Menschen wählen ihr Projekt und setzen es aus guten Gründen um. Es ist wichtig, dass sie dazu zuerst bei sich selbst ankommen und dann zueinander finden. Bisher kam es vielleicht trotz aller ernsthaften Bemühungen zu keinem vertrauenswürdigen Frieden. Sie können in der Vorbereitungsphase von „Das Team ist der Boss" ihre Konflikte lösen und sich ausreichend versöhnen. Konflikte sollen nicht ihr Boss sein. Auch unter langjährigen GFK-Trainer*innen konnten wir das immer mal wieder beobachten: Obwohl nach einiger Zeit viele Konflikte professionell gelöst waren, blieb eine eigentümliche und grundlegende Konflikthaftigkeit weiterhin bestehen. Der hintergründige Stress, die Anspannung und das Misstrauen verlassen einige Teams nie wirklich. Manche Personen melden sich auf immer neue Seminare an und glauben immer wieder aufs Neue, jetzt an dem Universalschlüssel zu feilen, der den Tresor zur inneren Freiheit und zur friedvollen Gemeinsamkeit öffnet. Dieses Spiel der Selbstoptimierung und Potenzialerweiterung ist allerdings auch von einer steigenden Frustration und Hoffnungslosigkeit geprägt und irgendwann einmal hat man es lange

[16] Bisher werden die Systeme intuitiv im zwischenmenschlichen Umfeld identifiziert. In ihrem Kern sind die Systeme jedoch kollektiv erzeugte Muster und Dynamiken des Geistes, die teilweise bewusst und teilweise unbewusst in uns wirken. Natürlich manifestieren sich die Erscheinungsformen der Systeme in der physischen Welt und auch die kulturelle Gestaltung des Miteinanders passiert dort.

genug gespielt. Am Ende suchen manche gar nicht mehr nach der gelingenden Gemeinsamkeit, sondern nurmehr nach ihrer ungestörten Unabhängigkeit, die der amerikanische Psychologe und Autor Chuck Spezzano den Trostpreis des Egos nennt. Die Gewaltfreie Kommunikation hat jedoch nicht die Independenz zum Ziel, sondern sucht die Interdependenz, also die interaktive Balance von Freiheit und Eingebundenheit.

Systemkarte S1 - herkömmliche funktionale

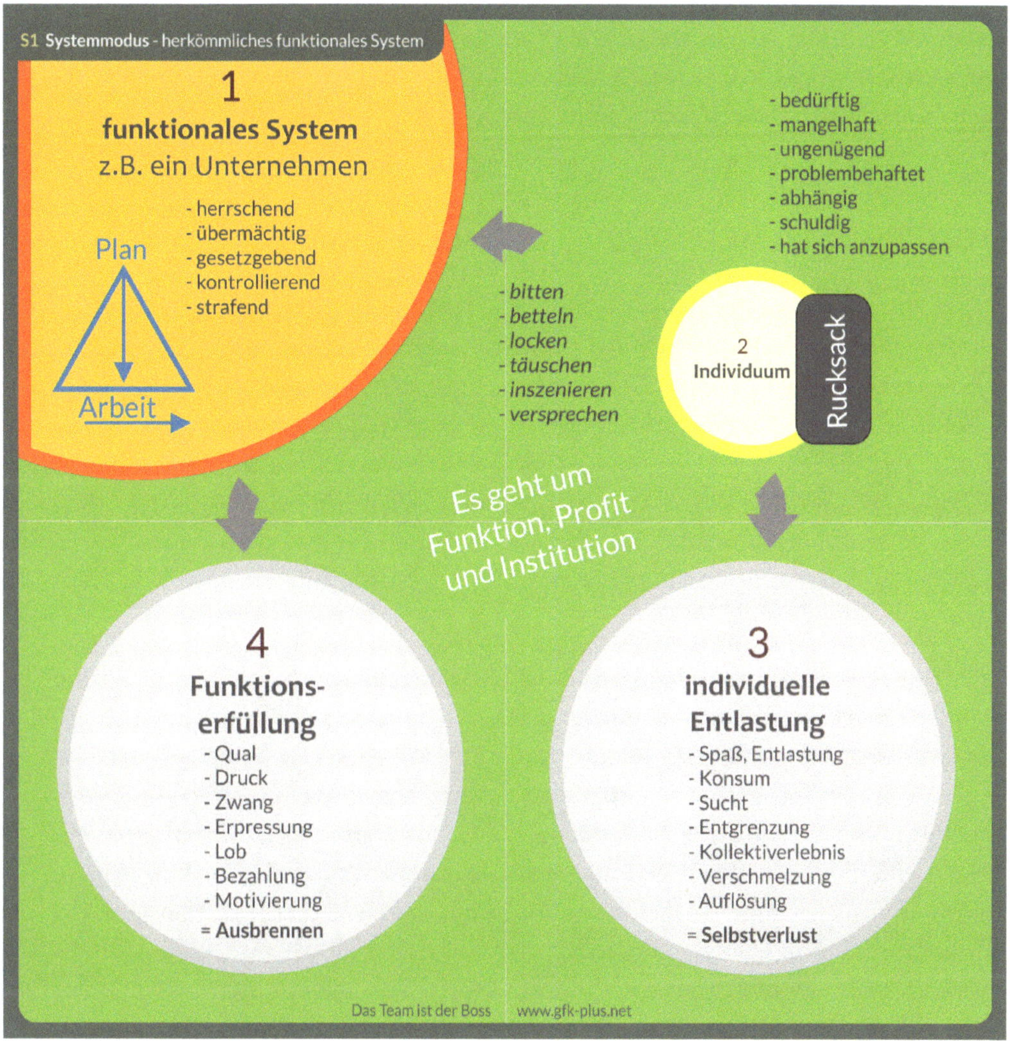

Hier seht ihr eine erste GFK-plus Karte aus unserem GFK-plus Kartenset. Als ich begonnen habe, diese Methode zu entwickeln, wollte ich sie in eine einfache Form bringen, mit der man sie gut weitergeben und erklären kann. Deshalb gibt es unter anderem auch drei Systemkarten. Mit ihnen können wir zeigen, was die Unterschiede zwischen einem herkömmlichen funktionalen System und einem fürsorglichen System sind. Wir werden in diesem Buch nach und nach noch alle anderen Karten im Kartenset durchgehen, das im Tooldepot zum Download bereitsteht (siehe Kapitel 5.f, s.235).

Auf der Systemkarte S1 findet ihr ein typisches funktionales und hierarchisches System auf dem ersten Feld, das ich orange dargestellt habe. Dieses Feld werden wir in der nächsten Karte auf den zweiten Platz schieben, doch hier erscheint es mächtiger und wichtiger als das Individuum, dem deshalb nur das zweite Feld zugeordnet wurde. In seiner Größe überragt das System deutlich das Individuum. Wir kennen das Gefühl, wie es ist, vor einer Schule, einer Institution oder der Tür des Chefs zu stehen. Das System erscheint als die übermächtige Quelle von Allem. Wie Vater oder Mutter lässt es uns wie kleine Kinder aussehen, die bedürftig, mangelhaft und abhängig sind. Als Über-Ich haben wir das System als Gebots- und Verbotsinstanz in unsere Psyche integriert und von dort aus beherrscht es uns unbemerkt mit unserer eigen Stimme und an unserem Herzen vorbei. Ein schwerer schwarzer Rucksack voller Probleme, Defizite und Schwächen belastet unser Reste-Ich, das Individuum. So sehr man sich auch anstrengen mag, der Rucksack wird ein Leben lang bleiben und nur das Gewicht kann sich etwas verändern. Diese Last kennzeichnet die Makelhaftigkeit der leidenden Kreatur und ihren mühsamen Lebenskampf, den sie am Ende verlieren wird. Ihre Schuld wurzelt fest in der Urschuld. Nackt haben wir als äußerst bedürftige Wesen die Welt betreten, bzw. sind in sie geworfen worden. Nicht einmal die Atome des Körpers halten es lange bei uns aus und alle sieben Jahre schleppt sich die einigermaßen selbstähnliche Gestalt mit neuer Materie durch die Gegend. Nur der Rucksack bleibt uns treu.

Wir versuchen alles, um in dem funktionalen System eine gute funktionale Position zu ergattern und dort eine gute Figur zu machen. Die Art des Mitmachens ist in großen Zügen bereits vorgezeichnet. Es gibt in den Systemen schon den Plan, der nur von irgendjemanden ausgeführt werden will. Auch das Ergebnis ist meist schon vorbestimmt. Es ist nicht unser Plan oder ein von uns erstrebtes Ergebnis. Es mag nicht einmal eine gute, konstruktive und sinnvolle Tätigkeit sein, doch wir werden dafür entlohnt, unsere Kräfte zur Erfüllung dieses Planes zu verkaufen. Also tun wir, was wir können, um die Stelle zu ergattern, denn die Alternative wäre, ohne irgendetwas dazustehen. Und wohin könnten wir dann gehen? Für uns mit unseren Gefühlen und Bedürfnissen interessiert sich so gut wie niemand, es sei denn, wir fallen störend auf.

Wir mühen uns logischer Weise Tag für Tag, um die geforderten Ergebnisse zu leisten. Dabei bleibt in uns jede Menge ungenutzter Geisteskräfte und soziale Bedürfnisse übrig und dieser dynamische Überschuss sorgt für eine innere Anspannung. Dieses Spiel erfüllt uns nicht. Wir können das überschüssiges Potenzial der Geisteskräfte nicht in die Systeme einbringen und so leiten wir sie wie mit einem Blitzableiter ab, indem wir fernsehen, trinken, rauchen, ausgehen oder vor der Spielkonsole die Zeit totschlagen. Wobei wir eigentlich nicht auf die Zeit, sondern auf unsere Lebendigkeit einprügeln. Um unsere sozialen Bedürfnisse auszutoben und dabei auch die Last der ungenutzten Individualität für einen Moment abzuschütteln, suchen wir unterschiedliche Entgrenzungserfahrungen. Einkaufsexzesse, Gruppenevents, Alkohol, sportliche Exzesse, und immer mehr die Soziale-Medien-Hypnose lassen das störende

Selbst in den Hintergrund treten. Sogar eine Depression hat einen Geschmack von Erlösung. Man löst sich einfach im leeren Grau auf. Endlich Ruhe, Ruhe vor sich selbst. Nur eben kein Frieden.

Einen Kreislauf kennt der funktionale Systemmodus dieser Karte nicht, sondern nur zwei Sackgassen: Erst die Funktionserfüllung für das System auf dem Feld 4. Wir nennen das *arbeiten*. Danach kommt die individuelle Entlastung auf dem Feld 3. Beide Felder werden uns auf der nächsten Karte wieder begegnen, nur sind sie dort weder Sackgassen noch grau dargestellt, da wir sie in einen Kreislauf einbinden.

Auch wenn das Individuum noch so sehr hoffen mag: In einem funktionalen System gibt es für eine befriedigende Lösung keinen Plan, kein Bedürfnis und auch keine Sensitivität, weder heute noch irgendwann. Die Menschen erscheinen in funktionalen Systemen als Funktionsträger, seltsam machtlos, wenig sensitiv und selbstentfremdet. Sie sind nicht sie selbst, sondern nur mehr Beamter, Techniker, Kellner oder Kunde. Den anderen Individuen geht es also ähnlich wie uns auch, nur dass sie vielleicht etwas weiter oben schwimmen oder ihr Unglück besser tarnen. Das Prinzip aber ist durch den Systemmodus festgelegt.

Auf der nächsten Karte sehen wir den völlig anderen Aufbau eines fürsorglichen Systems. Die selben Menschen erleben etwas anderes und erscheinen auch anders, nämlich als sie selbst. Denn eine Selbstorganisation kann auf kein Selbst nicht verzichten.

Systemkarte S2 – Das Team als Boss

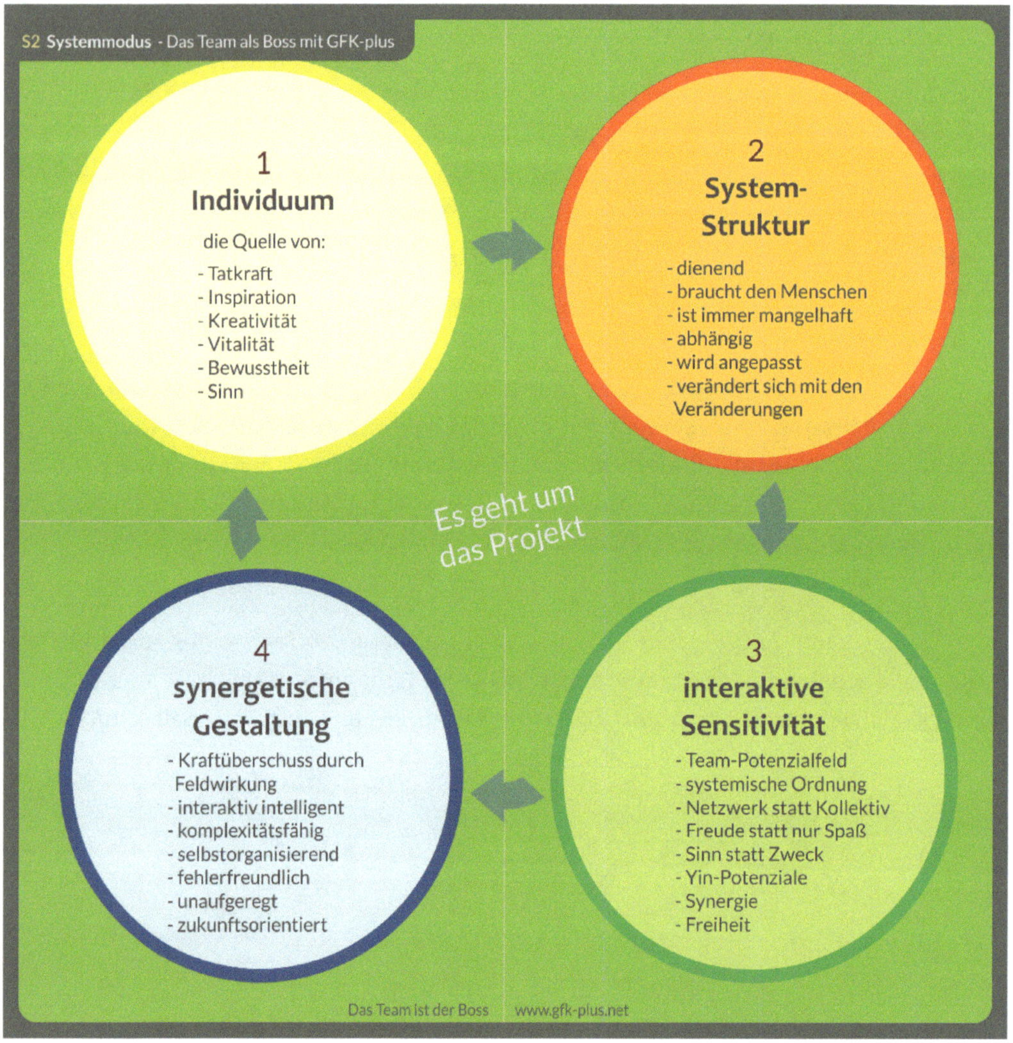

Die zweite Systemkarte zeigt den Vier-Schritte-Kreis. Er ist das vielleicht wichtigste Modell für ein Team als Boss. Gut erkennbar sind seine vier Felder, die uns vier unterschiedliche Bereiche des Organisierens aufzeigen. Diese Felder werden im Uhrzeigersinn mehrfach durchschritten, was dem Modell den Namen gibt. Der Vier-Schritte-Kreis ist auf mehreren Karten dargestellt und sie zeigen unterschiedliche Inhalte, je nachdem, auf was uns die jeweilige Karte hinweisen möchte. Bei dieser Karte hier geht es um die Lebendigkeit der Menschen und wie wir sie in die Projekte hineintragen, damit unser Miteinander klug und selbstorganisiert ablaufen kann. Diese Karte stellt die vier Felder des Vier-Schritte-Kreises so dar, dass wir gut den Unterschied zwischen dem hierarchischen System auf der vorherigen Systemkarte S1 und einem Das Team als Boss erkennen können.

Wir beginnen auf dem ersten Feld des Vier-Schritte-Kreises mit dem Individuum. Der Mensch steht demnach auf Platz eins und alles nimmt von ihm aus seinen Anfang. „Das Team ist der Boss" erzählt also deine und meine Geschichte und nicht die Geschichte einer Institution, für die wir arbeiten. Das machen wir, indem wir nicht eine Institution, sondern die Verwirklichung gemeinsamer Projekte in den Mittelpunkt stellen. Projekte werden immer von Menschen gestartet. Auf dem ersten Feld nimmt das Projekt also seinen Anfang und das Individuum ist dafür die Quelle von Entscheidung, Tatkraft, Inspiration, Kreativität, Vitalität, Spiritualität, Bewusstheit und Sinn. Ein Mensch mag eine kleine oder große Quelle sein, das spielt erst einmal keine Rolle. Aus kleinen Quellen speisen sich die großen Flüsse. Jede Reise beginnt mit einem ersten Schritt. Wir sollen also zusammen wirken und vom Start schnell bis zu dem Punkt kommen, wo das gemeinsame Projekt als mächtiger Fluss zu wirken beginnt. Und am Ende wollen wir wieder bei uns selbst ankommen.

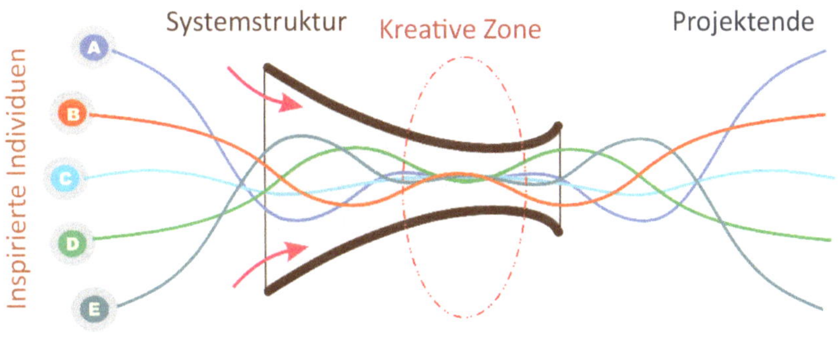

Abb. 10: Mit der Systemstruktur kanalisieren sich die unterschiedlichen Motivationen der Teammitglieder hin zu einer kreativen Zone.

Auf dem 2. Feld dieser Karte steht nicht das System an sich, sondern nur die klug gewählte Systemstruktur, die unser Projekt momentan optimal unterstützen soll. Sie dient den Teammitgliedern dazu, ihre Potenziale zu bündeln. Die individuellen Kräfte sollen zusammenfließen und sich auf die Richtung fokussieren, in der sich die Utopien, Visionen und Ziele verwirklichen lassen. Die richtigen Personen sollen also in der für sie günstigsten Struktur ein Team bilden und ihr Projekt realisieren. Doch nur deshalb, weil sich Menschen in einer Struktur zusammenfinden, sind sie noch kein wirkliches Team.

Auf dem dritten Platz formt sich das Team und richtet sich schrittweise auf das Projekt aus. Anfangs entsteht ein Kraftfeld aus Potenzialen, Utopien und Ideen. Jedes Team, das wirklich ein Team ist, kennt dieses Kraftfeld und auch in Partnerschaften und Familien ist es immer wieder spürbar und wirksam. In diesem Potenzialfeld keimen und reifen die Projekte und mit ihnen das Team. Das interaktive Kraftfeld, das auf dem 3. Feld des Vier-Schritte-Kreises entsteht, nützen wir dann im nächsten Schritt auf dem vierten Feld zur Realisation. So können wir organisieren und leisten, ohne dabei auszubrennen. Durch die feinere Sensitivität, die sich auf dem 3. Feld ausprägt, bekommen wir eine interaktive und auch empathische Intelligenz, die das gemeinsame Wirken auf dem 4. Feld angemessen synergetisch werden lässt.

Das Ganze geschieht ohne Perfektionsanspruch. Alles muss immer nur angemessen und gut genug für das momentane Projekt bzw. den momentanen Projektabschnitt sein. *Good enough for now and save enough to try.* So entsteht in mehreren Durchläufen nach und nach eine qualitative Anhebung des Prozesses in Form einer Spirale. Dabei zeigt der Aufbau eine große Flexibilität, was ihn sehr reaktionsfreudig macht.

Die Grenzen liegen bei den Beteiligten, die eben so weit kommen, wie sie diesen Weg gehen können und wollen. Eine zweite Wachstumsspirale ergibt sich, weil die Mitarbeitenden in ihren Partnerschaften, Familien Freundschaften und privaten Projekten ebenfalls auf Elemente und Tools von „Das Team ist der Boss“ zurückgreifen werden. Später werden sich dann mehrere Arbeitsteams für größere Projekte zusammen managen und am Ende kommen die noch größeren Communities dazu (siehe Kapitel 6, s.239: Integrales Management). Auf diese Weise findet mit GFK-plus das Wachstum organisch von innen nach außen statt.

Systemkarte S3 – Die Schritte für ein Team als Boss

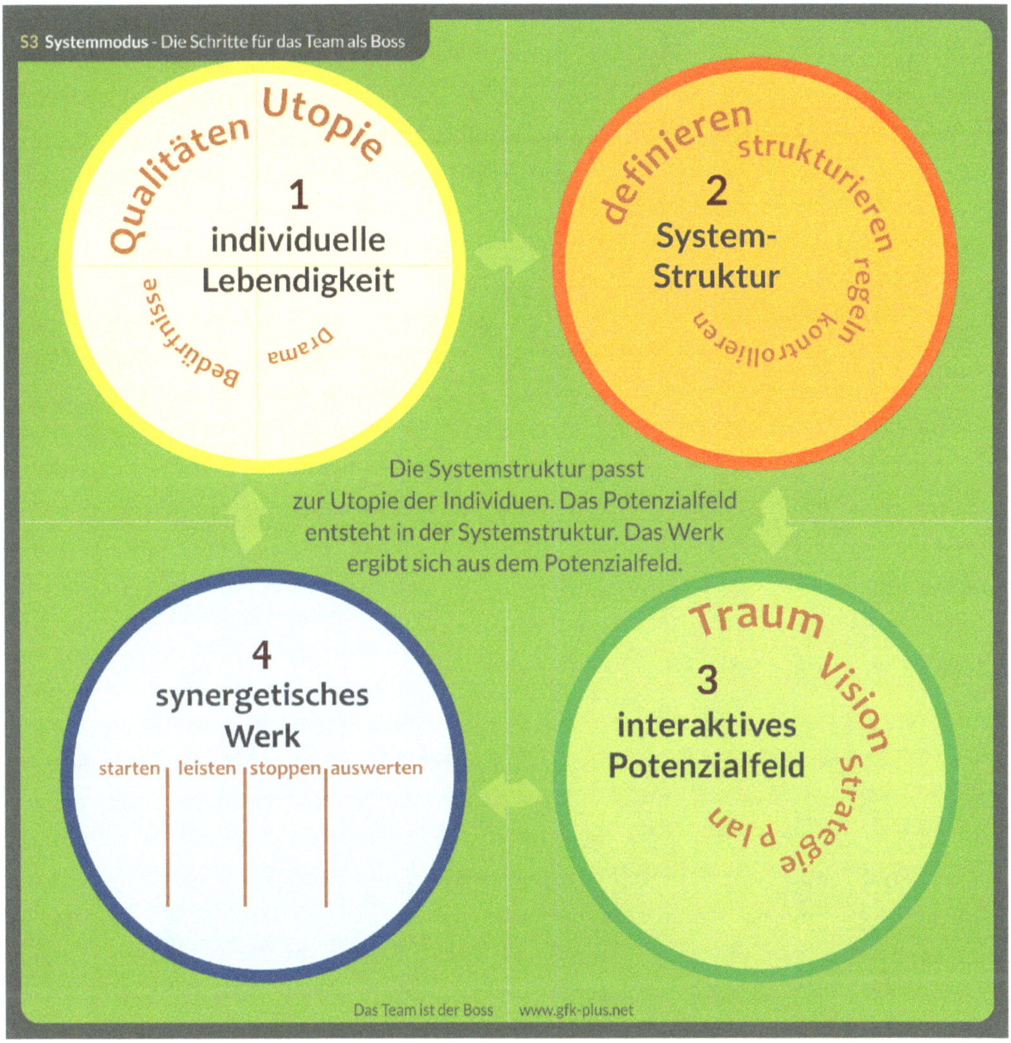

Diese Darstellung des Vier-Schritte-Kreises gibt uns einen Überblick über organische Selbstorganisation und gewährt uns ein Verständnis darüber, wie das Team als Boss seine Projekte praktisch angehen kann. Das Spiel beginnt für uns persönlich auf dem ersten Feld vielleicht sogar mit einem Drama. Wir verwandeln das Drama über die Bedürfnisse hin zu den Qualitäten[17] und kommen am Ende bei einer Utopie an, die in uns lebt oder zumindest bei etwas utopischem Potenzial, mit dem wir die Utopien anderer unterstützen können. Somit sind wir mit unserer positiven, zukunftsgewand-

[17] Wie das geht, werden wir noch mit den Toolkarten für dieses Feld zeigen.

ten Lebendigkeit verbunden, die wir in das gemeinsame Spiel einbringen können. Außerdem tut solch eine Haltung dem Selbstbild und Selbstgefühl gut.

Dann machen wir einen Schritt auf das 2. Feld der Karte. Hier geht es um die Systemstruktur, also um unseren Arbeitsbereich. Je nachdem, in welcher Prozessphase wir uns befinden, braucht es eine andere Ausstattung dieser Struktur. Zuerst ist es wichtig, das Projekt so zu definieren und zu strukturieren, wie uns das für das Projekt hilfreich erscheint. Dann werden wir unser Arbeitsumfeld immer weiter optimieren und auch kontrollieren müssen, je nachdem, wie wir gerade zusammenarbeiten, leisten und wirken. Durch die Struktur bekommen wir auch den Rahmen für unser Teamerleben. Am Ende können wir ein erfolgreiches Projekt standardisieren und automatisieren und es mehr und mehr den Maschinen überlassen.

Es geht weiter auf das Feld 3. Dort sammeln wir die Ideen und Utopien der einzelnen, was anfangs eher einem gemeinsamen Träumen [18] gleicht. Doch aus diesen individuellen Träumen findet sich nach und nach die geteilte Vision, die uns beflügelt, so wie sich ein Garten aus Blumen, Sträuchern und Bäumen zusammensetzt. Auch das Gras sollten wir erwähnen. Denn selbst wenn die einzelnen Halme unspektakulär wirken, so kann man sich kaum einen Garten ohne einen gepflegten Rasen oder eine Blumenwiese vorstellen. Eine bepflanzte Schutthalde kann da nicht mithalten.

Haben wir die Vision, schmieden wir aus strategischen Fragen eine StrategieMap (siehe Kapitel 6.b, s.247: StrategieMaps), die wir dann mit Plänen taktisch umsetzen können. Das ist bereits die erste gemeinsame Arbeit. Also begeben wir uns dafür auf das vierte Feld im Vier-Schritte-Kreis, krempeln die Ärmel hoch und legen los. Wir sehen dort für die Organisation der Arbeiten beispielgebend ein einfaches KANBAN-Bord[19], das man sich auf eine Pinnwand zeichnen kann. Von der Auflistung der Teilprojekte wendet sich das Team einem bestimmten zu, startet, leistet, und beendet dieses. Ergebnisse werden überprüft. Neben Kanban gibt es natürlich viele Möglichkeiten, diesen vierten Schritt gut zu begleiten und das Team kann frei wählen oder hat bereits ein Tool in Verwendung. Für einfache Tätigkeiten braucht es auch nur etwas Absprache vor Ort. Die Synergie hilft dem Team, dass alles wie geschmiert läuft.

---

[18] Dieser Schritt mag an den ersten Schritt von Dragon Dreaming von John Croft erinnern. Er hat versucht, mit Schritt 1= Dream und Schritt 4 = Celebrate zwei nicht funktionale Felder in seine 4-schrittige Projektorganisation einzubringen. Mit der Zeit erkennt man als Methodenentwickler, dass Ähnlichkeiten mit anderen Systemen wenig Aussage haben. Jedes Modell muss sich an seiner speziellen Funktionalität messen lassen. Dragon Dreaming kann jedenfalls weit mehr von GFK-plus lernen als umgekehrt.

[19] *Kanban* ist der japanische Begriff für *visuelles Signal.* Arbeitsschritte werden z.B. einer Tabelle mit den Spalten | To Do | Work in Progress | Done | eingetragen. Damit weiß jeder im Team, was gerade ansteht und wie der Prozess läuft. Das ist hier nur als einfaches Beispiel einer klugen Organisation der Arbeitsschritte erwähnt.

Projekt

TO-DO	IN ARBEIT	FERTIG
I. Vision formulieren		
II. Strategie formulieren		
III. Taktik/Konzepte überlegen		
1. Material besorgen		
2. Prototyp bauen		
3. Prototyp erproben		
4. Prototyp verbessern		
5. Fortschritte auf Social-Media posten		

Jetzt gilt es noch, rechtzeitig zu stoppen, das Wirken zu unterbrechen und zu sich selbst zurückzukehren, auf das erste Feld vom 4-Schritte-Kreis. Hier machen wir eine Pause und treten aus dem System aus. Dadurch verlieren wir uns nicht zu sehr in einer Rolle oder einem Team und bleiben uns selbst und unserem Lebensweg treu. Wir erholen uns und schauen, was dieser Durchgang mit uns gemacht hat. Dann starten wir den nächsten und gehen wieder weiter auf das zweite Feld, auf dem wir die Struktur neu justieren. Der nächste Zyklus beginnt mit neuer Kraft und besserer Projektintelligenz.

Allgemeine Betrachtungen zum Systemverständnis

Konfliktsituationen scheinen oft sehr klar an einer Person, ihrem Charakter und ihren Schwächen zu hängen. Wenn soziale Systeme das Miteinander spannungsreich organisieren, dann sind allerdings jede Menge solcher „persönlichen Probleme“ zu erwarten, die jedoch alle viel mit dem System zu tun haben.

Für einen gelingende Teamarbeit darf das Projektsystem (Abteilung, Projektgruppe, Unternehmen) nicht unter zu viel Stress stehen. Dazu passt das Team als Boss sein eigenes Arbeitsumfeld an die Teilnehmenden und das Projekt an. Hierfür stehen bei „Das Team ist der Boss“ bestimmte Tools zur Verfügung zu denen wir später kommen. Der Philosoph und Autor Michael Schmidt Salomon macht in seinem Vortrag „Keine Macht den Doofen!“[20] sehr eindrucksvoll auf das Problem aufmerksam, dass sich die

---

[20] Michael Schmidt Salomon; Keine Macht den Doofen! Der Vortrag zum Buch ist im Internet zu finden.

individuelle Intelligenz heute kaum zu einer großen Systemintelligenz addiert oder multipliziert. Eigentlich würden wir genau das erwarten, doch das genaue Gegenteil ist der Fall: Gemeinschaften wirken immer wesentlich naiver, ja richtiggehend trotteliger, als es die Individuen faktisch sind.

Als Gemeinschaft ziehen wir eine destruktive Schleppe hinter uns her und zerstören im Kleinen unsere Partnerschaften und Familien. Global vernichten wir die Lebensgrundlagen für immer mehr Arten auf unserem Planeten, bis wir irgendwann einmal selbst dran sind und über unsere eigene Klinge springen werden. Das ist alles andere als ausgeklügelt. Um das zu erkennen, muss man auch kein Philosoph oder Wissenschaftler sein. Fasziniert und erschreckt schauen wir als Einzelne unserem gemeinsamen Wirken zu, doch ohne groß etwas ändern zu können. Das Individuum kämpft gegen das System einen sehr ungleichen Kampf und Systeme neigen dazu, sich gegen ihre Veränderung zu wehren.

Leider hängen die meisten Konflikte stark mit den Strukturen unseres funktionalen Systems zusammen. Doch eine Transformation der problematischen Konventionen und Strukturen von Seiten eines einzelnen Individuums ist höchst selten realistisch und zu kleine Veränderungen helfen heute auch nicht mehr wirklich weiter. Die Hoffnung, dass die zuständigen „Mächtigen da oben" wirksam eingreifen würden, erweist sich in der Regel als völlig unrealistisch, unter anderem, weil diese Menschen ja ebenfalls nur funktional in die destruktiven Kollektivstrukturen eingebunden sind und diesen oft noch schlechter widersprechen können als andere, die weniger zentral eingebunden sind. So erscheinen die „Gesetze des Marktes" dem Chef natürlich bedeutsamer als dem Angestellten, weil er mit dieser Dynamik auch viel stärker beschäftigt ist. Funktionale Positionen und Rollen verlangen eben, dass man auf ihnen „funktioniert".

Wir können die Schwachstellen eines bestehenden Systems verstehen und eine lebensdienlichere Systemstruktur dafür entwickeln. Dort, wo wir freien Zugriff haben, können wir unsere Systeme der Zusammenarbeit anders planen. Es geht auch um die Dekonstruktion der antrainierten Spannungsstrukturen in unserem Kopf. Zum Teil genügt es dazu, den Unterschied zwischen dem Systemmodus der Funktionalität und dem Systemmodus von „Das Team ist der Boss" zu erkennen, besonders in Hinblick darauf, was es für uns selbst bedeutet, in den einen oder dem anderen Modus eingebunden zu sein.

Nach dem wir hier zusammen einen Schritt gemacht haben, ist es sinnvoll, nicht gleich ein „besseres System" für eine „bessere Welt" zu planen und damit den gleichen Fehler zu machen, wie bisher. Organisieren wir für andere, landen wir zu leicht in einer Ideologie. Bisher sind wir so nicht sehr weit gekommen. Der Erfolg unserer eigenen

Projekte wird uns recht geben und für andere attraktiv sein. Sie können dann unserem Beispiel folgen und ihre Projekte selbst planen.

Die Systemstrukturen, die heute unsere Gemeinsamkeit bestimmen, wurden zwiebelschalenförmig in Reaktion auf immer neu auftretende Probleme festgelegt. Wir nehmen Zuflucht zu den Regeln, die top-down von den Leuten bestimmt wurden, denen wir die Herrschaft über uns gewährten, weil auch das Teil der Konvention ist. Es sind deren Maßnahmen, die unser Leben bestimmen. Mit ständigen Updates versuchen sie, das System zu verbessern und heute, wo wir an seiner Komplexitätsgrenze angekommen sind, wollen sie es zunehmend nur noch retten. Denn die Welt verändert sich und durch die steigende Anzahl der Menschen und durch die zunehmende Vernetzung erhöht sich die Komplexität in den Systemen rasant. Bevor wir also unsere ganze Hoffnung in Nachbesserungen und Updates setzen – was wir eigentlich gut können - starten wir diesmal lieber nach einem neuen Prinzip und gehen somit visionär vor.

Fazit: Selbstorganisation ist der nächste Schritt

Wir stehen heute vor notwenigen Schritten in eine Richtung, in der wir noch keine ausgetretenen Wege vor uns sehen. Das größte, für uns zu betrachtende System ist mittlerweile die Welt, die gesamte Menschheit und die komplette Umwelt, denn die zentralen Probleme sind von so weltumspannender Größe, dass wir bereits mit dem Mond und Mars als Ausweichmöglichkeiten liebäugeln. (Wird sicher grandios funktionieren.) Dabei verlangen all diese Herausforderungen wegen der immer stärkeren Vernetzung von Allem mit Allem nach sowohl global als auch integral gedachten Lösungen. Die in einer Weltgemeinschaft aufgeworfenen Projekte sind zu komplex, als dass wir sie mit unseren funktionalen Ansätzen noch erfolgreich managen könnten: Wie ernährt man 20 Milliarden Menschen und hält dabei die Meere sauber und die Böden fruchtbar? Wie erhalten wir uns die Regenwälder und verhindern die Ausdehnung der Wüsten? Was ist die Energiequelle der Zukunft, bei deren Gebrauch wir uns nicht gleichzeitig unsere Zukunftsfähigkeit untergraben? Wie nutzen wir Rohstoffe, ohne sie zu verbrauchen?

Das durch die sich einschleichende Systemüberlastung hervorgerufene Chaos zeigt sich in Form von trennenden Kräfte, die bis in die Partnerschaften hinein und bis in die innerpsychischen Bereiche des Menschen wirken. Als Antwort darauf hat die große Migration des Bewusstseins hinter die Nebelwand der Süchte und in diverse virtuelle Scheinwelten begonnen. Wir werden zu erschöpften Kulturflüchtlingen und das Problem liegt weniger bei uns als in der Qualität unseres Zusammenspiels. Das Große zeigt sich im Kleinen wie in den Scherben eines zersplitterten Spiegels. Innere

Einsamkeit, Zwist und Separation sind die Folge, da das soziale Wesen Mensch in einer dominant oder funktional ausgerichteten Umgebung zu wenig Bewusstseinsnahrung erhält und ihm die lebensdienlichen Zusammenhänge entgleiten. Unser differenzierendes und kombinierendes Denken findet zwar immer in Systemen statt und ist an sie gebunden, trotzdem denken und fühlen wir viel zu wenig auf eine umfassende Weise systemisch.

Das Kleine und das Große – die Familien und die Weltgemeinschaft – alles hängt auf phänomenale Weise miteinander zusammen und stützt oder hemmt sich wechselseitig. Auf welcher Kulturstufe haben wir Hoffnung, gute Antworten auf die heutigen Herausforderungen finden zu können? Im bisherigen Modus der dominanten bzw. funktionalen Systeme sind wir an eine wesentliche Grenze gekommen. Insofern dürfen wir für unsere gemeinsame Zukunft zunehmend Chaos prognostizieren, sollten wir dem funktionalen Systemmodus treu bleiben wollen.

Es wird Zeit, ein Miteinander der fürsorglich vernetzten Menschlichkeit anzustreben. Doch solange es sich dabei nur um futuristische Gedankenspiele handelt und wir keine praktische Verwirklichung anstreben und erreichen, ist unsere Zeit verschwendet. Nur mit Wünschen und Apellen können wir keine konkreten Probleme lösen. Eine Theorie muss sich an der Praxis beweisen. Ohne einen guten Plan wird es auch nicht gehen, und dieser Plan wird die Menschen mit ihren momentanen Stärken und Schwächen zu den nötigen Veränderungen anregen und befähigen müssen.

„Das Team ist der Boss" soll interessierte Menschen unterstützen, dem aufkeimenden Miteinander der Zukunft lokal zur Geburt zu verhelfen. Eine Kultur der Fürsorglichkeit wird sich dabei nicht gegen die bestehende funktionale Kultur richten, sondern diese bei den für sie nicht mehr zu bewältigenden Problemen effektiv unterstützen. Bei Erfolg wird sie diese nach und nach überlagern und ablösen. Daraus ergibt sich ein proaktiver, sinngetragener und friedlicher Systemwandel, der unauffällig und wie von selbst geschieht.

Für diesen Systemwandel braucht es die gemeinsame Mächtigkeit verschränkter Kräfte und nicht die individuelle Dominanz über Menschen und Kollektive. Jede Person soll dafür die mächtigste Version ihrer Selbst werden. Mit Regeln und Konventionen, die alles und jeden über einen Kamm scheren, werden Beziehungen nicht ihre transformatorischen Zauberkräfte entfalten. Trotzdem braucht es ein solides Gerüst, auf das wir uns stützen und verlassen können. Wir können die Funktionalität also nicht aushebeln, sondern werden sie fürsorglich und kreativ überlagern.

Jetzt bist du es, auf den es ankommt und die Teams, in denen du mit deinen Stärken und Schwächen mitorganisierst. Sage mir nicht, dass das nicht funktionieren wird, da die anderen nicht mitmachen werden. Es müssen sich für einen guten Anfang nur wenige anschließen und du bist in ihren Augen auch nur ein anderer. Du ahnst jedoch, dass du deinen Anteil durchaus schaffen könntest. Du bist ein anderer, der beginnen kann, einer, der den Unterschied machen wird.

Jeder kann „Das Team ist der Boss" im Kleinen erproben und eine neue Lebensrealität in den eigenen Familien, Teams und Freundschaften aufbauen. Die Kultur der Fürsorge ist ihrem Prinzip nach eine Graswurzelbewegung. Baue nicht auf besondere Menschen, sondern auf euer besonderes fürsorgliches Zusammenspiel, das du mit das „Team ist der Boss" systematisch einleiten kannst. Wenn du dranbleibst, wird es euch mehr und mehr gelingen. Und wenn es euch gelingt, kann es allen gelingen.

Die 6 Hürden für das Team als Boss

Es geht immer um die erfolgreiche Praxis. Alle Methoden, Modelle und Tools sind Hilfestellungen und nur dann brauchbar, wenn sie sich im Alltag beweisen.

Wird das Team offen dafür sein, das Programm „Das Team ist der Boss" zu erproben? Das ist die wichtigste Frage und Entscheidung. Menschen neigen schon einzeln zur Skepsis und in Gemeinschaften gehen sie eher selten neue Wege. Betrachtet man die Dinge allerdings etwas tiefer, merkt man, dass sich mit einem Team als Boss alle auf sich und ihr Team einlassen müssen und nicht etwa auf eine Methode. Die Methode macht es ihnen nur leichter.

Selbstorganisation läuft - wer hätte das gedacht - wie von selbst. Dabei gibt es sechs Hürden, die zu beachten sind. Das Team sollte sich auf diese vorbereiten, denn es bedarf vielleicht etwas Training, bis man sie spielend überwindet. Diese sechs Hürden sind:

1. **Teamkultur**: Eine fürsorgliche Teamkultur errichten
2. **Emotionen und Gespür**: Eine interaktive Sensitivität bekommen
3. **Konflikte**: Das Miteinander von trennenden Spannungen befreien
4. **Methode der Selbstorganisatio**n: Die Zusammenhänge lernen
5. **Toolbox**: Sich jederzeit zu helfen wissen
6. **Integrales Management**: Mehrere Team als Boss wirken lassen

Die ersten drei Hürden sind vorbereitende Hürden, die ihr am besten in ihrer Reihenfolge beachtet und abhandelt.

Hürde 1 – Teamkultur: Anfangs gilt es, sich gemeinsam im Team auf eine Teamkultur zu einigen. Wie das in der Praxis aussehen kann, dazu werden wir gleich noch kommen. Doch ohne diesen ersten Hürdensprung werden wir bei den anderen Hürden zu oft scheitern. Man kann das in etwa damit vergleichen, dass man sich zuerst auf die Software einigt, die man verwenden möchte. Jede Kulturstufe (dominant – funktional – fürsorglich) eröffnet eine völlig andere Welt. In einer fürsorglichen und damit auch sensitiven Teamkultur bekommen wir unter anderem einen komplett neuen Blick auf Gefühle (Hürde 2).

Hürde 2 – Emotion und Gespür: „Das Team ist der Boss" hat viel mit emotional intelligentem Projektmanagement zu tun und wenig mit ausgelebtem Drama, irrationalem Schwelgen und sich händchenhaltend im Kreis zu drehen. Emotionen sind ausgerichtete Lebensenergie. Sie sind unser Antrieb und haben eine eigene Steuerungslogik. Wir sollten sie verstehen, um uns selbst und einander in allen Projektabschnitten begreifen zu können. Nach dem Projekt gilt es die Erfolge zu feiern und die Misserfolge zu bedauern. Auch das hilft, um ein tieferes Verständnis der Dinge zu erlangen.

Hürde 3 – Konflikte: Spannungen sind nur Anzeichen von bisher noch ungelösten Aspekten im Projekt. Man ist also immer noch auf der Suche nach einer für alle stimmigen und gut umsetzbaren Lösung. Selbst wenn diese nicht auftauchen würde, gäbe es trotz der Anspannung immer noch keinen Konflikt, da sich die Menschen in ihrer Ausrichtung einig sind. Sie kommen nur noch nicht an eine bessere Lösung heran. Erst wenn sich die Anspannung von der kreativen Arbeit am Projekt loslöst und sich zwischen die Menschen schiebt, es also immer weniger um das Projekt und den gemeinsamen Erfolg geht, sollten wir von Konflikten sprechen. Dann würde sich die in den Emotionen gebundene Arbeitsenergie an den Menschen und nicht am Projekt abarbeiten.

Diese Art des Konfliktverständnisses ist allerdings an eine fürsorgliche Teamkultur gebunden. In dominant oder funktional organisierten Teams ist eine höhere Vorsicht geboten. Dort wird viel projiziert und Gefühle wirken sich dann anders aus. Deshalb ist die Abfolge dieser drei vorbereitenden Hürden so gewählt: Zuerst sollte das Team die Kulturstufe festlegen, danach eine natürliche Sensitivität entwickeln und dann ein Konfliktverständnis und eine Konfliktlösekultur etablieren. Manchmal wird man auch einige Altlasten des Teams klären müssen, damit sie sich nicht destruktiv auf die Neuorganisation auswirken.

Die nächsten drei Hürden sind jetzt nicht mehr zur Vorbereitung des Teams, sondern drehen sich direkt um das Management des gemeinsamen Projektes. Ein Projekt zeigt uns die sinnvolle und spezielle Zusammensetzung unseres Teams und die Weise, wie wir uns strukturieren und organisieren sollten. Denn das Team sollte in jedem Moment zum Projekt und zum nächsten Schritt passen[21].

Neben der projektorientierten fürsorglichen Teamstruktur sind zusätzliche hierarchische Unternehmensstrukturen nicht immer zu vermeiden – ja wahrscheinlich sogar eher die Regel. Das kann zu Schwierigkeiten führen und alle Beteiligten im Unternehmen sollten deshalb möglichst dem Prinzip der Fürsorge folgen, jedenfalls nach und nach. Alles andere ist für den Erfolg sekundär.

Es gibt unweigerlich eine Hierarchie der Fähigkeiten, die sich in einer Kompetenzkaskade wie z.B. vom Meister über den Geselle bis hin zum Lehrling zeigt. Ein fürsorgliches und sensitives Team wird das Zusammenspiel unterschiedlicher Fähigkeiten verantwortlich beachten. Eine Hierarchie von höher und niedriger gestellten Menschen gibt es allerdings nicht. Die Würde eines jeden Menschen ist vom Potenzial her gleich. Trotzdem bringen sie durch ihre individuelle Haltung, ihr persönliches Format und ihre aktuelle Reife unterschiedliche Früchte hervor. Immer können alle von allen lernen. Deshalb ist es nicht sinnvoll, wenn sich eine Person über eine andere stellt. Für den Kommunikationsfluss wäre das sogar schädlich[22]. Die flexible Ordnung des Teams sollte jedoch immer nahe am Optimum sein, was den Projekterfolg betrifft.

Hürde 4 – Methode der Selbstorganisation: Die positiven individuellen Kräfte sollen in das Projekt einfließen und im Projekt zu einer Synergie finden. Dazu ist eine geeignete Methode (Hürde 4) sehr sinnvoll und oft sogar unentbehrlich. Das merkt man spätestens, wenn die Anforderungen des Projekts und auch das Team größer werden. Dann sollte man die Methode allerdings bereits beherrschen und sie nicht erst mühsam etablieren. Für den Start mit der Methode wählt das Team auch besser ein Projekt oder einen Projektabschnitt, bei dem diese Hürde nicht besonders hoch erscheint.

---

[21] Überlegungen in die Richtung, dass die Projekte das Unternehmen leiten, erkennt man bei der Theory of Constraints (TOC) von Eli Goldratt. Der Engpass einer Produktion wird zum Impulsgeber, bzw. zum Taktgeber aller anderen Prozesse.

[22] Manche Notsituationen oder spezielle Anforderungen stellen eine Ausnahme dar. Während dieser können sich Kommandostrukturen und entsprechende Rangordnungen als sehr sinnvoll erweisen. Der Schwenk auf so eine Kommandostruktur und dann wieder zurück in die fürsorgliche Selbstorganisation will allerdings geübt sein.

Hürde 5 – Toolbox: Für die gute Projektorganisation in einem fürsorglich organisierten Team helfen uns einige wertvolle Tools. Wir nennen sie auch die *GFK-plus Elements*. Manche kennt ihr vielleicht bereits und ihr habt sicher auch eigene Tools für bestimmte Aufgabestellungen in Verwendung. Diese Tools kann ein Team nach Bedarf integrieren, sogar wenn das Team noch nicht bereit ist, sein eigener Boss zu sein. Diese *GFK-plus Elements* einfacher zu lernen als mit der kompletten Methode GFK-plus zu beginnen und sie haben auch für sich genommen einen großen Wert. Deshalb kann sich ein Team durchaus darauf einigen, zuerst einige dieser Tools zu erproben und erst dann mit dem Projektmanagement mit GFK-plus und „Das Team ist der Boss" zu beginnen.

Hürde 6 – Integrales Management: Bei größeren Projekten mit mehreren Teams werden sich Aufgaben ergeben, die weitere Tools erfordern. Damit kommen wir zu dem, was wir integrales Management nennen. Hier kommen also noch einige Elemente und etwas organisatorisches Verständnis hinzu. Zusammen ergibt sich damit ein komplettes Frameset für ein fürsorgliches Projektmanagement.

1. Hürde: Die Teamkultur

Eine Selbstorganisation, die das Team zum Boss macht, verlangt nach Vertrauen, Transparenz und Kommunikation. Alle drei Faktoren sind jedoch stark von der Kultur des Teams abhängig. Wir brauchen deshalb erst einmal eine geeignete Teamkultur, die diese drei Qualitäten fördert. Welche das sein könnte, können wir anhand des Kulturstufenmodells von GFK-plus verstehen.

Doch auch wenn wir eine bestimmte Teamkultur anstreben, so stellt sich immer noch die Frage, wie wir diese im Unternehmen konkret einführen können und was das für jedes Teammitglied bedeuten würde. Hier sind die drei Punkte, die dabei wichtig werden:

a) Wissen über das Kulturstufenmodell von GFK-plus

b) Bauch-Kopf-Herz – Ein Verständnis der drei Steuerungszentren des Menschen

c) Erste Schritte für einen Kulturwandel im Team

1.a) Das Kulturstufenmodell

Die Kultur des Miteinanders in Gemeinschaften entwickelt sich dahingehend, dass der Mensch seine Menschlichkeit immer besser leben kann. Nach dem Kulturstufenmodell gibt es drei unterschiedliche Kulturstufen in Systemen. Sie zeigen den schrittweisen Weg vom Gegeneinander zum Miteinander auf. Eine echte und befriedigende Selbstorganisation auf Augenhöhe ist nur auf der letzten dieser drei Kulturstufen möglich.

1. **Die Kultur der Dominanz**
   Dominanz der starken Menschen
   und Institutionen

2. **Die Kultur des Funktionalität**
   Dominanz der Regeln, Gesetzmäßigkeiten und Verträge

3. **Die Kultur der Fürsorge**
   Dominanz des Herzens

Abb. 11: Die drei Kulturstufen und ihre Symbole

Die Kulturstufen bauen aufeinander auf und jede dieser drei Kulturen hat eine aufsteigend-konstruktive und eine absteigend-destruktive Phase. Wir ahnen, dass wir mit Dominanz – also der dunklen Seite der Macht – heute nur mehr selten Gutes erreichen. Doch in anarchistischen und chaotischen Zeiten schafft brutale Stärke die erste Ordnung. Boss wird das stärkste Individuum, später die stärkste Gruppe und danach die stärkste Institution. Im Vernichtungskampf der mächtigen Institutionen versagt dann diese Kultur und findet ihre lebensdienliche Lösung nur mehr auf der nächsten Stufe.

Im Lauf der Zeit muss eine dominante Kultur immer von der Kultur der Funktionalität abgelöst werden, weil das System sonst, selbst wenn es nicht von innen oder außen angegriffen wird, an der steigenden Komplexität seiner Strukturen zerbricht. Oft teilen sich solche Systeme erste einmal und konkurrieren Teilsysteme. Kurze Zeit kann das eine Lösung sein.

Das ist auch auf der nächsten Stufe so. Die Kultur der Funktionalität basiert nicht auf persönlicher Dominanz, sondern auf der abstrakten Dominanz von Regeln, Gesetzen, Gesetzmäßigkeiten und Übereinkünften. Damit bringt sie eine leistungsfähigere und deshalb günstigere Ordnung hervor. Nicht mehr die Starken dominieren. Die stärkere Logik, die bessere Technik, die freien Wissenschaften und das neutrale Rechtswesen bestimmen die Macht der Organisation. Das Zeitalter der Erfindungen, der Ingenieurskunst und der Forscher hat begonnen. Gut „funktionierende" Menschen schaffen zusammen einen neuen Wohlstand. Doch glücklich werden sie kaum, denn sie arbeiten nicht für sich und ihre Ziele, sondern für Geld. Arbeit und Leben erscheinen wie zwei Paar Schuhe. Und unter der Funktionalität findet man meist immer noch alte hierarchische Grundmuster der Dominanz, die sich verdeckt sehr destruktiv auswirken mögen, wenn sie nicht gut in die neue Kulturstufe integriert sind.

Heute leben wir vermehrt in der späten Phase der Kultur der Funktionalität. Sie hat ihren Zenit vielerorts bereits überschritten und dort können wir selbst mit noch mehr Regeln und Verordnungen das immer komplexer werdende Miteinander nicht mehr richtig regulieren, weder in privaten, beruflichen oder gesellschaftlichen Kontexten. Was wären jetzt der nächste Schritt?[23]

Die nächste Kultur ist die des sich wechselseitig unterstützenden Miteinanders. Es ist die Kultur der gelebten Fürsorglichkeit. Wir unterstützen andere auf ihren Wegen und bei ihren Arbeiten und wir werden von anderen bei unseren Arbeiten und Zielen

---

[23] Wer sein Unternehmen in Bezug auf den aktuellen Status analysieren möchte, kann dazu das Pioneer Trafo Modell ausprobieren. Zwar ist eine Analyse/Diagnose immer begrenzt aussagekräftig, es kann damit jedoch sicher etwas Bewusstheit im Team erzeugt und geteilt werden. Der Schlüssel für eine echte agile Veränderung liegt dann aber weniger in Diagnosen, sondern im Commitment zu einer fürsorglichen Kultur.

unterstützt. Leicht können wir gemeinsame Ziele definieren und erreichen. Wir haben ein gutes Gespür von uns und den anderen. Hier herrscht Vertrauen und Inspiration, denn Scham gehört der ersten und Schuld der zweiten Kulturstufe an. Auf der Kulturstufe der Fürsorglichkeit verschränken wir flexibel unsere Stärken und Schwächen, um gemeinsam so stark auftreten zu können wie ein Rugby-Team. Arbeit und Leben wird nicht mehr künstlich getrennt. „Arbeit" ist unsere natürliche Wirksamkeit und Anteilnahme in den Projekten, für die wir uns entscheiden und damit ein guter Teil unseres Lebens. Wir leben uns einfach lebensdienlich aus.

Wenn wir den Schritt in diese fürsorgliche Kultur nicht machen, wird es schnell wieder bergab gehen. Zusammenarbeit scheiterte dann letzten Endes an der Individualität, die auf der funktionalen Kulturstufe naturgegeben immer stärker wird. Leider kann die Kultur der Funktionalität nicht mit der Individualität umgehen, die sie selbst erzeugt.

Dort, wo die Zusammenarbeit scheitert, findet sich das System bald in der Kultur der Dominanz oder sogar im Chaos wieder. Doch gehen wir einfach mutig voran, dann werden selbstbestimmte Individuen frei zu selbstorganisierten Teams und Projekten zusammenkommen und so zeichnet sich die Evolution des Miteinanders als friedliche (R)Evolution der Herzen ab.

Selbstorganisation auf der Ebene eines Teams ist nicht schwer, doch das gilt nur für Teams, die sich innerhalb der Kultur der Fürsorge bewegen. Deshalb ist die erste Aufgabe der Wechsel in die Kultur der Fürsorge.

Nehmen wir noch mal die 3 Kulturstufen unseres Kulturstufenmodells: Dominant, funktional und fürsorglich. Auf der ersten Stufe, in der Kultur der Dominanz, formen sich Kollektive. Das *Wir* dieser Kollektive ist das *Wir* der vielen Beherrschten. Es steht dem *Ich* des Herrschers gegenüber. In der Mitte der Kulturstufen sammeln sich dann immer größere herrschende Gruppen, die zusammen stärker sind als jeder Einzelne und am Ende dieser Kulturstufe strukturieren sich diese Gruppen nach dem Pyramidenmuster zu herrschenden Institutionen.

Doch in der darauffolgenden Kultur der Funktionalität wendet sich das Blatt zu Gunsten der vielen Beherrschten. Das *Ich* – der individuelle Mensch – gewinnt an funktionaler Bedeutung. Diese lebt er in Gemeinschaften aus. Und wie sind diese organisiert? Selbst heute, am Ende der funktionalen Kultur, sehen wir immer noch den veralteten pyramidalen Aufbau in unseren Führungsstrukturen. Und in diesen tummeln sich zunehmend Individualisten.

In dominanten und funktionalen Teams und Gesellschaften gibt es das periphere *WIR* der Entscheidungs-Ohnmacht, und das zentrale *WIR* der Entscheidungs-Macht. Die einen haben mehr zu sagen als die anderen und die allermeisten können sagen, was sie wollen, ohne dass es viel Einfluss hätte. Meinungsfreiheit ist eben noch keine Gestaltungsfreiheit.

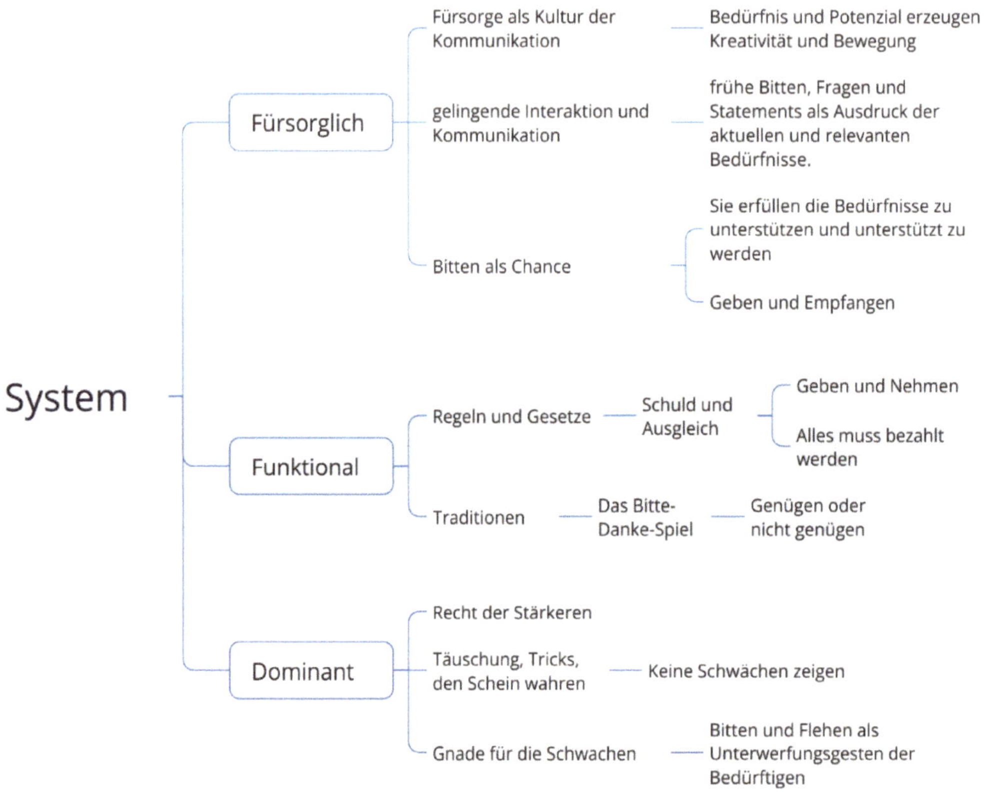

Abb. 12: Bitten sind in allen drei Kulturstufen etwas völlig anderes.

Das neue *WIR* einer fürsorglichen Kultur wäre das machtvolle *WIR* von vernetzten Individuen. Es ist ein *WIR* der Vielen, die mit ihrer bottom-up Einzelstimme zum Gesamten sensitiv beitragen. Es braucht dazu ein neues Verständnis, neue Strukturen und neue Tools. Mit GFK-plus habe ich das alles für ein Team als Boss vorbereitet.

Was wäre der Unterschied, wenn eine Diktatur plante: „Wir müssen die Umwelt retten", wenn eine funktional organisierte Gesellschaft das möchte oder wenn eine fürsorglich organisierte Gesellschaft sich dafür entschiede? Ich finde, allein die Betrachtung des Wortes "WIR" mit dem Kulturstufenmodell ist schon sehr aussagekräftig. Es ist auf jeder Kulturstufe etwas anderes. Wie sieht es mit dem Wort „Bitte" aus?

1.b) Die 3 Steuerungszentren Bauch – Kopf – Herz

Wir haben als Menschen drei Steuerungszentren, die uns helfen, uns durch das Leben zu bewegen:

1. **Steuerungszentrum „Bauch“ → Verhalten**: Emotionale Impulse, Reflexe, Instinkt

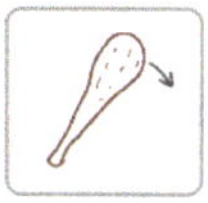

2. **Steuerungszentrum „Kopf“ → Denken**: Verstand, Rationalität, Kausalität und Funktionalität

3. **Steuerungszentrum „Herz“ → Spüren**: Achtsamkeit, bewusstes Fühlen, Intuition, übergeordnetes Verständnis, gute Verbindung von Bauch und Kopf durch das Herz.

Natürlich basiert unser Verhalten immer auf einer Mischung von Impulsivität, Kognition und sensitivem Verständnis. Die Frage ist allerdings, aus welchem Zentrum heraus wir unser Leben primär organisieren. Insofern erscheinen wir entweder als impulsiver Bauch-Typ, als rationaler Kopf-Typ oder als sensitiver Herz-Typ.

Bauch-Kopf-Herz in der Menschheitsentwicklung

Wenn wir des Weiteren auch das Kulturstufenmodell von GFK-plus heranziehen, dann erkennen wir nicht nur bei Individuen, sondern auch in ganzen Gesellschaften das Primat von entweder Bauch oder Kopf oder Herz. (Bauch = Kulturstufe der Dominanz, Kopf = Kulturstufe der Funktionalität, Herz = Kulturstufe der Fürsorge[24]). In unserer momentan hauptsächlich funktional ausgerichteten Gesellschaft wird unsere impulsive Lebenskraft (Bauch) durch ein Korsett aus Konventionen, Regeln, Verordnungen, Vorgaben und Gesetzen erdrückt und unsere sensitiven Gefühle haben es schwer, sich sinngebend ins Geschehen einzugliedern. Deshalb erscheinen sie schnell deplatziert und „irrational“.

---

[24] Das Yoga-Sutra III.34 lautet: h&daye cittasa~vit. Dr. Jajadeva Yogendra, der indische Gelehrte und Yogi hat das so übersetzt: „Bei Konzentration auf das Herz erscheint das Verständnis des Bewusstseins“. Er berichtet weiter, dass Vyasa, der erste Kommentator dieser alten Sutra, eine schwierige Erklärung liefert: „Man kann Wissen nicht durch Wissen erkennen. Das, was weiß, kann sich nicht selbst erkennen.“ In Verbindung mit dem sensitiven Herzen entsteht Verständnis über das Wissen und den Wissenden, was zur bewussten Freude am Wissen führen soll. (Siehe auch ISBN-10: 9385902652 und Martina Weickel: Online-Jahreskurs „Thougts on Patanjali“, Sutra III.34, info@martinaweickel.com)

Abb. 13: Die Evolution des Bewusstseins mit den Steuerungszentren Bauch, Kopf und Herz.

In der Anfangsphase der funktionalen Kultur, und auch weiter in ihrer Blütezeit, lernen die Menschen, sich weniger instinktiv und impulsiv auszuleben (Bauch-Dominanz). Sie beginnen ihre Umgebung immer rationaler zu verstehen. Die Sprache, die soziale Ordnung und die gesamte kulturelle Umgebung verändern sich maßgeblich und mit ihnen auch unser Gehirn. In diesem schrittweisen Wandel kann die Technik, die Wissenschaft und das funktional aufeinander abgestimmte Miteinander Fuß fassen und aufblühen, was die Basis für größere industrielle Gesellschaften ist. Doch ohne eine Herz-Intelligenz, die auf einer feinen Sensitivität, einem Verständnis von Gefühlen und Bedürfnissen sowie einem systemischen Überblick basiert, gibt es auch keine wirkliche interaktive Intelligenz.

Bauch-Kopf-Herz in unserer Gegenwart

Wir Menschen sind zurzeit eher nett als liebevoll zu nennen und bewegen uns, was unsere Herzentwicklung betrifft, noch auf erstaunlich dünnem Eis. Das bedeutet vor allem eines: Wir verstehen uns selbst gar nicht wirklich als Teil einer menschlich wirkenden Menschheit, werden zu sehr von Trieben gelenkt, von Urinstinkten überrollt und auch die Bildung eines stabilen sozialen Metaorganismus ist bislang nicht unsere Kernkompetenz.

In der christlichen Religion würde man von *der Gemeinde* sprechen, in östlichen Religionen entspräche das der *Sanga(t)*, die Muslime reden von der *Umma* und für die Juden ist der zentrale Metaorganismus wohl ihr erwähltes Volk. Immer geht es um mehr als einen formalen Verbund. Der soziale Metaorganismus beschreibt eine echte Gemeinschaft der Herzen, die über archaische Clanbündnisse hinausgeht. Zentral verbindet die Individuen nicht das Blut, der Stallgeruch, eine mächtige herrschaftliche Institution, ein Symbol wie Fahne, Wimpel und Wappen, eine Ideologie (dominante Kultur) oder ein Vertragswerk, ein Handelsgeflecht, ein Schuldgeldsystem und Leistungsanforderungen (funktionale Kultur). Die fürsorgliche Gemeinschaft sollte sich in einer besonderen Qualität der verbundenen Herzen zeigen und aus diesem Bewusstsein heraus ihre Projekte organisieren. Alles andere ist als sekundär für die Organisation des Miteinanders anzusehen, auch wenn wir nicht alles vernachlässigen können und wollen.

Verbundene Herzen sind für sich genommen übrigens keine Sonderheit einer bestimmten Religion. Sie entsprechen einfach uns menschlichen werdenden Menschen. Viele Religionen scheinen zwar die Bildung eines fürsorglichen Metaorganismus anregen zu wollen, bisher jedoch nicht unbedingt mit überragendem Erfolg. Erst wenn unser Denken und Handeln durch Herzlichkeit verbunden ist, beginnen wir, in einer individuellen und gemeinschaftlichen Integrität eingebettet einen Frieden zu finden, dem wir trauen können.

Das lebendige Miteinander, das wir im Team als Boss anstreben, braucht ein Zusammenspiel von Herz, Kopf und Bauch. Ohne den Bauch fehlen die impulsiven Lebenskräfte. Ohne den Kopf vermissen wir den Überblick und die klugen Routinen. Ohne das Herz geht uns die lebensdienliche Verbundenheit ab, sowie der Sinn und das Gespür für die Bedeutung von Allem, was uns umgibt.

Wollen wir etwas tiefer einsteigen und die Dynamik zwischen unseren drei Steuerungszentren Bauch, Kopf und Herz besser verstehen, dann können wir Experimente mit dem Herz-Kopf-Bauch-Prozess (vom Autor) machen. Mit ihm stellen wir fest, dass es eine lebensdienliche Aneinanderreihung der drei Steuerungszentren gibt. (Mehr dazu siehe Kapitel 5.f, s.235: Download Tool-Depot). Prinzipiell können wir jedenfalls feststellen: Wenn das Team der Boss sein will, dann ist entweder das Herz der Boss, oder es wird schnell Probleme geben.

1.c) Wie gelingt der Kulturwandel im Team / Unternehmen?

Bevor wir mit der Praxis von „Das Team ist der Boss“ beginnen, können wir eine einfache Übung machen. Wir ziehen eine Linie durch die Mitte des Raumes. Auf der einen Seite stehen alle Teammitglieder, die andere Seite ist noch leer. Der volle Bereich im Raum stellt den alten Teamzustand dar. Er ist durch eine funktionale oder sogar noch dominante Kultur des Miteinanders geprägt. Auf der gegenüberliegenden Seite kann sich das Team als Boss in einer fürsorglichen Kultur des Miteinanders selbst organisieren. Wer sich für diese neue Kultur entscheiden möchte, macht einen Schritt über die eingezeichnete Linie in der Mitte hinweg in diesen neuen Qualitätsraum hinein.

Abb. 14: Mache mit deinem Team den Schritt in eine Kultur der Fürsorge

Im Englischen kennen wir den Unterschied zwischen „to be nice" und „to be kind". Eine dominante oder funktionale Kultur bedeutet nicht, dass es nicht auch nett zugehen kann. Aber Herzlichkeit, Offenheit, Transparenz Gespür und der Wille, sich gegenseitig zu unterstützen, werden ausbaufähig sein. Dabei spielt es keine Rolle, ob das Miteinander von der einen oder anderen Person als bereits gut genug angesehen wird. Es geht um die Gewissheit des ganzen Teams, geschlossen in einer Kultur der angemessenen oder zumindest ausreichenden Fürsorglichkeit angekommen zu sein. Nur dann wird die Kommunikation und mit ihr die gemeinsame Prozessleitung verlässlich gelingen können.

Da wir die Kultur der Fürsorglichkeit erst in einem fürsorglichen Team erfahren werden, müssen wir uns bei der oben beschriebenen Übung für etwas entscheiden, das wir vielleicht noch nicht wirklich kennen. Trotzdem funktioniert die Übung erfahrungsgemäß meist ausreichend.

Fürsorglichkeit entsteht vor allem durch gelebte Fürsorglichkeit. Sie wird weniger gelernt als vielmehr als eine natürliche Eigenschaft des Menschen entdeckt. Manchmal helfen uns Vorbilder, die Kraft der Fürsorge begreifen zu lernen. Fürsorglichkeit befreit die Herzen der Menschen aus einer seltsamen Isolation. Dass sie durchaus auch recht trocken und nüchtern gelebt werden kann, sollte uns nicht weiter überraschen, denn beim Humor ist es ja auch nicht anders. Und wie überall bei GFK-plus gilt: Ideal ist, was angemessen oder zumindest ausreichend ist. Es geht nie um Perfektion.

Was du hier auf dem Foto siehst, ist die Nachstellung einer Seminarübung auf einem Bistrotisch. Auf dem Boden des Seminarraumes hatte ich die drei Kulturstufen a) dominant, b) funktional und c) fürsorglich mit drei Teppichen ausgelegt (… die drei Servietten …) und habe mehrere Personen (… hier mit unterschiedlichen Gegenständen dargestellt …) auf ihrem Weg durch diese drei Kulturstufen begleitet. (Der Kaffee war einfach nur zum Trinken gedacht, als philosophisches Elixier, sozusagen.) Dabei zeigte ein immer gleicher Satz eine jeweils völlig andere Wirkung, je nachdem, auf welchem Feld der Empfänger der Botschaft stand, z.B.: "Du bist zu spät gekommen, wir haben auf dich gewartet." Oder: „Das ist mir noch nicht gut genug, mach das bitte noch mal." Probiert das ruhig mal aus, es ist wirklich erstaunlich, wie grundlegend die jeweilige Kulturstufe die Kommunikation und das Verständnis prägt.

Abb. 15: Systemisches Philosophieren im Café.

Nicht nur unser Verhalten, sondern auch die Art unserer Hoffnungen ist stark an die jeweilige Kulturstufe gebunden. Erinnerungen an positive oder negative Erlebnisse, die man im dominanten und funktionalen Feld gemacht hat, erscheinen oft recht schräg, nachdem man in das fürsorgliche Feld gewechselt ist. Der Mensch wird sich in einem fürsorglichen Kulturfeld neu bewusst und hat hier eine echte Chance auf Erfüllung und Entfaltung.

2. Gefühle und Selbstorganisation

Was sind Gefühle? Nach meiner Definition für „Das Team ist der Boss" sind Gefühle die bewusst gewordenen Antriebsimpulse. Es kann z.B. geschehen, dass ich mich ertappe, wie ich beim Telefonieren im Kreis herumlaufe. Das geschieht aus einem Antrieb heraus. Werde ich mir dessen bewusst, entwickelt sich dieser Antriebsimpuls weiter zu einem Gefühl, und ich erkenne: „Oh, ich bin ganz schön unruhig bei diesem Gespräch." Jetzt ist die Unruhe vom sich bewegenden Körper zum spürenden und erkennenden Geist gewandert. Die unbewussten Antriebsimpulse sind also die Vorstufe der Gefühle und sie sorgen bei Tieren dafür, dass sie sich ohne rationale Überlegungen und logisch begründete Abwägungen so verhalten, dass ihre Chancen steigen, am Leben zu bleiben. Anders als Bäume haben Tiere nämlich keine Wurzeln und müssen sie sich deshalb zu ihrer Versorgung und auch zu ihrem Schutz klug und sicher durch die Landschaft bewegen. Dafür hat die Natur erst mal nicht auf den Verstand und rationale Überlegungen gesetzt. Sie regt diese Bewegungen lieber durch emotionale Impulse triebhaft an. Das erfordert von den Tieren kein Denken, keine Sprache und keine langen inneren Dialoge. Ja, die emotionalen Impulse müssen dem Lebewesen noch nicht einmal bewusstwerden. Es reicht, wenn sie das richtige Verhalten triggern. Diese archaische Verhaltenssteuerung ist allerdings nur eine Form der Steuerung. Sie wird, meiner Einteilung nach, durch das Steuerungszentrum „Bauch" (Vitalität, Triebe, Reflexe, Instinkte) übernommen. Dieses Steuerungszentrum ist auch beim Menschen heute noch aktiv. Nur wird es bei uns noch von einem mehr oder weniger gut entwickelten Steuerungszentrum „Kopf" unterstützt (Ratio, Unterscheiden, Differenzieren, Abstrahieren).

Als drittes gesellt sich beim Homo Sapiens das noch etwas unterentwickelte oder zumindest nicht besonders gut integrierte Steuerungszentrum „Herz" mit hinzu (Sensitivität, Verständnis, Empathie, Synergie). Wenn diese drei so unterschiedlichen Schaltzentralen gut miteinander harmonieren, haben wir es mit einem vitalen, kooperativen, emotional intelligenten, sensitiven und verständnisvollen Menschen zu tun. Mensch sein bedeutet, sich dieser kompletten Steuerung zu bedienen. Ein getriebener Intellekt wäre eindeutig zu wenig.

Spielen die Impulsivität, die Rationalität und die Sensitivität eines Teams gut zusammen, kommt es zu einem Dimensionssprung in der Steuerungsqualität eines Projektes. Nicht die einzelnen Menschen, sondern das ganze Team oder sogar mehrere Teams verhalten sich wie ein kluger und herzlicher Metaorganismus. Genau das wollen wir mit dem Team als Boss unterstützen, denn von allein passiert das heute eher selten.

Nachdem wir uns bereits mit der ersten Hürde beschäftigt haben – dem nötigen Kulturwandel hin zu einer fürsorglichen Kultur – wollen wir uns nun der zweiten Hürde zuwenden und kommen zu den Gefühlen und ihrer Bedeutung für die Selbstorganisation. Es ist klar, dass wir sie für eine Kultur der Fürsorge brauchen werden.

Unternehmen und Gefühle

Auf der funktionalen Kulturstufe will man die Steigerung von Produktivität und Profit erreichen und geht dabei möglichst elegant über die Empfindsamkeiten und Bedürfnisse der Mitarbeitenden hinweg. Auf der fürsorglichen Kulturstufe unterstützen sich dagegen die Mitarbeitenden in ihrer individuellen Entfaltung und die Synergie im Team ist die Basis für den Erfolg. Beide Ansätze funktionieren und beide haben auch ihre Schwachpunkte.

Bei jeder Reorganisation ist darauf zu achten, welchen positiven Einfluss die eingeführten Maßnahmen auf den Spielverlauf haben. Dabei lautet unsere Frage jedoch nicht, wie wir mit der einen oder anderen Problemlösung die Steigerung von Produktion und Profit erreichen. Für die erfolgreiche Einführung einer fürsorglichen Kultur stehen andere Parameter im Zentrum, wie z.B. die Kommunikations- und Interaktionsqualität, die Innovationsbereitschaft, die Lebendigkeit und Kreativität des Teams, die mentale und physische Gesundheit der Mitarbeitenden etc. Solche nicht formalen Parameter sind weniger in Zahlen messbar, sondern können eher über eine Art Barometer eingeordnet werden (siehe Anhang 2: Teambarometer).

Die Gesellschaft kann heute auf viel Erfahrung mit Dominanz, Sklaverei und Selbstentfremdung zurückgreifen. Menschen geben sich für etwas her, verkaufen sich so teuer als möglich und tun, was sie tun müssen. Zwang, Ausbeutung und Prostitution auf verschiedenen Ebenen haben heute auch kultivierte Erscheinungsformen angenommen, doch die dahinter liegenden Prinzipien bleiben unverändert. Ein Unternehmen heuert die Schaffenskraft einer Person an, doch ihre inneren Befindlichkeiten und Motivationen bleiben bei diesem Deal außen vor. Der Mensch wird sich in seiner Arbeit daraufhin nur sehr begrenzt ausleben können – mit allen Vor- und Nachteilen.

Wenig Erfahrung existiert heute noch mit einer Leistungskultur der wechselseitigen Achtsamkeit, die das Innen und Außen der Menschen einzubinden vermag. In Bereichen, in denen wenig Erfahrung vorhanden ist, hat eine Gesellschaft natürlich auch kaum Wissen sammeln und Fähigkeiten trainieren können. Trotzdem, oder gerade deshalb darf heute die Frage gestellt werden, wie leistungsfähig die auf

Achtsamkeit beruhenden Systemansätze sein könnten, besonders in einer immer individuelleren und komplexeren Welt.

Negative Symptome entstehen, wo die Selbstorganisation endet

Wir wollen mal eine kurze Analyse wagen. Verschiedene Probleme bauen aufeinander auf oder verstärken sich wechselseitig:

1. Menschen reduzieren sich in funktionalen Teams zu reinen Funktionserfüllern. Damit fehlen sie dem Projekt als integrale Menschen.
2. In der Kommunikation mit ihnen erreichen wir also die Funktionserfüllenden und weniger die in den Hintergrund getretenen, sich selbst zurückhaltenden Menschen.
3. Jedes System hat eine Eigendynamik. Es mangelt den Funktionserfüllenden in einem funktionalen System sowohl am Zugriff auf die Eigendynamik <u>im</u> System (lokal, innen) als auch auf die Eigendynamik <u>des</u> Systems (global, nach außen). Das ist oft auch so gewollt.
4. Nur ist am Ende das ganze System voll von Funktionserfüllenden. Die fehlenden Visionen auf der persönlichen Ebene (individuell), auf der Prozessebene (lokal) und auf der Unternehmensebene (global) sorgen für eine umfassende Orientierungslosigkeit.
5. Statt einer gemeinsamen lebendigen Vision finden sich im Zentrum der klassischen unternehmerischen Motivation eine abstrakte mathematische Maxime, bestehend aus Leistungskurven, Profit und Shareholder Value. Das hat kaum etwas mit den inspirativen Ressourcen der Menschen und ihrem Wohlbefinden zu tun. Doch das Konzept von *Arbeit für Profit* hat sich als das grundlegende Prinzip der funktionalen Kultur etabliert und ist von allen anerkannt (Jobsicherheit, Akzeptanz, Ansehen). Der stets ansteigende Profit ist auch die triviale Richtschnur für den Erfolg der Chefs. Es entsteht ein weltweiter, in sich schlüssig erscheinender funktionaler Systemkomplex mit einer inneren Logik und einem hohem Selbstbestätigungspotenzial. Allerdings trägt er die Zeichen einer wahnhaften Ideologie und Spuren von Idiotie. Gemeinsam erschaffen wir diese gesellschaftliche und wirtschaftliche Realität und halten sie für alternativlos. Dabei sehen wir nur unsere eigene innere Begrenztheit auf kollektiver Ebene wirken. Wir erleben schmerzhaft unseren eigenen Wahn, erkennen ihn jedoch nicht und suchen stets nach neuer Medizin, die alles besser

machen soll, besonders für uns als Individuum: Urlaub, Therapie, Partnerschaft, Hobby, Seminare, Wellness etc.

In den älteren dominanten Systemen wurde ein sehr negativer Fokus auf die Untergebenen gesetzt, die aus dem Kollektiv ausscheren wollten. Alle sollten sich uniform verhalten. Heute, in einer funktionalen Kultur, sollen sich die Funktionserfüllenden dagegen eben nicht mehr uniform unterwerfen, sondern sich konform gemäß ihrer speziellen Aufgabe eingliedern und ansonsten vor allem nicht stören. Tun sie das dennoch, dann wird diese Problematik an den einzelnen Störenden festgemacht. Man pathologisiert ihre sozialen, psychologischen oder medizinischen Auffälligkeiten, jedoch nicht den für die Menschen problematischen Systemaufbau. Bei der Überprüfung eines Motors sollten wir nicht nur den Kolben und die Welle für sich analysieren, sondern vor allem das Zusammenspiel aller Teile beachten. Kein Rechtschreibprogramm kann einen einzelnen Buchstaben als richtig oder falsch bewerten. Das geschriebene Wort, der Satz, der Text und der Zusammenhang, in dem dieser Text steht, sollen alle auf ihren verschiedenen Ebenen Richtigkeit, Stimmigkeit, Stil und Nützlichkeit beweisen. In lebendigen Organismen ist das noch komplexer. Hier geht es um das feine Zusammenspiel aktiver Zellen, Organe und Wesen. Leistung und Erfolg des Unternehmens ergeben sich also immer in einem systemischen Umfeld und sollten nicht getrennt von diesem betrachtet werden.

6. Störenden Funktionserfüllende projizieren ihre Probleme nach innen oder außen. Vielleicht lästern sie über andere, seien das Mitarbeiter, Chefs, Beziehungspartner, Politiker etc. Oder sie klagen über bestimmte Glaubenssätze, ihre Gewohnheiten und Süchte, ein Trauma, ihre Kindheit oder über die sie ihrer Meinung nach umgebenden Energievampire. Wir erkennen das zu Grunde liegende Muster einer funktionalen Kultur: Man fokussiert sich ziemlich wahllos auf etwas und projiziert darauf dann seinen Stress und seine Qual, ohne das Ganze in seinen Zusammenhängen wirklich verstehen und ändern zu können. Konflikte werden zu der Entlastungsstrategie einer gequälten Seele. Berater und Therapeuten satteln auf diese Problematik auf, ohne die systemische Wurzel anzugehen.

7. Eine gute interne Kommunikation ist die Grundvoraussetzung für den Erfolg der Projekte. Die positive Energie zur Kommunikation kommt aus der persönlichen Inspiration und Motivation. Fehlt die Inspiration im Inneren, kann sie nur unter erheblichem Wirkungsverlust durch externe Antreiber ersetzt werden. Man erhält ein durch Angst, Stress und Süchte bewegtes System. Wo auch das

wirkungslos bleibt, zieht eine Ideenlosigkeit und Trägheit das Leistungssystem nach unten.

8. Trotzdem bleibt der Jagd- und Fluchttrieb (Steuerungszentrum „Bauch") aktiv. Eitelkeiten, Hinterlist, Neid, Überheblichkeit und Konkurrenz stören die Kommunikation in formalen Teams und Unternehmen erheblich. Unlust und Angst errichten ihre eigenen aversiven Kulturen und Strukturen. Arroganz, Größenwahn und soziale Kälte auf der einen Seite, Trotz, Unterwerfung und Scham auf der anderen sind der Sand im Getriebe eines jeden Unternehmens. Egoismus entsteht bei den Menschen, die mit ihren Emotionen und Bedürfnissen auf sich zurückgeworfen bleiben. In diesem Klima gibt es zwar einen Haufen emotionaler Impulse, doch ist mit ihnen keine qualitativ hochstehende Kommunikation und Interaktion zu erwarten. Verschließt man sich allerdings dieser emotionalen Dynamik, entsteht vordergründig oft eine nette oberflächliche Pseudokommunikation, weshalb gerne behauptet wird, dass schon alles in Ordnung sei. Zu all den vorhandenen Problemen gesellt sich damit die Realitätsverleugnung hinzu, unter der sich der Selbstbetrug ausbreitet. Nichts passt bei den Teamprozessen so richtig zusammen. Jetzt muss jeder einfache funktionale Ablauf mit viel Aufwand gemanagt werden und der Eindruck entsteht, dass das die Realität wäre und nicht nur eine mögliche Realität darstellt. All das ist mehr ein ungünstiger Systemzustand, als dass es die Begrenztheit von Menschen beschreibt.

Relevante Gefühle und Emotionen

In jedem Systemaufbau, an dem Menschen beteiligt sind, gibt es einiges an Impulsivität und Emotionalität. In fürsorglichen Kulturen ist das kein Problem, sondern Treibstoff. Das liegt daran, das sich im fürsorglichen Miteinander die Logik der Emotionen bewusst und interaktiv entfalten kann und nicht unbewusst bleibt.

Wir sollten also sowohl unsere Systeme als auch die Art der Zusammenarbeit als Ganzes hinterfragen. Es macht wenig Sinn, Gefühle individuell und psychologisch verstehen zu wollen. Diese unlogische Betrachtung ist nämlich an die funktionale Kultur gebunden und sie ist der Hauptgrund, aus dem heraus uns Emotionen unlogisch erscheinen. Wir sollten uns also eher fragen: Sind die Menschen emotional bei der Sache, also bei dem gemeinsamen Projekt? Können sie sich so mitteilen, dass ihre inneren Regungen zu einer äußeren Bewegung werden können? Wie gelingt es uns, individuelle (An-)Regungen und gemeinsames Wissen fruchtbar zusammenzubringen?

Damit wir unsere Potenziale im Team aktivieren können, müssen unsere Emotionen ihren guten Platz in der Kommunikation und Interaktion finden. Als erstes sollten wir zwischen relevanten und nicht relevanten Emotionen unterscheiden. Relevante Emotionen haben ihren Ursprung direkt in der Situation, um die es uns gerade geht. Bei einem Projektteam werden die relevanten Emotionen vorwiegend mit dem Projekt in Verbindung stehen. Hierzu braucht es das Verständnis der Teilnehmenden, wozu sie als Team überhaupt zusammengekommen sind, nämlich zur Verwirklichung ihres Projekts.

Nicht relevante Emotionen sind in anderen Situationen, Projekten oder Systemen entstanden. Sie wurden dort jedoch nicht erfüllend ausgelebt und werden nun ungelöst von dort importiert. Wurde mein besonders kluger Vorschlag z.B. bei einem früheren Projekt nicht berücksichtigt, kann es sein, dass ich in diesem Projekt mehr als nötig darauf dränge, gehört zu werden. Da jedes Problem nur dort gelöst werden kann, wo es sich befindet, machte auch das im vergangenen Projekt entstandene Gefühl nur für jene spezielle Situation Sinn und verursacht überall woanders nur Konfusion. Mein drängendes Gefühl hätte also in der früheren Besprechung Platz finden sollen. Jetzt gilt es, das neue Projekt wieder mit neuer Frische anzugehen. Neues Spiel, neues Glück, neue Emotionen.

Nicht jedes Umfeld und jede Situation eignet sich für die Integration der Emotionen. Zurückhaltung, Geduld und Selbstbeherrschung sind die Balancequalitäten zur Offenheit. Also bleiben immer wieder Spannungen und Stress in unserem Inneren. Wie, wann und wo entlastet man sich dann aber effektiv von seinen angestauten Gefühlen? Klagen, Jammern und Nörgeln sind als Entlastungsstrategie nicht sonderlich geeignet. Jedenfalls sollten sie nicht in endlosen Wiederholungen das soziale und berufliche Umfeld zermürben. Im Rahmen der Gewaltfreien Kommunikation bilden sich Empathiepartnerschaften, die zur Entlastung sehr effektiv sein können. Klagen werden mit den vier Schritten der Gewaltfreien Kommunikation decodiert und emotional entschärft. Optimalerweise entsteht dabei eine Idee vom nächsten guten Schritt und wir haben wieder etwas gelernt.

Das zeigt uns eines: Relevante Emotionen sollen relevant zum Ausdruck kommen. Sie werden auf eine Art und Weise in den Kommunikationsfluss eingebracht, dass die Beteiligten positiv in eine bestimmte Richtung sensitiviert und aktiviert werden. Jede unangenehme Emotion ist nämlich ihrem Charakter nach nichts anderes als ein persönlicher, positiv gedachter Veränderungsimpuls. Du kannst folgendermaßen vorgehen:

1. Werde dir deines aktuellen zentralen Gefühls bewusst, vielleicht indem du die Gefühlsliste heranziehst, zu der wir gleich noch kommen.

2. Ordne dein Gefühl möglichst der Situation zu, in der es entstanden ist, bzw. zu der es gehört.

3. Drücke ein dir wichtiges Gefühl so aus, dass es das Team aktiviert und ihm Orientierung bietet. Verbinde es dafür mit dem Bedürfnis, auf das es dich hinweist (siehe später noch die Bedürfnisliste). Beende deine Aussage mit einer Bitte, einer Frage oder einem Statement.

4. Hört euch im Team so ein Statement einfach nur an, mehr müsst ihr nicht machen. Bei Fragen sucht ihr gemeinsam nach einer befriedigenden Antwort. (Bitte keine Warum-Fragen). Einigt euch bei Bitten auf eine Veränderungsstrategie und werdet in dieser Richtung tätig. Sucht dabei eher nach verbindenden als nach trennenden Strategien.

5. Bringe deine Bitte, Frage oder Statement rechtzeitig ein. Rechtzeitig bedeutet, dass man zu dieser Zeit die Prozesse noch gut anpassen kann. Ist der Zug abgefahren, kann man ihm nur mehr als traurige Figur hinterherwinken.

Bewusstheit beginnt immer beim Selbst, und Gefühle helfen uns immens, uns und der Situation, in der wir gerade sind, bewusst zu werden. Sie bringen uns in den aktuellen Moment. Mitgefühl und empathisches Verständnis verbindet uns mit dem Wesen eines anderen Menschen. So entsteht ein geteilter Moment. Präsenz, Gewahrsein, Achtsamkeit und Empathie sind anders nicht realisierbar.

Vielleicht fühlen wir uns nach einer längeren gefühlsentsagenden Expedition durch die Wüste des funktionalen Miteinanders eher pragmatisch, sachlich und funktional an[25]. Möglicher Weise waren Gefühle für uns bisher auch eher so etwas wie ein Überlastungsradar oder ein Warnmechanismus, der uns signalisieren soll, wenn etwas irgendwie kritisch wird. Insofern brauchen wir Geduld mit uns und den anderen. Experten auf diesem Gebiet sind momentan seltener als ein Albino unter den Flamingos und wir brauchen auch gar keinen Meistergrad anzustreben. Lasst uns wie

[25] Was ja eigentlich kein Gefühl ist. Erst werden wir die tauben emotionalen Muskeln etwas massieren müssen, dann kommt wieder Lebendigkeit auf. Ansonsten sind das mentale Umschreibungen von emotionalen Zuständen: „Ich fühle mich, als ob ich eher denken als fühlen würde". „Ich denke, dass ich mir mit dem Fühlen eher schwer tue". Usw. Ein kleiner Emotions-Fitnesskurs in Form eines GFK-Workshops kann die Sensoren wieder frei pusten.

Pioniere vorgehen und gezielt etwas mehr Sensitivität entwickeln. Es ist erstaunlich, was sich dann alles ändern kann[26].

Der funktionale Mensch

Der Einfluss ist in Unternehmen hierarchisch verteilt. Das Symbol für diese Verteilung ist seit jeher die Pyramide. Je weiter man von der Spitze aus nach unten geht, desto mehr schwindet der Einfluss der Individuen auf das äußere Geschehen. Gleichzeitig steigt dort die Anzahl der Mitarbeitenden. Die innere Lebendigkeit von immer mehr Menschen hat also immer weniger Einfluss auf die Ziele und Strategien des Unternehmens.

Funktionen greifen wie Zahnräder ineinander. Menschen dagegen können lebendig und integrativ zusammenspielen. Das ist mit Sicherheit nicht das Gleiche. Ein halbherziges Zusammenspiel von Individuen, die sich hinter ihrer Rolle und Funktion verstecken, birgt ein nicht gerade übermäßiges Erfolgspotenzial. Ein ganzheitliches Zusammenspiel dagegen braucht die einander offen zugewandten Menschen. In profitorientierten Strukturen werden sie jedoch auf bestimmte Funktionalitäten begrenzt oder begrenzen sich selbst. Gewünscht werden jedenfalls pflegeleichte Funktionserfüller. Sie sollen die ihnen zugeteilten Aufgaben „brav" übernehmen. Die Motivationen und Bedürfnisse der Mitarbeitenden werden bestenfalls dann interessant, wenn sie sich kontrollieren und effizient ausnutzen lassen. Alles soll möglichst gut planbar sein und dann wie geschmiert laufen. Dazu sollen die vielen Individuen einen nur sehr begrenzten steuernden Einfluss auf die Projekte und das Unternehmen bekommen, denn ansonsten würde alles kompliziert und völlig unberechenbar werden. Warum? Weil sie sich dann eben nicht wie vorgeschrieben verhalten, sondern ihr eigenes Süppchen kochen würden. Doch so erschaffen wir leider eine unliebsame Realität und diese Realität erschafft unliebsame Menschen.

Die Sprache innerhalb von Unternehmen ist auf Funktionalität ausgerichtet. Sie ist eine „Funktionssprache". Sie ist eine Sprache der Interessensvertreter und nicht die der Interessensinhaber. Das zeigt sich auch an ihrer Struktur[27].

---

[26] Es ist übrigens nicht so, dass emotionalere Menschen den nüchternen gegenüber einen großen Vorteil hätten. Letztere haben einen guten inneren Abstand zu ihrer inneren Bewegtheit. Beide sollten sie voneinander lernen und sich die Fähigkeit aneignen, ihre Emotionen interaktiv intelligent einzubringen. Dafür hilft z.B. die Gewaltfreie Kommunikation.

[27] Dr. Marshall Rosenberg, Begründer der weltweit angewandten „Gewaltfreien Kommunikation" nennt diese Sprache auch „Amtssprache". Marshall Rosenberg: Gewaltfreie Kommunikation, eine Sprache des Lebens; Junfermann Verlag. Allerdings wird die GFK derzeit noch mehr gelehrt als angewendet. Wir sind eben manchmal klüger, als wir uns verhalten, also quasiklug.

In der Zusammenarbeit schaffen Funktionserfüllende auch viele Ergebnisse, die allerdings niemand von ihnen gut finden muss (Herstellung sinnloser Produkte, mangelhafte Qualität, kollektive Zerstörung der Natur und Lebensgrundlagen, Verschleuderung von Ressourcen, Nahrungsmittel als Füllstoff und nicht als Lebensmittel).

Die Person, die sich sträubt, stört. Bereits in den Kindergärten, in Schulen und während der Ausbildung hat man deshalb versucht, uns im Sinne der reibungslosen Abläufe alle „Flausen" auszutreiben. Damit es einfach würde, sollten wir Ruhe geben. Je mehr wir daraufhin unsere inneren Regungen selbst unterdrückt und ignoriert haben, desto pflegeleichter wurden wir für andere, allerdings auf Kosten unserer eigenen Identität, unserer Integrität und unserer intrinsischen Selbststeuerung. Dafür bekamen wir jedoch Zustimmung und Lob. Die schleichende Selbstentfremdung als soziales Wesen muss nicht immer spürbar gewesen sein. Trotzdem haben wir das Gefühl für uns selbst und unseren eigenen guten Weg im organischen Miteinander so sicher nicht finden können. Wir sind jetzt das, was die funktionale Kultur von uns übriggelassen hat. Keine Therapie kann allein den Verlust des herzlichen und integren Zusammenspiels von Menschen wettmachen. Das fürsorgliche und integre Zusammenspiel wäre genau genommen die Lösung für uns, denn wir sind soziale Wesen. Erst im ausgewogenen Miteinander taucht unsere menschliche Natürlichkeit auf. Der Mensch lernt und zeigt dort seine sensitive und empathische Seite.

Kommunikation ohne Identität

Interaktive Intelligenz beginnt mit dem Gespür von sich selbst, der Sensitivität gegenüber anderen und dem Verständnis der gemeinsamen Prozesse. Die Kommunikationsqualität hat dabei einen entscheidenden Einfluss auf die Identitätsbildung. Fehlt es an Identität, versucht der Mensch, diesen essenziellen Mangel durch oberflächliche Identifikationen wettzumachen. Er steht nicht mehr zu sich selbst und für sich selbst ein. Er belebt ein Rollenbild, ein Image, unterstützt durch seine Position, seinen Titel, seine Kleidung, seine Abzeichen, seine Zertifikate, sein Gehabe etc. Er steht für eine funktionale Rolle innerhalb des Teams oder Unternehmens. Mehr aber auch nicht. Das ist mit einem Postfach zu vergleichen, welches die eigene Wohnung nicht ersetzen kann. Man ist selbst seine eigene Briefkastenfirma geworden. Niemand daheim, alles ist nur Fassade. Wie ein Vertreter zieht man, bildlich gesprochen, von Haustüre zu Haustüre. Dabei vertritt man nicht sich selbst, sondern Staubsauger oder

Schrumpfpflänzchen[28]. Der Mensch entschwindet hinter seiner Rolle und Funktion in erstaunlicher Transparenz. Er passt sich über das Maß hinaus an. Dort, wo er sich nicht mehr anpasst, hat er in dominanten und funktionalen Kontexten Mühe, zu einem befriedigenden Konsens zu finden. Oft bleibt ihm neben der Anpassung nur die leise Verweigerung und der Rückzug auf immer weniger Grundfläche. Am Ende wird das einmal das Bett in einem Seniorenheim sein. In diesem Dilemma, welches keine guten Lösungen zuzulassen scheint, bleibt der Mensch innen gehemmt und nach außen hin entwedelich oder störend. Das sollte ein Ende haben.

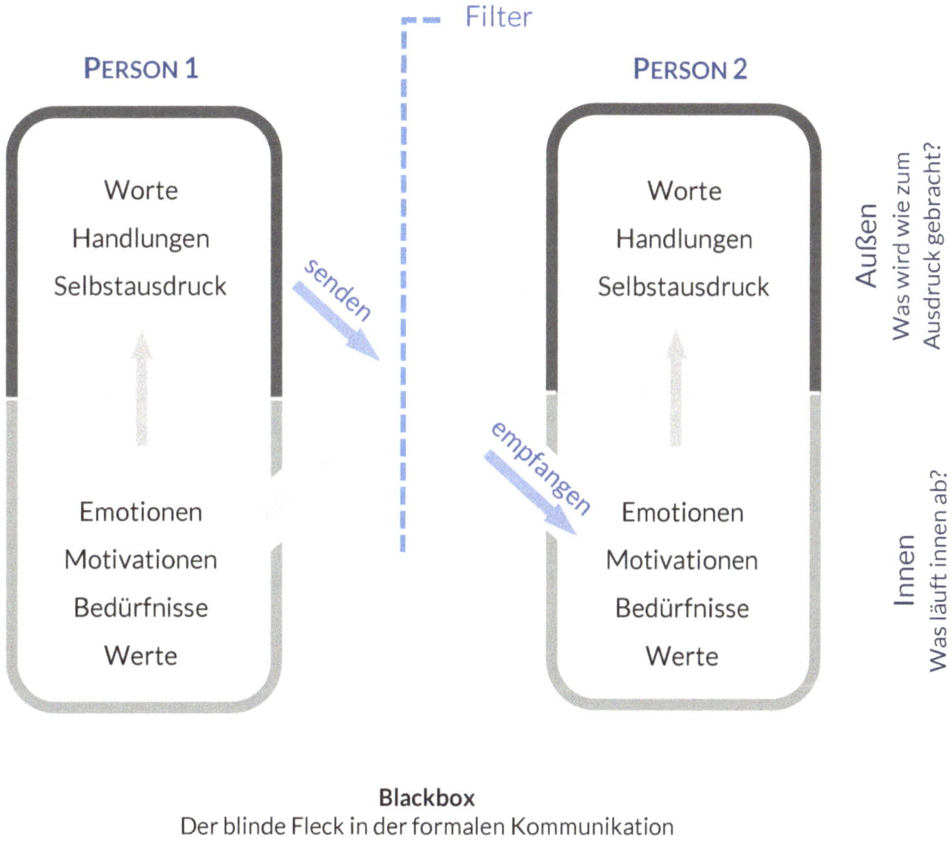

Abb. 16: Kommunizieren ist senden und empfangen. Was geschieht im Gegenüber, bis die sichtbare Reaktion erfolgt? Das Innere des Menschen ist wie eine Blackbox.

---

[28] Die Schrumpfpflänzchen wachsen nicht, sondern schrumpfen. Sind sie dann ganz verschwunden, ständen sie angeblich in voller Blüte. Natürlich eine Masche für sehr naive Kunden. Es gibt sie nur in einem Hausierer-Cartoon aus alter Zeit. Bei den Staubsaugern muss ich unweigerlich an Loriot und seinen Sketch denken …

Die Emotionen sind der blinde Fleck der funktionalen Kulturen. Der Wissensarbeiter ist bekanntlich Chef über sein Wissen. Ist er auch Chef über seine Emotionen? Ist er Chef seiner selbst? Ist er tatsächlich souverän? Wenn der Wissensarbeiter sein eigener Chef ist, kann es nicht gleichzeitig einen Chef über ihm geben, dem er sich zu unterwerfen hätte. Das eine schließt das andere aus.

Oft hört man Aussagen wie: „Mein Chef hat gesagt, ...". Doch es ist eben nicht der eigene Chef, sondern nur die Leitungsperson des gemeinsamen Projekts. Es wird in einer arbeitsteiligen Gesellschaft immer Menschen geben müssen, welche die Prozesse strategisch und taktisch klug anleiten. Wie erweckt man das komplette 360° Leitungspotenzial des Teams? Sicher nicht, indem sich alle einer einzelnen Person unterwerfen. Die Dominanz hierarchischer Strukturen und das dumpfe Bestehen auf funktionale Regeln (Regeldominanz) sollten ad acta gelegt werden. Nur so können Menschen interaktiv intelligent zusammenwirken.

Echte Intelligenz braucht Flexibilität und Sensitivität. Das innere Potenzial der Menschen bleibt im fürsorglichen Miteinander nicht mehr hinter einer Maske verborgen und wird bewusster Teil der gemeinsamen Prozesse.

Denkt ein Mensch nur auf der funktionalen Kulturstufe unternehmerisch, dann wird er mit minimalem Einsatz den maximalen Vorteil und Profit für sich erwirtschaften wollen. Doch sein maximaler Profit bei minimaler eingebrachter Leistung wäre gleichzeitig ein Verlust für das Team, das Projekt und das Unternehmen. Genau das gleiche gilt im größeren Rahmen für ein Team oder Unternehmen, das mit minimalem Einsatz den maximalen Eigenprofit sucht. Was wirtschaftlich erst einmal klug erscheint, ist bei näherem Hinsehen nur ein listiger selbstbezogener Ansatz innerhalb einer typischen funktionalen Kultur.

Für fürsorgliche Kulturen braucht es dagegen mehr als nur Gier, Lust und Angst, also die selbstbezogenen Impulse der dominanten und funktionalen Kulturstufe. Es braucht eine systemische Intelligenz, damit sich souveräne Menschen lebensdienlich organisieren können und so ein umfassendes Wohlbefinden und angemessener Wohlstand entsteht.

Die positive oder negative Dynamik der Emotionen

Emotionen sind die vitale Erscheinung des Bewusstseins. Sie bilden das Fundament der Individualität. Durch ihre Lebendigkeit und Spontanität sind sie etwas näher an der vitalen Essenz des Menschen als es die Gedanken sein können. Jede Emotion sucht zwei Dinge: 1. Ausdruck und 2. gezielte Wirksamkeit. Wo die für das Projekt relevanten Emotionen auch relevant zum Ausdruck und zur Wirkung kommen, orientieren sich Menschen an sich selbst und richten ihre Leistung nach einer höheren Interaktionslogik aus.

In Teams, in denen die Emotionen nicht konstruktiv wirksam werden, baut sich ein innerer dynamischer Überschuss auf, der oft auch noch von einer Sprach- oder Hilflosigkeit begleitet wird. Die Energien, die durch Emotionen aktiviert wurden, stauen sich an dieser Sprachlosigkeit auf wie an einer Staumauer. Schon in der Kindheit haben wir gelernt, wie wichtig es in funktionalen Kulturen ist, mit allen Kräften das eigene emotionale Potenzial zum Wohlgefallen Anderer zu kontrollieren bzw. zu unterdrücken. Emotionen sind jedoch nichts anders als die eigenen vitalen Kräfte. Der Mensch arbeitet also gegen sich, in dem er die Impulse unterdrückt, die in ihm hochsteigen. Er „reißt sich zusammen" oder „am Riemen", „hält sich zurück", „beherrscht sich", „weist sich in Schranken" und hat sich „in der Gewalt". Doch so einfach funktioniert das nicht. Vielleicht laufen dann die Gedanken Amok oder man muss die Energie der Emotionen mit Sport und anderen Leistungen abarbeiten oder durch Konsum (Nahrung, Medien, Einkaufen) betäuben. Auf diese Weise verdreht und verbiegt sich die so wertvolle Logik der Emotionen und kommt nicht mehr zum Tragen. Die Lebensorientierung und die eigenen Ziele gehen verloren.

Unangenehme Emotionen werden gerne als negative Emotionen bezeichnet. Wenn sie unbeachtet bleiben, werden sie ihr Energiepotenzial entweder durch innermenschliche oder durch zwischenmenschliche Reibung abbauen müssen. Die Leute ringen dann nicht zusammen um die guten nächsten Schritte im gemeinsamen Projekt, sondern kämpfen mit sich selbst und/oder gegeneinander. Statt den Fokus auf eine konstruktive Leistung zu richten, geht es nur mehr darum, die Fassung zu wahren und die zwischenmenschlichen Minenfelder zu umschiffen, damit es nicht zu exzessiven Ausbrüchen kommt. Das ist höchst uneffektiv. Üblicherweise tauchen dabei alle möglichen Täter-Opfer-Retter-Spiele auf, die das produktive Miteinander zerstören. Nebenher kommt es zu anderen Formen der Eskalation (Stress, Burnout, Depression, Süchte, Manie, Krankheiten, Mobbing, innere Kündigung). Es entstehen, bildlich gesprochen, riesige Lawinen, die alle mit einem kleinen emotionalen Schneeball begonnen haben. Die relevanten Emotionen[29], denen man die Türe verschlossen hat, drängen sich in skurril veränderten Formen durch die Fensterritzen und zwischen den Bodendielen in die Leistungsprozesse hinein. Am Ende mag ein plötzlicher emotionaler Tornado das ganze Gebäude dem Erdboden gleich machen.

---

[29] Relevante Emotionen sind rein durch das Problem erklärbar, um das es geht. Wenn das Problem zu einem Konflikt heranwächst, entsteht viel überflüssiger emotionaler Nebel, der nicht durch das Problem selbst, sondern durch den ungünstigen Umgang mit dem Problem erklärt werden kann. Des Weiteren gibt es noch einen misslichen emotionalen Transfer zwischen verschiedenen Problemen und Systemen, wodurch Gefühle dort in Erscheinung treten, wo sie einfach nicht hingehören.

Will ein Unternehmen interaktiv intelligente Teams fördern, dann ist es auf die emotionalen Grundfähigkeiten der Mitarbeitenden angewiesen. Sie müssen in der Lage sein, ihre relevanten Emotionen angemessen oder zumindest ausreichend ins gemeinsame Spiel einzubringen. Diese klare Leadership-Fähigkeit ist bei einem Team als Boss von allen Beteiligten zu leisten.

Das ist sowohl unternehmerisch als auch menschlich relevant. Ein Team als Boss strebt die Integration der Emotionen im Sinne einer echten Ethik an und mit der natürlichen Achtung für die individuellen Ausprägungen von Charakter, Lebensstil und Motivation. In einem gemeinsamen Projekt gehen uns die relevanten Emotionen aller Beteiligten etwas an, da sie im Rahmen des Projekts entstehen. Sie geben uns wichtige Hinweise zur Steuerung der Prozesse. Besonders manch eine relevante negative Emotion kann ein Projekt optimieren, auf Kurs halten und mitunter sogar retten. Dazu muss sie oftmals bewusst kommuniziert werden, um ihren Veränderungsimpuls einbringen zu können. Positive Emotionen bestätigen den gemeinsamen Weg, liefern Energie und befeuern das Team. Anders würde eine organische Selbstorganisation nicht funktionieren.

Ohne humane Stimmigkeit erhält man immer einen Werteverfall, Pseudoteams, doppelte Böden, kommunikativen Nebel und Stördynamiken. Es ergeben sich isolierte Nischen der Leistungsgemeinschaft, die voll sind von egoistischem Vorteilsstreben, Beziehungslosigkeit, Dominanz und Unterwerfung, also der ganz normale Wahnsinn der funktionalen Kulturstufe. An ihm verzweifeln die etwas sensitiveren Menschen, die ihr Potenzial einfach nur sinnvoll gemeinsam ausleben möchten.

Wieso streicht man nicht einfach die Gefühle und bleibt sachlich?

Wir sind bei der Selbstorganisation auf drei Ebenen gefordert. Wir müssen die Unternehmensinteressen verstehen (globale Systemebenen), wir müssen unser Zusammenspiel im Team organisieren (lokale Systemebenen) und wir sind gefordert, unserer eigenen Lebensspur zu folgen (System-Zellebenen).

Man kann in komplexen Projekten nicht ohne Folgen über die Mitarbeitenden hinweg planen, optimieren und strukturieren. Wo Mitarbeitende in Form von Experten wichtig sind, müssen sie auch als Menschen einbezogen werden. Sobald der ganze Mensch unternehmerisch berücksichtigt wird, erkennen sich Unternehmen und Teams selbst als komplexe Systemen [30] an. Die bisherige Strategie, in aller Sachlichkeit und Nüchternheit die auf ihre Funktion reduzierten Menschen zu optimalen Leistungs-

[30] Siehe Ashby's Law. Die Steuerung eines komplexen Projekts muss mindestens ebenso komplex aufgebaut sein.

gemeinschaften zu verknüpfen, zeigt sich als immer weniger zeitgemäß. Dieser trivialisierende Kunstgriff bringt bestenfalls mittelmäßige Erfolge und ist die Kapitulation vor der Aufgabe, die höhere interaktive Intelligenz wirksam werden zu lassen. Die Grenzen der Kommunikation sind die Grenzen der Beziehung und daraus ergeben sich die Grenzen der konstruktiven Zusammenarbeit. Sind wir innerhalb einer funktionalen Unternehmenskultur an diesen Begrenzungen angekommen, werden wir mit formalen und funktionalen Ansätzen nicht mehr weit kommen. Im Gegenteil: Je mehr das versucht wird, desto schneller zeigen sich diverse Spannungen und Unvereinbarkeiten im Team.

Der Projekterfolg beruht auf dem guten Miteinander aller Beteiligten. Müssen sich Teammitglieder in Abhängigkeitsverhältnisse begeben und sich Menschen oder Strukturen unterwerfen, verlieren sie sofort an essenzieller Motivation und innerer Anbindung an die Projekte. Werden sie anschließend kontrolliert, damit sie ihren Leistungsbeitrag optimieren, braucht sich niemand über ihren Widerwillen zu wundern. Diesen Widerwillen geben sie teilweise als Dominanz nach unten oder nach außen weiter, denn dort erscheinen sie ja nicht so abhängig.

Wie kann man dominant und funktional organisierte Teams in selbstorganisierte Teams überleiten? Zuerst braucht jeder Mensch im Team sein aktiviertes Selbst, das zu Visionen fähig ist. Er muss Verantwortung zu tragen bereit sein. Das ist im fürsorglichen Miteinander und bei wechselseitiger Unterstützung auch nicht so schwer.

Sobald Gefühle in die Kommunikation mit einbezogen werden sollen, fehlt es meist an den passenden Worten. Das liegt weniger an einer fehlenden emotionalen Reife. Die eingefahrenen Wege einer funktionalen Gesellschaft und ihre generelle Unwissenheit über die interaktive und systemische Natur von Gefühlen sorgen für ein Klima, das die spielerische und wortgewandte Integration relevanter Emotionen nicht gerade erwarten lässt.

Fehlen die passenden Worte, versucht man mittels Verhalten dem anderen klarzumachen, wie empört, verletzt oder hilflos man ist. Mimik, Gestik und Andeutungen und sogar die Unterlassung von Handlungen gehören zu dieser *Verhaltenssprache*. Man grüßt nicht mehr, zeigt sich die kalte Schulter und geht nicht mehr zusammen in die Pause. Dieser sehr uneffektive Weg einer Mitteilung sorgt für Anspannungen, Missverständnissen und Unwillen. Die Hoffnung, dass das Gegenüber auf diese Weise angeregt wird, von sich aus die Problematik zu erkennen, dankbar die Fehler einzusehen und willig alles zu verändern, erweist sich meist als Trugschluss. Es kommt eher zu Entgleisungen und die Eskalationsspirale nimmt ihren tragischen Lauf. Sobald sich Menschen dann im Eskalationsmodus bewegen, verhalten sie sich untypisch. Das macht die Sache nicht leichter und oft müssen die emotionalen

Verknotungen von einem Profi gelöst werden, wenn sie nicht zu unwiderruflichen Spaltungen und Trennungen führen sollen.[31]

Die Eskalation auf der Beziehungsebene ist die negative Form des Ausnahmezustandes. Der positive und permanente Ausnahmezustand, wie ihn der Kommunikationswissenschaftler Robert Kana vorschlägt[32], ist dagegen der kreativ-inspirative Urzustand einer Gemeinschaft von souveränen und kreativen Menschen.

Abb. 17: In dem Konflikt verhält man sich typischer Weise untypisch. Man zeigt im Eskalationsbereich keineswegs sein „wahres Gesicht", wie manche vermuten, sondern pustet nur etwas unbesonnen schlecht verdaute Emotionen und unsortierte Inhalte in den Raum. Nach der Konfliktlösung sehen alle wieder klarer und die Puzzleteile offenbaren zusammengesetzt ein neues Bild. Die tiefere Wahrheit ist immer eine, die Menschen verbindet, auch wenn nicht alle Wege zusammen gegangen werden sollten.

Den ganzen Menschen gibt es nur mit seiner natürlichen Sensitivität und Emotionalität. Organische Selbstorganisation braucht die ganze Bandbreite der Emotionen, wenn es um tragfähige Visionen, interaktive Intelligenz und solide Entscheidungsfindung geht. Damit erklärt sich die Grenze der Wirksamkeit all der Ansätze, die sich um diesen Punkt herumdrücken. Es macht wenig Sinn, sich gerade der Komponente zu verschließen, welche die Essenz von Dynamik und Lebendigkeit ausmacht, um sich dann zu wundern, dass alles nicht so recht läuft.

Konflikte und Streitigkeiten sind weniger Probleme, als vielmehr die ungeschickten Versuche, Probleme zu lösen. Die innere Dynamik des Menschen sollte angemessen

---

[31] Siehe dazu auch das Krisenmodell von Prof. Dr. Hermes A. Kick, IEPG Mannheim, beschrieben u.a. im Band 6, Verzweiflung als kreative Herausforderung; LIT-Verlag 2008, ISBN: 978-3-8258-0902-7, s. 22ff.

[32] Robert Kana und Jeanny Gucher: The Pentagon Challenge. Das Management des Ausnahmezustands. Manz Verlag 2006

mit der äußeren Dynamik der gemeinsamen Prozesse zusammenspielen. Wo das nicht gelingt, neigen nette Teams dazu, hübsche Fassaden aufzubauen, während engagierte Teams immer heftiger zu streiten beginnen. Intrigen, Revolutionen und Zerfall machen die heißen Phasen aus, in den kühlen herrscht Stagnation und Lähmung.

Wenn man individuelle Gefühle adressiert, werden schnell Ängste laut. Die Furcht vor Kontrollverlust, Imageverlust und Eskalation winken uns von den hinteren Zuschauerplätzen aus zu. Auch das Leitbild der überlegenen Führungskraft, des perfekten Mitarbeiters und des souveränen Unternehmers sind nicht besonders hilfreich. Diese Herolde singen in Epen von den Tugenden der Gelassenheit, Selbstkontrolle und Souveränität. Der einfache Mensch auf der Bühne des Lebens, der diesen Stimmen lauscht, wird dazu inspiriert – oder vielleicht eher dazu gedrängt - eine unangreifbare Perfektion zu verkörpern. Was auf der dominanten und auch auf einer funktionalen Kulturstufe so attraktiv erscheint, macht im fürsorglichen Umfeld einfach keinen Sinn mehr. Es geht dann nicht mehr um unangreifbar gute Teammitglieder, sondern um das gute Zusammenspiel der Stärken, Schwächen, Potenziale und Ressourcen, die eben gerade vorhanden sind. Deshalb ist der Kulturwechsel so wichtig, wenn es um die Integration von Emotionen geht. Wir wollen als die nicht perfekten, aber dafür realen Menschen angemessen in eine projektbezogene kreative Synergie miteinander kommen. Das ist viel leichter möglich, als mit einem verinnerlichten Leitbild der Perfektion auch nur ein angenehmes gemeinsames Abendessen zu gestalten.

Müssen wir uns alle liebhaben?

In der Begegnung von Menschen herrscht zwar eine prinzipielle Gleichwertigkeit, doch daneben gibt es eine vielschichtige Ungleichheit von Potenzialen, Ressourcen, Fähigkeiten, Wissen, Können sowie der Lebenseinstellungen. Nennen wir es beim Namen: Wir sind uns nicht alle immer super sympathisch.

Keiner kann alle anderen mit ihren unterschiedlichen Charakteren, Motivationen und Lifestyles mögen. Es reicht allerdings, genug Toleranz und Respekt aufzubringen, um zusammen arbeiten zu können.

Respekt und Toleranz dürfen nicht mit Ignoranz oder Gleichgültigkeit verwechselt werden. Interaktiv-intelligente Teams neigen auf Grund ihrer inneren Organisationsfähigkeit dazu, sich bei Unvereinbarkeiten von selbst so zu strukturieren, dass viele Probleme umgangen werden können. Eine allseitige Sympathie kann sowieso nicht das Ziel sein. Das Ziel ist vielmehr, die auf den Grundlagen von Empathie und zwischenmenschlichem Verständnis gelingende Verwirklichung eines Projekts. Kommt das gemeinsame Projekt gut voran, kann aus Respekt und Toleranz eine wechselseitige Achtung und echte Wertschätzung werden.

Die drei Vorbereitungskarten für Teammitglieder

Wie bereitet man sich selbst gut auf „Das Team ist der Boss“ vor? Dazu haben wir drei Karten entworfen, welche einige Erkenntnisse schnell und einfach vermitteln. Die Vorbereitungskarten sind Teil des GFK-plus Kartensets, das auf der Webseite von GFK-plus als Download zur Verfügung steht. Wie zu erwarten, haben diese Karten so einiges mit Gefühlen zu tun.

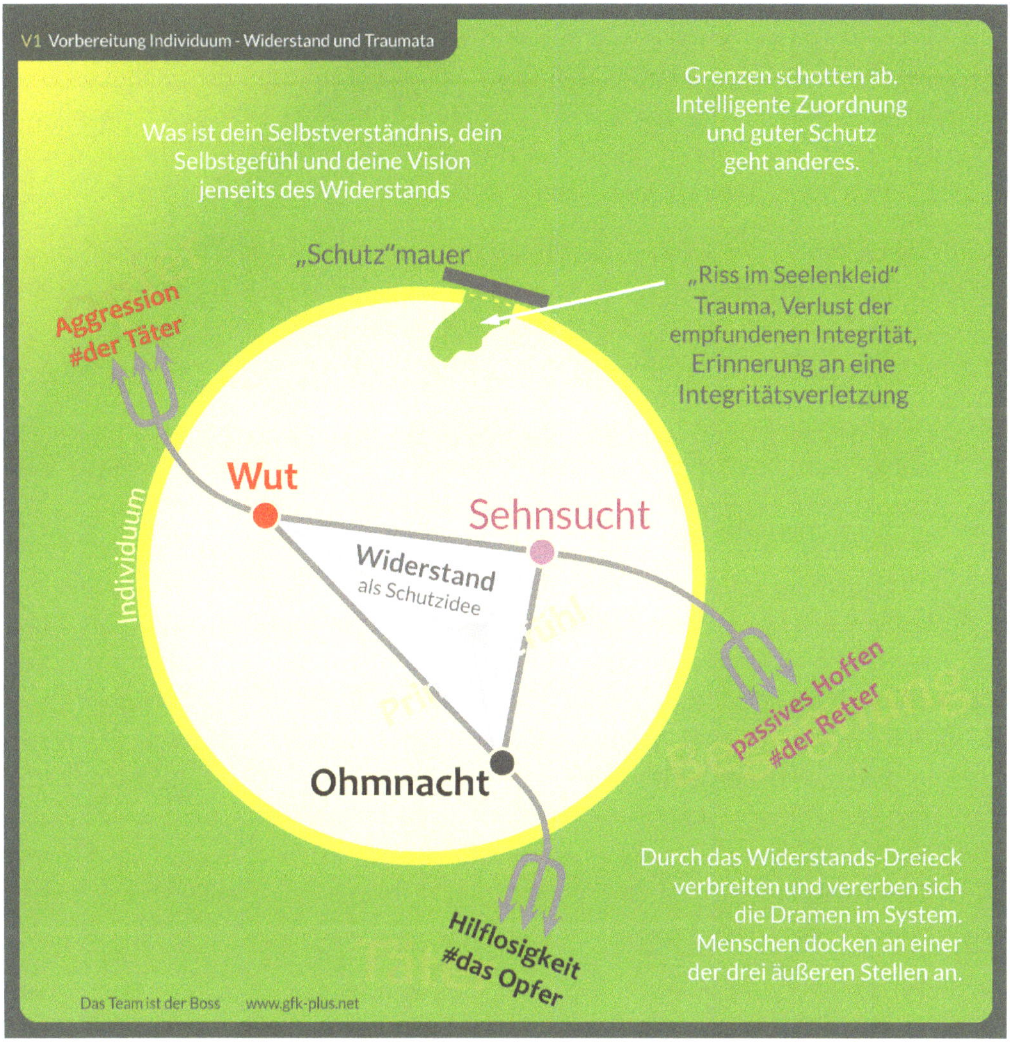

Gefühle entstehen in unserer Begegnung mit der Welt. Sie lassen uns unsere Umgebung in der Bedeutung erleben, die sie für uns momentan hat. Gleichzeitig fordern sie uns auf, adäquate Antworten zu finden.

Doch es gibt auch ein paar Gefühle, die nicht in Verbindung mit unserer Umgebung stehen, sondern mit anderen, vor allem unangenehmen Gefühlen. Die will man nämlich nicht haben und auch dieser Unwille drückt sich in Gefühlen aus. Es kommt zu einer Verweigerung, zu einem NEIN, einem Widerstand gegenüber dem, was wir gerade spüren und fühlen. Die Verweigerung verändert das unangenehme Primärgefühl und spaltet es in drei zusammenhängende Widerstandsgefühle auf. Dabei wird auch unsere Orientierung in drei Richtungen aufgespalten:

1. WUT ist unsere aufgestaute Tatkraft und Änderungsenergie, die durch das unangenehme Primärgefühl [33] aktiviert wurde. (Aussage: „Ich sollte, würde, könnte, müsste etwas machen."). Auch Eifersucht, Neid, Missgunst, Hass, Groll etc. sind speziellere Formen von Wut. Deshalb müssen sie alle auch einen Ohnmachts- und einen Sehnsuchtsanteil haben.

2. Die OHNMACHT fungiert als Staumauer. Ohne Ohnmacht würden wir unsere aktivierte Tatkraft einfach ausleben, aber die Staumauer verhindert das. Hinter ihr baut sich die Tatkraft zur Wut auf. (Aussage: „Ich kann nichts machen, ich schaffe das einfach nicht, obwohl es so wichtig wäre.")

3. Die passive SEHNSUCHT ist eine Zielphantasie. Sie ist nötig, denn wenn wir nirgendwo hinwollten, bräuchte es weder Wut noch Ohnmacht. Hinter dem phantasierten Ziel, das meist ein Vermeidungsziel ist („Wenn sich das Problem auflösen würde und ich ENDLICH RUHE hätte ...."), liegt auch das ursprüngliche, lebensdienliche und proaktive Ziel versteckt. Durch unseren Widerstand gegen unsere primären Schmerz- und Angstgefühle verbiegt und verwindet sich unser Zielfokus und es kommt zu absurden Rettungs- und Erlösungsträumen. Statt einem echten Ziel noch folgen zu können, läuft man einer Träumerei, einer Schwärmerei oder sogar Formen destruktiver Sehnsucht hinterher, die von der Wut getriggert werden. Man projiziert die Sehnsucht auf andere, die man dann retten möchte. Oft reagieren diese Menschen aber ohnmächtig oder wütend bei unseren Rettungsversuchen, denn es sind immer alle drei Komponenten mit im Spiel. Natürlich entsteht so auch ein Nährboden für Ideologien aller Art.

Diese drei Widerstandsgefühle lassen sich in einem einzigen Wort zusammenfassen: NEIN. Die Fähigkeit zur inneren passiven Verweigerung wurde in Zeiten gebildet, in denen wir als hilfloses Baby oder Kleinkind, nicht in der Lage waren, Dinge in unserem Sinn zu regeln und andere Menschen uns auch nicht ausreichend unterstützen konnten. So kam es zu verletzenden Einflüssen, die wir als Einbrüche einer feindlichen Welt in unsere schwache Integrität erlebt haben, ohne das verhindern zu können. Der

[33] Klassischer Weise wird Wut als Primärgefühl bezeichnet. Ich habe meine eigene Einteilung, die sich am Zusammenspiel orientiert. Da ist eine Wut ohne vorherigen Schmerz und Angst wenig denkbar. Für diese Einteilung muss ich allerdings die Aggression von Wut unterscheiden. Aggression kann auch ohne Angst und Schmerz ausgelebt werden, beispielsweise aus Freude daran, einen Widerstand oder ein Hindernis zu überwinden. (Z.B. im Sport.). Wut kann als Aggression erscheinen, muss aber nicht so sein. Alle Emotionen haben ihren speziellen, interaktiven Sinn im Miteinander.

Nachhall mancher dieser Erlebnisse mag in unseren Zellen vielleicht immer noch als Auflehnung und Trennungswunsch vorhanden sein und er besteht aus den drei Komponenten Wut, Ohnmacht und Sehnsucht. Deshalb versuchen wir auch heute noch, uns durch Abwehr zu schützen, obwohl wir bereits viele Stärken und Fähigkeiten erworben haben. Es ist ein alter Reflex und fast jeder Mensch kennt ihn. Wir erleben Schmerz, Enttäuschung, Frust, Angst und Stress. Diese Gefühle wehren wir mit Wut, Ohnmacht und Sehnsucht innerlich ab, statt die äußerliche Situation souverän zu verändern.

Dazu kommt noch die Verwechslung von Unangenehmem mit Gefährlichem. Eine trennende Abwehr ist nur für echte Gefahren sinnvoll. Unangenehmes können wir durch bessere Zuordnung und Zusammenspiel entschärfen. Wir sollten also beides gut unterscheiden, sonst bekommt der Partner, Kollege, Chef oder Zahnarzt noch irrtümlich eine volle Ladung Tränengasspray ab.

Abschottung bringt nur selten Schutz. Sie macht uns eher blind und Blindheit ist an sich schon kein sicherer Zustand. Deshalb Augen auf und das Herz offenhalten. Dann sieht man die Dinge gut kommen.

Es ist klug, den Menschen gegenüber offen zu bleiben, sich aber in Bezug auf sie vernünftig, standhaft und ohne falsche Rücksicht zu positionieren. Man ist am besten den Leuten nahe, die einem gut tun und bleibt den Leuten eher fern, die anders drauf sind. So lösen sich viele Probleme von selbst.

Der „Riss im Seelenkleid" auf der Karte ist letztendlich eine Erinnerung und damit auch so etwas wie eine Täuschung. Er existiert in der Seele, solange wir ihn aufrechterhalten. Gibt es einen Impuls (Frage, Bitte oder Statement) in uns, den wir noch nicht zum Ausdruck gebracht haben? Für GFK-plus ist es wichtig, immer weniger im Widerstand und in der Verweigerung zu sein. Gefahren sind von Unangenehmem zu unterscheiden und Schmerzen als Steuerungsimpulse zu interpretieren. Wir werden sie für entsprechende Veränderungen nutzen.

Wir sehen, dass Wut, Ohnmacht und Sehnsucht sich nach außen hin gerne mit der Wut, Ohnmacht und Sehnsucht anderer Menschen verbinden, Diese Widerstandsgefühle offerieren uns, eine Rolle zu spielen, und zwar entweder den Täter, der von der Wut angetrieben wird, oder das Opfer, das der Ohnmacht unterliegt. Als drittes bleibt uns noch den Retter zu spielen und unsere Sehnsucht auszuleben. Solange Menschen ihr gemeinsames Spiel von Wut, Ohnmacht und Sehnsucht bestimmen lassen, sind sie selten auf ihrer Lebensspur unterwegs. Das bedeutet jedoch nicht, dass die äußeren drei Aspekte dieser Gefühle, Aggression, Hilflosigkeit und Hoffnung, schlecht sind. Aggression ist keine Wut und nur die aufgestaute Kraft, die es uns erlaubt, eine Mauer einzureißen oder ein Hindernis zu überwinden. Aggression wird durch äußere

Widerstände hervorgerufen und nicht durch ein inneres NEIN. Dasselbe gilt für die Hilflosigkeit, die keine Ohnmacht ist. Und unsere aktive Hoffnung ist nicht mit der passiven Sehnsucht zu verwechseln.

Meistens haben wir eines der drei Widerstandsgefühle stärker nach innen gewandt und eines der drei stärker nach außen gerichtet. Wer wütend auftritt, kann innen durchaus vor allem ohnmächtig oder sehnsüchtig sein. Wird sein Gegenüber empathisch reagieren und verstehen oder sich reaktiv zeigen und als Täter, Opfer oder Retter ins Spiel einsteigen? Jeder von uns kennt das. Will uns jemand z.B. retten, werden wir schnell wütend, weil wir spüren, dass weniger eine reine Hilfsbereitschaft zu Grunde liegt als vielmehr eine Art Abwehr, die nichts mit unserer Situation zu tun hat.

All diese Spiele sind müßig. Wir brauchen uns um die drei Widerstandsgefühle nicht zu kümmern, es reicht, sich das Gefühl dahinter anzusehen und die Situation, in der es entstanden ist, nach dem Prinzip *love it, change it or leave it* zu behandeln. Geht das nicht, ist das höchst unangenehm, aber auch dann werden uns die Widerstandsgefühle nicht so viel helfen, wie ein klarer Kopf und ein offenes Herz.

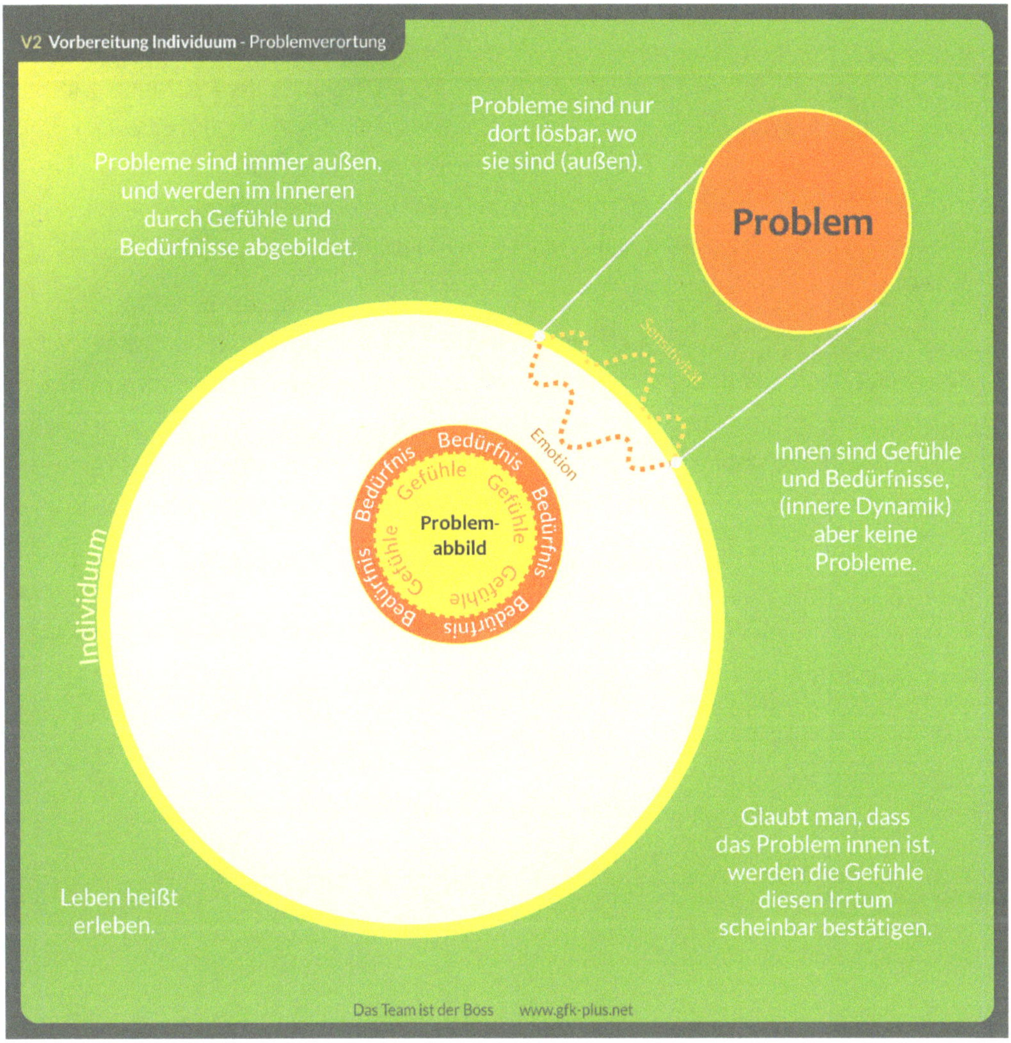

Wir sind sensitive Wesen, solange wir leben, egal ob wir eine dicke oder eine dünne Haut haben. Die Welt wirkt eindrücklich auf uns ein. Für GFK-plus ist es essenziell zu verstehen, dass jedes Problem in der Welt ist, und nicht in uns. Alle Probleme sind außen. Als fühlende Wesen spüren und erkennen wir sie. So entsteht ein Bild dieser Probleme in uns. Diese Problembilder sind zum großen Teil aus Gefühlen und Bedürfnissen zusammengesetzt. Sie sind kein optisches Bild, das wir mit unseren Augen wahrnehmen sondern vielmehr ein Bedeutungsbild, das uns verrät, welchen Einfluss diese Situation auf uns hat oder zu haben scheint. Sollten wir jedoch das innere

Problembild mit dem wirklichen äußeren Problem verwechseln, weil es sich ja wie das Problem selbst anfühlt (logisch, dazu ist es ja da), dann wenden wir unseren Blick von dem Problem weg nach innen zum Problembild hin und versuchen, für unsere Gefühle und unsere Bedürfnisse eine Lösung zu finden und nicht für das Problem selbst. Das kann nie klappen. Weder unsere Gefühle noch unsere Bedürfnisse sind das Problem noch sind sie es je gewesen. Es sind die Werkzeuge, Probleme als Probleme wahrzunehmen und auch Werkzeuge, um zu erkennen, ab wann die Probleme gelöst sind. Sie stellen uns sogar noch die Energie dazu zur Verfügung. Und nur weil wir in Permanentproblemen immer mal mit unseren Gefühlen oder Bedürfnissen überfordert sind, bedeutet das nicht, dass mit uns etwas nicht stimmt.

Mit uns stimmt immer alles. Nur bei dem, was wir und andere tun, ist so manches verbesserungswürdig. Das können wir anpacken und darauf sollten wir schauen. Der Selbstzweifel wird uns dabei nicht helfen, sondern nur gute Lösungen verhindern. Er hält uns auf die sinnloseste Art in uns selbst gefangen und mit uns selbst beschäftigt. Also: An der eigenen Auswirkung und am eigenen Tun ruhig liebevoll zweifeln doch im So-Sein einfach selbstzufrieden entspannen.

Dabei sollte man sich nicht nach den in der ersten Vorbereitungskarte erwähnten Widerstandsgefühlen richten. Die sprechen nicht vom Problem, sondern nur davon, dass wir es nicht haben wollen, aber trotzdem haben. Hier sollten wir eine Ebene tiefer tauchen und zum Primärgefühl[34] kommen.

[34] In der Psychologie mag Wut als Primärgefühl gelten, doch für die systemisch orientierte Kommunikationsentwicklung, und damit für einen Menschen und ein Team als Boss, macht das keinen Sinn. Genau genommen macht es deshalb auch psychologisch keinen.

Vorbereitungskarte V3 - Bewusstseinsausdehnung und -ausrichtung

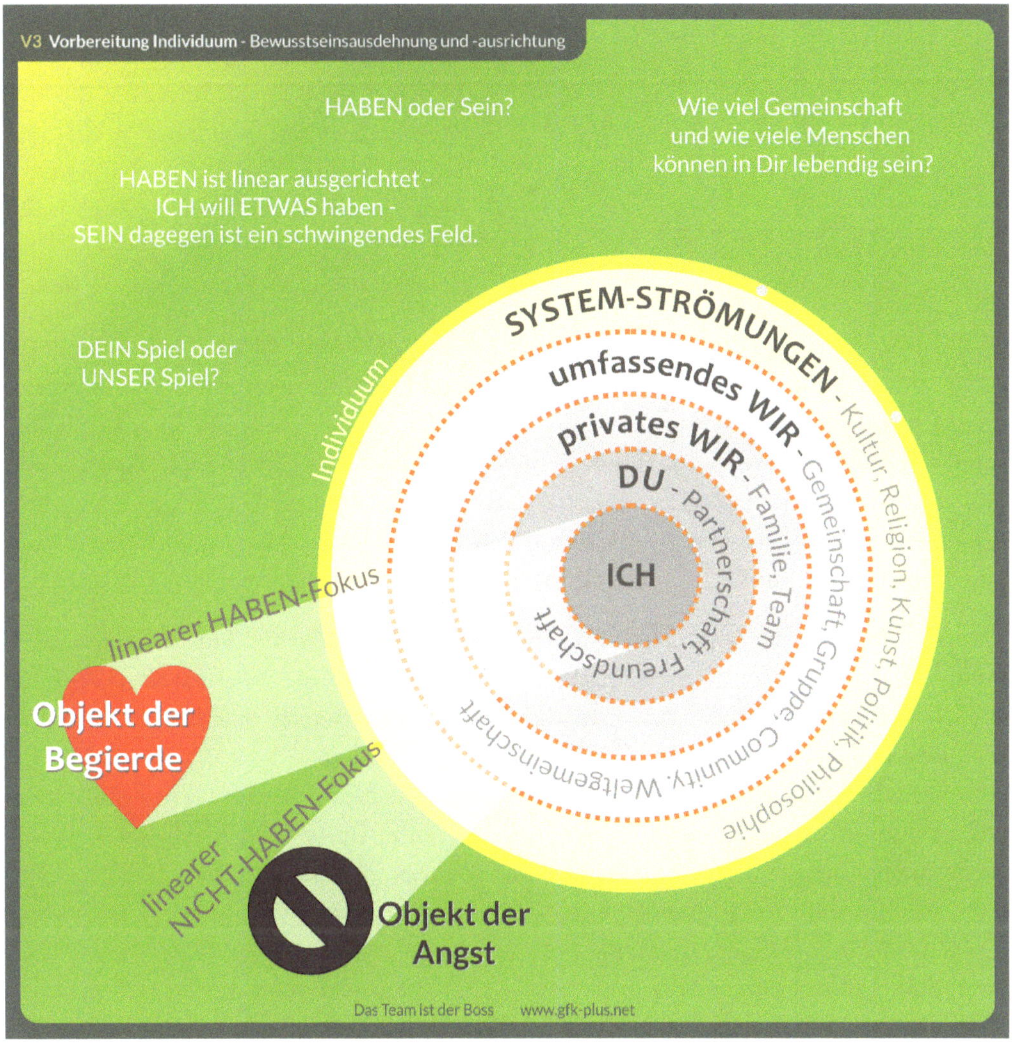

Alle Karten auf www.gfk-plus.net zum freien Download

Solange wir unser Bewusstsein linear ausrichten, ist es durch diese Linearität auch von einer interaktiven Armut gekennzeichnet, denn die Möglichkeiten des Miteinanders sind dann sehr begrenzt. Das linear ausgerichtete Bewusstsein können wir auch als Aufmerksamkeit bezeichnen. Sie verbindet das ICH wie mit einer Linie entweder mit einem Objekt der Begierde (bzw. Appetenz), das man haben möchte, oder mit einem Objekt der Angst (bzw. Aversion), das man vermeiden möchte. Für ein DU ist in dem

Aufmerksamkeitsfokus nur dann Platz, wenn es als Objekt der Begierde oder als Objekt der Angst erscheint, bzw. solange es sich gerade direkt auf dieser Linie befindet und dann im Weg steht. Es stört, ist vielleicht jedoch als Verbindungsglied nützlich. Wir ahnen die einfachsten Grundmuster der Appetenz (Lust, Verlangen) und Aversion (Unlust, Widerwille), die den Menschen steuern können. Wären damit bereits unsere geistigen Fähigkeiten ausreichend beschrieben, bräuchten wir uns nicht weiter mit einem Team als Boss zu beschäftigen. Es wäre aussichtslos.

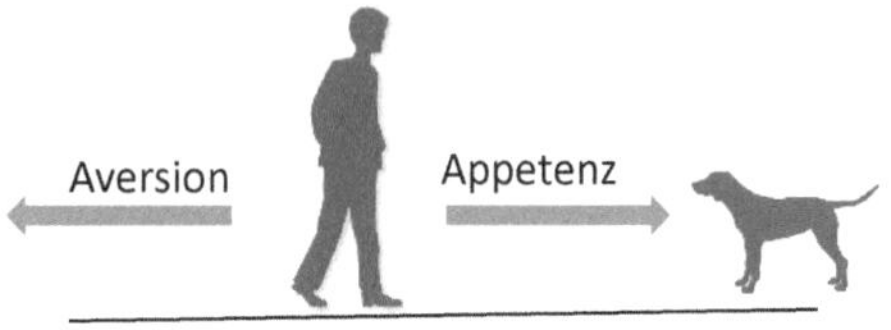

Abb. 18: Appetenz lässt uns nach vorn gehen, bei Aversion weicht man zurück.

Für GFK-plus schwenken wir vom HABEN-Modus in den SEINs-Modus[35]. Im SEINs-Modus zeigt sich unser Bewusstsein nicht linear auf ein Objekt ausgerichtet, sondern bildet ein Bewusstseinsfeld. In diesem Modus kommt es zu einer Bewusstheit über das System. Wir können das auch als Präsenz, Achtsamkeit oder Gewahrsein bezeichnen und sind so mit dem verbunden, was sich innerhalb unsres Bewusstseinsfeldes aufhält. So erleben wir unsere Umfeld und nehmen es in uns auf.

Im Lauf des Lebens wird uns anfangs erst das DU (Mutter, Vater, Geschwister, Freunde) und dann ein immer umfangreicheres WIR (Familie, Nachbarschaft, Schule, Teams, Unternehmen) bewusst. Schließlich bekommen wir auch ein Gefühl für die abstrakten Zusammenhänge: Für unsere gemeinsame Kultur und für die gesellschaftlichen Ordnungen[36]. Dieses interaktive Gespür ist extrem wichtig, wenn wir organisch zusammenwirken wollen. Wir müssen in der Lage sein, andere Menschen in uns zu tragen, ja ein ganzes Miteinander in uns abzubilden. Das geschieht nicht durch den unterscheidenden Verstand, sondern durch ein empathisches Verständnis, das trainiert werden kann. Es ist eine Mischung aus Herz- und Kopf-qualitäten. Mit der obigen GFK-plus Vorbereitungskarte können wir den Unterschied zwischen der linearen Aufmerksamkeit und der systemischen Achtsamkeit erkennen.

Bei diesen vorbereitenden Schritten von GFK-plus und „Das Team ist der Boss" geht es also darum, die Handbremsen der Vergangenheit zu lösen und sich die Energie, die in Konflikten und emotionalen Dramen festhängt, wieder zurückzuholen. Zumindest lockern wir so unseren eigenen Anteil an systemischen Verstrickungen. Wir bekommen

---

[35] Erich Fromm: Haben oder Sein: Die seelischen Grundlagen einer neuen Gesellschaft; dtv 2005, ISBN 342334234X

Siehe auch die Grafiken 3+4 im Anhang: Kulturentwicklung in Bezug auf Haben und Sein damit mehr Freiheit, uns und das System neu und besser zu organisieren. Die größeren Gesellschaftssysteme sind dagegen noch nicht frei, und hängen momentan noch in der dominanten oder funktionalen Kultur fest. Aus ihren rigiden Strukturen stammen große Teile unseres „Selbstbildes". Würden wir in einer Waschmaschine herumgeschleudert werden, würden wir ein ähnliches Selbstbild kreieren: „Ich bin nicht gut genug, weil ich immer so desorientiert bin." Dabei gehören Menschen weder in Waschmaschinen noch in dominante oder funktionale Systeme hineingepresst. Das merkt man daran, dass sie jede Menge Symptome zeigen und eines davon heißt negatives Selbstbild. Es ist wichtig zu verstehen, dass die innere Essenz eines jeden Menschen frei von Problemen und Konflikten ist. Weder Gefühle noch Bedürfnisse sind problematisch, es sind im Gegenteil unsere normalen Lebensfunktionen. Das Innere des Menschen ist die dynamische Quelle seines Strebens. Seine Lebendigkeit hat eine eigene Logik und sie ist Teil eines riesigen Lebensspiels. Wenn wir an unserer klugen Essenz zweifeln, dann werden wir dieses Spiel nicht gut spielen können. Leider hat der bisherige funktionale Systemmodus eine große Menge an Selbstzweifel hervorgebracht und in seiner verdrehten Welt bestätigt sich die scheinbare Berechtigung des Zweifels an allen Ecken und Enden. In der Waschmaschine zweifeln alle an sich selbst aber keiner an der Waschmaschine. Auch der Fisch sieht das Wasser nicht, in dem er schwimmt. Das Ziel von GFK-plus ist es, dieses Spiel jetzt anders zu spielen und das Team und nicht die Waschmaschine zum Boss zu machen. Das Team kann sich selbst ein fürsorgliches Teamsystem aufbauen und dann wird ein neues Selbstbild bei den Mitgliedern entstehen.

Es macht also überhaupt keinen Sinn, am eigenen So-Sein zu zweifeln. Allerdings gibt es neben dem So-Sein auch das So-Handeln. Hier sollten wir bei dem, was wir alleine und gemeinsam tun, zu Verbesserungen bereit sein. Stetige Verbesserung bei den äußeren Projekten helfen dabei, das gemeinsame Spiel zu genießen. Sei also ganz du selbst, aber verhalte dich nicht so, als wäre der gemeinsame Weg bereits klar.

2.a) Der Unterschied: Impulsivität, Gefühle, Gespür

Ich verwende im Rahmen von „Das Team ist der Boss" die beiden Begriffe Gefühl und Emotion als Synonyme, wie das umgangssprachlich üblich ist. Daneben führe ich noch die *emotionalen Impulse* und das *Gespür* auf:

1) **Emotionale Impulse**, zu denen auch die Triebe, Reflexe und Instinkte gehören, sind die Vorstufe von bewussten Gefühlen. Sie wirken sehr schnell und impulsiv

und treiben ein bestimmtes Verhalten an. Bei Menschen werden durch sie auch das Denken getriggert und angetrieben. Diese Impulssteuerung kommt noch aus dem Tierreich und es braucht dafür keinen Intellekt, kein bewusstes Verständnis oder die Fähigkeit, Pläne schmieden zu können. Die sehr archaische Prozesskontrolle durch emotionale Impulse wird durch das Steuerungszentrum „Bauch"[37] organisiert. Das ist biologisch sinnvoll, funktioniert schon direkt nach der Geburt und ist primär immer noch auf das biologische und soziale Überleben fokussiert. Mit seinem Mustererkennungsprogramm ist das Steuerungszentrum „Bauch" selbstlernend, wie wir das heute ja auch von der Künstlichen Intelligenz kennen. Lernen geschieht also durch musterhaftes Auswerten von Erfahrungen. Die Kunst ist es, das impulsive Steuerungszentrum „Bauch" mit den beiden anderen Steuerungszentren „Kopf" und „Herz" in eine Synergie zu bringen.

Stress ist eine typische Überlastungsreaktion dieses Steuerungszentrums. Und bei einem Trauma bleiben die emotionalen Impulse latent im Arbeitsspeicher und die unklugen Triggermuster, die sich im traumatischen Erlebnis gebildet hatten, bringen das Steuerungszentrum Bauch immer mal wieder in einen mentalen Ausnahmezustand. Das braucht kein Mensch. Mit logischen Argumenten braucht man diesem Steuerungszentrum allerdings nicht zu kommen, denn es kann ja nicht denken. Da braucht es schon andere Tools[38].

2) **Emotionen** und **Gefühle** sind, anders als die emotionalen Impulse, bewusst wahrnehmbar. Sie sind viel bunter und sind weniger zum direkten Ausleben als vielmehr für eine bewusste Steuerung mit dem Steuerungszentrum „Herz" gedacht. Gefühle werden entweder durch Situationen oder durch Gedanken getriggert und sind die Boten ganz bestimmter Bedürfnisse. Sie klingen meist bereits ab, wenn einem das dahinterstehende Bedürfnis bewusst wird. Ein unangenehmes Gefühl ist der südliche Teil der Kompassnadel und weist auf das Problem. Das dazugehörige angenehme Gefühl ist der nördliche Teil der Kompassnadel und weist in Richtung der möglichen Bedürfnisbefriedigung oder Sinnerfüllung. Mehr dazu findet ihr in diesem Kapitel und später bei der Erklärung der Toolkarte T1.1 in Kapitel 4.c, s. 167 und Kapitel 5.a, s.179

---

[37] Die Begriffe *limbisches System* oder *Reptiliengehirn* deuten in dieselbe Richtung.

[38] Mit z.B. dem Angst-Stopp-Prozess des Autors kann man solche hängen gebliebenen emotionalen Impulse, die ihre Wurzeln in vergangenen Situationen haben, oft gut aus dem Arbeitsspeicher entfernen. Das ist für eine Selbstorganisation hin und wieder relevant, denn sonst reagieren wir impulsiv unlogisch in Situationen. Das kann jedoch nicht Teil von „Das Team ist der Boss" sein und bleibt als Psychohygiene jedem selbst überlassen. Auch ist nicht alles machbar und so sind unsere Begrenztheiten natürlicher Teil des gemeinsamen Spiels. Auf keinen Fall sollten wir im Team beginnen, psychologisch aneinander rumzudoktern. Wir sind nicht selbst unser gemeinsames Projekt!

3) **Gespür:** Nur wegen unserer Gefühle haben wir noch nicht unbedingt ein gutes Gespür für unsere Situation oder unser Projekt. Erst mit der nötigen Sensitivität und Intuition kommt das gute Verständnis und das gute Verständnis steigert das Gespür. Es ist also ein mehrseitiges Bewusstseinstraining, bei dem es sowohl um persönliche Aspekte wie auch um Sachaspekte geht. Die bewusste Wahrnehmung der Emotionen und Gefühle und deren Verknüpfung mit den dazugehörigen Bedürfnissen kann unser Gespür trainieren (persönlicher Aspekt). Das gleiche gilt für die vertiefte Beschäftigung mit einem Thema (Sachaspekt).

Die guten Fragen sind nun: Wie können unsere emotionalen Impulse im Team als Boss mehr helfen als stören? Wie können sich störende emotionale Impulse in bewusste Gefühle verwandeln, damit sie sich nicht länger impulsiv ausleben? Wie geht man mit bewussten Gefühlen um, damit sie mit ihrer eigenen Logik die gemeinsamen Prozesse gut mitorganisieren? Wie entwickeln wir ein ausreichendes Gespür für Menschen, Prozesse, Systeme und Umwelt?

2.b) Gefühls- und Bedürfnislisten

Wenn wir unsere Gefühle und damit unsere Sensitivität simpel und konstruktiv in das Management von Projekten integrieren wollen, brauchen wir nicht nur das entsprechende Verständnis von dem, was Gefühle ihrem Wesen nach sind, sondern vor allem auch den passsenden Wortschatz, ohne den wir weder an Gefühle denken noch über sie sprechen könnten. Das Gefühl wird gefühlt, nicht gedacht. Worte dagegen werden gedacht und gesprochen, das gilt auch für Gefühlsworte. Ohne sie kann ein Gefühl die Schwelle zu unserem Bewusstsein nicht gut überschreiten, und es gäbe kaum ein bewusstes Zusammenspiel von Emotion und Kognition. Das wären sehr schlechte Voraussetzungen für ein bewusstes Management mit dem Team als Boss.

Auf Grund der emotionalen Sprachlosigkeit läuft vieles unter dem Radar. Die Orientierung in den Projekten leidet darunter, die Personen treten dann ein paar Schritte zurück und konzentrieren sich mehr auf die funktionalen Prozesse. Damit konstruiert das Team sein Miteinander am bewussten Fühlen und an der persönlichen Sensitivität vorbei. Die Vernetzung von Bewusstsein gelingt nur auf niedrigem Niveau und das Team findet nicht zueinander. Deshalb braucht es dann auch einen externen Chef, der jedoch auch kaum Chef seiner Selbst ist, sondern nur als funktional eingesetzte

Führungskraft den funktionalen Prozessen unterworfen ist, genau wie alle anderen im Team auch.

Wir wollen mit „Das Team ist der Boss“ einen anderen Weg beschreiten und dazu brauchen wir ein Projekt- und Umfeldgespür und ein angemessenes Bewusstsein von unseren Gefühlen.

Um zu wissen, was ich fühle, braucht es Gefühlsworte und eine Gefühlslogik. Mit diesen Elementen kann der nicht fühlen könnende Verstand mitspielen. Allerdings hat man in der klassischen Gewaltfreien Kommunikation erkannt, dass nicht überall, wo Gefühl draufsteht, auch Gefühl drinnen ist. Der Verstand, der nicht das richtige Gefühlswort zur Hand hat, ersetzt es durch Gedankenketten, die meistens Vermutungen oder Interpretationen sind, wie z.B. „Ich fühle mich nicht ernst genommen.“ Man sieht die Projektion. Nicht ich fühle, sondern jemand anderes macht etwas falsch. Ich vermute, dass ich von ihm nicht ernst genommen werde. Aber was fühle und brauche ich? Eine echte Ich-Botschaft wurzelt im bewussten Fühlen: a) Das ist mein Gefühl in dieser Situation. b) Das brauche ich jetzt. c) Das ist deshalb meine Bitte, meine Frage oder mein Statement an dich.

In der klassischen Gewaltfreien Kommunikation haben sich Gefühls- und Bedürfnislisten bewährt, die zum Teil unterschiedlich strukturiert sind. Es gibt sie auch in verschiedenen Formen, z.B. als Fächer und Karten. Ich stelle euch einerseits eine mobile Version zur Verfügung, andererseits eine PDF-Liste, die ähnliche Gefühle in Wortgruppen zusammenfasst (siehe Kapitel 3.a, s.116: Gefühls- und Bedürfnislisten und Kapitel 5.f, s.235: Download Tool-Depot).

Wenn ihr genauer wissen wollt, was ihr gerade fühlt, dann lest einfach die Liste durch und streicht euch die Begriffe an, die in euch resonieren. Wollt ihr das in Bezug auf eine Situation wissen, einfach an sie denken und die Liste durchlesen. So entsteht nach kurzer Zeit eine Kompetenz in diesem Bereich. Wer will, kann auch ein Tagebuch der Gefühle und Bedürfnisse führen.

2.c) Klassische Gewaltfreie Kommunikation (GFK)

Wer Gefühle in das Miteinander integrieren möchte, der braucht nicht nur die passenden Worte. Solche Worte wollen auch noch günstig kommuniziert werden. Marshall Rosenberg hat uns mit seinen vier Schritten der klassischen Gewaltfreien Kommunikation (oder besser „Dominanzfreie Kommunikation) einen wunderbaren Weg eröffnet. Ich nenne die klassische GFK deshalb auch die Sprache der Veränderung. Wir werden bei der dritten Hürde, bei der es um Konflikte geht, noch mal ausführlicher dazu kommen. Allerdings kann uns die GFK bereits jetzt weiterhelfen, wo es uns um die Kommunikation von Gefühlen geht. Die Methode ist recht schnell beschrieben.

1. Man bezieht sich auf eine konkrete Situation und schildert in wenigen Worten die zentrale Beobachtung, ohne sie jedoch irgendwie zu bewerten. („Wir sitzen jetzt das dritte Mal hier zusammen und sprechen über dieses Thema ..."). Die objektive Situation ist der Container für das subjektive Erleben (Schritt 2 und 3).

2. Jetzt teilt man die wichtigsten Gefühle mit, die in dieser Situation entstanden sind. Dabei werden zwischen echten Gefühlen („Ich bin **frustriert** ...") und emotionalen Interpretationen unterschieden, die in der GFK nicht verwendet werden: („Ich habe das Gefühl, wir verschwenden nur unsere Zeit ..."). Eine GFK-Gefühlsliste ist hilfreich, um die eigenen Gefühle effektiv identifizieren zu können.

3. Die eigenen Gefühle werden nicht auf die Situation (Punkt 1) zurückgeführt, sondern auf die eigenen Bedürfnisse, die in dieser auslösenden Situation unerfüllt geblieben sind, z.B. eben Klarheit und Überblick. („Ich bin gerade frustriert, weil ich **Klarheit** und **Überblick** brauche ..." und nicht, weil wir hier schon das dritte Mal sitzen).

4. Was braucht es, damit die Veränderung sichtbar werden kann, die man den Bedürfnissen gemäß erzielen möchte? Hier kommt als letzter Schritt die Bitte ins Spiel, mit der die anderen Personen aufgefordert werden, auf gezielte Weise am eigenen Wohlergehen beizutragen. („Bitte schicke mir doch die Unterlagen mit den Infos bis morgen zu."). Im Prinzip können unter diesem Punkt nicht nur Bitten, sondern auch Fragen oder Statements stehen, wobei Statements keiner Antwort bedürfen, denn die Aussage zu tätigen war dann selbst das Anliegen.

Bitte:	„Gebt mir bitte eine Zusammenfassung in zwei oder drei Sätzen, wo wir gerade stehen."
Frage:	„Habt ihr eine Erwartung an mich? Was kann ich eurer Meinung nach denn heute beisteuern?"
Frage:	„Wie geht es euch damit?"
Statement:	„Wenn ihr heute ohne mich auskommt, ist das für mich ok."

Statement: „Ich habe Kopfschmerzen und glaube nicht, Euch heute weiter helfen zu können."

Wer diesen vier Schritten folgt, kann mit ihnen nicht nur ein Verständnis für Gefühle bekommen, sondern auch Verantwortung für sie übernehmen. Die klassische GFK hilft auch sehr dabei, eine tiefergehende Empathie zu entwickeln. Doch trotz dieser simplen Struktur von 4 Schritten braucht es Zeit, um sie gut anwenden zu können. Es zahlt sich für Unternehmen aus, einige Seminare der klassischen Gewaltfreien Kommunikation einzuführen, doch es ist ein längerer Weg, bis das zu einer tragfähigen Kompetenz führen wird.

Uns geht es sowieso weniger um die reine Abstimmung persönlicher Anliegen als vielmehr um die lebensdienliche Organisation von Projekten als Ganzes. Ich empfehle die klassische GFK auf jeden Fall, doch wir wollen uns im Rahmen von „Das Team ist der Boss" nicht zu sehr auf sie stützen. Deshalb haben wir aus der klassischen GFK heraus ein Tool entwickelt, das vom Team auch ohne viel Erfahrung mit Erfolg für das Projektmanagement verwendet werden kann: Den GFK-Zauberkreis.

2.d) Der GFK-Zauberkreis

Der GFK-Zauberkreis ist ein einfaches Tool, das auf der klassischen Gewaltfreien Kommunikation beruht. Er begegnet uns im Rahmen des Programms „Das Team ist der Boss“ gleich bei mehreren Hürden. Er dient uns sowohl zur Vorbereitung auf organische Selbstorganisation, um unsere Emotionen und Konflikte zu klären (Hürden 2 und 3), als auch dafür, uns einer Projektstrategie besser nähern zu können (Hürde 5 – Tools).

Tool- und Webplattform

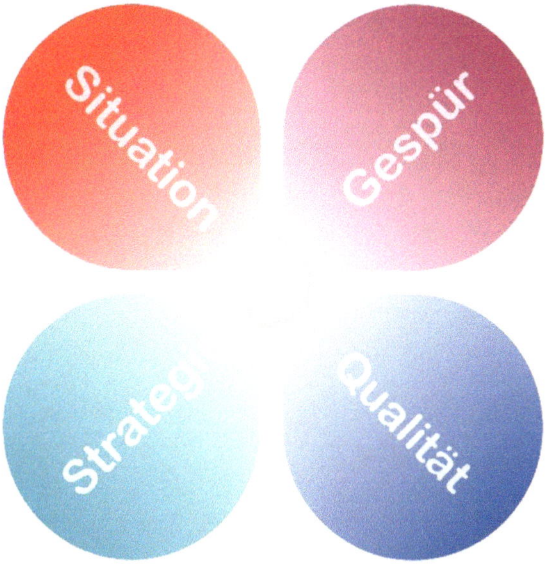

Abb. 19: Der GFK-Zauberkreis

Die vier originalen Schritte der klassischen GFK nach Rosenberg kommen alle aus der ICH-Perspektive (1. *Meine* Beobachtung, 2. *Mein* Gefühl, 3. *Mein* Bedürfnis und 4. *Meine* Bitte). Das fördert zwar die Bewusstheit der tiefen individuellen Prozesse, doch es eröffnet auch einen Weg, der meist viel anspruchsvoller und persönlicher ist, als das erforderlich wäre, was auch mehr fachliche Fähigkeiten braucht als man in einem Wochenendseminar lernen kann.

Auch wenn wir nicht umhinkommen, Gefühle und Gespür relevant zu integrieren, wollen wir bei „Das Team ist der Boss“ nicht psychologisieren. Der Vorteil, wenn wir mehr das Gespür als die Gefühle beachten, liegt darin, dass uns das Gespür direkt mit der aktuellen Situation verbindet und weniger mit vergangenen Erlebnissen. Der Grund, weshalb wir beim GFK-Zauberkreis den *Qualitäten* den Vorrang gegenüber den *Bedürfnissen* (klassische GFK) geben, liegt darin, dass z.B. die Qualität *Vertrauen* direkt die Fülle des Vertrauens anspricht. Das Bedürfnis nach *Vertrauen* erzählt hingegen, dass wir gerade einen Mangels an Vertrauen empfinden. Statt uns auf die ICH-Perspektive zu begrenzen, können wir mit dem GFK-Zauberkreis das Thema aus der WIR-Perspektive betrachten:

1. *Unsere* Situation im Projekt
2. *Unser* Gespür dazu
3. Die *von uns* ausgemachten Qualitäten, die es jetzt braucht
4. *Unsere* Strategie für den nächsten Schritt

Als Psychologe konzentrierte sich Marshall Rosenberg vor allem auf die Auflösung von persönlichen Problemen und Konflikten, die alle sehr individuell vertreten werden. Bei „Das Team ist der Boss“ wollen wir dagegen im Team Projekte organisieren. Für die Projektorganisation ist ein Kreismodell viel besser geeignet als der klassische GFK-Prozess mit seinen linearen 4 Schritten, denn wir wollen nichts auflösen, sondern dranbleiben und managen.

Folgt ihr dem QR-Code, gelangt ihr auf die Zauberkreis-Webseite. Dort findet ihr neben dem Printfile für den GFK-Zauberkreis, eine eingehende Erklärung, zwei Videos und drei Kartensets. Die Karten kann man sich ausdrucken oder direkt auf der Webseite verwenden. Jede Karte liefert euch für ein Feld im Zauberkreis ein oder zwei Statements, denen man nachspüren kann. Das macht die Anwendung einfach und so entsteht mehr Bewusstheit. Zauberhaft kommen Einsichten wie von selbst. Scannt den QR-Code und probiert es aus.

2.e) Notfall-Emo-Step® - Umgang mit schwierigen Emotionen

Emo-Step® habe ich um das Jahr 2007 entwickelt. Es ist ein Tool, dass und durchaus an der einen oder anderen Stelle helfen kann. Dabei handelt es sich dabei um einen methodischen Prozess, der normalerweise auf farbigen Fußmatten durchgeführt wird. Mit solchen Mattenprozessen kann man das Unterbewusste bis zu einem gewissen Grad programmieren. Emo-Step® hat sich in unzähligen Coachings bewährt. Eine Kurzform möchte ich hier als „Notfall Emo-Step®“ beschreiben, denn manchmal sind wir emotional schräg drauf, etwas durcheinander, gestresst oder abgeturnt. Dann braucht es oft nur einen kleinen Impuls, damit wir auf eine konstruktive und visionäre Spur zurückfinden. Diese Emo-Step®-Kurzform wird vielleicht nicht immer helfen, aber meistens eben doch und in der Krise hat man damit einfach eine Karte mehr im Spiel. Mit Notfall-Emo-Step® lernen wir außerdem so Einiges über das Wesen der Gefühle.

Gefühle beginnen als unbewusste emotionale Impulse, die in Krisen viel schneller als Gedanken wirksam werden und dafür auch auf die evolutionär älteren Gehirnareale zurückgreifen, also auf das Stammhirn und das limbische System. Wir werden Gefühle deshalb mit unseren Gedanken kaum verhindern und können sie auch nur schwer mit rationaler Logik abändern oder lenken. Emotionale Impulse und Gefühle beeinflussen unsere Gedanken dagegen wesentlich, treiben sie vor sich her und manchmal in ein Gedankenkarussell hinein. Der neuronale Bereich, der für die Emotionen zuständig ist, kann selbst nicht logisch denken und das kognitive Zentrum im Gehirn kann nicht fühlen. Wie sollten sie also miteinander kommunizieren? Trotzdem ahnen wir, dass wenn wir mit Angst, Trotz und Empörung in ein Meeting gehen, damit nicht den besten Sprit im Tank haben werden.

Also was tun? Denn auch wenn diese emotionale Impulsivität für die nicht denkenden Kreaturen als ihr einziges Steuerungssystem durchaus lebensnotwendig ist, so ist sie für ein denkendes Wesen oft nur ein riesiges ein Problem. Emotionen sind eingefärbte Lebendigkeit und wenn sich unsere Lebendigkeit in ein dunkles Grau kleidet und auch noch gegen unsere Ziele arbeitet, ist das nicht nur für die Stimmung im Team ungünstig. Freiheit bedeutet also die Möglichkeit, die eigenen Emotionen logisch verändern zu können[39].

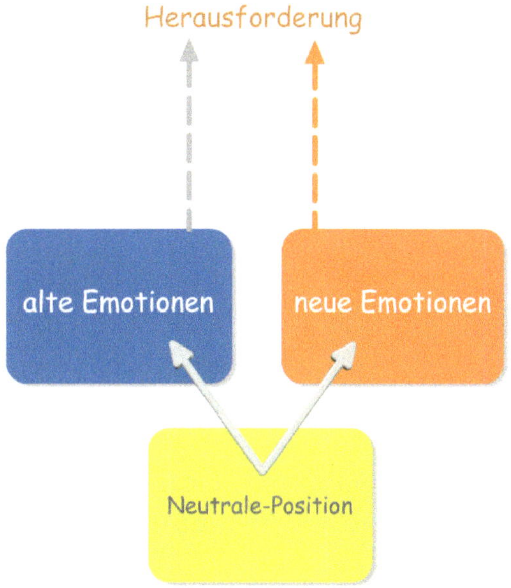

Abb. 20: Die drei Emo-Step Fußmatten

Die lebensdienliche Umprogrammierung für eine bestimmte Situation gelingt ganz einfach durch zwei wechselnde emotionale Erlebnisse in einem spielerischen Setting. Wir legen dafür drei Fußmatten, Papierblätter, Werbebroschüren oder sonst etwas auf den Boden, so wie es die Grafik zeigt. Wenn wir gar nichts zur Hand haben, suchen wir Fliesen oder imaginieren uns einfach die drei Emo-Step®-Matten.

[39] Auch hierbei gilt wieder: Man kann ein Problem nur dort lösen, wo es sich befindet. Entsteht Trübsinn, Melancholie und Schwermut direkt durch den körperlichen Metabolismus, dann kann man mit mentalen Tools zwar etwas unterstützen, wird aber nur Effekte und keine Lösungen erzielen. Es braucht dann Lösungen auf der physischer Ebene. Daneben gibt es systemische Einflüsse und die Frage, ob man sich überhaupt auf seiner Lebensspur befindet. Manchmal ist es auch ein Schrei der Seele, die mehr transzendente Impulse braucht, um nicht in der Grobstofflichkeit zu verhungern.

Auf der zentralen gelben Position gehen wir nach links und rechts los. Sie ist unser neutraler Punkt. Hier sind wir nicht im Fühlen, sondern wechseln nur zwischen den beiden emotionalen Erlebnismatten links/blau und rechts/ orange, auf denen wir dann jeweils unterschiedliche Emotionen erleben. Das ist unser Setting für zwei unterschiedliche emotionale Erfahrungen in Hinblick auf genau die selbe Situation.

Wir überlegen uns, was der Kern des Problems sein könnte, der in uns diese unangenehmen Gefühle hervorbringt. Zuerst gehen wir nach links auf die blaue Erlebnismatte. Dort erleben wir die Emotionen, die wir in Bezug auf unser Problem sowieso schon spüren. Sie haben sich aus dem ergeben, was wir bisher erlebt haben und mit ihnen schauen wir jetzt nach vorn auf das, was uns noch bevorsteht. Hier erleben wir kurz, wie es uns auf dieser Position geht und treten dann wieder auf die gelbe Matte zurück. Damit du weißt, was du fühlst, kannst du auf der Blauen Matte die Gefühlsliste der klassischen Gewaltfreien Kommunikation hinzunehmen (siehe Kapitel 3.a, s.116: Gefühls- und Bedürfnislisten). Du merkst dann sofort, welche Worte in Resonanz gehen.

Jedes Gefühl verwaltet bestimmte Verhaltensoptionen. Mit Ärger können wir jemanden anbrüllen oder uns mühsam zurückhalten. Wir können auch die Mundwinkel nach unten ziehen und die Stirn kräuseln. Was uns dagegen schwerer fällt, ist zu lächeln, Humor zu zeigen, offen zu bleiben und jemanden zu umarmen. Was aber, wenn die Verhaltensoptionen, die uns aufgrund der negativen Gefühle zur Verfügung stehen, uns aller Voraussicht nach nicht zum Ziel bringen können? Bleiben wir dann lieber unseren Emotionen oder unseren Zielen treu? Anders gefragt: Bleiben wir uns treu, wenn wir weiterhin in der emotionalen Sackgasse stecken bleiben, während uns Trotz, Scham, Auflehnung, Schwermut, Ärger oder Ängste alle möglichen Torheiten soufflieren? Oder bleiben wir uns treu, wenn wir konsequent unseren visionären Weg verfolgen? Das gilt es auszutesten. In emotional unlogischen Systemen werden auch unsere Emotionen unlogisch beeinflusst, und wir wollen erreichen, dass sie zu ihrer natürlichen eigene Logik wieder zurückfinden.

Dazu brauchen wir die rechte, orange Emo-Step®-Matte. Hier erleben wir in Bezug auf unser Thema positive Emotionen und Qualitäten, wie z.B. Mut, Aufrichtigkeit, Souveränität, Offenheit, Vertrauen, Herzlichkeit, Leichtigkeit, Willenskraft, Tatkraft, Optimismus, Beständigkeit, Klarheit etc. Überlege, welche Gefühle und Qualitäten dir helfen würden, dein optimales Potenzial in Bezug auf das Problem abzurufen und stelle dich dann auf sie.

Wir bleiben nur kurz auf dieser rechten Matte stehen und wechseln dann über die neutrale mittlere Position auf die linke/blaue Matte zurück. Dort erleben wir noch mal den Ausgangszustand. Dabei denken wir an die uns bevorstehende Herausforderung. Wie würden wir sie mit diesen negativen Gefühlen meistern können?

Dann wechseln wir über die neutrale mittlere gelbe Position wieder nach rechts/orange und spüren, was uns mit den positiven Gefühlen möglich ist.

Das wiederholen wir mehrere Male. Im Optimalfall schwenkt das limbische System auf die besseren Emotionen um, weil es durch diesen direkt erlebten Vergleich lieber auf diese setzt als auf die alten Impulse. Wenn wir schon in äußeren Schwierigkeiten stecken, brauchen wir dann auch noch emotionales Chaos im Inneren? Eines dieser beiden Probleme ist überflüssig und du kannst gerne raten, welches das sein könnte: a) Äußere Schwierigkeiten oder b) emotionales Chaos? Wollen wir die unangenehmen und unnützen Emotionen wirklich weiter mietfrei in unseren Herzen wohnen lassen?[40]

Außerdem können wir uns fragen, ob es sich bei unserem Problem um eine gefährliche, oder nur um eine unangenehme Situation handelt. Vieles fühlt sich zwar gefährlich an, doch meist ist unser Leib und Leben gar nicht in Gefahr. Dann müssen wir auch nicht in die unterste Schublade des Verhaltens greifen, um unsere physische Existenz mit Zähnen und Krallen zu verteidigen. Denn bei einer schwierigen Besprechung mit einem scheinbar uneinsichtigen Kollegen oder auch bei einer heiklen Großgruppenpräsentation würde es natürlich überhaupt keinen Sinn machen, wie Rambo aufzutreten, nur weil die Emotionen irrtümlich die panzerbrechende Munition ins Magazin geladen haben und nicht das Konfetti. Mit Sanftmut, Geduld, Souveränität, Offenheit und Hartnäckigkeit werden wir in 99% der Fälle gut weiterkommen, da die Herausforderungen höchst selten gefährlich, sondern meistens nur unangenehm sind. Und wenn eine Aktion anschließend mal nicht gelingt, sind gute Gefühle auch im Misserfolg sinnvoller als schlechte.

Mit Emo-Step® geben wir dem limbischen System die Chance zur intelligenten Selbstorganisation, indem wir wechselweise zwei unterschiedliche emotionale Optionen in Hinblick auf dieselbe Herausforderung erleben. Nach vier bis acht Mattenwechseln merken wir, dass wir die linke/blaue Position mit der schlechteren Option nicht mehr betreten wollen. Wir spüren einen Widerstand, der daher rührt, dass unser emotionales Schaltzentrum auf die andere Seite umschwenken möchte, um die besseren Gefühle in den Schaffensprozess einzuschleusen. Wir machen dann trotzdem noch zwei bis drei Wechsel von links nach rechts, und der Fall ist ziemlich erledigt. Das Ganze dauert nur ein paar Minuten. Das Schwierigste dabei ist es, am Anfang die posi-

---

[40] In Indien habe ich einmal einen Jugendlichen gecoacht, der sich wegen seiner hellen Hautflecken nicht auf die Straße traute, da er von den Mädels der Nachbarschaft gehänselt wurde. Auf der blauen Matte habe ich immer vom „*unpaid business*" gesprochen, also eine sinnlosen emotionale Anstrengung, für die ihn niemand bezahlt. Zum einen waren da die Mädes (außen), zum anderen machte er sich überflüssige emotionale Probleme (innen). Eines von beiden ist völlig überflüssig. Das war seinem limbischen System auf den Matten sofort klar und er musste lachen. Danach ist er wieder rausgegangen und hat auch einen Job angenommen, also *paid business* betrieben. Das Ganze war eine Sache von Minuten.

tiven Emotionen zuzulassen, damit man sie als Option erleben kann, selbst wenn einem das erst einmal weit hergeholt oder sogar absurd vorkommt.

Sollte Notfall Emo-Step nicht ausreichend zu greifen scheinen, könnte man tiefer einsteigen als das mit dieser Kurzform geht. Das kann passieren und braucht einen aber nicht zu grämen.

Stehst du vor einer Herausforderung, dann nimm drei tiefe Atemzüge, denk an jemanden, den du sehr magst oder an ein Vorbild, versprich dir etwas Schönes als Belohnung danach – vielleicht noch ein kleines Stoßgebet – und dann auf, gib dein Bestes!

3. Konflikte in der Projektorganisation

Konflikte neu verstehen

Dr. Marshall Rosenberg, der Entwickler, der klassischen Gewaltfreien Kommunikation, hatte einen Traum. Es war der Traum von einer Menschheit, die auf destruktive Verhaltensweisen verzichtet, weil sie erkannt hat, dass es für jede destruktive Strategie eine weit bessere konstruktive Option gibt. Es ist der Traum von einer sehr bewusst gelebten Fürsorglichkeit, die Menschen in ihrer Menschlichkeit ankommen lässt, also bei sich selbst. Dort, wo es kein Richtig und Falsch gibt, keine moralische Schuld und keinen Grund für Scham und Beschämung, dort können wir uns offen und aufrecht mit all unseren Stärken und Schwächen begegnen und konstruktiv zusammenwirken. Warum auch nicht? Trotzdem ist dieser Traum bis heute fast überall ein Traum geblieben.

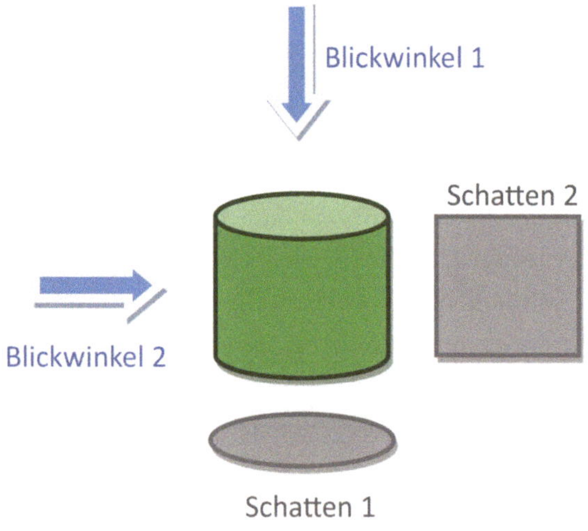

Abb. 21: Die Perspektive bestimmt die Wahrnehmung. Die Wahrheit kann uns paradox erscheinen.

Menschen entscheiden sich aus guten Gründen für schlechte Wege. Verbindende Lösungen sind oft nicht so leicht und einseitig planbar wie trennende Ansätze. Um jemanden zu helfen, braucht es eben Verständnis, während man ihm auf tausenderlei Arten schaden kann, ohne viel über ihn wissen zu müssen. Das heißt aber nicht, dass verbindende Lösungen deshalb nur schwer gelingen.

Wie bleiben wir miteinander in offener und optimistischer Verbindung, wenn die Anspannung zwischen uns stärker wird? Oft ist von *Grenzen setzen, sich schützen* und *sich verteidigen müssen* die Rede. Doch wir sind in einem Team und nicht im Krieg. Das Team hat sich für ein fürsorgliches Miteinander entschieden (Hürde 1). Jeder ist mit der Boss. Wir werden unsere eigenen Limits und Schwächen ins Spiel einbringen und haben dafür auch gute Tools[41] – aber nicht um uns abzuschotten oder um anderen eine Dominanz über uns zuzusprechen, sondern um das Zusammenspiel von Stärken und Schwächen zu erleichtern und die Ordnungsintelligenz im Team zu erhöhen.

Die Philosophie der klassischen GFK behauptet, dass in jeder Situation eigentlich immer eine gute Lösung angelegt ist, wobei „gut" bedeutet, dass diese lebensdienlich, konstruktiv und verbindend ist. Das bedeutet nicht, dass wir immer um Anstrengungen, Nachteile, Schmerz und Trauer herumkommen. Schmerz und Trauer sind ja selbst lebensdienlich, konstruktiv und verbindend. Nur sind sie eben auch unangenehm, was in der Natur solcher Gefühle liegt. Sie sollen uns die unangenehmen Aspekte einer Situation fühlbar machen und uns zu einer Veränderung anregen.[42] In Krisen werden wir die eine oder andere Anstrengung unternehmen müssen, wenn wir unsere Kräfte wirksam einbringen wollen.

Dagegen können wir auf Widerstandsgefühle wie Schuld, Scham, Ohnmacht und Depression sehr gut verzichten. Auch Neid, Hass, Missgunst und passive Sehnsucht liegen weniger in der Natur des Menschen an sich begründet und sind an eine Kultur der Dominanz oder Funktionalität (Regeldominanz) gebunden. In diesen spielen wir Täter, Opfer oder Retter, statt proaktiv und konstruktiv unsere nächsten Schritte zu gehen. Was in solchen Kulturen ja auch nicht gerade einfach ist. Ein misslingendes Miteinander erzeugt ein Spannungsfeld, das den Einzelnen faktisch und emotional (über-)fordert. Das Scheitern in einem Team oder einem anderen Gemeinschaftssystem ist immer auch ein gemeinsames Scheitern. Deshalb werden die vielen individuellen Selbstoptimierungsversuche keine grundsätzliche Änderung hervorbringen können. Ansonsten müssten wir ja bei all den Therapie und Coachingangeboten vor seelischer Gesundheit nur so strotzen und unser Miteinander müsste in aller Pracht erblühen wie

---

[41] Siehe z.B. Kapitel 4.d, s. 169: Einwände, Ärgernisse, Must-Haves und No-Gos und Kapitel 5.c, s. 216: Die Schmerzpunkte

[42] Siehe auch: Gabriel Fritsch: Abschied, Trennungen und Verluste – Die Emotionen der Veränderung, für Männer erklärt; Tredition 2015

die üppigen Prunkgärten der Königin Semiramis. Das Gegenteil ist der Fall. Nicht wir sind durch Abwehr, Abschottung und Abwendung kontinuierlich stärker geworden, sondern die Spannungen und Probleme in den Systemen.

Kommerzielle Angebote zu Beseitigung der Turbulenzen haben deutlich an Fahrt gewonnen. Es gibt immer mehr Wissen, doch wenn das Wissen nicht zu echten Lösungen führt, was ist es dann wert? Kann es überhaupt Wissen genannt werden? Ist das nicht eher Schattenboxen und Effekthascherei? Wie sehr verstehen wir Konflikte als Systemerscheinungen und können für die Systeme gute Lösungen erreichen?

Natürlich geht es uns auch mal etwas besser, wenn wir aus einem Spannungssystem heraustreten, wieder zu uns kommen und uns unserer eigenen Kraft gewahr werden.[43] Damit ist jedoch das Problem der misslingenden Gemeinsamkeit nicht gelöst. Wir leben eben in einem System, das nicht besonders gut funktioniert und wir fühlen uns deshalb aus den besten Gründen unwohl. Jetzt gilt es weiterzugehen und die ungünstigen Gegebenheiten zu verändern.

Einer der zentralen Begriffe der GFK ist die Empathie. Sie offenbart ein sensitives Band zwischen den Beteiligten. Wir könnten hier die Spiegelneuronen anführen, doch Empathie ist mehr als die Aktivität von ein paar Neuronen: Sie ist eine ausgereifte Fähigkeit. Sie ist eine Fähigkeit, die nicht bei einer mitempfindenden Resonanz stehen bleibt. Wir entwickeln nach und nach ein Verständnis über die Natur von gelingender Gemeinsamkeit und so reift die empathische Sensitivität zu einem umfassenden empathischen Verständnis der Situation heran. Damit kommt es zu der Verbindung von Herz- und Kopfqualitäten, die wir brauchen, um Entscheidungen nicht nur nach individuellen Vorteilen und Begehrlichkeiten zu treffen, sondern auch nach einem allseitig erfüllenden Miteinander. Echte Empathie ist die sensitive Erkenntnisfähigkeit, die wir für ein gelingendes Miteinander brauchen. Ohne sie wird es nicht gehen.

In der gelingenden Gemeinsamkeit liegt die Bestimmung des Menschen. Das können wir deshalb so behaupten, weil Menschen so ein Miteinander nicht nur suchen. Wenn sie es finden, kommen sie in diesem Miteinander auch ganz und gar bei sich selbst an. Menschen werden am sensitiven DU erst zum ICH, wie es der Philosoph Martin Buber ausdrücken würde. Nossrat Peseschkian, der Begründer der Positiven Psychotherapie meinte außerdem, dass das fürsorgliche WIR die Fähigkeiten des Menschen ebenso prägt. Das hat er in seinem Modell der Vorbilddimensionen noch genauer aufgezeigt. Und am Ende hängt auch das fürsorgliche Verständnis der Welt mit ihren Ordnungen, Kulturen und Eigenheiten daran. Peseschkian nannte es das UR-WIR, in das wir alle eingebettet sind. Die fürsorgliche Kultur ist also nicht nur der Weg zum Ziel, sondern vor allem unser Bestimmungsort. Wir sind nach der Philosophie der Gewaltfreien

---

[43] Siehe dazu: Der Systemische Entkopplungsprozess vom Autor: https://t1p.de/csxq3

Kommunikation für die gelingende Gemeinsamkeit geschaffen und haben die nötigen Potenziale dazu in uns angelegt. Weil wir aber diese Potenziale nicht ausreichend aktivieren konnten und die sich daraus ergebenden Fähigkeiten nicht trainiert haben, sind unsere Anlagen noch nicht entwickelt. Das ist wie bei der Muskulatur, wenn ein Gipsverband alle Bewegungen verhindert hat. Langsam schälen wir uns heute aus dem Korsett der funktionalen Systeme, wie ein Schmetterling aus seinem Kokon hervorbricht. Was wir als Raupe konnten (beißen, stechen, kratzen), hilft uns als Schmetterling nicht mehr weiter, und was wir als Schmetterling können müssen, wissen wir noch nicht so genau. Wir suchen nach dem Verständnis für ein neues, organisches Miteinander. Etwas trainieren und experimentieren ist nötig, und dann sollte alles schnell ins Lot kommen und der Schmetterling wird fliegen. Seine Schmetterlingsnatur ist nämlich stärker als seine alten Erfahrungen als Raupe.

Eine Lebensphilosophie muss lebbar sein, damit man sie ernst nehmen kann. Marshall Rosenberg hat mit den vier Schritten der klassischen Gewaltfreien Kommunikation weltweit und kulturübergreifend aufgezeigt, dass Konflikte aller Art wirklich lösbar sind, sobald wir es uns erlauben, sie entsprechend anzugehen[44]. Mit den vier neuen Schritten im Vier-Schritte-Kreis von GFK-plus wollen wir zeigen, dass man nicht nur Konflikte lösen, sondern auch Gemeinschaften lebensdienlich, organisch und selbstorganisiert bilden kann.

Wer den Traum von Marshall Rosenberg teilt, der ist prädestiniert für die klassische GFK und „Das Team ist der Boss". Die Zeitqualität ruft uns auf, Pioniere zu sein und Gemeinschaften der Zukunft anzustreben. Als Pioniere sollten wir uns gegenseitig unterstützen, damit wir erfolgreich sein können.

Der Mensch ist dem Menschen eine Giraffe.

Wenn wir unser Team zum Boss machen wollen, brauchen wir zuerst eine Vorstellung vom selbstorganisierten Miteinander. Und dafür braucht es ein Grundvertrauen in die Menschen, mit denen wir es zu tun haben. Es ist eines der tiefsten Bedürfnisse, zum Wohlergehen anderer beizutragen. Menschen können in destruktiven Systemen destruktive Verhaltensweisen lernen, doch es macht sie nicht glücklich, weil sie sich damit von ihrer eigenen höheren Natur entfremden. Junge Soldaten kommen emotional abgestumpft, völlig traumatisiert und manchmal sogar als mentale Greise aus einem kurzen Kriegseinsatz zurück. Andererseits zerbricht niemand, nur weil er

[44] Die klassische Gewaltfreie Kommunikation kann man in ihren Einzelheiten noch einmal genauer betrachten und für die jenen, die tiefer in das Thema einsteigen wollen, mit neuen Erkenntnissen und methodischen Details unterfüttern. Das ändert jedoch nichts an ihrer grundlegenden methodischen Stimmigkeit.

jemandem zum Glück verholfen hat. Zu unterstützen liegt im Wesen des Menschen begründet. Anderen zu schaden ist ihm fremd, auch wenn ein Jagd-, Dominanz- und Tötungstrieb durchaus in der impulsiven menschlichen Kreatur, also seinem biologischen Fahrgestell, angelegt sein mag. Wir sind jedoch nicht die biologische Kreatur, sondern der ganze Mensch in seiner Geistigkeit und Herzlichkeit, selbst wenn das in den Systemen mit dominanten oder funktionalen Kulturen wenig zum Ausdruck kommt, weil in ihnen die Kreatur in uns sehr stark getriggert wird.

Wir hören viel über Siege, die für keine Partei von Gewinn sind, sondern von allen teuer bezahlt werden. Wir kennen Spaß, der keine Freude macht, Rechtsprechung, die keine Fairness in sich trägt, eine Verteidigung der Ehre ohne Rücksicht auf die eigene Würde, Bindung ohne Liebe, die Beharrung auf Richtigkeit ohne den Wunsch zur Wahrheit und Ausbrüche der Dominanz, die nicht auf unserer eigentlichen Mächtigkeit beruhen. Unsere Heldensagen handeln meist von den größten Verbrechen der Geschichte. In unseren Mediatheken findet sich eine reichhaltige Ansammlung menschlicher Entgleisungen. Sogar unsere heiligen Schriften sind voll davon. Nahrung nennen wir das, was durch ein entwürdigendes Gemetzel an Tieren entstanden ist, denen man zuerst ihr Leben geraubt hat, um sie dann anschließend auch noch abzuschlachten. Der menschlichen Kreatur erscheint das als normales Verhalten, für die intelligent gewordene Kreatur bietet sich darin sogar eine wirtschaftliche Chance und für den sensitiven Menschen ist es ein herzloses Greul an wehrlosen Wesen.

Sind wir überhaupt in der Lage, uns eine wirklich gute Geschichte vom menschlichen Miteinander zu erzählen, die auch spannend genug wäre, dass wir sie erleben wollten?

Betrachten wir das, was der dominante oder funktionale Systemmodus nach ein paar Jahrhunderten von uns übriggelassen hat, gibt das kaum Anlass zu viel Hoffnung. Wir sind nur mehr die Reste von uns selbst, abgebrüht uns ausgelaugt wie der Trester im Kaffeeautomaten. Doch wenn Menschen, die durch ihre Lebenskrisen auf sich selbst zurückgeworfen wurden, in ein GFK oder GFK-plus Coaching kommen, sind sie schnell wiedererkennbar als die, die sie ihrem Wesen nach sein können, und nicht als das, was eine chronische Systemkrise aus ihnen gemacht hat.

Anders als unser geistiger Wesenskern, der ja im einsamen Gebet oder in tiefer Meditation seinen eigenen kleinen Frieden finden mag, können wir als soziale Lebewesen unser Glück nur innerhalb einer gelingenden Gemeinsamkeit finden. Die persönliche Heilung gelingt in gesunder Gemeinsamkeit, bzw. eine gesundende Gemeinsamkeit hat große Anteile an einer persönlichen Gesundung.

Meditationen und Gebete stärken die Geistigkeit des Menschen und basieren auf einer sehr individuellen Hinwendung an das, was jenseits unserer materiellen Strukturen als Essenz diese Welt möglich macht. Hier kann man im Rückzug seine inneren Batterien auftanken. Keine Frage, wer sich dafür interessiert, der sucht in diesen Zeiten weniger den Trubel der Gesellschaft, sondern eher die stillen Orte der Besinnung. Doch wenn der Mensch dann geistig genährt in die gemeinschaftlichen Systeme zurückkommt, dann sollte er dort ein für ihn stimmiges Miteinander finden, denn sonst wird der innere Rückzug bald zur Flucht vor zwischenmenschlichem Chaos. Können wir mit unseren geistigen Fähigkeiten das Chaos bändigen? Braucht es dazu immer mal Zeiten der Besinnung? Verstehen wir uns auf der Flucht voreinander oder als die Konstrukteure wunderschöner gemeinsamer Projekte?

Können wir eine Geschichte erzählen, in der das Geben vor dem Nehmen kommt? Außerdem erscheint es mir etwas seltsam, dass wir die Balance von Geben (Yang) und Nehmen (Yang) anstreben und nicht das Gleichgewicht zwischen Geben (Yang) und Empfangen (Yin) suchen. Wird uns in unserer neuen Geschichte das Fördern wichtiger als das Fordern sein? Es braucht nicht viel, um zu erkennen, dass das Bühnenstück „Das arme unschuldige Küken Calimero[45] unter Wölfen", welches wir momentan viel zelebrieren, uns gesellschaftlich nicht weiter bringen wird. Es führt zu einer tiefen Einsamkeit in uns. Wir sollten stattdessen das Mysterium des gelingenden Miteinanders etwas tiefergehend erforschen und dabei sehr glücklich werden.

Doch wer wollte dazu dich oder mich mit dabeihaben? Sind wir nicht dazu verdammt, der einsamen Geschichte zu folgen, weil die Einsamkeit und ihre verführerische Schwester, nämlich die als Freiheit getarnte Unabhängigkeit, fest eingerammte Pflöcke unserer funktionalen Weltkultur sind? Wer sind wir eigentlich unserem Wesen nach? Was ist die Geschichte, die wir uns über uns selbst erzählen? Und mit welcher Stimme tun wir das? Mit der Stimme unserer Eltern, unserer Lehrer, unserer verflossenen Partner? Mit der nörgelnden Stimme unserer eigenen Unzufriedenheit? Ändert sich diese Geschichte nicht, je nachdem ob wir uns gerade in einem dominanten, einem funktionalen oder einem fürsorglichen Gemeinschaftssystem befinden? Wer wird unser zukünftiges Selbst sein und was seine Träume?

Für „Das Team ist der Boss" suchen wir eine eigene gute Geschichte von unseren nächsten Schritten und ein gutes Selbstgefühl und Selbstverständnis für einen Start, aber keine billigen Meinungen über uns von Menschen, die gar kein Interesse an uns haben. Selbststeuerung geht auf uns selbst zurück betrifft unsere Zukunft. Dabei ist klar, dass die Fragmente des Wortes Dan..kb…ark...eit für sich genommen kein starkes Bild machen. Doch wenn sie zusammengesetzt sind, können sie die Struktur von Wasser verändern, wie das Masaru Emoto mit seinen Wasserkristallen ja sehr ein-

---

[45] Die Älteren unter uns werden sich noch an das schwarze Küken mit der Eierschale auf dem Kopf erinnern, eine Zeichentrickfigur meiner Kindheit. Es will immer das Beste und trotzdem geht alles schief.

drucksvoll aufgezeigt hat[46]. Auch wir machen zusammen mehr Sinn als getrennt voneinander, jedenfalls solange unsere Gemeinsamkeit gelingt. So kommt zu einem individuellen Sinn auch noch ein größerer Sinn dazu, so wie ja auch der Sinn einer menschlichen Zelle nicht den Sinn des ganzen Menschen in sich tragen und verwirklichen kann. Es sind nicht die Lippen des Babys, die zum ersten Mal „Mama" sagen, sondern es ist das ganze Geschöpf in seiner kleinen Großartigkeit.

Abb. 22: Ein Gespräch entsteht durch Senden und Empfangen

Was sind wir in einem System, wenn nicht die Quelle von Bewusstheit? Woher sollte Bewusstheit kommen, wenn nicht von uns? Vom Teppichboden, von der Registrierkasse oder von den Aktenschränken vielleicht? Wie sieht es mit dem Willen aus, mit der Inspiration, der Kreativität und dem Sinn? Aus welcher technischen Apparatur strömen diese Geisteskräfte in die Systeme hinein? Tatsache ist: Wir können noch so kaputt sein, doch an dieser Stelle ist jedes System von uns abhängig. Wir selbst sind die Quelle von all dem. Dazu kommen noch unser Verständnis und unsere Tatkraft, die heute ja von der Wirtschaft isoliert eingekauft werden und für deren zu billigen Verkauf wir entlohnt werden. Auch diese sind unentbehrlich.

Maschinen und Technik können dem Menschen immer mehr abnehmen, doch sie können ihn nicht ersetzen. Wenn es auf dem Mond eine reine Robotergemeinschaft gäbe, die Pudding mit 12 Geschmacksrichtungen herstellen und dann wieder vernichten („essen") würde, wobei sich dadurch nebenbei gewisse Zahlen auf bestimmten virtuellen Konten erhöhen würden, zugunsten des Brutto-Mondroboter-Produkts (BMRP), dann wäre das alles einfach nur völlig absurd sinnlos. Auch wenn die Roboter versuchen würden, mit ihrer künstlichen Intelligenz eine Geschichte zu schreiben, und diese mit Robotern vor einem erlesenen Roboter-Publikum auf großer Bühne aufführen würden, machte das keinen Sinn. Erst wenn es für ein Geisteswesen einen Sinn machte, wäre ein Sinn mit im Spiel. Vorher hat alles keinerlei Bedeutung, weil es für niemanden von Bedeutung ist. Dabei wäre es egal, ob z.B. eine drogenabhängige Prostituierte, ein gescheiterter Manager, ein Jungetlicher oder eine angesehene Literaturprofessorin der Roboter-Inszenierung auf dem Mond beiwohnte und ob es ihnen gefallen würde – die Vorstellung auf der Roboterbühne begänne Sinn zu machen. Wo das individuelle Sinnerleben von anderen geteilt wird und ein

[46] Masuro Emoto: Die Antwort des Wassers; Koha 2010

visionäres Sinnfeld[47] entsteht, wird es interessant. Da scheint bereits ein Projekt für ein Team als Boss aufkeimen zu wollen.

Warum erzählen wir nicht einmal eine neue Geschichte von uns Menschen? Die Geschichte, wie wir die nicht zu gewinnenden, bestialischen Kriege um individuellen Reichtum, Einfluss, Komfort und Sicherheit beenden und uns als Veteranen aus den dominanten und funktionalen Schützengräben und Schlachtfeldern zurückziehen, um uns alle zusammen in den Garten der wechselseitigen Fürsorglichkeit zu begeben. Das ist der einzige Ort, der das Recht hat, von Menschen Heim und Heimat genannt zu werden.

Erzählen wir eine neue Geschichte über die Gemeinsamkeit, eine liebevolle, menschliche Geschichte. Und rufen wir die im Krieg gegen das Leben involvierten, verlorenen Seelen zurück und laden sie zu unserem lebensdienlichen Spiel ein, das eigentlich auch ihres ist. Krieg in jedem Gewand war sowieso immer das Projekt weniger Interessensträger und nie das von Soldaten.

Auch jene, denen alles langweilig geworden ist und die in die virtuellen Welten geflüchtet sind, wollen wir einladen. Lasst uns miteinander tanzen. *„Never walk, when you can dance"* – war das Motto von Marshall Rosenberg. Und lasst uns auf eine Weise miteinander tanzen, die unsere Herzen mit zum Tanzen bringt. Lasst uns auch kreativ und produktiv tanzen, damit wir nicht nur unsere Bedürfnisse befriedigt sehen, sondern auch unser Sinn erfüllt wird.

Mit Konflikten praktisch umgehen

1. Sieht und versteht das Team den aktuellen Konflikt?
2. Wie geht das Team mit einer Eskalation um?
3. Wie löst das Team den aktuellen Konflikt?
4. Methoden und Tools

---

[47] Womit wir wieder bei Prof. Markus Gabriels Sinnfeldern wären. Siehe dazu auch mein Buch: *Tanz der Quanten*

Innerhalb ihres Gemeinschaftssystems kommunizieren und interagieren alle Menschen miteinander, ob sie es wollen, oder nicht. Der bekannte Kommunikationsforscher Paul Watzlawick hat das in einem seiner Axiome festgestellt: *Man kann nicht nicht kommunizieren.* Dabei bilden sich in den Systemen unterschiedliche Kommunikationsstrukturen und -kulturen aus. Diese ordnen das Miteinander und erleichtern es. Sie prägen und limitieren es jedoch auch.

Ein System ist dann gut, wenn die Menschen konstruktiv miteinander leben und sich organisieren. Je größer die Spannungen in einem System werden, desto schlechter zeigt sich die Qualität des Miteinanders. Das korrumpiert auch die Kommunikation und die Leistung im Team. Die Teilnehmenden sorgen sich um ihre individuelle Sicherheit, ihren Schutz und ihr Ansehen. Es geht ihnen um ihre Verteidigung oder ihre Flucht nach innen oder außen. Es entstehen Parteien, Sympathiegruppen und Abspaltungen. Das System zeigt Risse und beginnt zu zerfallen, selbst wenn die äußere Hülle noch von einer Einheit spricht. Jetzt sollte es sich jetzt neu ausrichten.

Abb. 23: Einen kühlen Kopf und ein offenes Herz bewahren

Kleine Konflikte bemerkt das Team eher indirekt, wenn es auf die Stimmung, die Kommunikationsqualität, das Vertrauensniveau und auf die sinkende Prozessgeschwindigkeit achtet. Eine Erosion des Miteinanders braucht oft gar keine echten Konflikte, sondern nur etwas mehr Abstand, leichte Skepsis, kleine Ärgernisse, subtile Irritationen, ideologische Gräben und ein paar Missverständnisse.

Wenn es im Untergrund eines Teams zu schwelen beginnt, sollte man sich um ausreichend Frieden bemühen, bevor man mit dem gemeinsamen Projektmanagement fortfährt. Es ist dabei typisch, dass ein lösbarer Konflikt zumindest von einer betroffenen Person als absolut unlösbar eingeschätzt wird. Die einen beschuldigen eher sich selbst, die anderen ihr Gegenüber oder gleich die ganze Welt.

Eine gute Konfliktlösung verbindet und Verbundenheit ist die Grundlage für ein kreatives und konstruktives Miteinander. Lösungen trennen und spalten nicht, sondern verbinden Unterschiedliches auf eine bessere Art und Weise. Hierzu ist die klassische Gewaltfreie Kommunikation (bzw. Dominanzfreie Kommunikation) gut geeignet, vor allem, wenn stärkere Emotionen im Spiel sind. Mit ihr versucht man nicht, den Frieden dadurch herzustellen, dass gegensätzliche Meinungen und Bewertungen homogenisiert werden. Sie hilft den Menschen, ihre individuellen Gefühle und Bedürfnisse mit Strategien zu verbinden, denen alle offenen Herzens zustimmen können. Mit z.B. dem GFK-Zauberkreis kann das dem Team selbst gelingen, solange noch nicht zu viel Porzellan zerbrochen ist.

Allerdings ist es nicht so leicht, ein tiefergehendes Verständnis von den Spannungsstrukturen eines Konflikts zu bekommen. Das bedeutet, dass es zur Lösung von Konflikten gilt, sachliche, systemische und persönliche Anteile zu beachten. Heute übersieht man weitgehend den systemischen Anteil und fokussiert sich zu sehr auf das Sachliche oder Persönliche.

Eine gute Konfliktanalyse ist vor allem Erfahrungssache. Auch wenn viele Menschen großes Vertrauen in ihre Kompetenz haben, Konflikte verstehen und lösen zu können, sollte ihnen ihr Erfolg auch recht geben. Am Ende wird sich möglichst schnell ein angemessener oder zumindest ausreichender Friede einstellen müssen, denn ohne wird es nicht gehen.

Eine Konfliktanalyse sollte tatsächlich Veränderungen in Richtung Frieden eröffnen und diese Veränderungen sollten nicht auf Trennung und Abschottung beruhen. Erklärungen über einen Konflikt, die keine Lösungsansätze anbieten, erklären in Wirklichkeit überhaupt nichts. Man sollte sie sich besser sparen.

Des Weiteren sollten wir eine Konfliktlösung jenseits von Schuld und Scham, also jenseits von einem moralischen Richtig und Falsch suchen. In der Zusammenarbeit gibt es dagegen auf der Sachebene durchaus richtige und falsche Handlungen. Wenn das Unternehmen abgebrannt ist, kann man halt nicht davon sprechen, dass alles fein wäre. Somit mag die moralische Schuld (lat. *culpa*) als eine Illusion angesehen werden, aber durchaus real ist die persönliche Verantwortung (lat. *obligatio*) und die daraus entstehende Bringschuld (lat. *deber*)[48]. Kritikfähigkeit ist insofern als eine besonders wichtige Tugend zu nennen. Doch mehr als eine Tugend ist sie eine Fähigkeit, die trainiert werden will. Zum anderen braucht es für eine konstruktive Entfaltung wichtiger kritischer Impulse eine solide fürsorgliche Teamkultur.

Ein Konflikt sollte sich nicht wie eine Krankheit chronisch im Team/Unternehmen festsetzen. Darum empfehle ich, recht schnell eine Fachkraft hinzuzuziehen, wenn die eigenen Anstrengungen scheitern und Erfolge ausbleiben. Der Experte, auf den man setzt, sollte jedoch weniger individualpsychologisch als vielmehr systemisch denken und über die geeigneten Tools einer Konfliktlösung verfügen. Auch ihm gibt nur der Erfolg recht.

Wenn ein Team sich mit GFK-plus organisiert, werden die Konflikte allerdings automatisch seltener werden. Das hängt unter anderem mit der fürsorglichen Kultur zusammen und damit, dass die Beteiligten untereinander ihre Utopien, ihre No-Gos und Must-Haves und auch ihre Schmerzpunkte kennen. Dadurch wird ein Team

[48] Siehe dazu auch Kick, Hermes und Schmitt Wolfram: Schuld, Bearbeitung, Bewältigung, Lösung. Strukturelle und prozessdynamische Aspekte; Affekt, Emotion, Ethik, Band 10; LIT-Verlag 2011, ISBN 978-3-643-11395-5; S. 45 ff

ziemlich konfliktrobust. Es sind neben einer einfachen Aussprache unter Kollegen besonders drei Elemente, die euch helfen können: Die Gefühls- und Bedürfnislisten, der GFK-Zauberkreis und professionelle Konfliktlösungen durch externe Fachleute. Wir gehen diese drei Punkte jetzt genauer durch.

3.a) Gefühls- und Bedürfnislisten

Über die Gefühls- und Bedürfnislisten habe ich in Kapitel 2.b) Gefühls- und Bedürfnislisten bereits einiges geschrieben. Sie sind sehr wertvoll, wenn wir uns unserer genauen Gefühle und Bedürfnisse bewusstwerden wollen. Werden emotionale Impulse bewusst, ändert sie das in ihrem Wesen. Sie müssen sich jetzt nicht mehr als unbewusste impulsive Antriebe auf unser Verhalten auswirken. Wir können sie spüren, ihr Bedürfnis erahnen und uns eine gute bewusste Strategie überlegen.

PDF-Liste

Online-Liste

Wir können die Worte in der Liste durchlesen. Zu manchen haben wir eine direkte Resonanz, besonders wenn wir an ein bestimmtes Thema denken. Haben wir als erstes die zwei oder drei wichtigsten Gefühle herausgefunden, können wir nachforschen, zu welchen Bedürfnisworten sie passen. Das Gefühl und Bedürfnis zusammen zeigen uns eine innere Dynamik auf, die in einer ganz bestimmten Situation ausgelöst wurde. Bei unangenehmen Gefühlen ist das eine Veränderungsdynamik, die in uns lebendig wird und die sich auch nach außen hin auswirken will. Wir können uns z.B. überlegen, zu welcher Frage, Bitte oder Statement wir durch sie angeregt werden.

Es gibt die Gefühls- und Bedürfnisliste als PDF-File zum Download oder auch als Online-Liste. Außerdem findest du unter den Suchbegriffen „GFK, Gefühlsliste, Bedürfnisliste" verschiedene Varianten im Netz. In Form von Karten, Fächern oder Apps sind sie kleine hilfreiche Tools, wenn es um die Bewusstwerdung von Emotionen gehen soll. Hier meine eigene Liste, in welcher ich ähnliche Begriffe zusammengefasst habe.

ANGENEHMES: Gefühle, die wir empfinden, wenn Bedürfnisse <u>erfüllt</u> sind

1	wohl, angenehm, zufrieden
2	stark, kraftvoll, vital, lebendig
3	ausgeglichen, zentriert, harmonisch
4	ruhig, entspannt, gelassen, gelöst, friedvoll
5	beruhigt, erleichtert, besänftigt, befriedigt
6	belebt, erregt, elektrisiert, energiegeladen, spritzig, prickelnd, leidenschaftlich, voller Lebenslust, voller Energie, enthusiastisch, überströmend, überschwänglich, schwungvoll
7	erfüllt, ergriffen, bezaubert, berauscht, getragen, überwältigt, begeistert, hingerissen
8	heiter, glücklich, fröhlich, gut gelaunt, vergnügt
9	erfreut, hocherfreut, entzückt,
10	inspiriert, interessiert, wach, aufmerksam, munter, angeregt
11	bewegt, betroffen, berührt, beeindruckt
12	nah, verliebt, sanft, voller Zärtlichkeit, voller Zuneigung, liebevoll, leidenschaftlich
13	wachsam, aufmerksam
14	offen, frei
15	sicher
16	mutig, tapfer, aufrecht, ermutigt
17	stolz
18	dankbar
19	klar, konzentriert
20	optimistisch, unbesorgt, vertrauensvoll, hoffnungsvoll
21	neugierig, erwartungsvoll, fasziniert, gebannt, gespannt, in etwas vertieft

22	erstaunt, überrascht, verwundert, verblüfft, verdutzt,
23	hilfsbereit
24	mitfühlend, teilnahmsvoll, offenherzig
25	heiter, humorvoll, schelmisch, lustig
26	sensibel, zart, zerbrechlich

UNANGENEHMES: Gefühle, die wir empfinden, wenn Bedürfnisse nicht erfüllt sind

1	allein, einsam, isoliert, getrennt
2	taub, gefühllos, abgetrennt, unverbunden
3	still, verschlossen, nach innen gekehrt,
4	beschämt, peinlich berührt
5	eifersüchtig, neidisch
6	hungrig, ausgehungert, dürstend, lechzend
7	abgespannt, energielos, schlaff
8	erschöpft, ausgebrannt, überlastet, zerschlagen
9	schlecht, schlecht gelaunt,
10	gelangweilt, gleichgültig, desinteressiert
11	ungeduldig, nervös
12	unzufrieden, verdrießlich, verdrossen, verstimmt, gekränkt, mürrisch, gereizt
13	unglücklich
14	frustriert, bitter, verbittert, finster, satt haben
15	zögernd, unentschlossen
16	hin und hergerissen, innerlich zerrissen
17	widerwillig, angewidert, voller Abneigung, von Ekel erfüllt

18	aufgewühlt, fassungslos
19	schockiert, in Panik, panisch, starr vor Schreck
20	verzweifelt
21	ärgerlich, verärgert, wütend, erbost, erregt, erzürnt, entsetzt, enttäuscht, genervt, außer sich, zornig, überdrüssig, rasend vor Wut, voller Groll, hasserfüllt, rachsüchtig
22	überrascht, verwundert, verwirrt, irritiert, verdutzt, stutzig, perplex, durcheinander
23	ratlos, hilflos, hoffnungslos, ohnmächtig
24	sprachlos, aus der Fassung
25	angespannt, gestresst
26	unruhig, ungeduldig, unsicher, unbehaglich, verstört, verunsichert
27	skeptisch, misstrauisch, ungläubig, auf der Hut, wachsam, alarmiert, argwöhnisch,
28	ängstlich, besorgt, verängstigt, geängstigt, furchtsam, zitternd voller Angst, eine Heidenangst haben
29	bestürzt, erschrocken, erschüttert
30	Schmerzen, verletzt, gequält, leidend, leiderfüllt, gerädert, schmerzerfüllt, voller Pein
31	müde, schläfrig, faul, träge, passiv, lethargisch, blockiert, ohne Schwung, leblos, schlapp, apathisch
32	melancholisch, deprimiert, depressiv, pessimistisch, entmutigt, angeödet, übersättigt, überdrüssig, auf dem seelischen Tiefpunkt
33	niedergedrückt, niedergeschlagen, schwer, schwerfällig, schwermütig, belastet
34	bedauernd, bekümmert, kummervoll, betroffen, betrübt, trübsinnig
35	traurig, in der Seele wund,

Gefühlsinterpretationen

Auch wenn wir einen Satz mit „Ich fühle mich …" beginnen, heißt das noch lange nicht, dass danach ein echtes Gefühlswort kommen wird. Oft benennt man nicht ein wirkliches Gefühl, sondern eine Interpretation, einen Gedanken, eine paranoide Phantasie oder eine Wahrnehmung. Wir können das alles unter dem Begriff Gefühlsinterpretation zusammenfassen.

„Ich fühle mich missachtet und hintergangen" bedeutet eigentlich: „Ich denke, dass ich missachtet und hintergangen werde." Was aber fühle ich?

Wenn der Satz auf einen Täter hindeutet, handelt es sich mit großer Sicherheit um eine Gefühlsinterpretation: „Ich fühle mich von dir …". „Ich fühle [=denke], dass ich ausgenutzt werde." Was fühlst du bei diesem Gedanken und was ist das Gefühl dahinter? Was ist die Kernsituation, um die es geht und welches Gefühl hattest du da? Nicht überall ist die Trennlinie eindeutig zu ziehen.

Die Gefühlsmassage: Ihr könnt in einem echten Gefühl ankommen, euch in es hineinlegen, wie in eine Hängematte, und euch von ihm massieren lassen. Dabei sind unangenehme Massagen oft von großartiger Wirkung.

Und nochmal, weil das so wichtig ist: Ein unangenehmes Gefühl ist nie das Problem, sondern weist nur auf ein Problem hin. Die meisten Probleme, die sich gefährlich anfühlen, sind nur unangenehm. Einige wenige Probleme können durchaus gefährlich sein, aber alle Gefühle, die auf sie hindeuten, sind das nie. Unsere Emotionen sind nur angenehme oder unangenehme Messages und Massagen. Sobald uns das durch sie angetriggerte Bedürfnis klar wird, treten sie bereits wieder zurück. Und wenn sich das Bedürfnis erfüllt, verwandeln sich unangenehme Gefühle wie bei einem Zaubertrick in angenehme. So macht das Leben Freude.

Es gibt Sätze, die schon auf eine Art beginnen, die es recht unwahrscheinlich macht, dass gleich ein echtes Gefühl benannt wird:

- Ich habe das Gefühl, dass ich/du/man...
- Ich fühle mich als/wie ...
- Ich fühle mich, als hätte ...
- Ich habe das Gefühl, mein Chef / Partner / Freund / der Rasen müsste mal wieder …

Besser wäre es, den Satz etwa so zu starten:

- Ich fühle mich … (schwer, trübsinnig, enttäuscht, frei, entschlossen)
- Ich erlebe mich gerade als etwas … (ungeduldig, gestresst, niedergeschlagen)
- Ich bin … (glücklich, irritiert, hilflos)

Hier eine Liste von indirekten Gefühlsausdrücken und Gefühlsinterpretationen. Diese werden in der Gewaltfreien Kommunikation nicht verwendet.

Ich fühle/denke, ich werde …

abgelehnt
abgestoßen
abgewertet
abgewiesen
angegriffen
angeklagt
armselig
ausgebeutet, ausgenutzt
bedrängt
bedroht
beherrscht
beleidigt
bemuttert
benutzt
beschuldigt
beschützt

beschwindelt
besiegt
bestohlen
bestürmt
betrogen
bevormundet
dominiert
dumm
eingeschüchtert
eingesperrt
eingeengt
eingezwängt
erbärmlich
erniedrigt
ernst genommen
erstickt

fallengelassen
festgenagelt
geachtet
gehört
gesehen
gebraucht
geringgeschätzt
getäuscht
gequält
gezwungen
gestört
herabgesetzt
herausgerissen
im Abseits
in die Enge getrieben

in die Falle gelockt
inadäquat
ignoriert
inkompetent
irregeführt
lächerlich gemacht
links liegen gelassen
manipuliert
missbraucht
missachtet
missverstanden
mit den Füssen getreten
missbraucht
nicht akzeptiert

(nicht) beachtet
nicht geglaubt
nicht gehört
nicht geliebt
nicht gewollt
niedergetreten
niedergemacht
manipuliert
provoziert
reingelegt
sabotiert
schlechtgemacht

schmutzig
schuldig
respektiert
unterstützt
überarbeitet
überbeansprucht
übergangen
überfahren
übers Ohr gehauen
ungewollt
uninteressant

unwichtig
unpassend
unsichtbar
unter Druck gesetzt
unterbewertet
unterdrückt
unverstanden
unwichtig
unwürdig
verabscheut
vergewaltigt

verhasst
verlassen
verleugnet
vernachlässigt
vernichtet
verraten
verstanden
vertrieben
verurteilt
weggeworfen
wertgeschätzt
zurückgewiesen

körperlich

Luft
Wasser
Nahrung
Bewegung
Schutz
Obdach
Ruhe, Entspannung, Gesundheit
Berührung
Nachkommen, Männlichkeit, Weiblichkeit, Mütterlichkeit, Väterlichkeit,

eher in Bezug auf mich selbst

Schönheit, Stil, Format, Ästhetik
Harmonie, Gelassenheit, Geduld, Ausgeglichenheit, Frieden, Ruhe, Entspannung, freie Zeit, ankommen
Inspiration
Information, Feedback, Reaktion
Autonomie, Freiheit, Unabhängigkeit
Integrität, Mut, Tapferkeit, Stärke, Entschlossenheit, Ernst
Authentizität, Echtheit, Spontaneität
Bedeutung, Wichtigkeit
Kreativität, Fantasie, Flexibilität, Abwechslung
Wirksamkeit, Effektivität, Erfolg, Glück
Aktivität, Veränderung, Abenteuer, Leidenschaft, Neugier, Vielfalt

Klarheit, Wissen, Weisheit, Kompetenz, Bildung, Cleverness, soziale Kompetenz, kulturelles Interesse, fachliche Kompetenz
Kraft, Beständigkeit, Macht, Autorität, Initiative
Selbstgefühl, Selbstempfindung, Wachheit, Leben
Gesundheit, Reichtum, Fülle
Optimismus, Zuversicht, Heiterkeit
Leichtigkeit, Spiel, Feiern, Humor, Erfüllung, Lebensfreude, Vergnügen
Klarheit, Ordnung, Sauberkeit, Struktur
Beständigkeit
Veränderung, Heilung, Umstrukturierung, Neuordnung, Wachstum
Abschluss, Ende, ankommen, (innerer) Schlusspunkt, Neubeginn

eher in Bezug auf andere Personen

Abstand, Distanz, Raum, Privatsphäre
Schutz, Sicherheit, Geborgenheit,
Objektivität, Höflichkeit
Gleichgewicht, Gleichwertigkeit, Balance, ausgewogene Beteiligung
Verlässlichkeit, Integrität, Verbindlichkeit, Gewissheit
Aktivität, Wirksamkeit, Effektivität, Zielstrebigkeit
Einfluss, Führung, Vorbild, Durchsetzungsvermögen, Härte, Konsequenz, Entscheidungsfreude
Disziplin, Pünktlichkeit, Engagement,
Aufrichtigkeit, Ehrlichkeit, Wahrheit, Gerechtigkeit, Geradlinigkeit, Glaubwürdigkeit,
Achtung, Respekt, Sensibilität, Anerkennung
Sympathie, Zugehörigkeit, Geselligkeit, Freundschaft, Gemeinschaft

Akzeptanz, Vertrauen, Toleranz, Verständnis, Offenheit, Aufgeschlossenheit, weiter Horizont, Visionskraft,
Freundlichkeit, Sensibilität, Achtsamkeit, Vorsicht, Rücksichtnahme, Bescheidenheit, Demut
Bestätigung, Begeisterung, Dankbarkeit
Unterstützung, Hilfsbereitschaft, Zusammenarbeit
Loyalität, Treue, Verschwiegenheit, Vertrauenswürdigkeit
Nähe, Zuneigung, Wärme, Zärtlichkeit, Liebe
Einfühlung, Empathie, Mitgefühl, Güte, Gutmütigkeit, Einfühlungsvermögen
Harmonie, Frieden, Ruhe, Entspannung
Kommunikation, Vermittlung, Berechenbarkeit, Koordinationsfähigkeit, Delegationsbereitschaft,

Spiritualität

Wachstum, Grenzen sprengen
Sinn, Erfüllung, Tiefe, Zentriertheit
Heilung

3.b) Der GFK-Zauberkreis

Wir haben den GFK-Zauberkreis bereits in Rahmen der 2. Hürde beschrieben, bei der es um Gefühl und Gespür für ein sensitives Miteinander geht. (Siehe Kapitel 2.d) Der GFK-Zauberkreis) Jetzt hilft er uns, die 3. Hürde der Konflikte und Unstimmigkeiten gut zu bewältigen. Dazu braucht es etwas Übung und auch Vertrauen in diese besondere Art, mit Streit umzugehen. Gewohnheitsmäßig versuchen wir eher, Konflikte durch Reden, durch Aussitzen oder durch einen Richterspruch beigelegt zu bekommen. Kurznachrichten sind auch hoch im Kurs, aber nicht, weil sie besonders effektiv sind, sondern weil die angenehme Distanz erhalten bleibt.

Im Rahmen von „Das Team ist der Boss" wollen wir den Konflikt nicht einfach nur beilegen, sondern die destruktive Anspannung, die sich in das konstruktive Miteinander hineingefressen hat, zu einer kreativen Spannung zurückverwandeln. Die Aufgabe, vor die der Konflikt das Team stellt, ist, von einem Gegeneinander oder einem Nebeneinander zu einem gut abgestimmten Miteinander zu kommen. Das gehen wir bei persönlichen Konflikten [49] jedoch nicht an, indem wir die vielen Ideen, Überlegungen und Geschichten ausdiskutieren, die in misstrauischer Distanz in unseren Köpfen entstanden sind. Eher im Gegenteil, denn wir legen alle Karten zusammen und mischen sie für die nächste Runde neu. Es ist schwieriger, ein verfahrenes Spiel weiterzuspielen, als mit den bisherigen Erfahrungen nochmal neu anzusetzen. Dazu müssen wir die gemeinsame Vergangenheit als ungünstig akzeptieren und uns die Zukunft gemeinsam passend gestalten wollen.

Es ist üblich, die eigenen Verfehlungen den eher zufälligen Pleiten, Pech und Pannen zuzuordnen, die nun mal passieren können, wenn man arbeitet, während man die Vergehen anderer in charakterlichen oder psychologischen Defiziten begründet sieht und bei Personen von solch niederem Geist jede Intervention als aussichtslos versteht. Team LIEB gegen Team BASTARD, heißt das Spiel.

Wir spielen jedoch gemeinsam im selben Team und das ist das Team FÜRSORGLICH. Wenn wir bleiben möchten, oder momentan einfach kein anderes Team zur Verfügung steht, ist jeder Versuch der Konfliktbewältigung gerechtfertigt. Was funktioniert, sieht man sowieso erst, nachdem man es offenen Herzens probiert hat und die Kultur der Fürsorge (Hürde 1) erhöht unsere Chancen wesentlich. Da wir sowieso nur zu gewinnen haben, sollten wir es versuchen und nicht lange aufschieben. Selbst wenn wir scheitern, haben wir eine Erfahrung gemacht, können daraus lernen, unsere Methode weiter verfeinern und den nächsten Anlauf starten.

---

[49] Bei strittigen Sachfragen siehe Kap. 6.d – Integrales Management/ Der Sachdiskurs

In dominanten und funktionalen Kontexten hat man oft nur einen Versuch. Alles oder Nichts. Im fürsorglichen Kontext heißt es jedoch „Alles jetzt schon oder eben etwas später“, denn das Spiel endet erst mit dem Erfolg. Schaffen wir es nicht selbst, den Streit beizulegen, bleiben wir trotzdem nicht stehen, sondern gehen den nächsten Schritt nach vorn. Wir ziehen unseren externen professionellen Konfliktberater hinzu. Dafür haben wir ihn ja bereits präventiv in Position gebracht. Er ist unser Publikumsjoker im Spiel.

3.c) Eine Entscheidung forcieren

Manchmal ist es der eingeschlagene Weg, der jemanden erregt, ein bestimmter Vorgang, der stört oder eine generelle Unklarheit, die einem die Ruhe raubt. Dann hilft es, eine Entscheidung im Team anzustreben, damit klar wird, wie man gemeinsam weiter vorgehen möchte. Das bedeutet, dass es mehrere Lösungsvorschläge braucht und auch eine Methode, die uns bei Entscheidungen zusammenbringt (ent-scheidet) und nicht noch weiter in die Trennung treibt.

Eine wunderbare Methode dafür habe ich im Kapitel 5.c, S. 215 beschrieben und ihr kennt sie vielleicht schon. Mit dem SK-Prinzip, dass auch (Systemisches) Konsensieren genannt wird, können Gruppen und Teams ihre gemeinsame Intelligenz in den Entscheidungen vereinen, statt sich mit Kleinsten-Gemeinsamen-Nenner-Entscheidungen oder Vorgaben von der einen oder anderen Seite zufrieden geben zu müssen. Optional steht auch das GFK-plus Konsensieren zur Verfügung, bei dem ich dem klassischen Konsensieren eine kleine Abwandlung hinzugefügt habe.

So eine Gruppenentscheidung stellt eine Art Richterspruch dar, auch wenn damit nur aufgezeigt ist, was für diese eine Gruppe gerade der beste Weg ist, der sich öffnet und dem sich die Gruppe auch öffnen kann. Gleichzeitig ist so ein Entscheidungsprozess auch ein Vorgang, indem sich ein Team bewusster werden kann. Insofern können auch Entscheidungen immer mal ein Weg zum Frieden sein, wenn sie konstruktiv und verbindend abgehalten werden. Zumindest entsteht so eine gewisse Klarheit.

3.d) Professionelle Hilfe anfordern

Gerne würde ich einem selbstorganisierten Team guten Gewissens raten können, alle ihre Konflikte selbst zu managen. Viele Menschen denken von sich, sie wären überaus sozial verträglich und könnten nicht nur ihre eigenen Probleme gut lösen, sondern auch bei Streit und Zwist gut vermitteln. Ist man dann selbst in einen Konflikt involviert, sieht das manchmal dann ganz anders aus. Mitarbeitende spielen den Psychologen, setzten sich rücksichtslos durch, suchen Verbündete, weichen Gesprächen aus oder verleugnen die Spannungen. Klärung geht anders. Menschen benehmen sich in Eskalationen eben nicht mehr selbstähnlich. Man erkennt sie kaum wieder. Sie zeigen dann allerdings nicht „ihr wahres Gesicht", sondern es brechen einfach nur einige Dämme, ohne dass man mit den Überflutungen besonders gut umgehen kann. Wir sind halt immer mal überfordert, die Gegensätze verträglich zu verbinden und in eine gute Balance zu bringen. Und die Arbeit mit Konflikten ist eine Wissenschaft für sich, die man jahrelang lernt und die auch etwas Talent erfordert.

Spannungen im eigenen Nahsystem sind besonders herausfordernd, sei es die Familie, der Freundeskreis oder das Kernteam. Selbst nach zehn Jahren Praxis z.B. in buddhistischer Achtsamkeit, Gewaltfreier Kommunikation oder klassischem Yoga hat man sich nur einen kleinen Teil der Kunst erarbeitet, Streitigkeiten im eigenen System gut managen zu können. Das ist das Meisterlevel. Methoden und Tools bewähren sich je nach Situation und Umfeld auch sehr unterschiedlich. Manche Menschen wirken rein durch ihr Auftreten und ihre Art zuzuhören. Sie erschaffen eine friedliche Atmosphäre für alle Beteiligten. Andere eskalieren strategisch, spiegeln und inszenieren. Wieder andere erklären die Zusammenhänge so einleuchtend, dass sich alle beruhigen. Langjährige Erfahrung wird oft durch kleine, nicht kopierbare Gesten spürbar.

Konfliktberater haben die Gabe, einen Klärungsraum zu eröffnen, in dem Menschen mit sehr unterschiedlichen Ansichten zueinander finden können. Sie begegnen sich dort jenseits ihrer Rollen und Funktionen. Als Profi versteht man die hintergründigen Vorgänge leichter und lässt sich durch Hierarchien, Präsentationskonflikte und Ablenkungsmanöver nicht so sehr verwirren. Man verwechselt weder den Ausbruch noch die vielen Begründungen mit dem eigentlichen Grund des Zwists und kommt schnell auf des Pudels Kern. Doch dann braucht es auch einen guten Weg aus den Unstimmigkeiten heraus. Die Lösung ist von einer anderen Natur als das Problem und außerdem ist die Konfliktlösung allein noch nicht das inspirierende Ziel der Zusammenarbeit. Mit nur einer Versöhnung ist das Vertrauen also noch nicht unbedingt wieder hergestellt. Wohin soll die gemeinsame Reise denn anschließend gehen und wie soll sie sich verändern? Somit ist die Zielerweiterung ein wichtiger Teil einer guten Konfliktlösung.

Konflikte sind im Team als Boss besonders kostspielig, denn sie kosten an entscheidender Kommunikationsqualität. Sie sind die Achillesferse des modernen Projektmanagements, das ohne gute und frei fließende Kommunikation fast immer schachmattgesetzt ist.

Aufgrund dieser beiden Faktoren – a) der Schwierigkeit, Konflikte schnell und tiefgreifend zu lösen, und b) der hohen Kosten von Zerwürfnissen - empfehle ich folgende Schritte:

1. Aufbau einer Konfliktlösekultur, damit Konflikte wahrgenommen, schnell angesprochen und angegangen werden. In einer fürsorglichen Teamkultur auf Augenhöhe ist das einfacher als in einer dominanten oder funktionalen Kultur. Auftretende Konflikte sind gegen die zu erwartende Spontanunlust einfach mutig, optimistisch und konstruktiv anzugehen. Hört also nicht auf die üblichen Ausreden, die euch in den Sinn kommen, nämlich dass es sich in eurem ganz speziellen Fall um eine äußerst besondere Situation handelt, die leider nicht gelöst werden kann oder wahrscheinlich auch gar nicht gelöst werden muss. Nach einiger Zeit kennt man diese impulsive Abneigung und nimmt sie nicht mehr so ernst.

   Die Streitenden haben eine Stunde, einen oder bzw. drei Tage, um selbst eine aktive Lösung zu finden. Je nach Team und Projektsituation. Es gilt jetzt in sich zu gehen, Gefühle und Bedürfnisse zu klären und den GFK-Zauberkreis anzuwenden. Man kann versuchen, sich teamintern oder unternehmensintern einen Vermittler zu suchen. Legt euch das Vorgehen für derartige Situationen im Vorfeld fest.

2. Baut eure Konfliktlösekompetenz durch verschiedene Kurse und Seminare systematisch auf. Macht regelmäßige Übungsgruppen. Unterstützt die Interessierten unter Euch, damit sie sich für Euch weiterbilden können. Aber erwartet nie zu viel von ihnen.

3. Aufbau einer Adressliste von schnell verfügbaren externen Fachleuten im Bereich Schlichtung, Mediation und Konfliktberatung. Wenn ein Experte gerade keine Zeit für eine kurze Intervention hat, dann eben ein anderer. Fähigkeiten im Bereich der klassischen Gewaltfreien Kommunikation sind sicher kein Nachteil, doch das einzig wirkliche Kriterium ist der schnelle und angemessene

Erfolg. Das Team sollte es den Experten außerdem leicht machen, erfolgreich sein zu können, denn den Erfolg verdient man sich immer gemeinsam.

Es geht also weniger um eine äußere Befriedung. Für die gute Kommunikationsqualität braucht es den angemessenen inneren Frieden. Zumindest muss der innere Friede ausreichend für das gemeinsame Projektmanagement sein. Bei der nächsten Hürde sehen wir, was dabei die Anforderungen für „Das Team ist der Boss" in der Praxis sind.

Hat eine Vermittlungsperson keinen Erfolg, dann sucht man sich eine weitere, bis der Konflikt gelöst ist. Denn nur weil jemand Fachfrau oder Fachmann im Konfliktmanagement ist, ist diese Person nicht automatisch optimal geeignet für diesen speziellen Konflikt oder dieses Team. Braucht es fachspezifisches Grundlagenwissen, kann es sich auszahlen, sowohl einen allgemeinen Konfliktexperten als auch einen schlichtenden Fachexperten hinzuzuziehen. Die Eignung findet man durch Ausprobieren raus und weniger durch Sympathie. Das Team als Boss bewegt sich sowieso jenseits von sympathisch und unsympathisch. Nicht zu viel nachdenken, sondern austesten. Die Kosten der Interventionen sind gleichzeitig eine Investition in die Teamkompetenz, denn man kann viel dabei lernen, wenn etwas schief geht. Und bitte nicht jeden kleinen Ausbruch als Konflikt ansehen. Mit der Zeit wollen wir uns durch ein angebrachtes Vertrauen in unsere fürsorgliche Kultur eine gewisse Konfliktrobustheit zulegen.

Daneben kann man noch prüfen, ob man für weniger gut harmonierende Konstellationen eine entspanntere Zuordnung findet. Die Aufgabe eines sich selbst organisierenden Teams ist es, sich auch insofern stets günstig aufzustellen, um einen angemessenen oder zumindest ausreichenden Erfolg sicherzustellen.

Konflikte sollte man selbst in Zeiten der Klimaerwärmung nicht kalt werden lassen. Aus kleinen Spannungen können schnell größere werden. Den herabrollenden Schneeball kann ein kleines Kind noch stoppen, die Lawine wird nicht einmal durch Bäume und Häuser aufgehalten.

4. Die geeignete Methode

Gruppe oder Team?

Gruppen sind leichter zu organisieren als Teams, da ein Team aktiv zusammenarbeitet, während eine Gruppe eher ein loser Zusammenschluss von Personen ist. Eine Reisegruppe im Flugzeug folgt z.B. einfach bestimmten Regeln, während das Bordpersonal sich als Team geschickt an alle Gegebenheiten anpassen und die Reise managen muss. Ganze Bereiche des Flugzeugs stehen daher nur der Crew für ihre Aktivitäten zur Verfügung und Reisende haben keinen Zutritt. Bei „Das Team ist der Boss" geht es um die Organisation von Projekten und deshalb um Teams, die solche Projekte auf Augenhöhe managen (aktives Miteinander) und nicht um Gruppen, die nur zusammen unterwegs sind (passives Miteinander).

Braucht es überhaupt eine Methode?

Ich habe viel Sorgfalt in GFK-plus und „Das Team ist der Boss" gesteckt, damit diese Methode und dieses Framework euch weiterhelfen. Solltet ihr Probleme bekommen, meldet euch gerne. Besonders der Start kann mit etwas Hilfe leichter gelingen.

Bei dem Wechsel von einer funktionalen Kultur hin zu einem fürsorglichen Miteinander auf Augenhöhe wird man die alteingesessenen Wege und Konzepte ersetzen müssen. Viele haben deshalb schon überlegt, wie sich Projekte anders durchführen lassen. Sozial kompetente Menschen können sich in kleinen Teams durchaus ohne Methode selbst organisieren, besonders, solange ihre Projekte überschaubar bleiben. Spätestens wenn neue Menschen ins Team kommen, wird es schnell unübersichtlich. Eine Methode ist dann leicht zu vermitteln, während man sich auf eine überdurchschnittliche Sozialkompetenz aller Beteiligten wenig verlassen kann. Zudem setzen Methoden auch Standards für das Zusammenspiel unterschiedlicher Teams. Insofern zahlt es sich weder aus, zu methodenlastig einzusteigen, noch ohne Methode vorzugehen. Jedenfalls können alle schon mal von einigen praktischen Tools von „Das Team ist der Boss" profitieren und sich mit der dahinterstehenden Philosophie etwas beschäftigen.

Andererseits gibt man mit einer Methode immer bereits eine bestimmte Grundstruktur für die Selbstorganisation vor. Kann das, was für ein Team funktioniert, denn auch für andere Teams passen? Braucht nicht jedes Team seine eigenen Methoden? Hier sind besondere Konzepte, die für ein Projektteam funktionieren und für ein anderes schon wieder nicht, von einem verbindenden Framework zu unterscheiden, das dem vielseitigen Vorgehen einen gemeinsamen Rahmen geben kann. Natürlich braucht man nicht immer alle Tools eines Frameworks, aber sie müssen ihren Job machen, sobald man sie heranzieht. Und ja, jedes Team wird darüber hinaus selbstverständlich auch eigene Konzepte, Kunstgriffe und Arbeitsweisen verwenden.

Der Vier-Schritte-Kreis ist das zentrale Modell von GFK-plus. Mit ihm haben wir für das Framework „Das Team ist der Boss“ eine Methode zu Hand, die dem Team eine leicht begreifbare Grundstruktur für die Selbstorganisation vorlegt.

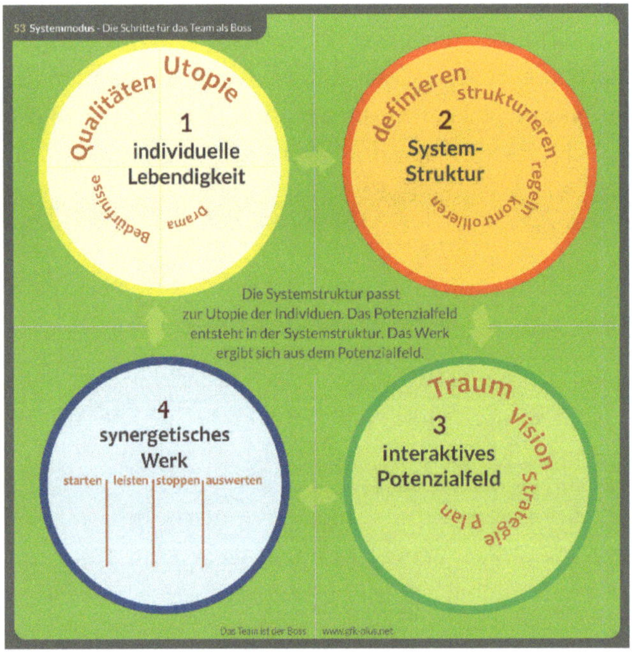

Abbildung 24: Karte S3, Eine Darstellung des Vier-Schritte-Kreises

Für jeden der vier Schritte im Vier-Schritte-Kreis gibt es bestimmte Tools. Einen Großteil der Tools führen wir bei der nächsten, also der 5. Hürde auf. Einige Tools bringen wir hier schon ein, denn sie machen aus unserem theoretischen Modell des Vier-Schritte-Kreises eine sehr praktische Methode.

Eine Methode zur Selbstorganisation soll eine Grundstruktur vorgeben, welche die Freiheit der Einzelnen nicht einschränkt, sondern jede Person in ihrer selbstbestimmten Wirksamkeit fördert. Freiheit ist keinesfalls mit Unverbindlichkeit zu verwechseln. Es ist die Freiheit, sich seiner eigenen Bestimmung nach auszuleben und das nicht nur alleine, sondern in einem Team.

Ihr braucht wohl nie die ganze Bandbreite von „Das Team ist der Boss“ zu beachten. Ihr könnt euch auf das konzentrieren, was jetzt für euer aktuelles Projekt nützlich ist und den Rest beiseiteschieben und erst dann heranziehen, sobald euch das sinnvoll erscheint.

Die Teammitglieder sollten ihr selbst organisierendes Zusammenspiel tatsächlich als Spiel begreifen. Im funktionalen Miteinander hatten wir noch klar vorgegebene Abläufe und feste Strukturen, denen sich alle zu unterwerfen hatten. Jetzt ist es wie gemeinsam auf einem Surfbrett zu stehen, denn komplexe Projekte und kreatives Vorgehen verlangen nach einer steten Abstimmung, sowohl der Prozesse als auch der Strukturen und Zuordnungen. Das kann man mit einer spielerischen Haltung am einfachsten bewerkstelligen und so lernt man auch am schnellsten.

Wie startet Ihr mit dem Team als Boss?

Arbeitet man auf neue Art und Weise zusammen, zeigen sich unerwartete Stärken und Schwächen, sowohl im Vorgehen als auch im Zwischenmenschlichen. Lässt man sich auf das alles bereitwillig ein, statt es zu ignorieren, zu verleugnen oder anzuprangern, dann kann es durch vernetztes Zusammenspiel meist recht einfach ausbalanciert werden. Es ist wie beim Rugby, bei dem man sowohl die leichten und schnellen als auch die schweren und stämmigen Typen braucht. Nur im achtsamen Miteinander können sie zusammen ein erfolgreiches Spiel machen.

Bevor ein Team mit der Selbstorganisation beginnt, sollten die ersten drei vorbereitenden Hürden von „Das Team ist der Boss" bewältigt sein. Die Teammitglieder sollten untereinander ausreichend konfliktfrei sein. Es sollte also ein angemessener oder ausreichender Friede zwischen ihnen herrschen. Auch sollte man sich auf eine fürsorgliche Teamkultur geeinigt haben und auftretende Gefühle lebensdienlich verstehen können. Dann braucht es noch eine Idee für ein Projekt, das ihr gemeinsam verwirklichen wollt, denn ohne Projekt gibt es auch nichts zu organisieren. Sobald diese Vorgaben gegeben sind, könnt ihr mit organischer Selbstorganisation experimentieren, indem ihr einfach diese 4 Punkte durchgeht:

1. Checkliste: Die Ausgangslage überprüfen
2. Methode: Den Vier-Schritte-Kreis für die Selbstorganisation verstehen
3. Toolkarte 1: Die inspirative Zielrichtung festlegen
4. Toolkarte 2: Die No-Gos und Must-Haves aller Teammitglieder anerkennen

4.a) Die Checkliste

Mit dieser einfachen Checkliste könnt ihr eure Ausgangssituation für ein Team als Boss analysieren. Am besten füllt ihr sie gemeinsam aus.

PDF-Download

Checkliste

❑ JA
❑ NEIN
❑ UNSICHER

Haben wir angemessenen oder zumindest ausreichend Frieden miteinander?

Ohne ausreichend Frieden wird das Miteinander formell. Man rückt voneinander ab und der Kommunikation mangelt es an Qualität und Quantität. Die Menschen im Team wollen sich dann nicht mehr angemessen aufeinander einlassen. Man muss sich nicht lieben, doch ein angemessener Friede ist der die Grundvoraussetzung für ein Team als Boss.

❑ JA
❑ NEIN
❑ UNSICHER

Haben wir ein Projekt?

Ohne Projekt gibt es wenig zu organisieren. Im Nebeneinander oder im stets gleichen Miteinander braucht es keine besondere Methode der Selbstorganisation. Eine gute „Hausordnung" würde genügen. Spannend wird es erst, wenn etwas neu gestaltet oder gemanagt werden soll.

- ❑ JA
- ❑ NEIN
- ❑ UNSICHER

Wollen wir das Projekt gemeinsam organisieren?

Wollt ihr lieber eine Leitungsperson haben, der ihr dann auch die Verantwortung für alle Entscheidungen zuschreiben könnt, oder wollt ihr als Team der Boss sein? Dann seid ihr selbst für das Projekt und eure Entscheidungen verantwortlich.

- ❑ JA
- ❑ NEIN
- ❑ UNSICHER

Können wir uns für ein fürsorgliches Miteinander entscheiden?

Wollt ihr euch von einer dominanten oder funktionalen Teamkultur / Unternehmenskultur verabschieden und im fürsorglichen Miteinander weitermachen, jenseits von sympathisch und unsympathisch? Dann könnt ihr die Selbstorganisation lebendig werden lassen.

- ❑ JA
- ❑ NEIN
- ❑ UNSICHER

Sind wir bereit, unsere Spannungen und Konflikte effektiv und schnell zu lösen?

Im Konfliktfall stockt die Selbstorganisation, weil der Friede für ein gutes Miteinander nicht ausreicht. Dann braucht es den Willen zur Mediation oder zu anderen Formen der Konfliktlösung. Die Schwierigkeit liegt dabei weniger in der Lösung selbst, sondern darin, die Konfliktparteien offen, mutig und vertrauensvoll zusammenzubringen.

❑ JA
❑ NEIN
❑ UNSICHER

Sind wir bereit, unsere Stärken und Schwächen gegenseitig anzuerkennen?

In einem guten Team kennen alle von allen die im Projekt relevanten Stärken und Schwächen und können deshalb klug zusammenspielen. Seid ihr bereit, offen und achtsam zu sein und voneinander zu lernen, ohne euch dabei gegenseitig verändern zu wollen?

❑ JA
❑ NEIN
❑ UNSICHER

Sind wir bereit, unseren jeweils eigenen Lebensweg fürsorglich und auf eigene Art zu gehen?

GFK-plus dient dir dazu, gemeinsam mit anderen dein Ding zu machen. Dazu braucht es dein persönliches „Wohin", deine individuelle Utopie oder Vision für das Projekt und vielleicht auch darüber hinaus. Sie aktiviert automatisch deine Energie, dein Engagement und deine Umsetzungskraft. Kennst du deine Utopie im Rahmen des Projektes? Betrifft sie den gemeinsamen Weg, das Projektziel oder das Miteinander?

4.b) Der Vier-Schritte-Kreis – das Herz von GFK-plus

Lebendiges Miteinander braucht Freiheit, Individualität und inspiriertes Handeln, während eine solide Projektorganisation von Planung, Führung und Verlässlichkeit lebt. Wie passt das zusammen? Mit dem Vier-Schritte Kreis lernt das Team als Boss schnell, wie sich beides in Einklang bringen lässt.

Der Vier-Schritte-Kreis ist das Herzstück von GFK-plus. Er ist nicht nur ein theoretisches Modell, sondern auch eine praktische Methode und kann sogar direkt als Tool angewendet werden. Ihr könnt die vier Felder auf den Boden auslegen und zusammen abschreiten. Dazu kann man farbige runde Teppiche verwenden oder sich in einem Printshop einen Vier-Schritte-Kreis Teppich drucken lassen. Einen fertigen Druckdatei und die Druckanleitung kann man beim mir auf Anfrage bekommen. Ihr könnt euch aber auch ganz leicht etwas Eigenes basteln oder vor Ort improvisieren.

Wenn das Team den Vier-Schritte-Kreis in einfachen Übungen als Tool einsetzt, gewinnt es nach und nach ein tieferes Verständnis für seine vier Felder und wie sie zusammenhängen. So lernt das Team genug über sich und das gemeinsame Projekt, um es gemeinsam steuern zu können. Für jedes dieser vier Felder bietet GFK-plus weitere Tools an, zu denen wir später im Rahmen der fünften Hürde für das Team als Boss kommen. Außerdem kann das Team zusätzlich auch eigene Vorgehensweisen entwickeln. Der Vier-Schritte-Kreis wird so vom Team praktisch verinnerlicht und bleibt nicht nur ein abstraktes, theoretisches Modell.

Ich habe den Vier-Schritte-Kreis und viele der Tools auf den GFK-Plus Karten abgebildet, damit ihr im Team leicht über diese Methode sprechen und sie auch effektiv weitergeben könnt. Diese Karten werden wir hier jetzt nach und nach durchgehen. Sie sind in mehrere Gruppen eingeteilt.

- Die **Basiskarten** zeigen das zentrale Modell von GFK-plus, den Vier-Schritte-Kreis. Er ist allerdings auch in 2 der Systemkarten abgebildet.
- Wir haben drei **Vorbereitungskarten** designt, damit sich jede Person erst einmal selbst für „Das Team ist der Boss" gut ausrichten kann, bevor es dann gemeinsam los geht (siehe: Die drei Vorbereitungskarten von GFK-plus).
- Des Weiteren findet ihr drei **Systemkarten**, damit alle vor dem eigentlichen Projektbeginn ein ausreichendes systemisches Verständnis erlangen können (siehe: Die drei Systemkarten von GFK-plus).

Die **Vorbereitungs-** und **Systemkarten** braucht ein Team, um die Hintergründe besser zu verstehen. Es geht bei ihnen um die anfangs nötigen Erkenntnisse für eine organische Selbstorganisation von Projekten. Vorbereitungskarten und Systemkarten helfen, um die Vorteile von GFK-plus erklären zu können.

- Die meisten Karten im Kartenset sind **Toolkarten**, die uns bei den vielen üblichen Problemstellungen der Zusammenarbeit auf Augenhöhe weiterhelfen.
- **Zusatzkarten** geben uns noch weitere hilfreiche Hinweise.

Wir wollen uns jetzt die Basiskarten ansehen, bei denen es um den Vier-Schritte-Kreis geht.

Der Vier-Schritte-Kreis von GFK-plus

Karte B1 - (Basiskarte)

Download
Kartenset

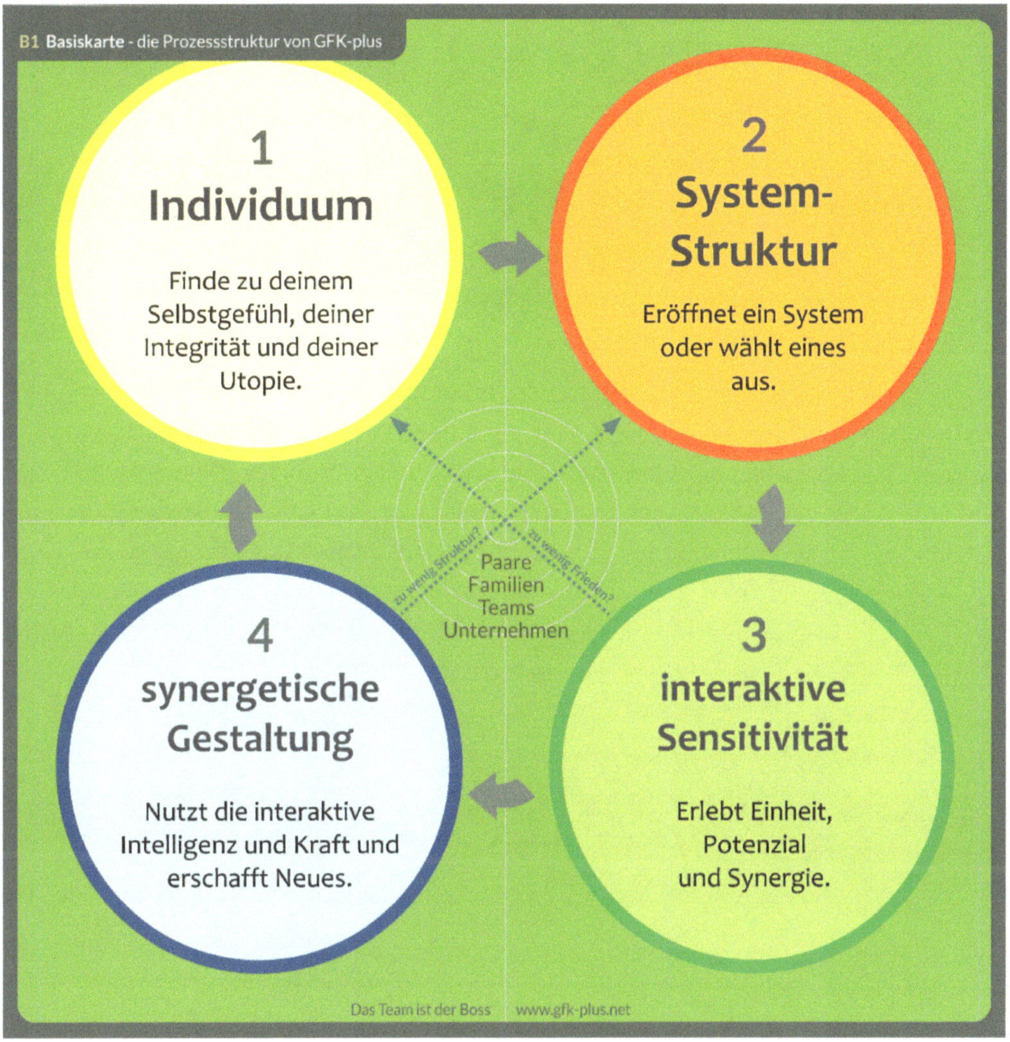

Abbildung 25: Der Vier-Schritte-Kreis

Die Basiskarte B1 zeigt, wie ein selbstorganisiertes Team Projekte organisch managen kann. Sie besteht aus vier runden Feldern. Man startet auf dem ersten Feld und geht die Felder dann im Kreis durch, was sich im Laufe eines Projekts wiederholt. Will man das Modell als Tool verwenden, kann man die Felder des Vier-Schritte-Kreises mit einem extra bedruckten Teppich auslegen, oder mit vier Fußmatten, Tüchern etc. Man kann mit einem Kreuz aus Klebeband oder Seilen 4 Bereiche andeuten bzw. die Ecken eines Raumes oder die von einem Teppich heranziehen. Während die Felder im Kreis durchlaufen werden, entsteht im Team eine sich selbst organisierende Logik und Sensitivität.

Abb. 26: Verschiedene Arten, mit dem 4-Schritte-Kreis zu arbeiten

Übung: Ihr könnt einzeln vom Feld 1 (hier sucht ihr eure Utopie) über das Feld 2 (hier überlegt ihr euch neben der momentan günstigen Struktur auch z.B. Eure Must-Haves und No-Gos) bis zum Feld 3 gehen, um euch dort zu sammeln, um ein gemeinsames Potenzialfeld entstehen zu lassen. Den Schritt auf das Feld 4 macht ihr gemeinsam und geht dann wieder einzeln auf das Feld 1. So entstehen für das Projekt eine gemeinsame Logik und ein geteiltes Gespür. Gleich erfahrt ihr noch die nötigen Details über die vier Felder, die ihr vielleicht für diese Übung brauchen werdet.

Yin und Yang im organischen Projektmanagement

Sieht man den Vier-Schritte-Kreis an, erkennt man zwei Felder, die vom Yin-Prinzip geprägt werden, und zwei weitere Felder, bei denen Yang das dominante Prinzip ist. Das Yang-Prinzip betrifft all die formende Aktivität, also das aktive Handeln, Denken, Machen, Strukturieren, Planen und Verstehen. Das Yin-Prinzip steht dagegen für das Entstehen-Lassen, Aufkommen-Lassen, Sich-Hineingeben, bzw. Alles-In-Sich-Aufnehmen und Anklingen-Lassen, ohne es dabei verändern zu wollen.

Man ist versucht, an das Wesen von Kommunikation und das Wechselspiel von Senden und Empfangen zu denken: Durch Senden verändern wir und durch Empfangen werden wir verändert. Worte, die wir aktiv sprechen, beeinflussen andere, Worte, die wir hören und in uns aufnehmen, bringen etwas zum Schwingen und dadurch bewegen sie uns. Das Zusammenspiel der Prinzipien ist mehr als ihre Summe. So entsteht aus dem Senden und Empfangen von Informationen ein lebendiger und kreativer Kommunikationsfluss. Interessant ist insofern, dass man heute meist von einem Gleichgewicht von Geben und Nehmen spricht, was aber beides Yang-Elemente sind. Man gibt aktiv und nimmt aktiv. Die wirkliche Balance ergibt sich durch das aktive Geben (Yang) und das passive Empfangen (Yin), denn das zündet die Verschränkung der organischen Kräfte.

Wir kennen das chinesische Yin-Yang Symbol. Es drückt das Zusammenspiel von komplementären Gegensätzen aus, die sich zwar gegenseitig bedingen, sich jedoch nicht voneinander ableiten lassen, weil sie komplett unterschiedlich sind. Es sind einfach zwei völlig andere Prinzipien, die wie gute Eltern nicht gut ohne einander auskommen können. Was aber bedeutet Yin und Yang für das moderne Projektmanagement? Ziehen wir die vier Bereiche des Vier-Schritte-Kreises heran, merken wir, dass sich klassisches Management bisher auf die beiden Yang-Felder 2 und 4 stützt. Eine Systemstruktur wie z.B. ein Büro oder eine Werkstatt wird eingerichtet (Schritt 2) und dann wird darin gearbeitet (Schritt 4). Das ist nicht weiter erstaunlich, denn auf diesen beiden Feldern kann und soll man aktiv Einfluss nehmen. Es entstehen damit funktionale, hierarchisch geplante, gesteuerte und kontrollierte Abläufe. Doch damit humpelt ein Team nur auf einem Bein und verliert die für ein organisches Management von Prozessen völlig unterschätzten Yin-Faktoren.

Feld	Yin / Yang	Bedeutung
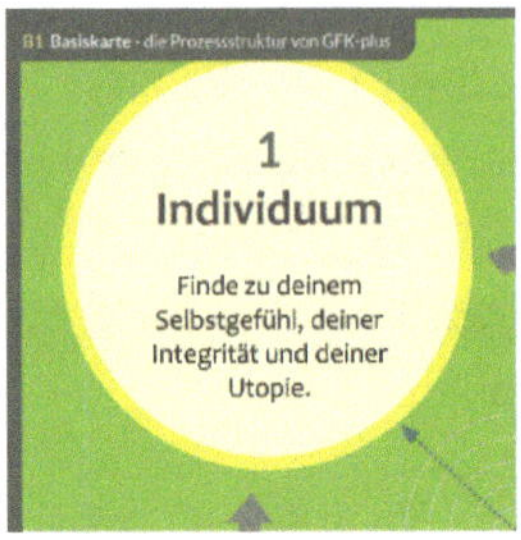	YIN	Sich regenerieren, erden und erholen. Utopien und Inspirationen ohne „wenn“ und „aber“ in sich aufsteigen lassen, und sich daran erfreuen. Kontakt zur eigenen Lebensspur. Ein Projekt eröffnen oder sich einem anschließen.
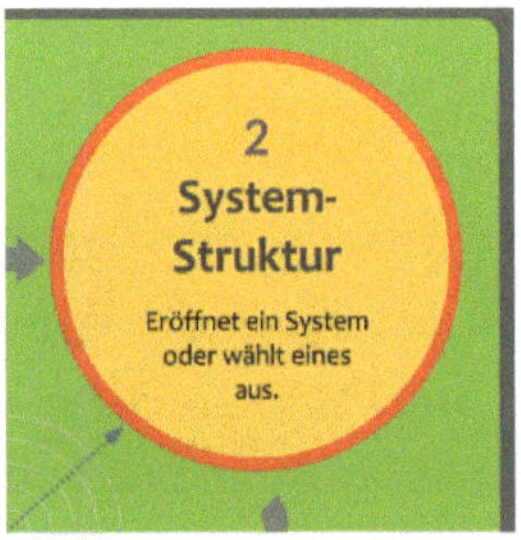	YANG	Einen stimmigen Projektraum für das Projekt und alle Mitarbeitenden einrichten. Die relevanten sachlichen und persönlichen Ressourcen, Grenzen, Möglichkeiten und Risiken erahnen und mitteilen.
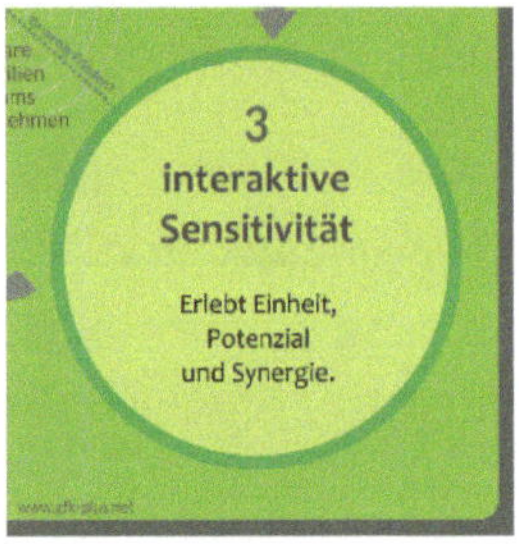	YIN	Projektbezogen zusammenkommen und ein Potenzialfeld entstehen lassen, damit aus diesem eine gemeinsame Vision, eine Strategie und eine Leistungsbereitschaft aufkommen können.
	YANG	Die praktische Realisation angehen. Hier wird Schritt um Schritt das Projekt verwirklicht. Es werden Visionen und Strategien formuliert, Pläne, Konzepte und praktische Ergebnisse erarbeitet.

Damit wird auch klar, warum der Kulturwechsel hin zu einer fürsorglichen Kultur so wichtig ist, denn in einer dominanten oder funktionalen Kultur sind Menschen vorsichtig, und schützen und verdecken ihre persönlichen Belange. Die Maus wird sich ja nicht mit der Katze zusammensetzen, um über das Mittagessen zu visionieren. Es braucht die wohlwollende Augenhöhe und damit ein Team als Boss, damit Menschen offen als das auftauchen wollen, was sie sind.

Schritt 1: Das Individuum bereitet sich vor

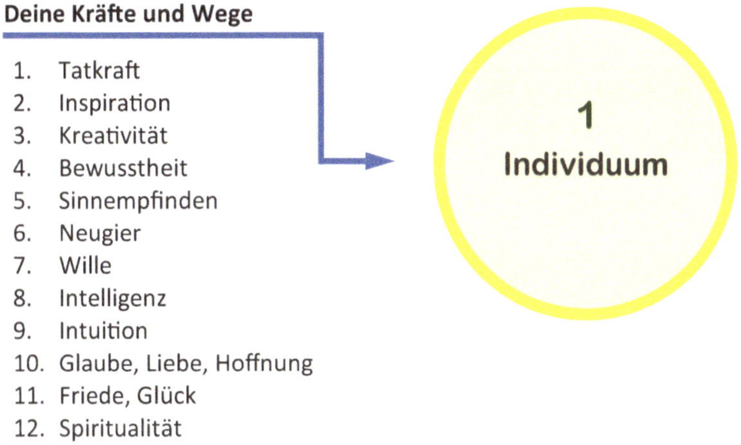

Abbildung 27: Das erste Feld im Vier-Schritte-Kreis

Im ersten GFK-plus-Feld erdet man sich, regeneriert seine Kräfte, kommt zu Ruhe und Besinnung. Man nimmt Kontakt zu den eigenen Ressourcen von Tatkraft, Inspiration, Kreativität, Sinn, Bewusstheit, Spiritualität und Vitalität auf. Dieses erste Feld folgt dem Yin-Prinzip. Die inneren Potenziale, die Qualitäten und sogar die Gedanken werden nicht fabriziert, sondern sie entstehen natürlich von sich aus und steigen im Inneren auf. Dazu braucht es Momente der Entspannung, des Friedens und etwas Zeit für sich. Das Individuum braucht ein gewisses Gespür von sich selbst, von der eigenen Bestimmung und von den Herausforderungen, die rufen. Bei jeder Runde durch den Vier-Schritte-Kreis sollte sich hier etwas mehr ansammeln, was den inneren Reichtum vergrößert und das Individuum stärkt. Stagniert dagegen die Energie und tritt Schwäche und Erschöpfung ein, dann bist du entweder gerade zu lange auf dieser Position und kommt nicht ins Tun, oder es ist ein Hinweis darauf, dass für dich etwas am Projekt, an seiner Ausrichtung oder an der Teamzusammensetzung nicht stimmig ist. Dann mag es hilfreich sein, kurz aus der Übung herauszutreten, um etwas Klarheit für sich zu suchen, welche Ursache hier zu Grunde liegen mag.

Der Mensch ist die Quelle der vitalen und geistigen Kräfte im Projekt. Es braucht etwas Pflege und Beachtung, damit jede einzelne Quelle sprudelt und nicht versiegt. Unsere Quellen sollen zu einem Bach, Fluss oder Strom zusammenfließen und die Gärten und Äcker des Miteinanders fruchtbar werden lassen.

Manchmal binden Dramen unsere Aufmerksamkeit an eine unerwünschte Vergangenheit. Man kann sich von ihnen lösen und sich der positiven Zukunft zuwenden (siehe Kapitel 5.a, s.176: Toolkarte T1.1 – vom Drama zur Utopie). Auch Konflikte kann man in diesem ersten Schritt von Person zu Person klären, damit man freien Herzens und inspiriert weitergehen kann (siehe Kapitel 3, s.106: Konflikte in der Projektorganisation).

Das erste Feld dient dazu, mit sich im Reinen zu bleiben und sich nicht zu verlieren. Die Wege, die man durch das Leben geht, sollten die eigenen sein. Folgt man mit den gemeinsamen Projekten und auch innerhalb dieser Projekte der eigenen Lebensspur, so bleibt man sich treu.

Das erinnert an den Spruch: „Sei du selbst, denn den anderen gibt es schon." Das eigene Sein ist nicht statisch und hängt mit einer ständigen Weiterentwicklung zusammen. Man wird sich verändern müssen, um sich treu bleiben zu können. All das braucht gute Begegnungen und erfolgreiche Zusammenarbeiten, die wir im Team auf den anderen drei Feldern im Vier-Schritte-Kreis erleben[50]. Doch was unser Inneres und Eigenes betrifft, so sollten wir möglichst nicht zwiespältig sein. Das erfordert Aufmerksamkeit, Psychohygiene und eine dafür vorgesehene Prozessposition – eben dieses erste Feld des Vier-Schritte-Kreises.

Schritt 2: Die Struktur wird vorbereitet

Jedes Werk braucht seine Werkstatt. Im zweiten GFK-plus-Feld schaffen wir uns eine aktuell erforderliche und stimmige Systemstruktur für unser Projekt (Sachebene), für uns selbst und die anderen Teammitglieder (persönliche Ebene) sowie für die Zusammenarbeit. Diese Systemstruktur passen wir laufend an, damit sie aktuell bleibt und uns stets gut unterstützen kann.

Hier können wir unser Yang-Potenzial voll ausleben, denn eine Struktur wird aktiv gemacht, eingerichtet und hergestellt. Einfach zu warten, bis sich eine günstige Struktur wie von selbst einstellt, wie z.B. eine Inspiration (Feld 1 im Vier-Schritte-Kreis) oder ein kreatives Potenzialfeld (Feld 3), ist mit Sicherheit kein Erfolgsrezept. Hier gilt es, genau wie im Feld 4, die Ärmel hochzukrempeln und tätig zu werden.

[50] Hier erinnert der Vier-Schritte-Kreis leicht an die Themenzentrierte Interaktion von Ruth Cohn. Das Modell der TZI zeigt ein Dreieck von ICH-WIR-THEMA innerhalb eines Kreises, der das Umfeld des Themas und Teams darstellt. Bei GFK-plus geht es nicht um ein Thema, sondern spezifischer und handlungsorientierter um ein Projekt. Beim Feld 1 des Vier-Schritte-Kreises geht es auch um das ICH, Feld 3 bietet den WIR Raum. Doch ähnliche Modelle bringen nicht automatisch ähnliche Ergebnisse.

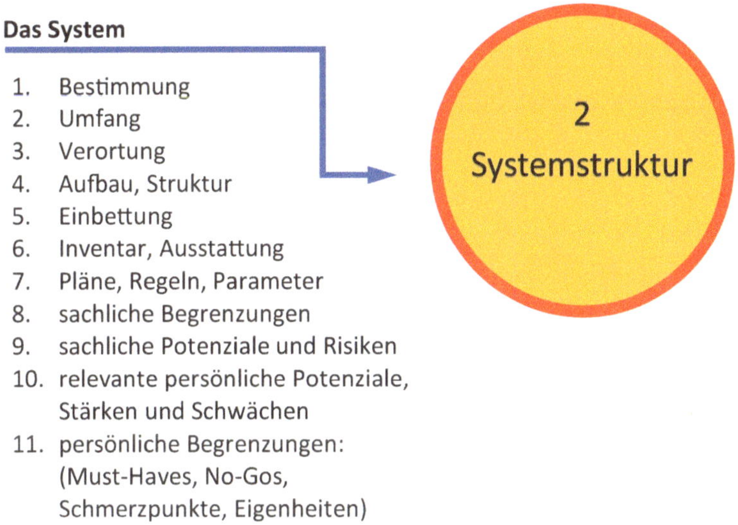

Abbildung 28: Das zweite Feld im Vier-Schritte-Kreis

Eine Systemstruktur hat keinen Selbstzweck. Sie soll uns dazu dienen, ein Projekt oder mehrere Projekte leicht zu verwirklichen. Dazu muss die Struktur dem speziellen Projekt und Projektabschnitt angemessen entsprechen. Eine Schule ist dem Lernen gewidmet, und so richtet sich ihre Struktur genau danach aus. Eine Tafel, Bänke und ein Pausengong sind hilfreich, Strandliegen Sonnenschirme und Cocktailshaker haben hier dagegen wenig verloren. Soll es dagegen ein Café, eine Werkstatt, ein Umweltinitiative oder eine Fußballmannschaft werden, werden wir die Systemstruktur völlig anders ausgestalten. Jedes einzelne Projekt braucht noch mal eigenes Werkzeug, eigene Mittel und spezielles Material. Wir richten uns unsere Systemräume angemessen ein. Viele Strukturelemente werden wir im Laufe des Projektes erst herstellen oder anpassen müssen (Feld 4), was bedeutet, dass wir es in den nächsten Runden über den Vier-Schritte-Kreis nach und nach hinzufügen, evaluieren und verbessern. Wir sollten auch nicht vergessen, überholte Elemente wieder aus dem Spiel zu nehmen.

Im Inneren der Systemstruktur entsteht aus persönlichen und sachlichen Strukturelementen allmählich der Raum, der uns dazu dient, unsere Ziele möglichst leicht erreichen zu können. Eine Struktur ist für uns geeignet, wenn sie mit unserer aktuellen Lebendigkeit, Kreativität und Bestrebung umgehen kann und unsere individuellen Kräfte gut zu bündeln vermag. Innerhalb dieser Systemstruktur werden die individuellen Potenziale zu interaktiven Potenzialfeldern. Ohne die strukturelle Fassung würden unsere Visionen und Bestrebungen keinen Halt finden und sich nicht kanalisieren. Sie würden ausufern wie ein Fluss ohne ein Flussbett oder verpuffen.[51]

Die Struktur kann sich sehr physisch zeigen, wie z.B. bei einer Biogärtnerei oder einer Werkhalle. Sie kann sich ebenso aus vielen virtuellen Anteilen zusammensetzen, wie bei einer Online-Plattform oder auch hauptsächlich ein Beziehungsrahmen sein.

Um auch unsere persönlichen Grenzen und Begrenztheiten zu verstehen, sollten wir hier unsere Must-Haves und No-Gos in die Systemstruktur einbringen (siehe Toolkarte T2.1). Zusätzlich können wir die etwas weniger wichtigen Schmerzpunkte benennen (siehe Zusatzkarte Z2), um uns besser aufeinander einstellen zu können.

Will ein Team vertieft an seiner Systemstruktur arbeiten, sind verschiedene Tools denkbar. Man kann die SWOT-Analyse[52] etwas erweitern. Dazu habe ich, wie in der nächsten Grafik dargestellt, eine Map mit dem Programm XMind erstellt. Natürlich braucht man selten einen so komplett umfassenden Blick auf die Struktur, die ja zu jedem Zeitpunkt nur *angemessen oder zumindest ausreichend* sein sollte. Trotzdem hilft es, sich zur Bewusstwerdung oder bei Analysen die Punkte genauer anzusehen. Kennen wir bereits alle Ressourcen und Potenziale, die wir verkörpern? Wieviel Zeit und Energie bringt überhaupt jeder für das Projekt mit? Schwächen und Stärken sollten sich im Team balancieren. Könnte das Vorhaben klappen? Hier bekommt das Team eine Grundlage für weitere strategische Überlegungen.

⇨

[51] Hier möchte ich auf eine Arbeit von Jörg Sydow und Georg Schreyögg zur Pfadentwicklung in Systemen hinweisen: Path Dependence and Creation Processes in the Emergence of Markets, Technologies and Institutions: https://t1p.de/7pd0h. Die Aussage: Einmal begangene Pfade (z.B. der anfängliche Gebrauch einer Software) weiten sich aus, schleichen sich ein und werden letztlich zum Schicksal des Systems, weil man ab einem Zeitpunkt kaum noch viel korrigieren kann.

[52] Für eine SWOT-Analyse werden in einer Tabelle Stärken, Schwächen, Chancen und Risiken aufgelistet und dann ausgewertet (Strengths, Weaknesses, Opportunities, Threads).

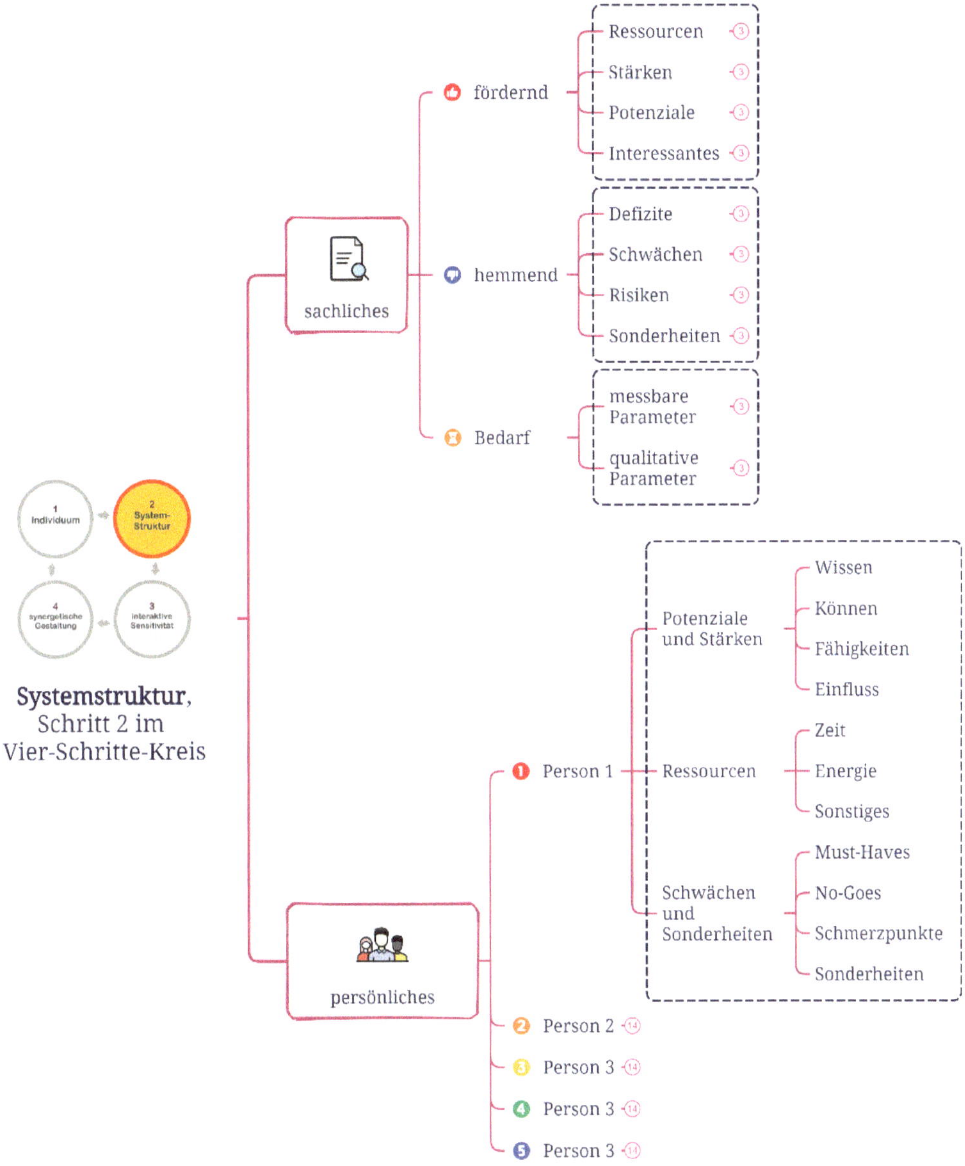

Abb. 29: Mit z.B. dem Programm XMind kann man sich eine Mindmap erstellen und mit ihr die Systemstruktur (Schritt 2 im Vier-Schritte-Kreis) genauer betrachten.

Schritt 3: Das Potenzialfeld bildet sich

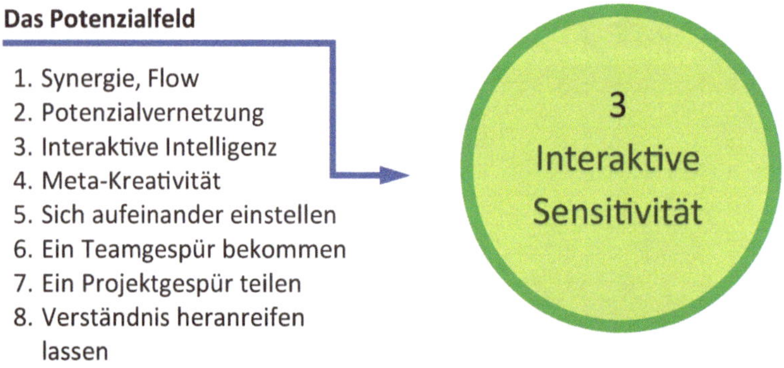

Abbildung 30: Das 3. Feld im Vier-Schritte-Kreis

Das dritte GFK-plus-Feld führt uns in das eigentliche Mysterium der Zwischenmenschlichkeit: Im Raum zwischen inspirierten Menschen bildet sich ein systemisches Kraftfeld aus. Das Mysterium gründet in der Einheit hinter den unendlich vielen Erscheinungen von Dingen und Formen. Der Raum, der zwischen den Atomen existiert, ist nur ein einziger, von einem Ende des Universums bis zum anderen. Von den Experimenten der Quantenphysik, vor allem jedoch aus den Erkenntnissen der Verallgemeinerten Quantentheorie (VQT), haben wir lernen können, dass es eine, die Raumzeitlichkeit transzendierende Verbundenheit aller Teile eines Systems gibt, die wesentlich grundsätzlicher ist, als das sichtbare Zusammenspiel separater Elemente. Geben wir einem Photon einen bestimmten Impuls, reagiert das verschränkte[53] Partnerphoton zur selben Zeit auf diesen Impuls, auch wenn es Lichtjahre entfernt wäre. Beide Photonen sind also verbunden, aber jenseits einer raumzeitlichen Begrenzung, der einen Datentransfer erfordern würde. Es muss keine Information zwischen ihnen ausgetauscht werden, damit die Manipulation auf der einen Seite eine spontane Reaktion auf der anderen eintreten lässt. Ihre Verbindung ist

[53] Beide Teilchen gehören zum selben System, z.B. weil sie aus derselben Quelle (demselben Quellmoment) hervorgingen.

viel wesentlicher, also eine essenzielle Verbindung ihrer „Wesen" und nicht nur ihrer formellen Erscheinungen.[54]

Bisher hatten wir vielleicht unsere Kollegen nur so gesehen, wie sie uns erscheinen und dabei wahrgenommen, was sie für uns persönlich bedeuten. Jetzt wollen wir von der formellen Begegnungsebene auf die Verbindungsebene wechseln und uns innerhalb unseres gemeinsamen Projektes und unserer Projektstruktur (Feld 2) bewusstwerden, was uns eint, was uns zu gemeinsamen Taten anregt und welche Potenziale wir gemeinsam verkörpern. Während unser Verstand eben noch so wichtig war, um die gute Struktur für unser Projekt zusammenzustellen, gleicht er jetzt einem jungen Hund, der ganz arg mit dem Schwanz wedelt: Er will bereits zu Taten losstürmen, doch er weiß die Richtung nicht, in welcher sein Ball geworfen wird und hat sich deshalb noch etwas zu gedulden. Auf dem Feld 3 sind wir im Vier-Schritte-Kreis wieder in einem Yin-Feld gelandet. Hier bildet sich das synergetische Teampotenzial von selbst. Es lässt sich nicht erarbeiten oder kontrollieren.

Es ist wie bei den Fischen, die, obwohl sie alle ihre Wege gehen, im selben Meer schwimmen. Dieses Megabiotop ist als ein großes, sich selbst organisierendes System perfekt für sie gestaltet. Die dahinter stehende Feldintelligenz oder Quanten-Intelligenz der Verbundenheit, ist eine andere als unsere rational differenzierende und kombinierende Intelligenz. Sie ermöglicht es z.B. den Meereswesen, sich in Schwärmen zu organisieren. Wenn wir unsere Gemeinschaft mit maximalem Einfluss lebensdienlich und konstruktiv mitgestalten wollen, dann sollten auch wir so ein Bewusstsein der systemischen Verbundenheit jenseits all der Formen und formalen Unterschiede suchen. Erst aus der Bewusstheit der Einheit heraus, angebunden an den Teil von uns, der selbst nicht ein separates Teilchen ist, sondern Anteil an der Essenz von allem hat, haben wir die Möglichkeit, als Team in einer umfassenden interaktiven Stimmigkeit anzukommen. Das erlaubt uns, mit der Präzision eines Trapezkünstlers im stimmigen Moment an der stimmigen Stelle zu sein und dort das im Zusammenspiel Stimmige zu machen – innerhalb der stimmigen Fehlerfreundlichkeit. Das Team gerät in einen Flow.

So verbunden steigt die gelingende Gemeinsamkeit immer frisch empor. Die Superkraft, zum gemeinsamen Flow beizutragen, tragen wir als Menschen alle ganz natürlich in uns, auch wenn sie momentan noch unter einer dicken Staubschicht im hinteren Winkel unserer Herzen abgelegt sein mag. In der Verliebtheit erleben wir hin und wieder dieses mysteriöse Potenzial. Am Anfang ist es vielleicht die kleine Einheit der Partnerschaft oder Familie, die uns zum Staunen bringt. Später ist es der Groove in einer Mannschaft, einem Team oder einer Community, der uns mehr als nur normal

[54] Der Autor hat im Buch „Tanz der Quanten" die Verallgemeinerte Quantentheorie (VQT) als Kommunikationstheorie beschrieben und hat ihr mit dem Modell der Quanten-Matrix in einer neuen Dimension zum Verständnis verholfen. ISBN: 978-3-7439-7048-9

erscheint. Vielleicht hatten wir in einer Extremsituation bereits einmal die klare, fast spirituelle Erkenntnis von der Einheit der Menschen, der Wesen und der Schöpfung. Doch für das Team als Boss brauchen wir keine Exzesse, sondern nur ein Minimum an Neugier und Offenheit, um mit etwas Flow zu starten.

Wir backen geduldig unsere kleinen Brötchen und sehen, was entstehen mag. Bevor uns unsere Trapezkunststücke ausreichend gut gelingen, verwenden wir ein Netz, mit dem wir unsere lustigen Trainingsfehler machen können, ohne frustriert zu werden. Deshalb beginnt das Team als Boss auch mit den einfacheren Projekten und lernt schrittweise den Unterschied zur rein funktionalen Projektorganisation kennen.

Je mehr wir uns der naturgegebenen synergetischen Verbundenheit bewusstwerden und aus diesem Bewusstsein handeln, desto mehr Synchronizitäten werden wir erleben. Diese „Zufälle" werden uns die zugrunde liegende Einheit bestätigen. Letztendlich ist ja das ganze Leben, solange es gelingt, eine einzige große Synchronizität.

Das dritte GFK-plus-Feld erhebt keinen ethischen oder religiösen Anspruch. Man kann auch nicht das Richtige tun, um in einer Einheit anzukommen und es braucht auch kein neues Konzept. Jede Ideologie ist fehl am Platz. Es reicht, präsent und offen für die Wahrnehmung von Einheit zu sein, um unseren bewussten Zugang zu ihr nicht zu verhindern. So kommt es früher oder später zu einem ausreichenden Vertrauen und einem ausreichenden Potenzialfeld, mit dem wir unsere Aktivitäten gut aufeinander abstimmen können.

Wir streben das „Angemessene" an, doch „Ausreichend" ist bei all unseren GFK-plus-Schritten beruhigender Weise immer gut genug. Mit den Jahren werden wir lernen, immer bessere Mitspielende zu sein und wir werden dabei eine spiralförmige Entwicklungsbewegung machen. Unser individueller Fortschritt wird allen anderen zugutekommen und wir werden von deren Fortschritten profitieren.

Es reicht aber nicht, nur das Gefühl der Einheit zu pflegen. Einheit ist kein Gefühl, sondern eine phänomenale Tatsache.[55] Sie will effektiv und vor allem unterschiedlich ausgelebt werden und dazu brauchen wir eine interaktive Intelligenz, die es uns erlaubt, unser Zusammenspiel lebendig zu strukturieren und immer wieder zu

---

[55] An diesem Wochenende bin ich in ein Café gegangen, in das ich sonst nie gehe. Es zog mich in diese unübliche Richtung, wozu ich allerdings wenig Lust verspürte. Doch meine Neugier siegte. Dort traf ich einen lieben Wissenschaftskollegen, der einen noch weiteren Weg durch die Stadt zurückgelegt hatte, ohne zu wissen, was er eigentlich in diesem Café sollte. Es war wie die überbewusste Verabredung von Aborigines zu einem ihrer *walkabouts*, und unser reger geistiger Austausch war dann tatsächlich so etwas wie ein *walkabout* der Gedanken. Die roten Riesenkängurus sind uns dabei leider nicht begegnet.

aktualisieren. Unsere verbindungsintelligente Yin-Seite (die Achtsamkeit des offenen Herzens) und unsere strukturintelligente Yang-Seite (die formelle Intelligenz) kommen im Vier-Schritte-Kreis also beide ins Spiel.

Hat man den Vier-Schritte-Kreis auf dem Boden ausgelegt, dann sammeln sich die Teammitglieder nach und nach auf diesem dritten Feld, stehen beieinander, ohne sich zu berühren, spüren und hören in den Zwischenraum hinein und nehmen ihren Körper und das Umfeld wahr: Groovt es, schwingt es, schwärmt es, entsteht mehr Energie, als wenn man alleine dort stehen würde? Man entwickelt also ein Gespür vom momentanen Potenzialfeld des Teams, was gleichzeitig dazu führt, dass sich ein Potenzialfeld weiter entwickelt. Außerdem wird man sich des Projektes und des Projektsystems bewusst, was dann zu einer verbesserten Logik der Aktionen führt.

Schritt 4: Jetzt wird gearbeitet

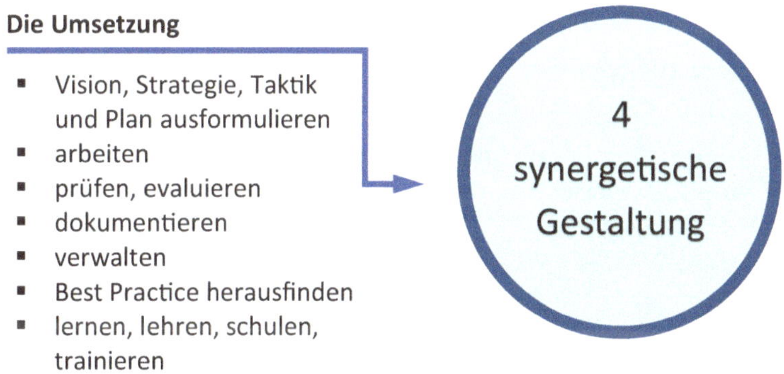

Abbildung 31: Das 4. Feld im Vier-Schritte-Kreis

Im vierten GFK-plus-Feld gilt es, unser Projekt effektiv durchzuziehen. Wie gelingt das dem selbstorganisierten Team? Es ist nämlich nicht nur Boss, sondern auch Arbeiter. Zuerst ist es vielleicht geistige Arbeit und man wird sich, wenn nötig, hier eine gemeinsame Vision und eine dazu passende Strategie (siehe StrategieMaps) erarbeiten. Danach wird es sich zunehmend um die konkrete Umsetzung mit taktischen Konzepten und den nötigen fachlichen Kunstfertigkeiten handeln.

Natürlich werden wir nicht alles festlegen können, denn ansonsten bräuchten wir kein komplexitätsfähiges Management, sondern eher eine kluge und möglichst automatisierte Verwaltung von feststehenden Abläufen. Vor Ort gehen die fähigen Mitarbeiter deshalb mit ihren taktischen Freiheiten die ihnen passend erscheinenden Schritte in Richtung auf das gemeinsame Ziel. Des Weiteren können sie innerhalb der Spielräume, die ihnen das Projekt momentan anbietet, auf die gemeinsame Vision und Strategie Einfluss nehmen und damit nicht nur ihr eigenes taktisches Vorgehen, sondern auch die gesamte Ausrichtung des Projekts beeinflussen (siehe Kapitel 6.c, s.249: GFK-plus Matrix).

Auf dem vierten GFK-Plus-Feld wird das Team als Boss also zum Leistungsteam. Es soll kraftvoll wirken. Die erforderlichen Eckpunkte der nötigen Leistung lassen sich gut durch Bedarfsparameter (Siehe Toolkarte T4.1) beschreiben und geben dem Team als Boss eine Orientierung in Bezug auf den Projektstatus, den Vorschritt und die Qualität ihrer Leistung.

Hier sehen wir auch den Unterschied, ob der Vier-Schritte-Kreis als Modell oder als Tool angewendet wird. Denn auch wenn wir ihn vielleicht eben noch auf dem Boden ausgelegt hatten, um ein ganzheitlicheres Gespür von uns, unserem Projekt und unserem Potenzial zu bekommen, so macht es jetzt überhaupt keinen Sinn mehr, länger als nur einen Moment auf dem vierten Feld herumzustehen. Es geht hier um die praktische Umsetzung. Wir schwenken also, was den Vier-Schritte-Kreis betrifft, vom Tool zum Modell. Wir wissen einfach, dass wir uns jetzt in der Umsetzungsphase auf dem 4. Feld befinden und dann zur rechten Zeit den Arbeitsprozess in Richtung 1. Feld verlassen werden. Das kann dann wieder individuell geschehen.

So greifbar sich also das Experimentieren mit dem Vier-Schritte-Kreis als Tool und den auf dem Boden ausgelegten Teppichen anfühlen mag, so ist der Vier-Schritte-Kreis als Modell noch mal wichtiger, denn er strukturiert unsere tatsächliche Selbstorganisation als Team. Manche werden ihn vielleicht nur als Modell anwenden wollen, während er in Workshops wohl eher als Tool präsentiert wird, um mit ihm gut experimentieren zu können. Er ist jedenfalls immer beides.

Wir können übrigens auch noch eine andere Ausgangslage skizzieren als nur ein einzelnes kleines Team, das den Vier-Schritte-Kreis für sich nutzt. Es könnte sich auch um ein Community-Projekt handeln. Eine größere Gruppe von visionierenden Menschen befindet sich auf der dritten Position im Vier-Schritte-Kreis und dort bilden sie ein Potenzialfeld. Aus diesem können einzelne Leistungsteams selbstorganisiert hervortreten und bestimmte Projektabschnitte realisieren. Die Community eines Unternehmens, einer Internetplattform, einer Gemeinde, einer Stadt oder einer sozialen Initiative, kann mit ihrem ganzen Potenzial einen mächtigen Leistungspool bilden. Aus ihr können sich jederzeit und nach der größeren Vision, der Strategie und dem Projektstatus unterschiedliche und gerade optimale Teams bilden. Im nächsten Schritt verändern sich diese Teamkonstellationen wieder. Einige Leistungsteams lösen sich auf und neue Arbeitsteams bilden sich aus dem Community-Pool, der die selbe Vision und Strategie teilt (Siehe dazu auch unter Kapitel 5.a, s.204: Toolkarte 4.2).

Das Ganze mag an ein Fußballteam erinnern, das über eine breite Ersatzbank mit vielen unterschiedlichen Spielertypen verfügt. Die Konstellation der Spielenden und ihre Spielweise ändert sich je der aktuellen Lage und der strategischen Idee. Die Teams, die sich aus der Community bilden, sollten dabei so solide wie nötig und so flexibel wie möglich sein. Der Gedanke von „liquider Organisiertheit" liegt nahe. Es geht in etwa darum, „feste, flüssige und gasförmige Zustände" annehmen zu können - also der Team-Gemeinsamkeit solide verbunden zu sein, in der Teambildung frei strömend und als Individuum so ungebunden wie möglich.

Insgesamt bilden sich also soziale Meta- und Substrukturen, die wie ein Organismus aus einer inneren Logik heraus selbstorganisiert sind. Das Management vom „Team als Boss" wird weniger mittels Anweisungen, Regeln oder Kommandos geschehen, sondern mehr über strategische Fragestellungen und mit Hilfe von Best-Practice-Vorschlägen, die es allen Teilnehmenden erlaubt, die grundlegenden Herausforderungen und Notwendigkeiten des Projekts zu begreifen und sich ihnen erfolgreich zu stellen. Hier gilt: *Don't play, work!* und *Don't work, play!* gleichzeitig.

Die visionär Begabten der Community sind wie Komponisten, die Strategen sind wie die Dirigenten und die Taktiker sind die Sänger und Musiker. Es werden sowohl die eher seltenen, inspirierten Visionäre der Gruppe eingebunden als auch die wenigen Menschen mit den besonderen abstrakten Fähigkeiten zum strategischen Überblick (top-down) gewürdigt. Bei alldem geht es im Kern darum, dass sich das breite kreative und taktische Potenzial von Individuen und Leistungsteams visionsgetreu und punktgenau aktivieren kann (bottom-up). Auf diese Weise können wir von einer dominanten zu einer fürsorglich dienenden Unternehmenskultur umschwenken und dabei deutlich an Leistungsfähigkeit gewinnen.

Führung ist bei dem Team oder der Community als Boss der Dienst Weniger an Vielen, ohne dass daraus ein besonderer Anspruch auf Geltung, Entlohnung oder eine Position ergibt und ohne dass deshalb die freien Spielräume der Teilnehmenden sinnlos limitiert und blockiert werden. Durch gemeinsam gefundene Visionen und geschickte strategische Fragen (siehe Kapitel 6.b, s.247: StrategieMaps, Kapitel 6.c, s.249: GFK-plus Matrix) erwächst genau genommen erst die Möglichkeit, dass sich die Potenziale aller Individuen optimal selbstorganisiert vernetzen können.

Gefühle (siehe Kapitel 270: Gefühle und Selbstorganisation) spielen hierbei eine besondere Rolle, da sie unsere bewusste Anbindung an die eigene Lebendigkeit sind.

Leben heißt erleben und erleben ist immer zu einem großen Teil emotional und sensitiv. Selbststeuernde Systeme brauchen Menschen, die ihre inneren Impulse wahrnehmen, denn ohne die innere Anbindung an das äußere Geschehen bräuchten sie ja erst wieder jemanden, der ihnen genau sagt, was richtig, stimmig und angemessen ist, besonders sobald sie sich auch nur einen Schritt im Neuland befinden.

Wir sollten jedoch nicht nur für uns selbst fühlen, sondern auch zunehmend über eine Sensitivität verfügen, die uns mit dem Team, dem Projekt und dem ganzen System verbindet (Siehe auch Vorbereitungskarte V3). Wir brauchen also einerseits die aus unseren individuellen Utopien gebildete gemeinsame Vision und Strategie. Auf der anderen Seite bedarf es aber auch der Fähigkeit aller, aus dem aktuellen Gespür und Verständnis heraus zu erkennen, welche Schritte gerade Vision, strategische Planung und taktisches Handeln verbinden können.

Besondere Herausforderungen bei Schritt 4

Wenn irgendwie möglich, sollte man einen Konflikt noch etwas parken, solle er sich auf dem vierten Feld des Vier-Schritte-Kreises zu zeigen beginnen und warten, bis man sich wieder auf dem ersten Feld befindet. Dort ist dann die Aufmerksamkeit nicht so sehr auf Leistung fokussiert und man kommt leichter zu einem angemessenen Frieden. Auf dem GFK-plus-Feld 4 versuchen wir, im Rahmen unseres Commitments mit allen uns zur Verfügung stehenden Mitteln zum Ziel zu kommen und dabei niemanden hängen zu lassen.

„Nicht in der Kurve aussteigen“ und „keine Grundsatzdiskussionen im Schützengraben“, lauten die Ratschläge von Experten. Dafür ist vorher oder nachher Zeit. Wer auf der Baustelle angekommen ist, soll jetzt seinen Beitrag leisten. Ohne Leistung braucht es schließlich auch keine Selbstorganisation. Ansonsten könnte man gleich ein paar Liegestühle aufstellen, den WLAN-Zugang sicherstellen und Cocktails servieren.

Auf dem 4. Feld des Vier-Schritte-Kreises geht es darum, einen Beitrag zu leisten, der den Anforderungen gerecht wird. Jede Gemeinschaft hat verschiedene Potenziale, sei es das Kreativitätspotenzial, das Begeisterungspotenzial, das Kommunika tionspotenzial etc. Aber am Ende des Tages zählt das Leistungspotential, sonst wird nichts realisiert und alle Ideen bleiben Luftnummern. Auf den anderen drei Feldern des Vier-Schritte-Kreises haben wir das Brennholz und die Zutaten herbeigeschafft. Nun braucht es Feuer, um die Suppe zum Kochen zu bringen.

Die Wahrheit eines Teams zeigt sich also erst bei der Arbeit. Doch bereits im Vorfeld wäre es nützlich, zu ahnen, wieviel PS in der Gemeinschaft steckt, denn die reine Begeisterung für ein Thema sagt ja an sich noch nicht viel aus. Der Motor mag ja stark sein, aber wie viel Leistung bringt er tatsächlich auf die Straße? Beginnt man an der Leistungsbereitschaft zu zweifeln, dann hat man unter Umständen bereits ein größeres Problem und merkt es erst jetzt, wo die Arbeit zu machen wäre.

Solange wir auf dem GFK-plus-Feld 3 stehen, können wir gemeinsam das Aktivpotenzial erspüren und auch offen zur Sprache bringen. Doch man sagt auch, dass man den Taten mehr trauen kann als den vielen Worten[56].

Was brauchen Leute, um zu welcher Zeit und auf welche Art in das Projekt leistungsstark einzusteigen? Jeder hat da eine andere Dynamik. Ein Sprinter unterscheidet sich vom Dauerläufer. Einige sind Morgenmenschen, andere Nachteulen. Manche wollen gerne drei Mal gebeten, eingeladen und dann noch abgeholt werden, während andere bereits Plätzchen für alle backen, eine große Thermoskanne Kaffee kochen und alles vorbereiten.

Kleine Empfehlungen, auch wenn diese die Form von Apellen haben:

- Entscheidet euch nahe am Konsens, indem ihr z.B. Konsensiert (Siehe dazu Kapitel 5.c) Entscheidungen konsensieren)
- Anstatt Vorschläge zu kritisieren, schlagt konkrete Änderungen vor.
- Gesteht euch eine Überforderung ein und gebt im gerade möglichen Vertrauen euer Bestes, zu dem ihr bereit seid.
- Wählt Schritte, die möglichst alle mitgehen können.
- Es ist schön, wenn immer mal alle anpacken mit beitragen.
- Es ist hilfreich, wenn alle Beteiligten transparent machen, wieviel Kraft sie in das Projekt stecken wollen. So wird klar, wieviel Energie zur Verfügung steht.
- Die Entscheidungsbefugnis liegt bei denen, die aktiv werden.
- Wir starten schnell und unperfekt, denn wer früh scheitert, kann schneller die Fehler korrigieren. So findet man am effektivsten und kostengünstigsten zu den machbaren Optionen und wird dabei auch noch klüger und systemsensibler.

---

[56] Dabei geht es gerade dem Wissensarbeiter nicht darum, die ernsthaften Diskurse zu minimieren, die ja sein Tool und seine Kernkompetenz sind und die auch ein konkretes Ergebnis zum Ziel haben. Auch die Strategen werden eine Strategie und der Planer einen Plan bereden und abliefern müssen. Hier meinen wir die vielen oder schönen Worte drum herum, deren Nützlichkeit und Leistung unklar bleiben.

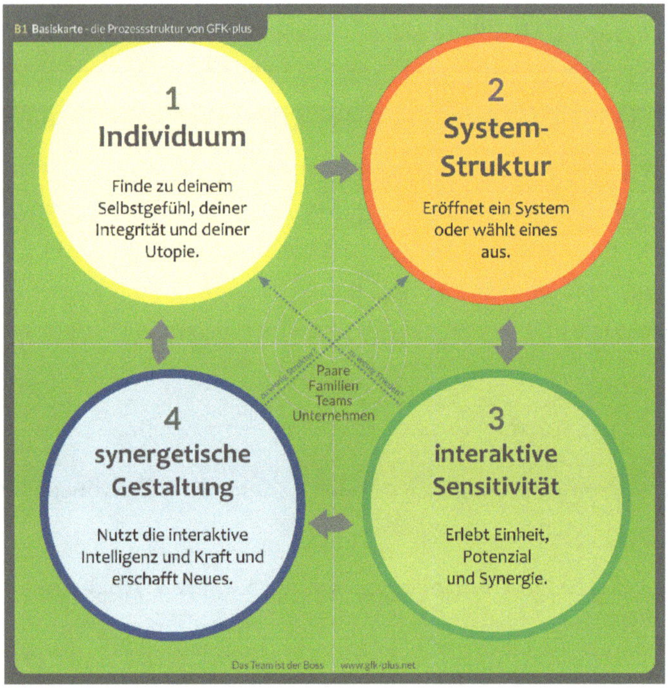
B1 Basiskarte - die Prozessstruktur von GFK-plus
1
Individuum
Finde zu deinem Selbstgefühl, deiner Integrität und deiner Utopie.
2
System-Struktur
Eröffnet ein System oder wählt eines aus.
3
interaktive Sensitivität
Erlebt Einheit, Potenzial und Synergie.
4
synergetische Gestaltung
Nutzt die interaktive Intelligenz und Kraft und erschafft Neues.
Paare
Familien
Teams
Unternehmen
Das Team ist der Boss
www.gfk-plus.net

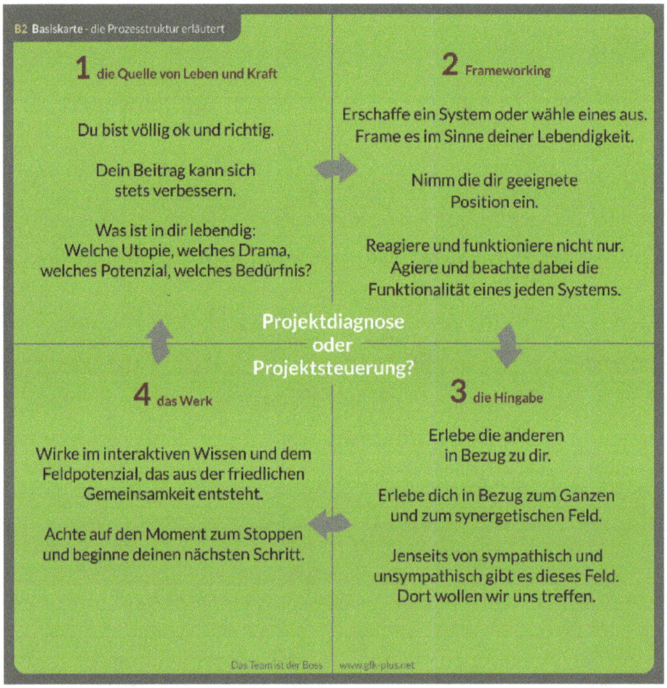
B2 Basiskarte - die Prozessstruktur erläutert
1 die Quelle von Leben und Kraft
Du bist völlig ok und richtig.
Dein Beitrag kann sich stets verbessern.
Was ist in dir lebendig: Welche Utopie, welches Drama, welches Potenzial, welches Bedürfnis?
2 Frameworking
Erschaffe ein System oder wähle eines aus. Frame es im Sinne deiner Lebendigkeit.
Nimm die dir geeignete Position ein.
Reagiere und funktioniere nicht nur. Agiere und beachte dabei die Funktionalität eines jeden Systems.
Projektdiagnose oder Projektsteuerung?
3 die Hingabe
Erlebe die anderen in Bezug zu dir.
Erlebe dich in Bezug zum Ganzen und zum synergetischen Feld.
Jenseits von sympathisch und unsympathisch gibt es dieses Feld. Dort wollen wir uns treffen.
4 das Werk
Wirke im interaktiven Wissen und dem Feldpotenzial, das aus der friedlichen Gemeinsamkeit entsteht.
Achte auf den Moment zum Stoppen und beginne deinen nächsten Schritt.
Das Team ist der Boss
www.gfk-plus.net

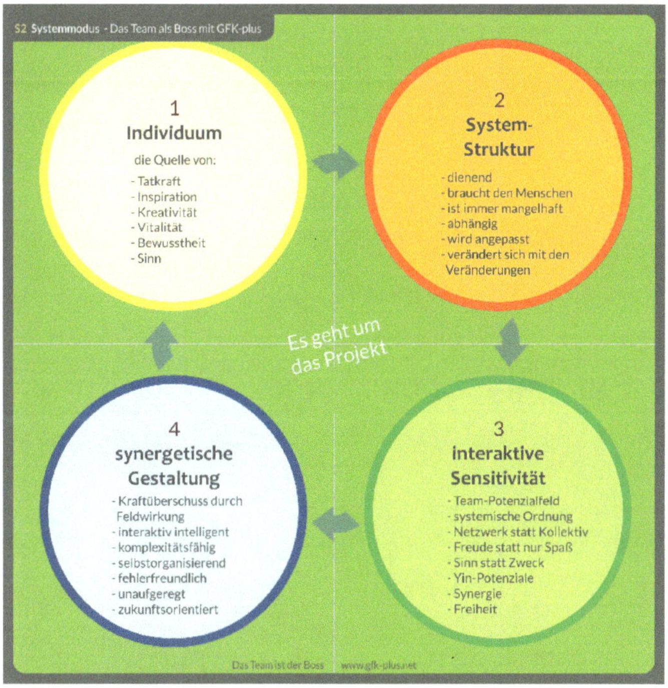
S2 Systemmodus - Das Team als Boss mit GFK-plus
1
Individuum
die Quelle von:
- Tatkraft
- Inspiration
- Kreativität
- Vitalität
- Bewusstheit
- Sinn
2
System-
Struktur
- dienend
- braucht den Menschen
- ist immer mangelhaft
- abhängig
- wird angepasst
- verändert sich mit den Veränderungen
Es geht um das Projekt
3
interaktive
Sensitivität
- Team-Potenzialfeld
- systemische Ordnung
- Netzwerk statt Kollektiv
- Freude statt nur Spaß
- Sinn statt Zweck
- Yin-Potenziale
- Synergie
- Freiheit
4
synergetische
Gestaltung
- Kraftüberschuss durch Feldwirkung
- interaktiv intelligent
- komplexitätsfähig
- selbstorganisierend
- fehlerfreundlich
- unaufgeregt
- zukunftsorientiert
Das Team ist der Boss
www.gfk-plus.net

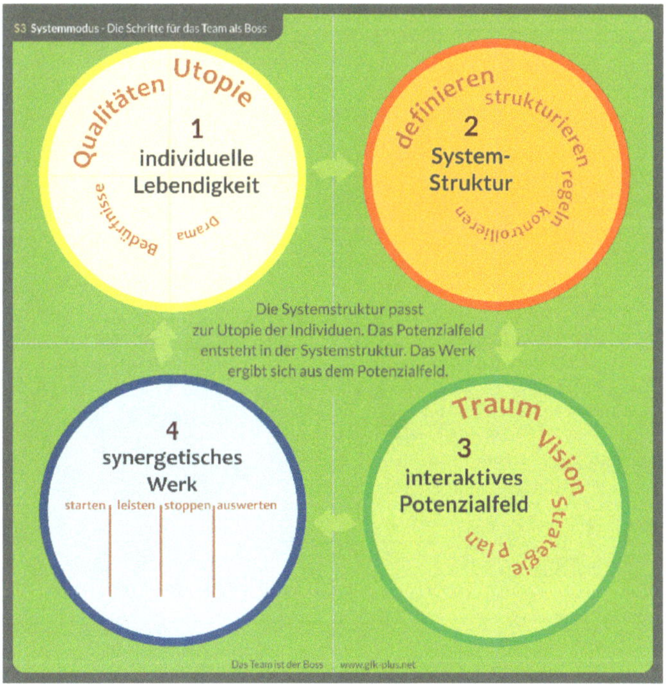
S3 Systemmodus - Die Schritte für das Team als Boss
Qualitäten
Utopie
1
individuelle
Lebendigkeit
Bedürfnisse
Drama
definieren
strukturieren
2
System-
Struktur
regeln
kontrollieren
Die Systemstruktur passt zur Utopie der Individuen. Das Potenzialfeld entsteht in der Systemstruktur. Das Werk ergibt sich aus dem Potenzialfeld.
4
synergetisches
Werk
starten
leisten
stoppen
auswerten
Traum
Vision
3
interaktives
Potenzialfeld
Strategie
Plan
Das Team ist der Boss
www.gfk-plus.net

Der Vier-Schritte-Kreis mit Etappen und Optionen

Wenn wir ein wenig hineinzoomen, dann können wir viele kleine Etappen auf dem Vier-Schritte-Kreis ausmachen und ihn dadurch auch noch einmal besser verstehen. Wir können auch sehen, wie und wo sich andere Modelle und Tools annähern, sich einfügen oder unterstützen können. Ich habe hier die vielen kleinen Etappen einer Projektorganisation mit dem Team als Boss im Vier-Schritte-Kreis eingetragen und ihn damit noch mal deutlich detaillierter dargestellt. So erkennen wir, wo bereits etablierte Methoden wie Zahnräder in dieses zentrale Modell von „Das Team ist der Boss" eingreifen, weil sie gleiche Etappen abdecken.

Abb. 32: Die vielen möglichen Etappen auf dem Vier-Schritte-Kreis

Die Theorie U im Vier-Schritte-Kreis

Beispielgebend möchte ich hier die Theorie U anführen. Sie ist eigentlich gar keine Theorie, sondern ein Modell. Genauer gesagt hat Otto Scharmer, Prof. am MIT, mit seiner Theorie U ein Modell ins Leben gerufen, das weltweit auf viel Zuspruch gestoßen ist. Die Resonanz hängt meiner Meinung nach viel damit zusammen, dass er sich als einer der wenigen auch einen Yin-Aspekt fokussiert, den wir im Vier-Schritte-Kreis mit dem Feld 3 beleuchten. Damit berührt er durchaus die Sehnsüchte der Menschen nach einer neuen Form der Zusammenarbeit.

So verloren sich die Theorie U in der Projektorganisation ohne den 4-Schritte-Kreis anfühlen kann, so hilfreich können die Erkenntnisse und der Begriffekosmos von Otto Scharmer für das "Das Team ist der Boss" sein.

Wenn wir von gemeinsamer „Feldbildung" sprechen und davon, dass wir "ein synergetisches Feld entstehen lassen", dann meinen wir vom Prinzip her damit Potenzialfelder. Das sind Felder, in denen das Potenzial der Gesamtheit eines Teams für das Team spürbar ist. Dazu gehen wir vom Yang-dominierten zweiten Feld des Vier-Schritte-Kreises auf das Yin-dominierte dritte Feld und versuchen dort, „das System sich selbst spüren zu lassen", wie Scharmer es ausdrückt. Das System, bestehend aus dem Projekt, dem Team und der Systemstruktur, soll sich in seiner Gesamtheit und konstruktiven Ausrichtung seiner selbst bewusstwerden. Es soll wie ein Metaorganismus lebendig und sensitiv werden. All das versucht Otto Scharmer bereits seit einiger Zeit und mit dem Vier-Schritte-Kreis kommen endlich die fehlenden 3 Felder dazu und damit auch der Überblick und der praktische Rahmen für ein selbstorganisiertes Projekt. Hinzu kommen auch noch die drei vorbereitenden Hürden für das Team als Boss: a) Der Kulturwandel im Unternehmen hin zu einer fürsorglichen Kultur, b) ein neues Verständnis von Emotionen und Gefühlen und c) die entsprechende Konfliktfreiheit im Team. Alles Elemente, welche die Theorie U nicht kennt. Sie wird von Otto Scharmer grafisch etwa so dargestellt, als würde ein Stück Boden vor einem wegsinken und sich damit eine Grube bzw. zweidimensional gesehen ein U bilden. Daher kommt der Name seines Modells. Wer sich mit der Heldenreise beschäftigt hat, erkennt die Ähnlichkeit. Im Vier-Schritte-Kreis sähen die Etappen der Theorie U allein für sich genommen auch etwas kurvig aus, etwa wie in dieser nächsten Abbildung hier eingezeichnet.

Abb. 33: Die Theorie U als Senke im Boden

Die Theorie U im Vier-Schritte-Kreis

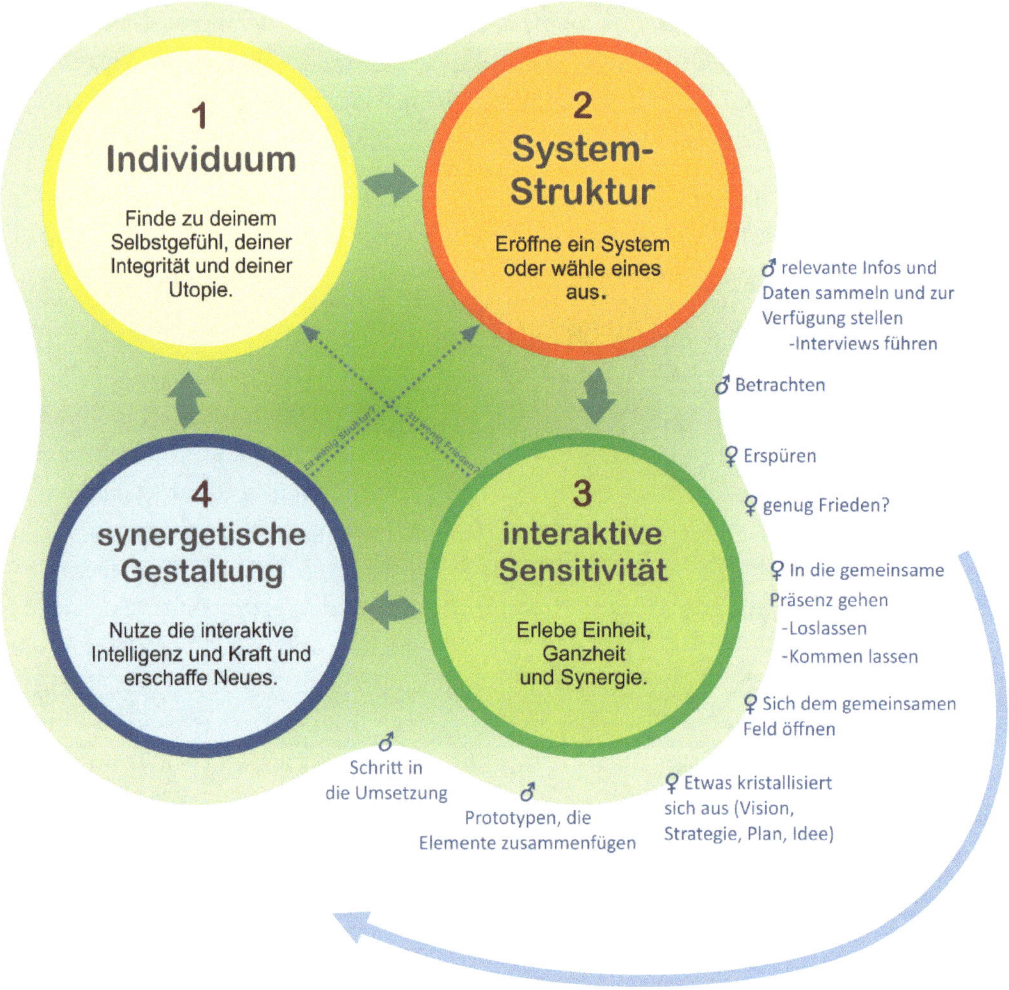

Abbildung 34: Der Bereich im Vier-Schritte-Kreis, in dem die Theorie U sichtbar und anwendbar wird.

Im nächsten Unterkapitel zeige ich euch, wie ihr eure Arbeit nach Utopien und Visionen ausrichten könnt. Eine Utopie ist ein visionärer Funke. Aus Utopien mag eine Vision entstehen, wie mehrere Funken ein Feuer entzünden. Die Vision ist ein mit Sinn und Bedeutung verbundenes Ziel. Viele Unternehmensziele sind dagegen reine, meist problemlösende Zweck-Ziele innerhalb einer Zweckgemeinschaft. Das Schicksal funktional organisierter Unternehmen ist eben, dass sie das kreative Potenzial der Mitarbeitenden verschleudern oder sogar komplett ignorieren.

Mit Tools wie z.B. *Design Thinking* gelingt es Teams heute bereits recht gut, kreativ zu werden. Er gibt folgende 6 Etappen bei Design Thinking – 1. Verstehen, 2. Gesamtbild erzeugen, 3. Ideen finden, 4. Prototypen, 5. Testen und 6. Implementieren. Damit haben wir etwas, das der Theorie U in vielen Punkten ähnlich ist und mit dem Vier-Schritte-Kreis ist Design Thinking voll kompatibel. Es nennt in etwa folgende Richtlinien:

Richtlinien von Design Thinking

- Skizziert neue Wege, ohne zögerlich oder verzagt zu sein. Im Scheitern und Irren zeigen sich immer wieder neue Wege. Ein Unsinn kann lustig sein, erstaunen und die kreative Freude im Team wecken. Humor, Überraschung und Vielseitigkeit sind Trumpf.

- Hierarchien werden nicht beachtet, denn sie würden den freien Ideenfluss hemmen. Das gilt auch für weniger beachtete Hierarchien zwischen Experte/Laie, extrovertiert/introvertiert, alt/jung, alteigesessen/neu im Betrieb etc. Unterstützt euch gegenseitig mit eurem Potenzial und euren jeweiligen Stärken.

- Wird eine Idee angerissen, machen die anderen proaktiv mit und zeichnen diese weiter. Einwände, auch wenn sie sich aufzudrängen scheinen, werden erst einmal zurückgehalten.

- Es geht darum, kreativ zu werden und nicht zu theoretisieren.

- Das Prinzip heißt: *Kleber vor Schere.* Lieber etwas dazufügen als etwas wegschneiden. Nicht mit „Aber" und „Warum" argumentieren. „Aber" mit „Und" übersetzen oder weglassen. „Warum-Fragen" in spezifischere Fragen übersetzen. („Wozu dient das?", „Wie wirkt sich das optimaler Weise aus?", "Wie siehst du die Funktion dieses Teils?" etc.).

- Die drei Phasen einer Entscheidung werden wir im Kapitel 5.c, s.215 noch näher beschreiben: a) Bildformung, b) Meinungsbildung, c) Entscheidungsfindung. Wir befinden uns in der Bildformung, in der zunächst jede Idee erlaubt ist. Später wird sich dann sowieso ein realistische Ansatz durchsetzen, sobald alles nebeneinander liegt - Bedenken und Kritik werden also nur auf eine andere Phase verschoben und nicht negiert. Jede Idee braucht ihre ungestörte Reifezeit und verrückte Anfangsideen werden später realistische Formen annehmen müssen.

- Mit eurem utopischen Teampotenzial erschafft ihr einen Ideenpool. Hier geht Quantität vor Qualität, um möglichst viele Spieleröffnungen für das Projekt oder einen Projektschritt zur Auswahl zu haben.

- Trotzdem aller Kreativität sollet ihr den Grund des Zusammenkommens nicht aus den Augen verlieren. Das Treffen soll euer Projekt voranbringen.

Auf die Ähnlichkeiten verschiedener Methoden untereinander und mit Teilen des Vier-Schritte-Kreises wurde ich nicht zuletzt durch die Arbeit von Felix Hoch aufmerksam. Er vergleicht in seinem Buch *Schwellen der Transformation* unter anderem Design Thinking, die Theorie U, das Enneagramm und die Heldenreise. Außerdem hat er selbst auch ein eigenes Modell mit unterschiedlichen Schwellen entwickelt. Wenn auch diese Modelle kompatibel mit dem Vier-Schritte-Kreis sind, bedeutet das nicht, dass sie all seine Schritte und Etappen umfassen. Er ist eben recht komplett und ich konnte ihn bisher nicht gegen ein anderes Modell 1:1 austauschen. Jedoch kann man die mit dem Vier-Schritte-Kreis kompatiblen Modelle weiter in den passenden Bereichen als Tool nutzen.

Bei „Das Team ist der Boss" bringen wir unsere persönlichen utopischen Impulse ins Spiel, und wollen uns nicht von Problemen lenken lassen. „Agieren statt nur reagieren", lautet die Devise. Probleme sind für das Team nur Randbedingungen auf dem Weg. Die träumerischen Utopien kondensieren zu gemeinsamen realistischen Visionen und werden praktisch umsetzbar. Doch gerade die Arbeit mit Utopien und Visionen fällt vielen Menschen nicht einfach. Kinder haben es da teilweise deutlich leichter.

4.c) Arbeiten mit Utopien und Visionen

Vision, Mission, Purpose?

Wenn wir ein bestehendes Projekt inspirativ erfassen wollen, kann das Verständnis von *mission, vision and purpose* interessant sein. Man spricht von der *Power of WHY*. Aber was ist da dran?

Beim *New-Future-Process*, einem Change-Prozess des internationalen Trainer-Netzwerks der Gewaltfreien Kommunikation, hatte eines der 12 Projektteams explizit den Auftrag, sich um Vision, Mission und Purpose des Netzwerks zu kümmern. Sie haben es sich nicht einfach gemacht. Es gab lange Zoom-Sitzungen und was dabei herausgekommen ist, war ein Blatt Papier mit etwas Text darauf, der die globale Inspiration in seiner Essenz beschreiben und vermitteln sollte. Das Werk ist allerdings nie jemals von Relevanz gewesen. Inspirativ erlebt und im Herzen getragen hat das niemand und vor allem kein Team und keine Gemeinschaft. Wahrscheinlich haben sogar die Verfasser schnell vergessen, was auf dem Zettel stand. Wie kommt das? Hat man die Beschreibung von potenziellem inspirativen Kapital mit tatsächlicher vernetzter Inspiration verwechselt? Hat man sich um Text anstatt um Menschen und Projekte gekümmert? Hat man vergessen, die Nutznießer dieses Netzwerks hinzuzuziehen?

Wenn ein Fahrzeughersteller den Anspruch hat, besonders crashsichere Autos herzustellen, dann könnte man das als seine Mission bezeichnen. Eine mögliche Vision in Richtung dieser Mission wäre z.B. "die Verbesserung der Sicherheit bei einer gleichzeitigen Reduzierung des Gewichts um 10%" für die nächste Serie. Der Purpose wäre steigender Kundenschutz, Kundenbindung und eine bessere Öko-Bilanz der Flotte durch die Gewichtsreduktion.

Solche Überlegungen helfen vor allem den Kunden, die Grundausrichtung der Produkte und Weiterentwicklungen zu verstehen. Für sie stellt sich das als Vision, Mission und Zweck ausreichend dar. Die Mitarbeitenden könnten jedoch die gesteigerte Crashsicherheit auch einfach nur als den Bedarf für den nächsten Schritt verstehen, diesen mit gewissen Bedarfsparametern skizzieren, die man auch als *Key Performance Indicators* (KPI) bezeichnet und das Projekt dann mittels der Zielvorgaben, den *Objectives and Key Results* (OKR) ansteuern. Aber wieweit ist dabei das Team der Boss? Und wie sehr inspiriert sie diese Aufgabe? Wie aktiviert man das Miteinander?

Dieses klassische Vorgehen befeuert die Motivation nicht sonderlich, schon gar nicht die im Team vernetzte Motivation. Will man mit einem Chaka-Seminar o.ä. gegensteuern, würde das Menschen nach der dominanten Kulturstufe ansprechen und das Team im Rahmen von gewissen Urtrieben und kollektivem Bindungsreflexen pushen. Prämien und Auszeichnungen schlagen etwa in dieselbe Kerbe, denn sie regen den Jagdtrieb und das Konkurrenzverhalten an. Hier ist nur die Frage, ob es sich um Einzeljäger oder um ein Rudel auf der Jagd handelt. Doch Inspiration ist eine Geistesbewegung und kein archaischer Trieb.

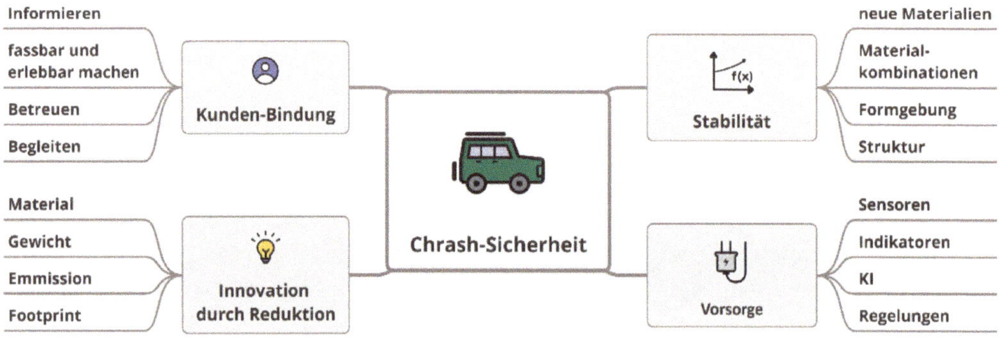

Abb. 35: Vision, Mission, Purpose für eine erhöhte Crashsicherheit

Es geht uns also nicht um ein extrinsisch erregtes, gepushtes, funktionales Management der Planungs- und Arbeitsprozesse[57]. Wir suchen im Team als Boss das organische Management von inspirierten Teammitgliedern. Was inspiriert jedes einzelne Teammitglied und das Team als Ganzes für seine nächsten Schritte. Was weckt und vernetzt ihre Potenziale?

In dominanten und funktionalen Kontexten machen Zielerhebungen innerhalb von bereits feststehenden Plänen, Konzepten und Abläufen zwar Sinn, doch damit haben wir noch keine gemeinsamen Visionen und Missionen als Team. Das organische Team findet seine Vision in sensitiver Vernetzung. Klar wird meist eine Person einen Projektrahmen eröffnen und dafür auch eine Vision, eine Mission oder einen Zweck skizzieren, damit sich ein Team dafür einfinden kann. Doch zum frühestmöglichen Zeitpunkt öffnet man das Projekt für das Team, das dann die Führung übernimmt und

[57] Siehe auch Abbildung 5: Die drei Ebenen der Projektorganisation: Oft wird versucht, Motivation auf der funktionalen Ebene 2 zu erreichen. Für die Motivation im Team bräuchte es jedoch die dritte Ebene von Organisiertheit.

sich innerhalb der skizzierten Projektidee kreativ-synergetisch zusammenfindet und ausrichtet.

Meinungen: Orientierung oder Visionskiller?

Selbststeuerung bedeutet, dass Menschen aus ihrem Selbst heraus steuern. Wie können mehrere Menschen, die alles Mögliche zu meinen glauben, ein Projekt effektiv mitsteuern? Werden nicht immer wieder viele unterschiedliche Ansichten im Team auftauchen, die nicht unter einen Hut zu bekommen sind?

Der Begriff *Meinung* dient als Sammelbegriff für alles Mögliche. Von wirklich durchdachten Expertisen über eher intuitive Betrachtungen und ideologische Eckpfeiler bis hin zu den spontanen Wortergüssen völlig unbedachter Menschen können wir alles als Meinung bezeichnen. Wenn wir jemanden zu einem aktuellen Thema z.B. aus Politik, Umweltschutz oder Wirtschaft befragen, dann wird er uns seine Meinung sagen, egal ob er über viel Wissen und Erfahrung verfügt, ob er ideologische Bretter vor dem Kopf hat, ob er themenfremd und damit ziemlich naiv ist. Manch einer wird dann seine Meinung verteidigen wie eine Festung, egal ob sie auf Fels oder Sand gebaut ist.

Befragen wir mehrere Menschen zum selben Thema, werden wir bestimmte Muster und Tendenzen in ihren Aussagen erkennen. Zum Teil scheinen die Ansichten sogar sehr ähnlich zu sein und es bilden sich erstaunlicher Weise nur wenige Grundausrichtungen ab. Solche Meinungsströme können entweder zur Lagerbildung neigen oder sie sind bereits durch eine Lagerbildung hervorgerufen worden. Von solchen mentalen Wagenburgen sprechen auch Symbole, Kampfbegriffe, reflexhaften Abwertungen und die Versuche, Aussagen und Menschen anderen Lagern zuzuordnen, was man *Framing* nennt. Das dominante Miteinander lässt grüßen.

Wir Menschen neigen dazu, uns aus einigen wenigen Fragmenten einer sozialen Meinungs-Cloud eine Art Patchworkmeinung zusammenzubasteln, die dann natürlich eine große Ähnlichkeit mit den Meinungen ganz vieler anderer Menschen hat, die sich in ähnlicher Weise aus derselben Meinungs-Cloud bedient haben. Wir scheinen also oft mehr Meinungsvertreter als Meinungserzeuger zu sein.

Was hat das mit dem Herdentrieb zu tun, wenn wir unsere Meinungen in den Primitivwelten von Labels und Frames finden müssen, wo die Kraft des besseren Arguments nicht zählt? Man ruft ein Wort in die Gruppe und schon hat man sie in unterschiedliche Lager gespalten. Hier befinden wir uns in der Welt der Kollektive und der dominanten Clanstrukturen, in denen sich Menschen impulsiv den kollektiven Strömungen unterwerfen, statt dorthin zu segeln, wo sie hin hinwollen. Es heißt ja, dass nicht der Wind, sondern das Segel den Kurs bestimmen soll. Wir können also windgesteuert oder segelgesteuert sein. Ein Team als Boss, das seinen Kurs durch kollektive Strömungen bestimmen lässt, kann es nicht geben, auch wenn solche Strömungen natürlich gesehen und beachtet werden müssen. Auch im Team findet die Einigung statt, doch nicht in einem meinungsgebundenen Kollektiv, sondern unter einer gemeinsamen Vision.

Meinungen sind als Steuerungselement für selbstorganisierte Teams meist ungeeignet, auch wenn sie sicher genug vorhanden sind. Sie haben zu wenig mit Kreativität, Inspiration, persönlichen Bestrebungen und einer besseren Zukunft zu tun. Der Zweifel an den eigenen Ansichten, die Offenheit zu lernen und die Anerkennung des besseren Arguments sind wichtige Balancefähigkeiten, die von der Reife der Menschen sprechen. Mit dem Sachdiskurs (siehe Kapitel 6.d, s.258) werden wir einen Weg aufzeigen, der an sinnlosen Diskussionen und Debatten vorbeiführt. Zusammen können wir jede Situation sinnvoll und von vielen Seiten erwägen, um unsere aktuelle Klugheit für unsere aktuellen Schritte zu nutzen.

Dramaempfinden und Selbstorganisation

Als zentrales Element einer Team-Selbstorganisation scheiden nicht nur Meinungen, sondern auch persönliche Dramen aus. Letztere verbinden uns zwar mit unserer Lebendigkeit, doch sie sprechen von einer sehr geschlossenen Erfahrungswelt, an der man weder gut teilhaben kann noch das unbedingt möchte. Außerdem wollen wir ein Team und keine Therapiegruppe bilden, weshalb wir uns nicht auf die Geschichten der Teammitglieder, sondern auf unser aktuelles Projekt fokussieren. Dramen binden das Bewusstsein an die Erfahrungen der Vergangenheit, während unser Projekt von der Zukunft lebt. Außerdem tendieren Dramen mehr zur Vermeidung von Problemen als sich mit positiven Zielen zu beschäftigen. Das Drama einer Person ist auch kein besonders guter Vernetzungspunkt, denn jeder Mensch hat seine eigenen schlimmen Erlebnisse. Trotzdem beinhalten Dramen etwas sehr Positives, nämlich unsere Energie. Wie können wir sie aus dem Dramakorsett herauslösen und proaktiv am aktuellen Projekt ausrichten?

In der klassischen Gewaltfreien Kommunikation arbeitet man dafür mit Bedürfnissen. Sie sind weltweit bei allen Menschen sehr ähnlich vorhanden und sind leicht zu verstehen. Bedürfnisse fordern uns außerdem zu einer konstruktiven Bewegung auf. Allerdings tragen sie keine weitergehende Gestaltungsidee in sich, weshalb man ihnen in der klassischen GFK immer eine konkrete Bitte hinzufügt. Wir wollen jedoch für GFK-plus zwei andere Schritte gehen, um schnell vom Drama zu einer gestaltenden Utopie zu kommen.

Utopie als Mittel der Selbstorganisation - die Toolkarte T1.1

Teamwork makes the dream work. Wir brauchen sowohl eine individuelle als auch eine gemeinsame positive, zukunftsgewandte und kreative Ausrichtung im Team als Boss. So kommen wir zur Utopie und Vision. Einige Menschen stören sich am Wort Utopie, besonders, wenn sie keine haben. Ihr könnt gerne auch Begriffe wie „Wunsch“, „individuelle Visionen“, „inspirativer Gedanke“ etc. verwenden, doch die Bezeichnung *Utopie* hat mir am meisten Freude gemacht und wird auch von Fachleuten gerne verwendet. Sie steht im Gegensatz zur *Dystrophie*, in welcher die Zukunft als Drama gesehen und erlebt wird.

Hier sehen wir ein zentrales praktisches Element für den Vier-Schritte-Kreis (kleine Karte). Als erstes sucht jede Person auf dem ersten Feld eine positive und in die Zukunft gerichtete Utopie. Denke an die gewünschte Zukunft, denn die Vergangenheit und Gegenwart gibt es schon, ob sie dir gefällt oder nicht. Die Gegenwart ist dabei unser Garten und wir entscheiden, welche Pflanzen wir sähen, bewässern oder zurückschneiden, jedenfalls wenn wir ihn nicht einfach seinem Schicksal überlassen wollen. Wir fragen auf dem ersten Feld des Vier-Schritte-Kreises also nach unserem persönlichen Wohin in einem bestimmten Bereich (Garten, Projekt) und richten damit unsere Energie inspirativ aus. Dazu können wir jetzt die erste Toolkarte aus dem Kartenset verwenden, mit der wir unsere kreative Lebensenergie von unseren Dramavorstellungen lösen und in aktives utopisches Potenzial verwandeln.

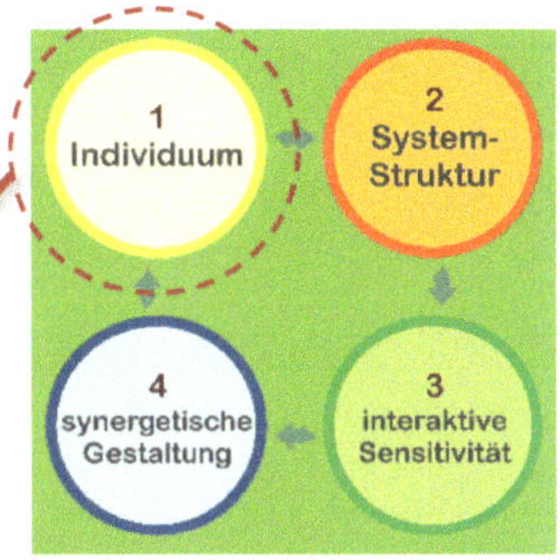

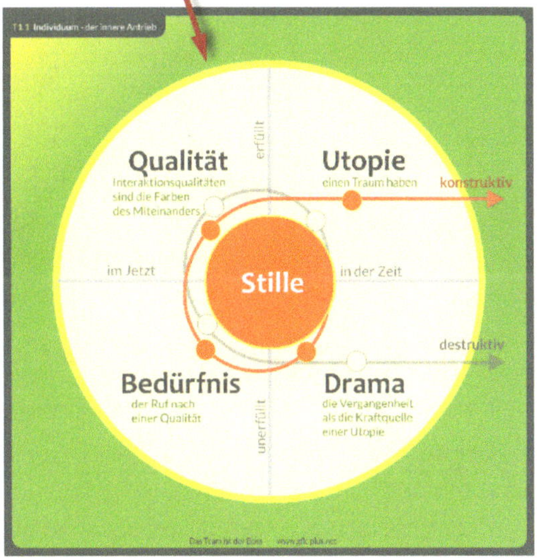

Die Toolkarte 1.1 ist die erste Toolkarte für das erste Feld im Vier-Schritte-Kreis (der kleinen Karte oben). Bei diesem Tool geht es um die Befreiung der Lebenskräfte, die sich in Dramen und unerfüllten Bedürfnissen festgefahren haben. Als Utopien können die Lebenskräfte ihre praktische Kreativität und schöpferische Kraft entfalten und stehen damit den gemeinsamen Prozessen wieder zur Verfügung.

Ein Beispiel: Die Partnerin möchte am liebsten zu ihrem Partner sagen: „Nie kommt von dir ein Vorschlag, was Nettes zusammen zu unternehmen! Immer bin ich es, die dich dazu drängt." Ihre Energie kommt aus dem **Dramabereich rechts unten in der Toolkarte**. Doch wie kann sie ihren Partner effektiv einladen, ohne dass er Schuldgefühle entwickelt, reaktiv nach Lösungen sucht oder aus einem Schutzreflex abzublocken beginnt? Als erstes denkt sie an ihre Bedürfnisse, die im Drama festgefahren sind: „Mir geht es um Verbindung, Ausgewogenheit und aktive Gemeinsamkeit. Das fehlen mir immer mehr!" - Ihre Energie kommt jetzt aus dem **Bedürfnisbereich links unten**, und nicht mehr aus dem Drama selbst. Bedürfnisse erzählen von bestimmten Qualitäten, an denen es mangelt. Doch wir wollen nicht im Mangel stecken bleiben. Wir konzentrieren uns im **Qualitätsbereich links oben** nur auf das Gute der Qualitäten, die wir erleben wollen: „Mir wird ganz leicht ums Herz, wenn ich daran denke, wie wir mehr pro*aktiv* sind, unsere *Verbindung* feiern, *Spaß* haben und *Abenteuer* erleben." Dazu muss sie selbst für ihre Bedürfnisse einstehen und sie nicht als Probleme ansehen und auf ihren Partner projizieren. Jetzt kommt ihre Energie aus den Qualitäten von Aktivität, Gemeinsamkeit, Verbindung und Spiel. Doch die Qualitäten sind abstrakt und wir wollen etwas Konkretes erreichen. An diesem Punkt gilt es nicht der Illusion zu verfallen, dass du das mit dir selbst ausmachen müsstest. Nein, dies kannst und sollst du durchaus mit deinem Partner/ Teammitglied weiterführen, denn es geht ja darum, die gemeinsame Situation an deine Bedürfnisse anzupassen. Es geht als nächstes also zum **Utopiebereich** der rechts oben abgebildet ist. Du kannst ihm sagen: „Meine Utopie für unser Abendprogramm ist, dass dein Vorschlag besser ist als meiner." Jetzt kann er seine Vorschläge benennen. Den logisch erscheinenden Nachsatz: „Das ist deine letzte Chance, wenn dir jetzt wieder nichts Gescheites einfällt, dann wirst du es bitter bereuen!" sollte man sich verkneifen. Er wirkt nicht utopiefördernd sondern dramasteigernd. Sollte dir so ein Satz auf der Zunge liegen, solltest du besser noch eine zweite Runde mit dieser Toolkarte machen und auch diese Rest-Dramaenergie in utopische Energie verwandeln. Sag lieber: „Und dein Vorschlag sollte auch besser sein als der von Bernd, unserem lieben Nachbarn."

Das ist in diesem Fall natürlich nur die Organisation eines kurzen Momentes. Man wird vielleicht auch eine Wochen-, Monats-, Jahres- oder Lebensutopie entwickeln. Man kann mit Projektabschnittsutopien, Projektutopien, Unternehmensutopien oder Lösungsutopien für Probleme arbeiten. Man sollte jedoch die wenigen großen Utopien auch als Utopiecontainer verstehen und sie laufend mit vielen kleinen füllen. Durch die Erfüllung der kleinen Projekte kommt Energie in die größeren Systeme, Projekte und Zusammenhänge und es bildet sich wie von selbst ein attraktives Bild vom Ganzen (Yin-Prinzip), ohne dass es rational zusammengebastelt wird (Yang-Prinzip).

Nachdem du deine Utopie gefunden hast, verlässt du das individuelle Feld 1 im Vier-Schritte-Kreis und betrittst mit dem Feld 2 die gemeinsame Systemstruktur für das Team als Boss. Ist noch keine konkrete Utopie aufgetaucht, dann hast du wenigstens dein utopisches Potenzial aufgeweckt und bist bereit, dich inspirieren zu lassen. Utopien kann man sowieso nicht erzeugen (Yang-Prinzip), sie entstehen einfach, oder lassen sich noch etwas Zeit, um später im genau rechten Moment aufzutauchen (Yin-Prinzip). Nur ist es wichtig, dass irgendjemand einen visionären Impuls hat, denn sonst braucht ihr auch keine Struktur, weil ihr gerade keine Ahnung habt, worum es euch geht und wohin ihr wollt.

4.d) Einwände, Ärgernisse, No-Gos und Must-Haves

Einwände bei GFK-plus

Einwände haben unterschiedliche Grade der Heftigkeit. Wichtig ist bei persönlichen Einwänden, dass die Verantwortung immer bei der Person bleibt, die den Einwand hat (graue Tabelle). Jedem steht frei, seine Beanstandung runterzuschlucken oder zu benennen. Dein Einwand sollte in beiden Fällen die Form eines positiven Anliegens annehmen, damit andere besser teilhaben können. Was ihr jedoch nicht machen solltet, ist, unter dem Tisch gegen Schienbeine zu treten, den Menschen Gegenstände hinterherzuwerfen oder euch auf den Boden zu wälzen, zu schreien und mit dem Finger auf die Person eures Ungemachs zu deuten. Auch exorzistische Rituale, Gerichtsprozesse oder das Engagement von versierten Schlägertrupps sind nicht die allerbesten Strategien für die Spannungsbeseitigung in einem Team.

persönliche Einwände	1. Für sich behalten (ertragen)	--------
	2. Persönlichen Schmerzpunkt benennen (mitteilen)	Zusatzkarte Z2
	3. Als persönliches No-Go oder Must-Have benennen (persönliche Grenze benennen)	Toolkarte T2.1

sachliche Einwände	4. Den faktischen Bedarf einer Lösung anhand von Parametern bestimmen	GFK-plus Bedarfslisten

Man unterscheidet bei persönlichen Anliegen zwischen einem *Schmerzpunkt* und einem *No-Go* bzw. *Must-Have*. Dafür gibt es zwei weitere Toolkarten.

Die Toolkarte T2.1 - No-Gos und Must-Haves

Jeder Mensch hat seine persönlichen Grenzen, über die er nicht hinwegkommt. Zum einen gibt es die No-Gos. Das sind die Dinge, mit denen man nicht umgehen kann und die man nicht haben möchte. Ein Must-Have dagegen ist etwas, das man mindestens so dringend braucht wie seinen lebensnotwendigen Morgenkaffee. Ein No-Go oder Must-Have ist mehr als nur etwas Ungemach. Es sind persönliche Ausstiegskriterien bzw. Nicht-Einstiegskriterien, was das Projekt oder einen bestimmten Prozess im Projekt betrifft. Diese Grenzen verhindern die gemeinsame Zusammenarbeit. Wir sollten sie also bereits möglichst von Anfang an kennen, damit wir wissen, ob wir innerhalb unserer gemeinsamen Grenzen überhaupt die Vorbedingungen für unser Vorhaben erfüllen können. Wenn nicht, sind wir mit diesem Anlauf bereits gescheitert, bevor wir begonnen haben. Das ist anerkanntermaßen auch der beste Moment dafür.

Bei GFK-plus diskutieren wir nicht über die No-Gos und Must-Haves von Personen, versuchen diese kleinzureden oder als unwichtig vom Tisch zu wischen. Wir akzeptieren sie ungefragt. Das Einzige, was wir machen können, ist, sie etwas präziser zu fassen, damit ein No-Go oder ein Must-Have nicht umfassender erscheint, als es in Wirklichkeit ist. Wenn z.B. jemand Obstsalat bei der Hochzeitsfeier als No-Go ausgemacht hat, dann können wir fragen, ob Avocados auch darunterfallen und wie es mit Gurken und Tomaten aussieht. Vielleicht kann man ja doch etwas lecker Fruchtiges zusammenschnippeln. Es geht also darum, Grenzen zu erkunden, mitzuteilen und zu akzeptieren. Doch immer handelt es sich um persönliche Grenzen. Es geht nicht darum, was *man* nicht macht, was doch *normal* ist oder was wohl ganz klar das Vergehen anderer ist, die das einsehen und abstellen sollten. Es geht darum, was mich oder dich überfordert und was ich brauche und du brauchst, um dabei sein zu

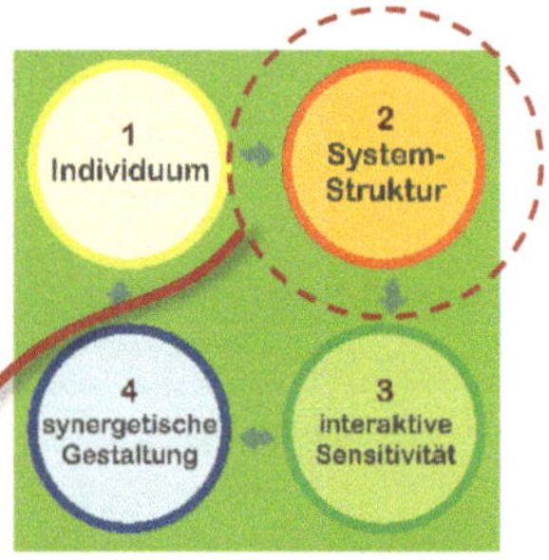

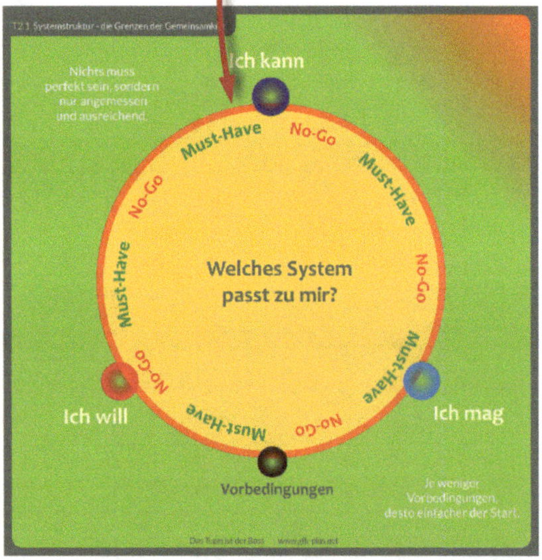

können. Die Begründung, warum das so ist, ist meistens unwichtig und man sollte sie möglichst weglassen. Das ist mein No-Go, Punkt. Hiermit übernimmt man einfach die Verantwortung für die eigenen Grenzen und projiziert sie nicht als Vorwürfe auf andere Menschen: „Immer machst du das, obwohl du weißt, dass man das nicht so macht und mich so verletzt! Niemand anderes hier macht das, nur du!“ Damit verlassen wir die Welt von Schuld und Beschämung und nehmen eine starke Position ein. „Mit diesem und jenem kann ich nicht umgehen. Das sind meine zwei No-Gos. Ist es ok für Euch, dies zu lassen und euch darauf einzustellen?“

An diesem Punkt horcht bitte nicht zu lange und detailliert in euch hinein. Ihr wollt ja nicht all eure subtilen Befürchtungen auf das Team abfeuern, wie eine volle Breitseite der Black Pearl unter dem Kommando von Kapitän Jack Sparrow und so „Projekte versenken“ spielen. Es ist einfach nur eine von vielen Möglichkeiten, das zeitnah einzubringen, was euch auf dem Herzen liegt.

Die Toolkarte 2.1 ist die erste Toolkarte für das zweite Feld des Vier-Schritte-Kreises. Bei dieser Toolkarte geht es um die Klärung, ob und wie ihr ein Team für euer Projekt bilden könnt, das funktioniert. Ihr sammelt die No-Gos und Must-Haves aller Beteiligten ein. Wichtig ist es dabei, die *Schmerzpunkte* (Zusatzkarte Z1) von den No-Gos und Must-Haves zu unterscheiden. Schmerzpunkte sind zwar unangenehm, aber erträglich. Es soll Menschen geben, die trotz fehlendem Morgenkaffee zusammenarbeiten können, obwohl sie das nicht mögen und es ihnen gegen den Strich geht. Einige wollen gerne am Morgen munter begrüßt werden, andere freuen sich darüber, wenn man sie in der ersten Viertelstunde erst einmal nicht anspricht. Primär sind jedoch erst einmal die No-Gos und Must-Haves interessant. Ein paar Grenzen hat jeder Mensch und sobald diese im gemeinsamen Projekt verstärkt zur Geltung kommen, gilt es, diese auch mitzuteilen, damit alle wissen, ob sie zumindest die für das Projekt relevanten Grenzen der anderen akzeptieren können. Dann sollte das Team prüfen, ob und wie sie innerhalb der persönlichen Begrenzungen das angestrebte Projekt gemeinsam realisieren können.

Das sollte man bereits sehr am Anfang machen, denn da kann man am leichtesten Dinge verändern oder vom Projekt zurücktreten. Doch auch später kann man No-Gos und Must-Haves nachreichen. Zu Beginn weiß man ja nicht, wie sich alles entwickelt und im Laufe der Zeit wird man klüger. Es gibt unterschiedliche Phasen im Projekt und damit werden in den verschiedenen Etappen durchaus unterschiedliche No-Gos und Must-Haves relevant. Die gute Nachricht ist, dass für viele No-Gos und Must-Haves Lösungen im Team gefunden werden können, wenn die Herzenskräfte stark genug sind bzw. durch GFK-plus stark genug ins Spiel kommen. Man spricht von „sich ein Herz fassen“. Wenn sich Menschen untereinander eher gleichgültig sind und auch das Projekt eher langweilig erscheint, kann die Klärung der No-Gos und Must-Haves eher trennend als verbindend wirken, obwohl es eigentlich umgekehrt sein sollte. Und haben sie nicht genug Frieden miteinander, um gut in Verbindung zu sein, sollten sie erst noch ihre Spannungen und Konflikte lösen, die dem Frieden im Weg stehen - vielleicht mit der klassischen GFK (Gewaltfreien Kommunikation) oder dem GFK-Zauberkreis. Oder einfach mal gemeinsam etwas Nettes erleben, z.B. eine Boots- oder Schifffahrt.

Aber und Warum

Die Warum-Frage hat einen entscheidenden Nachteil im klärenden Gespräch. Sie ist nach derart vielen Seiten offen, dass sie keine Eindeutigkeit anbietet und kaum umfassen zu beantworten ist. Denn wenn eine Frage mit allem beantwortet werden kann und gleichzeitig unbeantwortet bleibt, taugt sie wenig zur Klärung.

Frage: „Warum bist du zu spät gekommen?" Hier ergeben sich für die Antwort Optionen in alle Richtungen:

Antwort: „Lass mich überlegen – Ist es mein Schicksal gewesen, ist es dein unruhig drängender Charakter, der mir die Energie zur Pünktlichkeit raubte, war es göttliche Fügung, die Schuld meiner Eltern, die gesellschaftliche Nachwirkung eines generationsübergreifenden Kriegstraumas, meine stille Rebellion gegen Autoritäten, war es meine freie Künstlernatur, die sich Bahn brechende Evolution einer neuen Unternehmenskultur mit individualisiertem Zeitmanagement oder einfach nur das banale Pech, dass mein Zug ausgefallen ist? Und wenn es das Letztere war, dann sollten wir uns fragen, warum der Zug ausgefallen ist. War es schlechtes Management, der Investitionsstau, die Grippewelle, ein Verzweifelter, der sich aufs Gleis geworfen hat, menschliches Versagen oder eine technische Störung? Wenn es das Letztere war, dann können wir uns fragen, ob die technische Störung auf einen Materialfehler, eine schlechte Ingenieursleistung, auf ausländische Billiganbieter von Elektronikkomponenten oder die unerwarteten klimatischen Veränderungen zurückgeht, für die die bisherige Technik nicht ausgelegt ist. Wenn es Letzteres war, dann sollten wir uns fragen …".

Warum-Fragen sind ihrem Wesen nach philosophische Fragen. „Warum sind wir hier?" Immer dann, wenn der Weg des forschenden Fragens bereits das Ziel ist, wenn man also die vielfältigen Aspekte erkennen möchte und nicht eine konkrete Beantwortung sucht, dann kann man Warum-Fragen gut einsetzen. Ansonsten wären sie umzuformulieren: „Was hat dich davon abgehalten, zu der vereinbarten Zeit zu erscheinen." „Was hast du dir damit erfüllt, später als vereinbart herzukommen."

Auch das Wort „aber" ist problematisch. Zwei Sätze, die durch ein „aber" verknüpft werden, haben oft nicht diese generelle, simple, lineare und gegensätzliche Verbindung zueinander, die dieses Wort andeutet. Heute wird „und" bzw. „und gleichzeitig" gerne als das neue „aber" verwendet. Meist kann man die beiden Aussagen gut voneinander trennen und sie separat aufführen.

„Du hast gesagt, du bist um 9.00 Uhr hier, aber dann kommst du erst um 9.15 Uhr."

Hier wird eine Aussage zum Vorwurf, der von der „Niemand-Position" ausgesprochen wird. Du hast dieses gesagt, du hast jenes gemacht, doch wer hat ein Problem damit und welches Bedürfnis steht dahinter? Streichen wir zuerst das „aber".

„Du hast gesagt, du bist um 9.00 Uhr hier. Du bist um 9.15 Uhr gekommen."

Die beiden Aussagen bauen zueinander eine Spannung auf. Diese Spannung hat allerdings nur dann eine Bedeutung, wenn sie für den Mitteilenden oder sonst jemanden eine Bedeutung hat, für die er dann im nächsten Schritt persönlich Stellung beziehen müsste. *„Ich warte ungern und wusste mit meiner Zeit nichts anzufangen. Warten ist einer meiner Schmerzpunkte."* Nach der klassischen GFK würde man das vorherrschende Gefühl und Bedürfnis benennen und dann zu einer Bitte kommen. Bei GFK-plus wird man zu dieser Lösung nur greifen, wenn man aus seinem Frieden gefallen ist. Ansonsten hat man Stellung bezogen, den eigenen Schmerzpunkt mitgeteilt und das eigene Problem nicht als das Problem des anderen formuliert. Der andere hat jedoch jetzt die Daten, um im Weiteren kreativer zu agieren, auch wenn er das nicht muss.

Der später Ankommende kann auch von sich aus nachfragen: *„Hast du eine Bitte oder Frage an mich?"* Klarer Weise ist er nicht der Schuldige, wenn wir Schuld als *Culpa*, als eine moralische Schuld verstehen wollen und nicht als *Obligation*, als eine Art der Selbstverpflichtung. Es ist nämlich durchaus gut zu wissen, in welchem Rahmen sich jedes Teammitglied den eigenen Zusagen verpflichtet fühlt. Und jedes ernsthaft gestaltende Team wird das Thema Zeitmanagement für sich klären müssen. Selbststeuerung bedeutet insofern, dass jede Person eine andere Art Pünktlichkeit leben darf, die andere Teammitglieder somit auch berücksichtigen müssten. Hierbei ahnen wir, dass das Ergebnis in einem dominanten oder funktionalen System anders aussehen würde als in einem fürsorglichen System. Selbstorganisierung braucht deshalb einen fürsorglich verbindlichen Systemmodus und damit eine geeignete Methode wie GFK-plus, um diesen auch umzusetzen. Fürsorglich ist es jedenfalls nicht, nur der eigenen Bequemlichkeit zu folgen. Man wird in gemeinsamen Projekten zu Anstrengungen bereit sein müssen.

Frage, Bitte oder Statement?

Bist du oder ist jemand im Team erregt bis erzürnt, dann bieten sich folgende zwei Fragen an:

1. Hast du eine Bitte, eine Frage oder ein Statement, das du äußern möchtest?
2. An wen richtet sich deine Aussage?

Die wichtigste Regel dabei lautet: Stelle deine Bitten und Fragen rechtzeitig. Mache auch deine Statements rechtzeitig. Wenn der Zug erst einmal abgefahren ist, brauchst du kein Ticket mehr zu lösen. Haben wir uns entschieden, unsere relevanten emotionalen Wallungen offen im Team anzusprechen, sie mit dem Team und der gemeinsamen Aufgabe abzustimmen und die in uns aktivierten Kräfte kreativ in die gemeinsame Gestaltung einzubringen, haben wir alles richtig gemacht.

5. Ein passendes Tool-Set

Wenn ein Team als Boss ein Projekt realisieren möchte, sind dafür einige Tools sehr hilfreich, da es nun darum geht, alle Aufgaben und Herausforderungen auf eine neue Art und Weise anzugehen. Wir nennen diese Tools auch die *GFK-plus Elements*. Solche *Elements* können auch abseits von GFK-plus und „Das Team ist der Boss" verwendet werden. Wenn man sie nach und nach einführt, erleichtern sie auch einen späteren Einstieg in „Das Team ist der Boss".

Doch nicht nur die *GFK-plus Elements*, sondern auch alles andere, was für euch bereits funktioniert und was der fürsorglichen Kultur und den Prinzipien eines selbstorganisierten Miteinanders nicht widerspricht, ist als Tool okay. Hier listen wir einige *GFK-plus Elements* auf, die ihr nach Bedarf nutzen könnt.

Wenn ihr unsicher seid, was ihr für den Anfang braucht, dann holt euch für einen Schnellstart das gratis Starterpaket und ich stelle euch die nötigen Tools für einen guten Start individuell zusammen (Link im Kapitel 5.f, s.235: Download-Tool-Depot).

Schauen wir uns also an, welche Tools zur Verfügung stehen. Ihr werdet sehen, dass wir bereits einiges besprochen haben, denn GFK-plus besteht aus GFK-plus *Elements*:

1. Checkliste, für den Beginn (für die Team-Analyse)
2. Kulturstufenmodell (Teamkultur)
3. Kulturwechsel (Kultur der Fürsorge)
4. Bauch-Kopf-Herz (Das nötige Bewusstsein)
5. Vier-Schritte-Kreis (Das Herz von GFK-plus)
6. Utopie/Vision (Zielausrichtung)
7. No-Gos und Must-Haves (Persönliche Grenzen anerkennen)
8. Schmerzpunkte (Persönliche Launen anerkennen)
9. Modal-Matrix (Zusammenspiel von Individuum und Team)
10. Konsensieren und GFK-plus konsensieren (Gemeinsam entscheiden)
11. GFK-plus Strategie (Den freien Weg festlegen)
12. GFK-plus Matrix (Teams verbinden und managen)

13. Sachdiskurs (Konstruktive Besprechungen)
14. Bedarfslisten (Objektive Begriffe/Parameter finden)
15. Gefühls- und Bedürfnislisten (Subjektive Begriffe/Parameter finden)
16. GFK-Zauberkreis (Sich klären)
17. Utopie-Zauberkreis (Ziele schärfen)
18. Notfall-Emo-Step (Emotionen klären)

5.a) Das GFK-plus Kartenset

Ich wollte „Das Team ist der Boss" möglichst praktisch gestalten und spielerisch umsetzbar machen. Im Laufe unserer Forschungen sind mir die GFK-plus-Karten in den Sinn gekommen, von denen ihr bereits einige auf den vorangegangenen Seiten sehen konntet. Im GFK-plus Buch sind sie alle erklärt. Hier führe ich jetzt nur die Wichtigsten auf. Sie stehen zur freien Verfügung (cc-commons), d.h. jeder darf sie privat und beruflich als Arbeitsmaterial verwenden.

Diese Karten sind unterteilt in:

a. Die **Basiskarten erklären** den Vier-Schritte-Kreis.
b. Die **Vorbereitungskarten** sind dafür da, dass die Teammitglieder verstehen, wie sie bei einem Team als Boss mitmachen können.
c. Mit den **Systemkarten** begreift man den Unterschied zwischen einem herkömmlich funktionalen System und einem Team als Boss.
d. Die **Toolkarten** helfen, die wichtigsten Anforderungen eines Teams als Boss praktisch zu lösen.
e. Die **Zusatzkarten** beleuchten weitere Nebenaspekte.

Auf der Webseite www.gfk-plus.net findet man neben den Karten auch weiteres frei verfügbares Material und aktuelle Informationen. Solltet ihr anderes Material benötigen, könnt ihr euch bei mir melden oder natürlich auch selbst tätig werden.

GFK-plus Tools – die Toolkarten für einen machbaren Prozess

Wie wird ein Team zum Boss? Dazu bedarf es eines konkreten Vorgehens. Obwohl es zentral um Haltung und Teamkultur geht, will sowohl die Haltung als auch die Teamkultur geschickt ausgelebt werden. Dazu braucht es gute Tools, von denen ich einige entwickelt habe und zur Verfügung stelle. Sie sind hier auf den praktischen Toolkarten dargestellt. Tools werden immer dann angewendet, wenn man sie braucht. GFK-plus ohne Tools ist wie ein Auto ohne Sitze und Ausstattung. Man kann zwar damit fahren, es ist jedoch nicht sonderlich komfortabel. Die Tools und Toolkarten machen alles viel einfacher.

Bedeutung des Anfangsbuchstabens bei der Kartennummer:

B – Basiskarte

V – Vorbereitungskarte

S – Systemkarte

T – Toolkarte

Z – Zusatzkarte

Zur Orientierung

Die Karten sind zur besseren Orientierung durchnummeriert. Der Anfangsbuchstabe T steht für „Toolkarte", da es ja auch noch Basiskarten, Vorbereitungskarten, Systemkarten und Zusatzkarten gibt. Die Zahl direkt danach (T1, T2, T3, T4)) steht speziell bei den Toolkarten für eines der vier Felder des Vier-Schritte-Kreises, denn ich habe die Tools den einzelnen Prozessschritten zugeordnet. Anschließend kommt nach einem Punkt eine zweite Zahl, welche die Toolkarten für dieses Feld durchnummeriert. So ist die Karte T1.2 die zweite Toolkarte für das 1. Feld des Vier-Schritte-Kreises. Die erste Toolkarte für das 3. Feld ist die Karte T3.1.

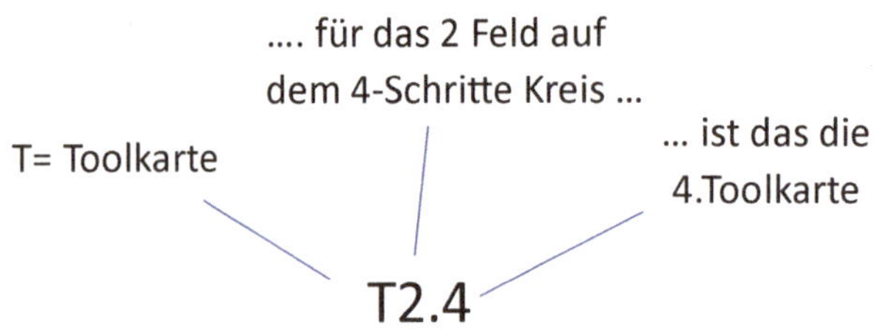

Wir sehen bei allen feldbezogenen Karten auch, dass ein Eck leicht eingefärbt ist. (Ich habe es in der nächsten Abbildung mit einem dünnen roten Kreis markiert.) In dieser Richtung liegt das entsprechende Feld des Vier-Schritte-Kreises, zu dem diese Karte gehört. Außerdem deutet auch noch z.B. der gelbe Kreis der Toolkarte auf das gelbe erste Feld links oben im Vier-Schritte-Kreis hin. Jetzt wissen wir, dass diese Toolkarte das Individuum unterstützt. Für das zweite Feld bräuchten wir eine Toolkarte, welche die Systemstruktur unterstützt. Sie hätte einen orangen Kreis und das eingefärbte Eck wäre dann rechts und nicht links oben.

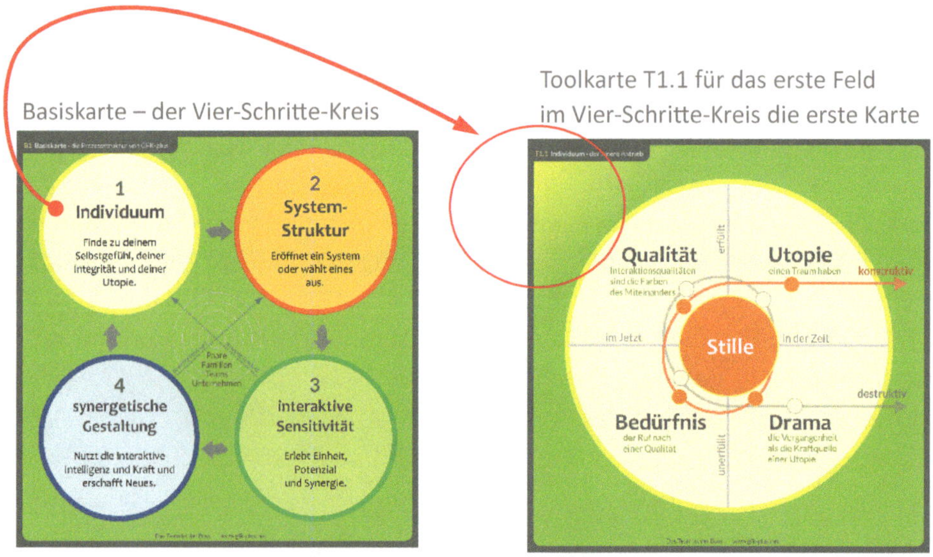

Karte T1.1 - Individuum – der innere Antrieb

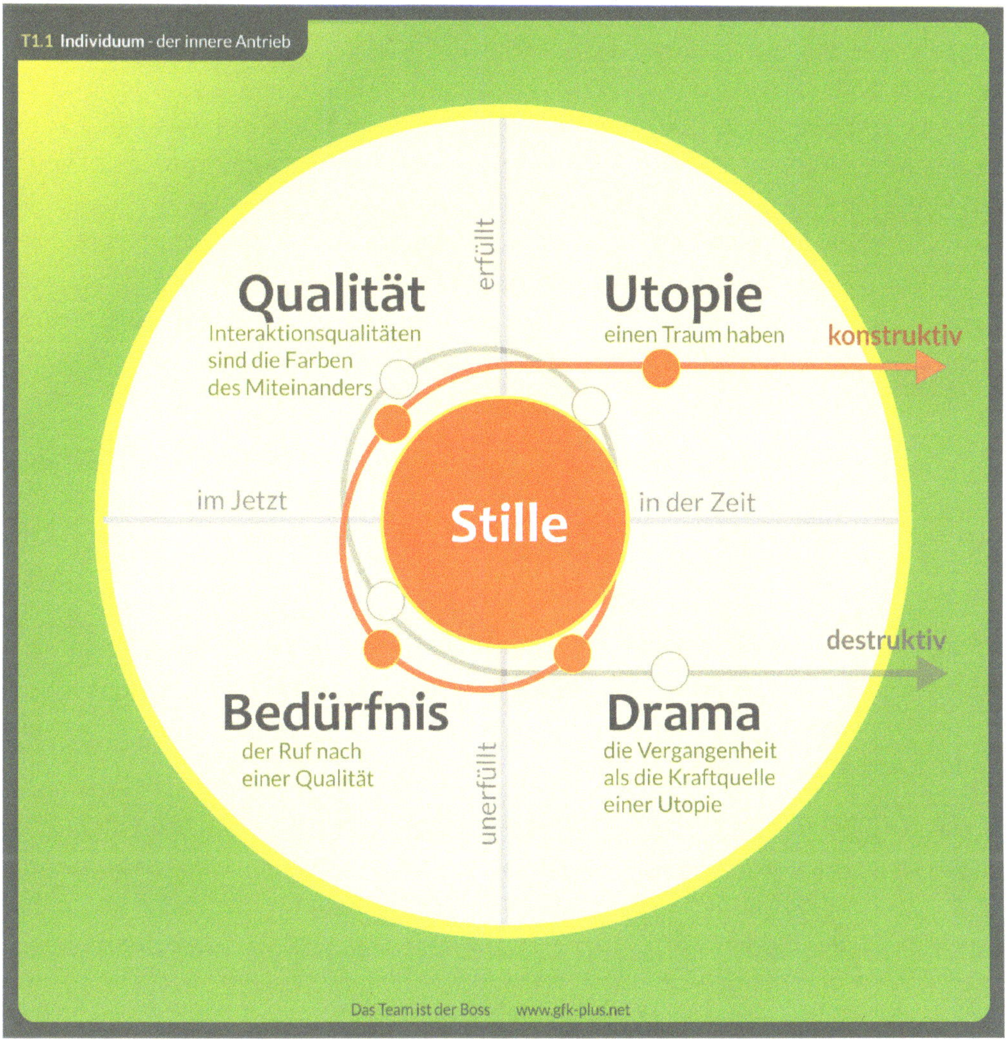

Diese Toolkarte ist eine der wichtigsten, denn sie betrifft die Energie des Individuums. Woher kommt diese? Aus einem Drama, einem Bedürfnis, einer Qualität oder einer inspirativen Utopie? Die vier Elemente hängen zusammen. Für „Das Team ist der Boss" versuchen wir, uns positiv und kreativ auf die Zukunft auszurichten. Dafür wollen wir zu unserer Utopie finden. Das hat einen einfachen Grund: Utopien lassen sich leicht zu einer gemeinsamen Vision und einen gemeinsamen Plan umarbeiten und sie sind konstruktiv und inspirativ.

Wie kommt man aber vom Drama zur Utopie? Die utopische Zukunftsvorstellung müsste wie ein Schlüssel zum Dramaerleben passen. In der klassischen GFK verwendet man Bedürfnisworte, um Menschen aus ihrer Dramageschichte in die Präsenz zu bringen. Auch wir suchen zuerst die zentralen Bedürfnisse, die in dem Drama unerfüllt geblieben sind, (siehe Kapitel 3.a, s.116: Bedürfnisliste oder Kapitel 5.f, s.235: Download Tool-Depot). Bedürfnisse sind ihrer Natur nach einfach nur fehlende Qualitäten im Miteinander. Will man diese Qualitäten erleben, braucht man eine Utopie, in der sie nicht als gähnende Leere, sondern in Fülle vorkommen. Man backt dabei erst einmal kleine Brötchen. Im privaten Kontext kann das eine Utopie für ein Wochenende, einen Urlaub, eine Feier oder ein anderes kleines utopisches Projekt sein. Danach kann man etwas größere Projekte angehen. Die Wichtigkeit der kleinen Utopien ist dabei nicht zu unterschätzen. Im beruflichen Kontext ist das nicht anders.

Die Utopie ist ein sehr zentrales Element für das „Das Team ist der Boss". Sie ist, anders als ein Trugbild oder eine Illusion, kein kraftloses Phantasma. Und sie wird auch nicht aus Vorsicht präventiv klein geschrumpft. Gedanken sind frei und ein utopischer Gedanke muss frei inspirierend sein. Manche reden lieber von einem kreativen Traum. Man kann das auch eine individuelle Vision oder eine inspirative Vorstellung nennen. Ich habe mich jedenfalls für den Begriff Utopie entschieden. Zu der sich in uns bildenden Utopie sagen wir von ganzem Herzen ja, denn das nährt sie. Um das Aber kümmert sich dann später schon die Realität und wir werden mit ihr umzugehen wissen, das brauchen wir also nicht vorwegzunehmen. Eine Ja-Aber-Utopie wäre wie ein Boot mit gesetztem Segel und ausgeworfenem Anker.

Sowohl ein **Drama** als auch eine **Utopie** spielt sich ein einem zeitlichen Rahmen ab. Beides sind Erzählungen, Erlebnisse oder Episoden, denen eine Zeitachse zu Grunde liegt. Auf dieser Zeitachse finden wir den Begin, den Fortlauf und das Ende des Dramas oder der Utopie. Ein **Bedürfnis** oder eine **Qualität** sind dagegen für sich genommen nicht an Zeit und damit auch nicht an eine Erzählung gebunden. Sie sind entweder aktiv/präsent oder inaktiv/nicht präsent.

Was wir nicht machen wollen, ist uns eine Utopie auszudenken, um dann die Qualitäten dieser Utopie zu suchen, nur um festzustellen, dass die wahrscheinlich nie erfüllt werden, also nur als riesengroße Bedürfnisse über uns hereinzubrechen drohen, weshalb wir uns freiwillig ins Drama begeben und mit dieser Energie dann in die gemeinsamen Prozesse gehen. So entsteht zwar auch eine Energie in uns, doch die ist nicht unbedingt konstruktiv ausgerichtet. In Dramen ist man vermeidend unterwegs und will potenzielle oder tatsächliche Probleme loswerden. Wir jedoch wollen unseren Visionen folgen und Ziele erreichen.

Anwendung: Frage dich, welche Qualitäten du in das aktuelle Projekt/den aktuellen Prozess einbringen willst und kannst und welche Utopie du verwirklichen möchtest. Fühlst du dich durch ein Drama eingebremst, dann finde über die Bedürfnisse und Qualitäten zu der Utopie, die in dem Drama verborgen schlummert. Was würdest du am liebsten erreichen wollen? Wo unsere Ängste sind, da sollen nach Siegmund Freud auch unsere Hoffnungen sein.

Karte T1.2 - Individuum – Antrieb und neuronale Prozesse

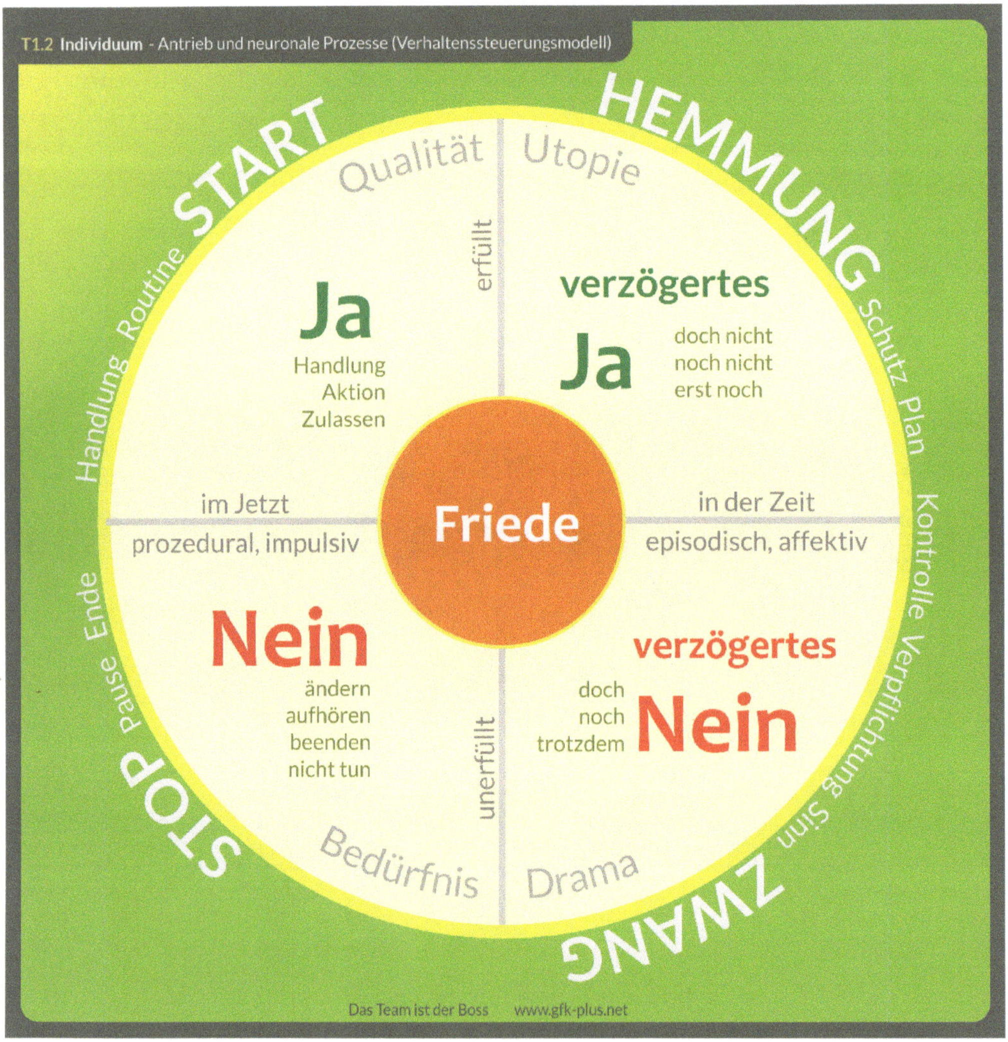

Professor Julius Kuhl hat zwischen vier Gehirnprozessen unterschieden, die unser Verhalten steuern: JA, NEIN, das verzögerte JA und das verzögerte NEIN. Das sind die Prozesse, die ein Lebewesen zur unbewussten Verhaltenssteuerung braucht: Das Reh kommt an die Lichtung. Es möchte sofort das leckere Gras futtern (JA), doch es wittert etwas und hält in der Bewegung inne (verzögertes JA): Dort ist ein Jäger! Es ändert den Plan und rennt davon (NEIN). Als es auf seiner Flucht an einen Zaun kommt, sieht es, dass dieser ziemlich hoch ist. Es möchte nicht darüber springen (NEIN), doch es springt trotzdem (verzögertes NEIN). Es schafft den Sprung und entkommt (Friede).

Erleben wir Hemmung (verzögertes Ja) oder Zwang (verzögertes Nein), ist ein unbewusster Gehirnprozess aktiv, der unser Verhalten verzögert. Zwang und Hemmung, sowie die dazu gehörenden Gefühle sind Teil eines sinnvollen unbewussten Prozesses. Doch wir sind kein Reh, sondern vernunftbegabte Wesen. Wie kommen wir schnell von einer unbewusst bremsenden Verzögerung zu einem bewussten Entschluss, mit dem wir eine Hemmung und einen Zwang dann sinnvoll ablegen können? Bewusstsein bildet sich über Sprache. Mit den richtigen Worten (Gefühlsliste) können wir unsere emotionalen Impulse zu bewussten Gefühlen verwandeln, das Bedürfnis (Bedürfnisliste) dahinter herausfinden und die innere Gefühls- und Bedürfnisdynamik in eine Frage, eine Bitte oder ein Statement überführen. Das erlaubt uns, sinnvolle Veränderungen einzuleiten. Wenn das Team das etwas üben möchte, kann es um einen Basiskurs in klassischer Gewaltfreier Kommunikation ansuchen.

Anwendung: Wir können uns vier Felder auf den Boden legen oder mit Kreide auf den Asphalt malen. In der Mitte sind wir in unserem natürlichen Frieden. „Ich hoffe nichts, ich fürchte nichts – ich bin frei", lautet eine buddhistische Weisheit. Jetzt können wir an unser Projekt denken oder eine andere relevante Situation. Von da aus gehen wir in den Bereich der Appetenz „JA, ich will" (Must-Have?) oder der Aversion „NEIN, ich will nicht" (No-Go?). In was sind wir gerade involviert? Worum geht es uns dabei? Sind wir darin klar, ist unser Verhalten eindeutig darauf abgestimmt. Wenn wir unklar sind, brauchen wir erst mehr Bewusstheit oder einen Plan.

Wir gehen auf das Feld „verzögertes NEIN": Was muss erst geschehen, bevor es auf das Feld *JA* oder das Feld *NEIN* geht? Weshalb machen wir etwas *trotzdem*? Wie können wir das in einen Plan fassen und woran würden wir einen Erfolg merken? Können wir noch keinen Plan greifen, so können wir zumindest die Parameter des Erfolges sammeln, z.B. mit der GFK-plus Bedarfsliste oder der GFK-Bedürfnisliste (Siehe Downloadliste). Diese Parametern können wir nach ihrer Bedeutung für uns sortieren und dann langsam einen Plan, daraus stricken.

Dann gehen wir auf das Feld „verzögertes JA": Was muss *erst noch* geschehen? Was ist der Grund, dass es *doch nicht* passt und wie könnte es passen? Ab wann ist das Hindernis vorbei? Können wir das besser planen?

Haben wir eine Plan, gehen wir auf das Feld JA. Sind wir bereit, den Plan auszuführen oder fehlt noch etwas? Wann sind wir fertig oder bereit, die Aktion zu beenden, abzuschließen oder abzubrechen (NEIN). In dem man auf den Feldern hin und her geht, klären sich unbewusste Widerstände und werden zu bewussten Strategien. Unsere Energien fließen aus den vielen kleinen alltäglichen Hemmungen und Zwängen in elegante Lösungen.

Karte T1.3 - Individuum – Eigenpotenziale

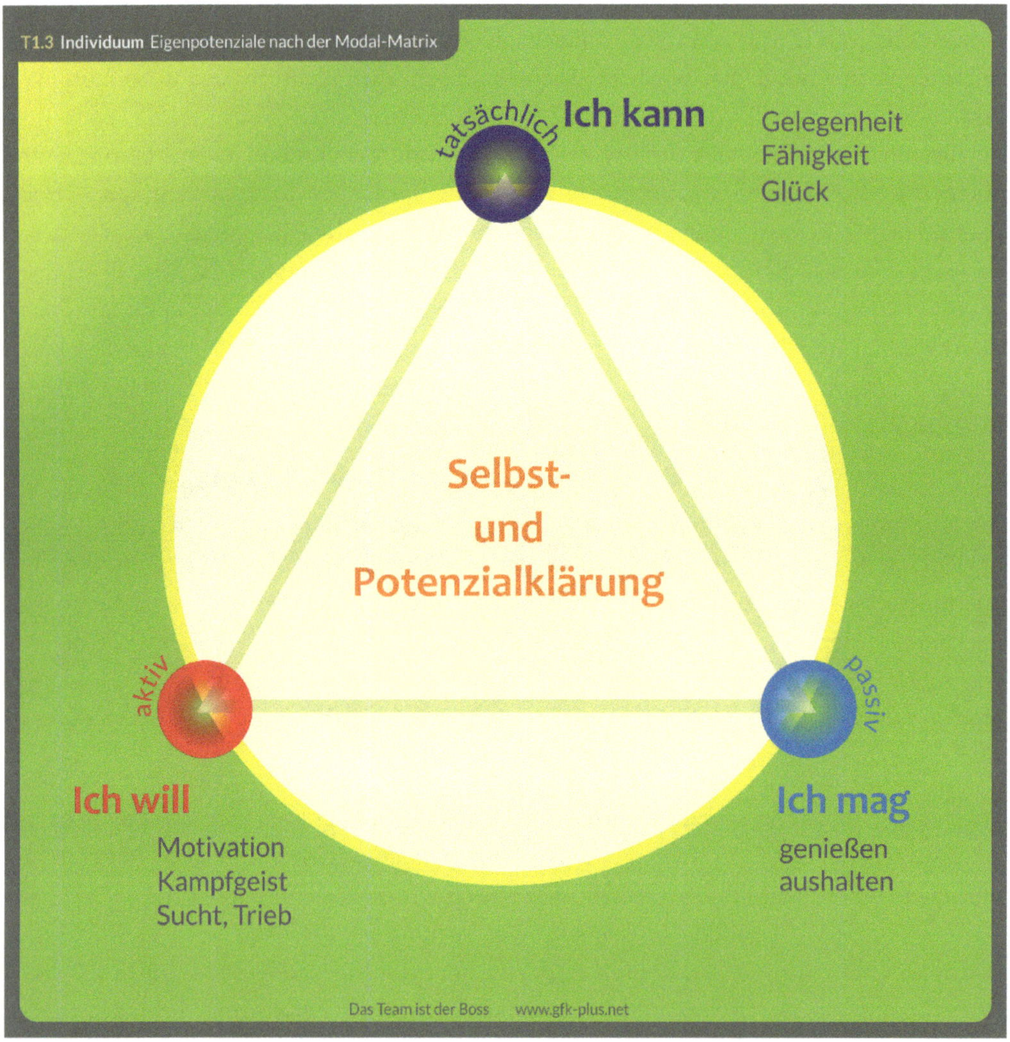

Das ist die erste Toolkarte, in welcher das Modell der Modal-Matrix anklingt. Ich habe dieses Modell entwickelt, um das Zusammenspiel von Menschen planbarer und begreifbarer zu machen. Die Modalmatrix zeigt unter anderem dieses Dreieck, das die drei Ich-Aussagen: „Ich mag" – „Ich will" – „Ich kann" miteinander verbindet.

Wir mögen so manches, wobei *Mögen* eher passiv ist und unser Yin-Potenzial zum Ausdruck bringt. *Wollen* wir dagegen etwas, dann aktiviert das unsere Handlungsbereitschaft (Yang-Potenzial). Das bedeutet jedoch noch nicht, dass wir das auch umsetzen *können*. Zum Können braucht es die Gelegenheit, die Fähigkeit und auch etwas Glück. Mit Leuten, die nur mögen (passiv), aber nicht wollen (Aktivierung von

Tatkraft), werden wir kaum in eine effektive Zusammenarbeit kommen. Wenn andererseits Leute nur wollen und nicht mögen, fehlt der Genussfaktor, die Geduld und damit auch etwas innerer Friede. Mögen hat mehr mit Bedürfnisbefriedigung zu tun, während Wollen sich eher auf die Sinnerfüllung konzentriert. Über das Können findet ein Mensch zu seinem gestalterischen Ausdruck.

Anwendung: Was mögen wir in Bezug auf unser Team/ unser Projekt, was wollen wir und was können wir? Wie bringen wir das zum Ausdruck?

„Ja eigentlich würde ich manchmal schon etwas wollen mögen, wenn ich das können würde und Zeit hätte, aber ..." Klare Aussagen und Ansagen helfen uns dabei, uns gegenseitig zu finden.

Wir können auch nach den drei Schattenaspekten fragen:

1. „Ich mag nicht" (Schmerzpunkt?)
2. „Ich will nicht" (No-Go?)
3. „Ich kann nicht" (Fähigkeiten, Gelegenheiten, Pech?).

Auch sie geben uns wertvolle Informationen. Verhindern dich deine Ressourcen, limitieren dich deine Fähigkeiten, oder findest du keine Gelegenheit? Spielt das Schicksal gerade nicht mit?

Mit der Karte entsteht eine Idee vom aktuellen Potenzial der Teammitglieder.

Karte T1.4 - Individuum – Systemeröffnung

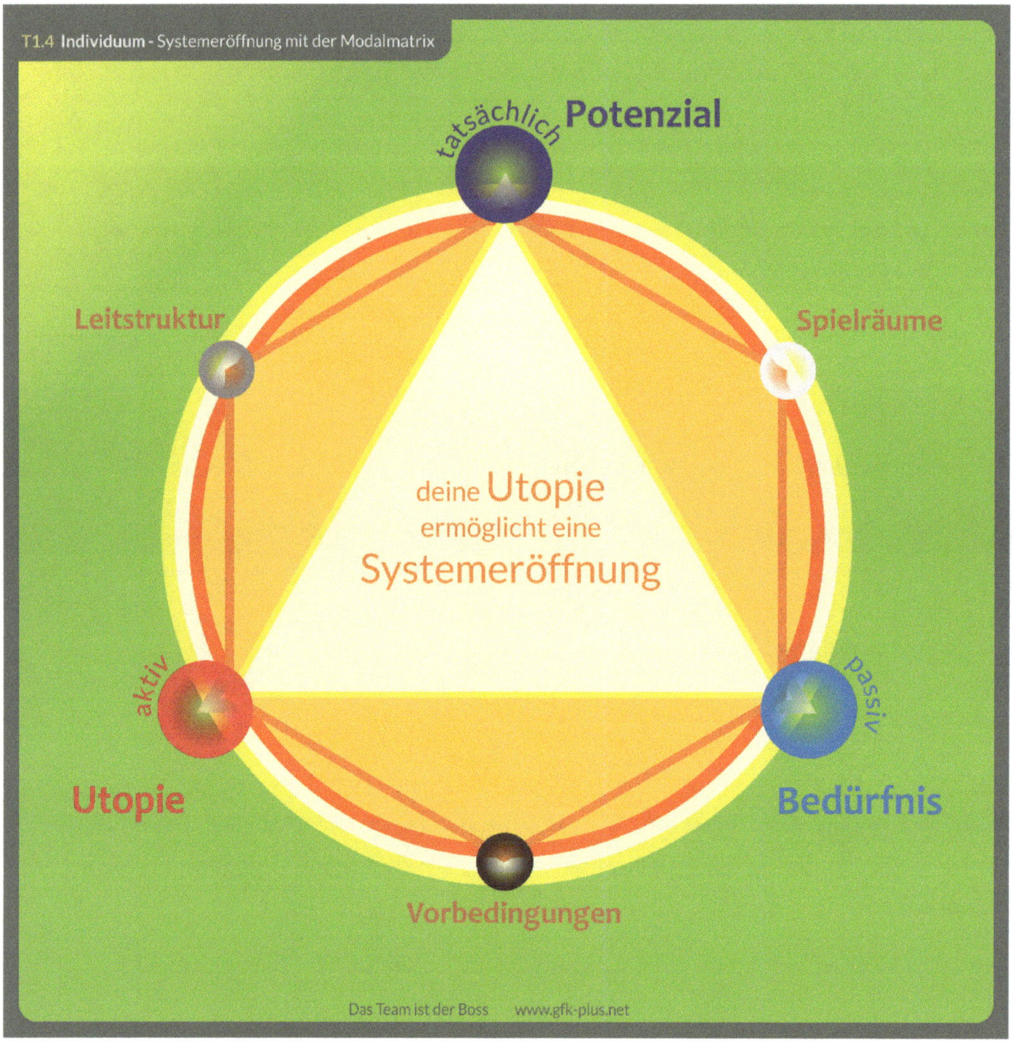

Diese zweite Karte für dem Modell der Modal-Matrix zeigt neben den drei bekannten individuellen Positionen „Ich mag" – „Ich will" – „Ich kann" bereits die drei systemischen Positionen. Über sie entsteht zusammen mit dem Dreieck ein Sechseck. Es geht dabei um die Vorbedingungen (Müssen), eine Leitstruktur (Sollen) und um die vorhandenen Spielräume (Dürfen), die dann für das zweite Feld im Vier-Schritte-Kreis mit einer eigenen Karte noch näher zur Sprache kommen werden. Wir sehen deshalb einen orangen Kreis für das zweite Feld im gelben, individuellen Kreis. Das Individuum denkt zunächst aus seiner eigenen, individuellen Position heraus an das

2. Feld im Vier-Schritte-Kreis (orange, die geeignete Team-/Systemstruktur) und überlegt sich erst einmal für sich selbst, wie es mit „Müssen" – „Sollen" – „Dürfen" im System aussehen könnte. Was wären die eigenen Vorbedingungen, was die eigene Leitstruktur und was wären die individuell gewünschten Spielräume, die man für sich braucht oder auch anderen gewähren möchte. Hier geht es darum, sich das Miteinander als etwas eher Vertrautes und nicht als etwas total Seltsames zu visionieren.

Anwendung: Bevor wir ein Projekt oder eine Aktion innerhalb eines Projekts starten, können wir uns über unsere Wünsche in Bezug auf die aktive und kreative Gemeinsamkeit klarer werden. Wollen wir unser Projekt zusammen gestalten, dann ist es kein Fehler, sich hin und wieder einige Gedanken darüber zu machen, wie das aussehen soll. Das ist besonders zum Einstieg kein Fehler und mit dieser Karte können wir unsere Überlegungen strukturieren. Wie bringen wir das, was wir *mögen, wollen* und *können* in den Kontext von *Vorbedingungen (müssen)*, einer *Leitstruktur (sollen)* und den möglichen *Spielräumen (dürfen)* ein? Welche Bedingungen gibt es, was sind gute Regeln für uns und welche Freiheiten möchten und können wir uns gewähren? Auf der einen Seite wollen wir ein entspanntes Miteinander, auf der anderen Seite braucht Selbstorganisation auch eine abgestimmte Struktur und unsere mitorganisierende Aufmerksamkeit.

Karte T2.1 - Systemstruktur – die Grenzen

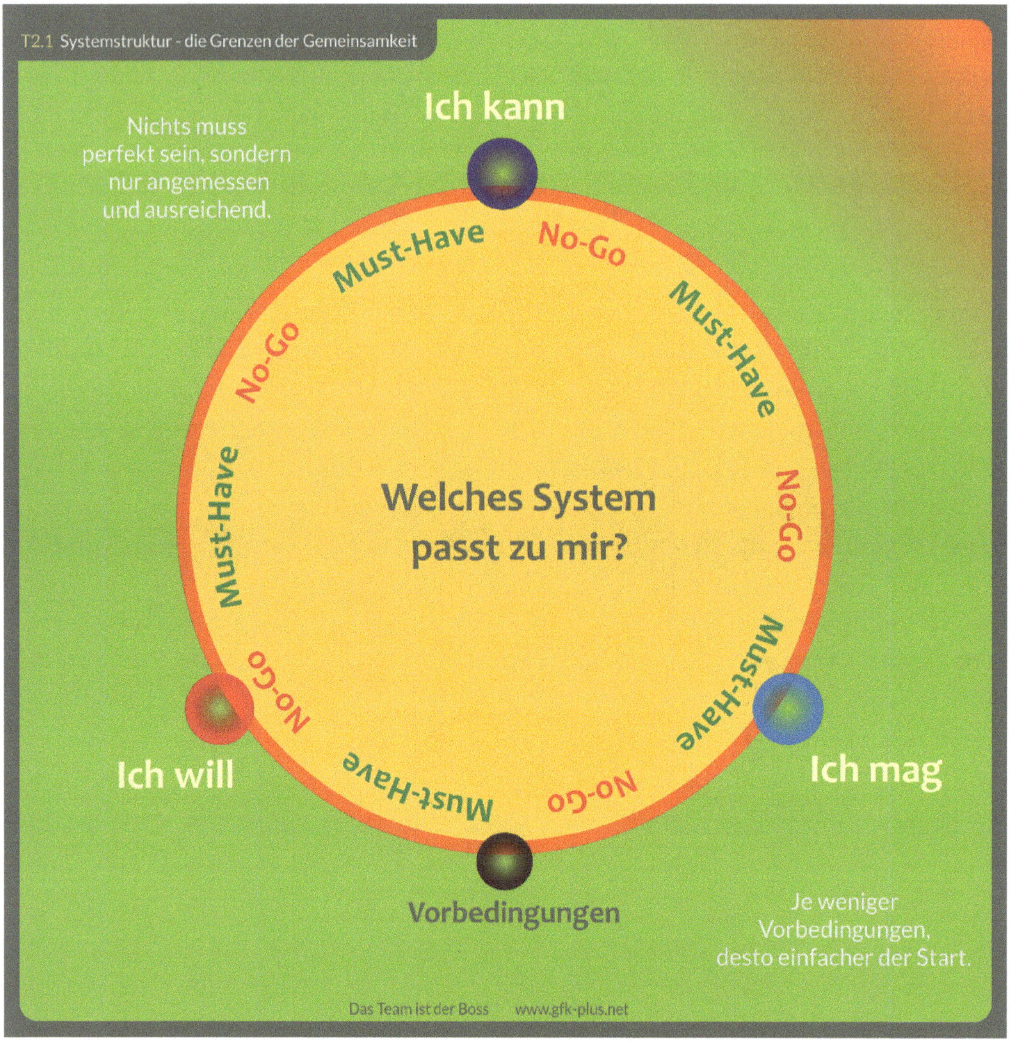

Wir sehen den orangen Kreis und das leicht orange rechte obere Eck der Karte als Hinweis: Diese Karte ist die erste der Toolkarten für das zweite Feld im Vier-Schritte-Kreis. Jetzt geht es um eine geeignete Systemstruktur, was bedeutet, dass wir unser individuelles erstes Feld vom Vier-Schritte-Kreis hinter uns gelassen haben und jetzt gemeinsam schauen, was es für uns und das Projekt an Räumen, Zeiten, Einrichtungen, Material, Maschinen, Logistik, Fähigkeiten und Wissen braucht. Wie sollen die Elemente zueinander strukturiert sein? Welche Positionen, Rollen und Funktionen braucht es? Wie flexibel wollen und können wir die Arbeitsumgebung einrichten und angemessen kompetent besetzen? Diese Toolkarte gehört zu den eher viel verwendeten

Karten. Sie beschreibt nämlich die persönlichen Vorbedingen, das individuelle „Muss-Sein" und „Darf-Nicht-Sein", die im System für uns erfüllt sein müssen. Diese Vorbedingungen lassen sich innerhalb eines Bereiches von No-Gos und Must-Haves finden. Was muss für mich erfüllt sein und was darf nicht sein, damit ich bei diesem Projekt mit an Bord bin? Das ist der erste Strukturierungsfaktor für ein gemeinsames Projekt. Kommt kein System für uns zu Stande, dann verlassen wir das Schiff noch im Hafen und sind zum frühestmöglichen Zeitpunkt gescheitert, was gleichzeitig der günstigste Zeitpunkt ist. Wir haben also weder uns noch anderen etwas vorgemacht. Auch zwischendurch kann man das System aufs Neue hinterfragen, da sich Situationen und auch Personen ändern. Nur sollte niemand, der sich selbst ernst nehmen möchte, bildlich gesprochen mitten in einer Kurve aussteigen und die anderen mitten in einer kritischen Projektphase einfach im Regen stehen lassen.

Diese Karte ist besonders wichtig, wenn man die Systemstrukturen für ein neues System definiert. Die Strukturen des Teams/Systems sollen sich im Akzeptanzbereich aller Beteiligten befinden.

Anwendung: Wir teilen uns unsere Must-Haves und No-Gos mit und offenbaren damit unsere persönlichen Grenzen. Sind wir innerhalb unserer Grenzen alle bei dem Projekt an Bord willkommen? Wir sollten möglichst wenige Vorbedingungen haben und nur die benennen, die dazu führen würden, dass man nicht dabei wäre, wenn sie nicht akzeptiert werden würden. Dabei spielt es keine Rolle, ob eine nicht erfüllte Vorbedingung zu einem inneren oder einem äußeren Ausstieg führen würde. Must-Haves und No-Gos werden nicht diskutiert, argumentiert oder kritisiert. Es macht nur immer mal Sinn, sie zu spezifizieren, damit wir nicht gleich alle Suppen vom Rezeptblock nehmen, nur weil jemandem die Kürbissuppe nicht mundet. Es reicht dann auch, ihm keine zu servieren. Must-Haves und No-Gos sollten also nicht in generelle Regeln gegossen werden. Wir müssen nur stimmige Wege oder Lösungen für die entsprechenden Personen finden. Daneben gibt es natürlich auch sachliche Vorbedingungen, die über das „Müssen" an der Basis des Kreises angedeutet ist. Hier können wir den sachlichen Bedarf an Ressourcen und Potenzialen überprüfen.

Karte T2.2 - Framen des Systems

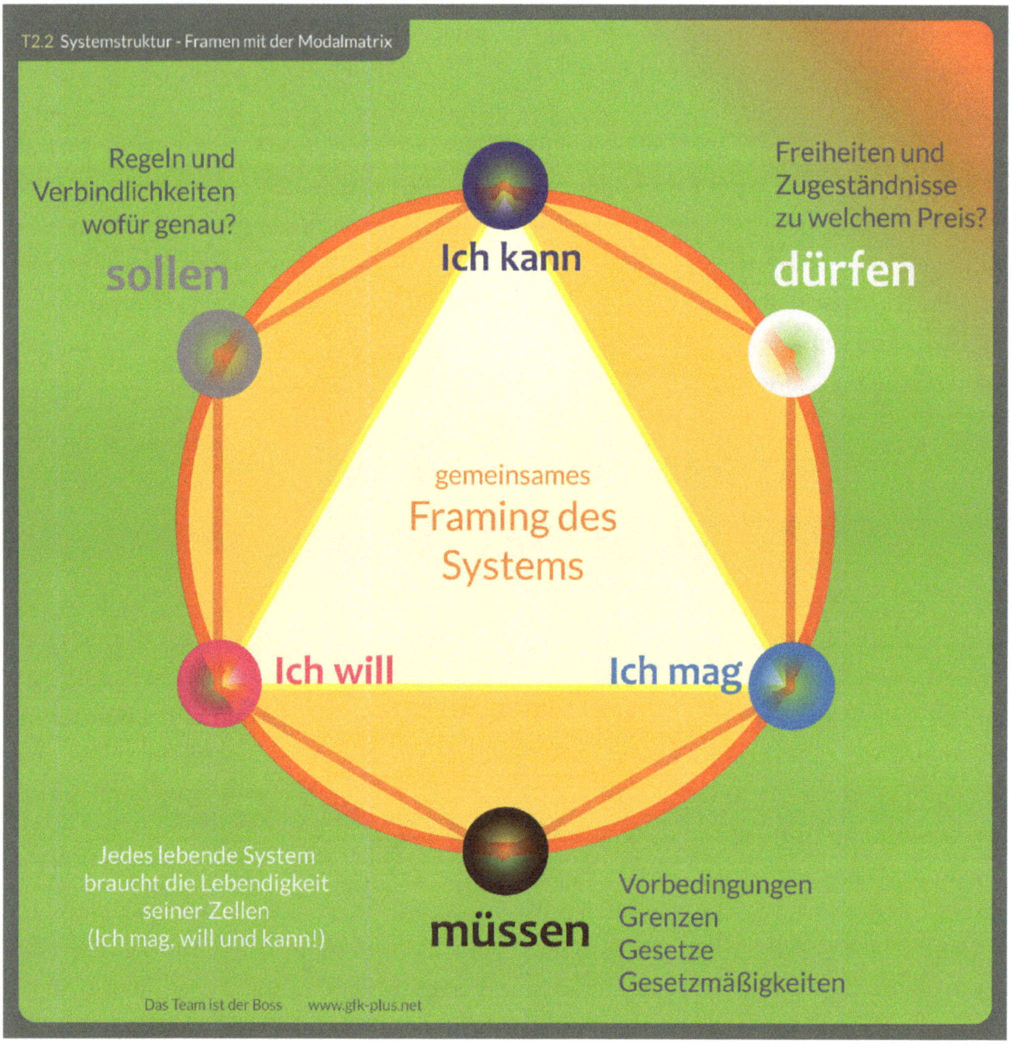

Diese Karte zeigt nun das komplette Model der Modal-Matrix, das seinen Namen von den Modalverben ableitet. Hier sehen wir nun die drei Positionen, die außerhalb des individuellen Dreiecks liegen, a) müssen, b) sollen und c) dürfen: Wir *müssen*, weil wir und das Projekt etwas *brauchen*. Der Bildhauer braucht z.B. einen Stein und sein Werkzeug. Er braucht Licht und Zeit. Er braucht angemessen Frieden und Inspiration.

Müssen sind die Vorbedingungen und diese zeigen uns auch die Grenzen auf. Dieses und jenes muss erfüllt sein, damit wir überhaupt ein Projekt starten können. Wir brauchen Kommunikation und Begegnung. Wir brauchen Luft zum Atmen und Gesundheit etc.

Daneben gibt es noch gewisse Regeln und Verbindlichkeiten, die den Betrieb am Laufen halten. Sie sind durch das *Sollen* beschrieben.

Dürfen markiert die Freiräume. Doch auch ein Freiraum hat meist einen Preis. Wer zahlt ihn und wie hoch ist er?

Anwendung: Wir überlegen uns eine möglichst schlanke und elegante Systemstruktur, die es uns ermöglicht, unser Projekt bzw. unseren aktuellen Projektabschnitt erfolgreich zu bearbeiten. Die Vorbedingungen, unsere Verbindlichkeiten und Regeln sowie unsere Zugeständnisse für gemeinsamen Projektrahmen werden benannt. Diese sollen sowohl zu uns als auch zum Projekterfolg passen.

Karte T2.3 - Ebenen der Systemstruktur

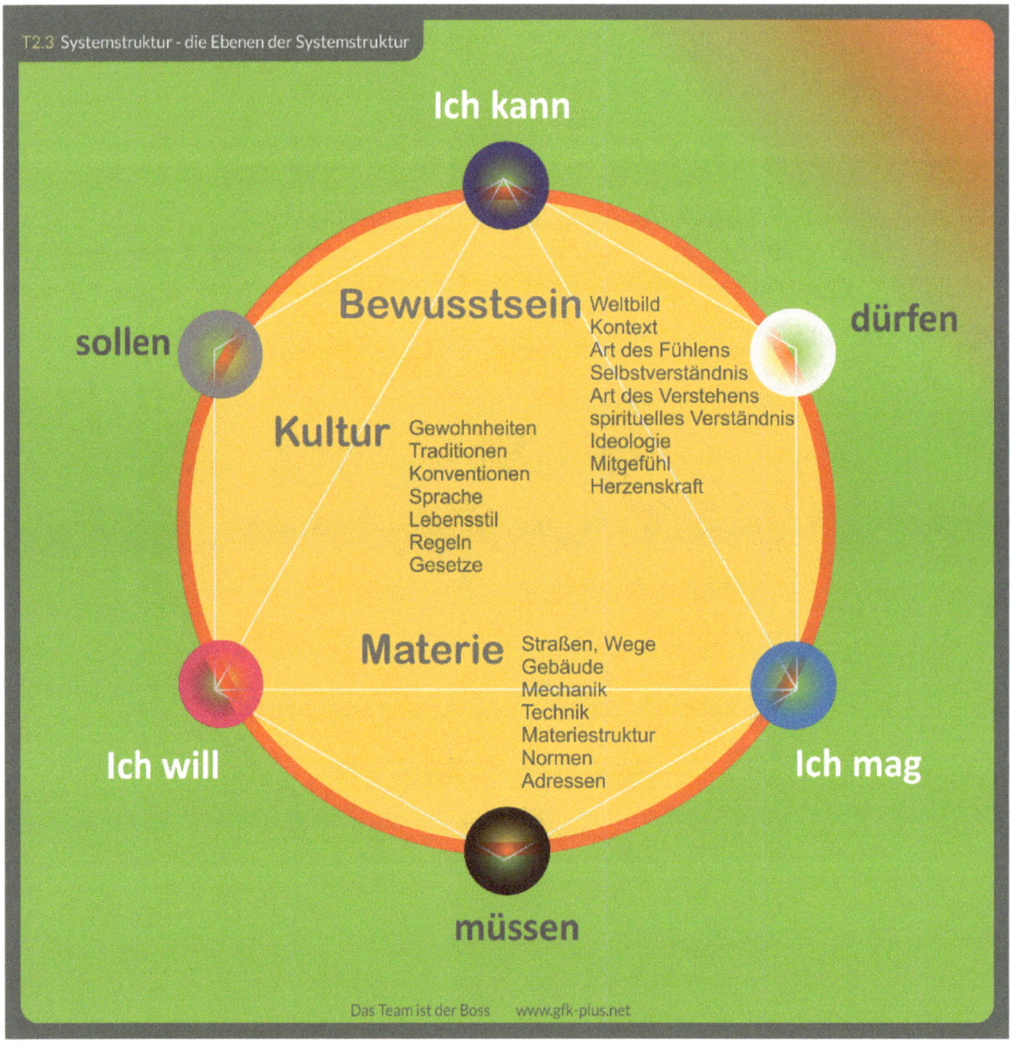

Diese Karte weist uns darauf hin, dass unser Projekt, wie jedes System, eine Systemstruktur besitzt, die aus mehreren Bereichen besteht, welche unterschiedlich schwer zu greifen sind. *Bewusstsein* ist ja recht abstrakt. Achtsamkeit, Präsenz, Offenheit und Wachheit sind einige Aspekte in diesem Bereich. Sie führen zu Fürsorge, Sensitivität, Inspiration und Empathie. Man beachte hier auch die Vorbereitungskarte V3 aus dem Kartenset. Bewusstsein ist die Quelle von allem Lebendigen, aber auch die Quelle von Kultur.

Die *Kultur* des Miteinanders ist wie die Software des Projekts und schon etwas greifbarer als das Bewusstsein, auch wenn man schnell kulturblind im eigenen Umfeld wird. Mit dem Kulturstufenmodell bekommen wir hier eine Idee, wie und vor allem in welche Richtung wir ein Umfeld entwickeln können. Es zeigt uns z.B. auch, dass ein visionäres Team fast nur in einer fürsorglichen Kultur entstehen kann. Funktionale Kulturen führen zu rein strategisch operierenden Teams. Ein strategisches Team wird als Visionsersatz Profit oder Siege anstreben, weil es einen integralen Gewinn nicht versteht. Doch hinter der Funktionalität schimmert fast immer noch die dominante Kulturstufe hindurch, auf der sich rein taktisches Teamverhalten ausprägt.

Materie kann man nach physikalischen Gesetzen messen und berechnen. Was braucht es an Hardware für unser Projekt?

Wenn wir ein System framen, sollten wir ein Auge auf alle drei Bereiche haben. Denn wir sind selbst bereits kalibriert und geframt, und zwar in einem kalibrierten und geframten Umfeld. Unsere gesamte Umgebung ist irgendwie geordnet und gestaltet. Was ist das Erbe aus alter Zeit? Was wollen wir übernehmen und weiterführen, was hingegen erscheint uns eher als sinnloser Ballast? All das eröffnet Möglichkeiten und auch Hindernisse. Was ist also im Rahmen unseres Teams und Projekts zu tun, damit uns die Selbstorganisation leicht und einfach gelingt?

Anwendung: Wir sprechen über die bestehenden Strukturen, die uns als relevant erscheinen. Was fördert unser Projekt, die Prozesse, die Teammitglieder und Betroffenen und was scheint eher in die entgegengesetzte Richtung zu führen? Wie können wir eine Struktur etablieren, die unsere Energien bestmöglich kanalisiert, indem sie das Gewünschte befördert und das Unerwünschte erschwert?

Karte T2.4 - Orbitalmodell

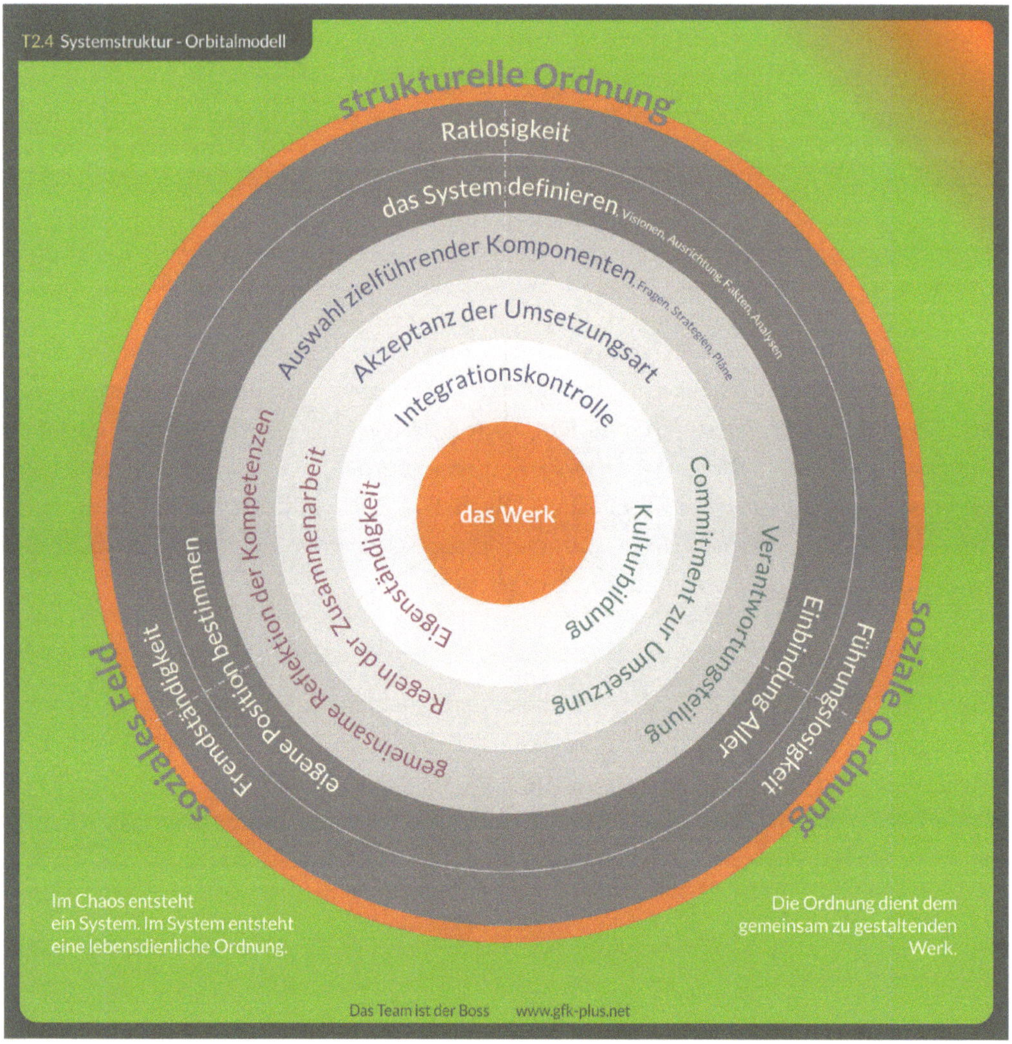

Das Orbitalmodell ist das Schwesternmodell des Pentagon-Modells von Robert Kana. Wir gehen von außen nach innen auf unsere Projektverwirklichung zu. Am Anfang befinden wir uns in der dunklen Zone, in der wir keine gemeinsame Leistung werden abrufen können. Doch von Kreissegment zu Kreissegment findet sich das Team besser zusammen und wir nähern wir uns dem innersten Kreis, in dem unsere Arbeitsprozesse wie geschmiert laufen. Das wird nicht immer so bleiben. In diesem Modell können wir erkennen, auf welche Stufe wir zurückgefallen sind und uns anschließend wieder gemeinsam nach innen tasten.

Anwendung: Dieses Modell dient der gemeinsamen Planung von passenden Systemstrukturen. Man setzt sich zusammen und reflektiert. Oder man überlegt sich im Vorfeld eines Meetings, wie es um die Gemeinsamkeit bestellt ist. Besonders zu Diagnosezwecken ist diese Karte wertvoll. Mehr dazu findet man in dem Buch: The Pentagon Challenge von Robert Kana und Jeanny Gucher[58].

Schrittweise finden alle von der Fremdständigkeit zu ihrer guten Position in den Prozessen und darüber zu ihrer Eigenständigkeit im Miteinander. Aus der anfänglichen Führungslosigkeit kommt es durch die Einbindung aller Beteiligten zu einer Kulturbildung, die uns die dominante Führungsperson ersetzt, solange wir im Commitment sind. Die anfängliche Planungslosigkeit wurde durch die Auswahl der zielführenden Komponenten zu einer Umsetzbarkeit gelenkt und mittels einer Integrationskontrolle überprüft. Natürlich sieht dieses Modell erst mal etwas technisch aus, doch Planlosigkeit, Fremdständigkeit und Führungslosigkeit sind mit Sicherheit Parameter, die viele von uns wiedererkennen und die weiterentwickelt werden müssen.

Bei Konflikten im Team würde Kana von seinem Orbitalmodell zum etwas anders aufgebauten Pentagon-Modell überwechseln. Unter Anderem stände dann nicht mehr die Produktivität, sondern die Konfliktlösung im Mittelpunkt. Wir stünden damit wieder vor der zweiten Hürde von „Das Team ist der Boss" (Konflikte) und wenn wir diese nicht angemessen bewältigen, brauchen wir auch nicht weiter über selbstorganisierte Zusammenarbeit reden. In diesem Fall also bitte zum entsprechenden Kapitel wechseln, denn wir müssen die 6 Hürden hintereinander überwinden. Ich haben für „Das Team ist der Boss" allerdings auf das eher kognitiv ausgerichtete Pentagon-Modell verzichtet und setzen bei Konflikten auf andere Methoden, auch wenn auch das Pentagon-Modell durchaus interessant ist.

---

[58] Kana, Robert, Gucher Jeanny: ISBN: 9783214084424, Manz 2006

Karte T3.1 - interaktive Sensitivität

Die Systemstruktur ermöglicht durch ihre Zuordnungen und Begrenzungen, dass sich ein Kraft- und Potenzialfeld bildet. Dieses entsteht durch die Verschränkung der Potenziale und Kräfte im System. Doch auch die Umgebung wirkt dynamisch auf das Projekt ein, zum Beispiel durch die Kräfte der Natur, die Bedürfnisse der Kunden oder durch das Drängen eines gesellschaftlichen Problems. Diese Karte zeigt Yin- und Yang-Feldlinien, aus denen das Systemfeld besteht. Yin-Potenziale sind rezeptiv, Yang-Potenziale sind direktiv und mit ihnen bilden sich kommunikative und interaktive Elemente aus. Für die Selbstorganisation sind die Individuen mit ihren Utopien und positiven Erwartungen entscheidend beteiligt, damit sich eine gemeinsame Vision bilden kann, an der sich das Team und das Projekt auszurichten vermag. Das Systemfeld ist nicht physikalisch, sondern nur metaphysisch bzw. phänomenal erklärbar. Man kann es nicht technisch erzeugen, doch man kann seine Entstehung vorbereiten und anregen. Eine der Vorbedingungen ist die Weckung individuellen utopischen Potenzials auf dem ersten Feld des Vier-Schritte-Kreises. Auch die geeignete Systemstruktur ist wichtig, die wir auf dem zweiten Feld des Vier-Schritte-Kreises organisiert haben. Auf dem dritten Feld kommen jetzt die Präsenz und Achtsamkeit hinzu. Geteilte Momente von Achtsamkeit und Präsenz lassen in ausgerichteten Projekträumen meist ein angemessenes Potenzialfeld entstehen.

Anwendung: Wir finden uns zusammen. Bevor wir sachlich und fachlich einsteigen, schenken wir uns einen geteilten Moment der Stille, Präsenz und Achtsamkeit. Wir können teilen, was uns wichtig ist, um hier anzukommen und im Weiteren, was uns wichtig in Hinblick auf das Projekt ist. Wir trainieren unsere Sensitivität. Wenn wir mehr in den Raum hinein lauschen, uns nicht auf Details fokussieren, sondern auf Alles achten, auch die Zwischenräume und Zusammenhänge wahrnehmen, anstatt nur einzelne Aspekte und Elemente, bemerken wir eine neue Möglichkeit von verbindender Präsenz. Wir könnten dazu auch eine Teezeremonie abhalten oder auch nur einen meditativen Moment die Augen schließen. Wir können uns gegenüberstehen oder im Kreis sitzen. Irgendwann spüren wir die Realität des gemeinsamen Potenzialfeldes, das selbstordnende Feld des Metaorganismus, der wir kurz mal gemeinsam *sind*, ohne dass wir uns dabei in einem kollektiven Traum verlieren. Wir bleiben wach und individuell in der vernetzten, kreativen Gemeinsamkeit. Manchmal ist es wie ein Schock, wenn wir merken, dass es eine tatsächliche systemische Verbindung zwischen Menschen gibt. Manche haben das erlebt, wenn sie sich spontan verlieben oder jemanden auf eine seltsame Art „wiedererkennen".

Karte T3.2 - Bedarfsworte für das 3. Feld im 4-Schritte-Kreis

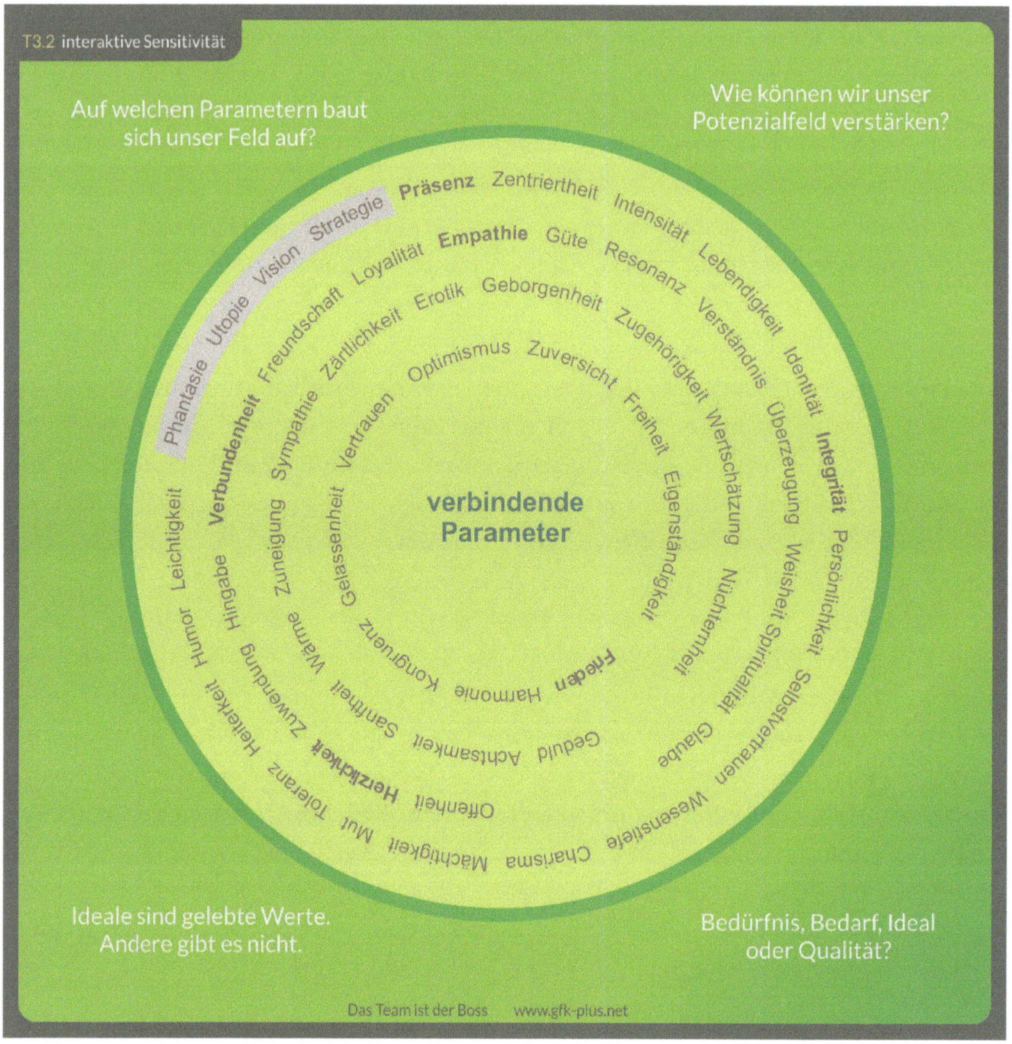

Damit wir effektiv über Relevantes reden können, braucht es geeignete Worte. Ohne die Worte bekommt der Verstand keinen Zugriff. Sie sind der Schlüssel zum Schloss. Je besser die Worte passen, desto weniger werden wir erzählen und mühsam umschreiben müssen. Ein exakter Begriff kann zehn Beispielgeschichten ersetzen. Es macht keinen Sinn, ein Problem oder einen Mangel breit auszumalen. Wie kommen fehlende Qualitäten zur Entfaltung?

Wir befinden uns mit dieser Karte immer noch auf dem dritten Feld des Vier-Schritte-Kreises und damit auf einem Yin-Feld. Hier können wir emergente (emporsteigende, sich bildende) Qualitäten erwarten. Herzlichkeit, Geduld oder Offenheit kann man nicht anordnen, mit Appellen herbeirufen oder in einem Arbeitsprozess gezielt herstellen. Reicht es, der Qualität etwas bewussten Raum zu geben, damit sie in ihm aufkeimen?

Achtung: Wir reden im kreativen Prozess nicht über das Ungewollte, also über Achtlosigkeit, Herzlosigkeit und Missgunst. Wir reden über die Achtsamkeit, Herzlichkeit und Fürsorge und wie sich diese Qualitäten ausbreiten werden. Alles andere ist Zeitverschwendung (oder weist uns auf eine nötige Konfliktbewältigung hin, also auf die Hürde 2 von „Das Team ist der Boss". Ist überhaupt genug Friede im Team?).

Es gibt sowohl einen Bedarf des Weges als auch einen Bedarf des Zieles. Der Bedarf, über den wir mit dieser Toolkarte sprechen, fokussiert sich natürlich in aller Angemessenheit auf ein Projekt, auf kreatives gemeinsames Gestalten, auf die Qualität der geteilten Prozesse und damit auf den Weg, den das Team geht. Was braucht ein Wir-Verständnis und ein stimmiges Potenzialfeld, damit unser Projekt entsprechend voranschreiten kann.

Es gibt noch die Schwestern-Toolkarte T4.1, welche die Bedarfsworte für das vierte Feld des Vier-Schritte-Kreises auflistet. Sie beschreibt mehr den Bedarf der Zielrealisation. Die beiden Karten mit Bedarfsworten sind eine vereinfachte Form der Bedarfsliste, die du im Anhang des Buches findest. Außerdem werden wir im Kapitel 5.d, s.224 auch noch einmal genauer über die Bedarfsparameter sprechen.

Natürlich sind die Begriffe auf der Karte nur einige Vorschläge. Lasst euch inspirieren und findet passende Worte für das, was ihr für euer Potenzialfeld und eure Prozessqualität gerade braucht.

Anwendung: Wir lesen die Bedarfsworte für das dritte Feld des Vier-Schritte-Kreises und überprüfen, zu welchen Parametern wir gerade eine Resonanz erleben. Was fehlt noch? Welchen Stellschrauben sollten wir uns widmen, damit aus den Individuen ein starkes Team wird und bleibt? Wenn euch danach ist, dann zieht die differenziertere Bedarfsliste aus dem Anhang heran.

Glaubt an eure Kraft, diese Qualitäten so zum Leben zu erwecken, wie es dem Projekt angemessen ist oder zumindest in ausreichender Form. Seid geduldig wie mit einem Garten. Ihr säht Salat, Radieschen und Kürbisse. Bald wird es sprießen, grünen und wachsen. Ihr könnt nicht viel dazu tun, aber seid achtsam und spendet eure Bewusstseinskräfte in die Richtung, in die ihr wollt.

Karte T3.3 - interaktive Sensitivität

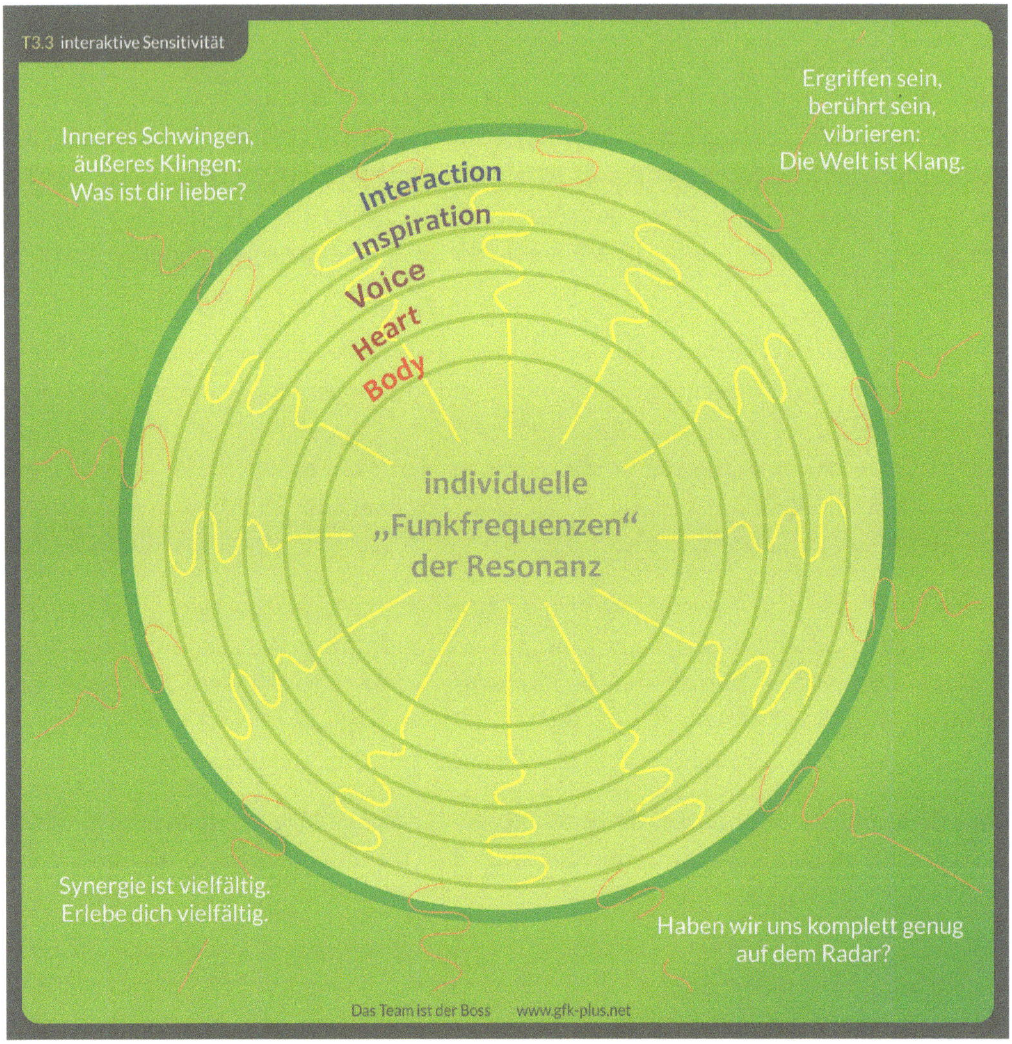

Auf welcher Frequenz senden wir Funkwellen aus und auf welcher Frequenz sind wir am besten erreichbar?

Diese Karte zeigt, dass man sich das gemeinsame Feld vorstellen kann, als wäre es aus verschiedenen Funkfrequenzen zusammengesetzt. Wenn wir nicht alle Funkkanäle berücksichtigen, entgeht uns zwangsweise so Einiges.

Gary Chapman hat das Buch „Die fünf Sprachen der Liebe“ geschrieben. Das hatte mich dazu inspiriert, eine Tabelle mit den „9 Sprachen der Gemeinsamkeit“ für Paar-Coachings zu erstellen. Für ein Team lässt sie sich ebenso verwenden. Das Grundprinzip ist das gleiche wie bei den Funkfrequenzen der Toolkarte.

	bevorzugte Strategie	Personen 1	2	3	4	5	6
1	gemeinsame Zeit	☐	☐	☐	☐	☐	☐
2	fokussierte Aufmerksamkeit	☐	☐	☐	☐	☐	☐
3	Verständnis	☐	☐	☐	☐	☐	☐
4	Geschenke, etwas zum Festhalten	☐	☐	☐	☐	☐	☐
5	Worte der Würdigung	☐	☐	☐	☐	☐	☐
6	Berührung und Gehalten-Werden	☐	☐	☐	☐	☐	☐
7	Hilfeleistungen	☐	☐	☐	☐	☐	☐
8	Neues, mitgenommen werden an einen anderen Ort	☐	☐	☐	☐	☐	☐
9	Zukunftsperspektivische Impulse	☐	☐	☐	☐	☐	☐

Kreative Gemeinsamkeit ist gleichzeitig immer auch eine Schulung. Wir können viel von anderen und von der Vernetzung mit anderen lernen. Manches haben wir noch gar nicht bemerkt, anderes stört uns bereits tierisch. Wir sollten uns fragen, welche Funkfrequenz und welche Fähigkeiten hinter dem steckt, was uns regelmäßig stört.

Bleibt jemand in Konflikten eher still, hat er vielleicht die Fähigkeit, Spannungen mit sich selbst auszumachen. Einseitige Fähigkeiten erzeugen jedoch auch Probleme und Leid, sowohl individuell als auch im Team. Doch jetzt kann z.B. jemand Lautes von einer eher leisen Person lernen und umgekehrt.

Anwendung: Auf was spricht ein jedes Teammitglied an? Was berührt und was erschreckt? Was geht an uns vorbei? Wir können entsprechend der Vertrautheit erkennen, wo andere ähnlich wie wir ticken. Wie erreicht der Kopfmensch den Bauch- oder Herztypen? Auch hier ist eine interaktive Sensitivität zu entwickeln. Wir wollen natürlich weder uns oder andere ändern und schon gar nicht therapieren oder bevormunden, sondern nur als Team in einen für uns angenehmen und für das Projekt angemessenen kreativen Flow kommen.

Karte T4.1 - Bedarfsworte für das 4. Feld im 4-Schritte-Kreis

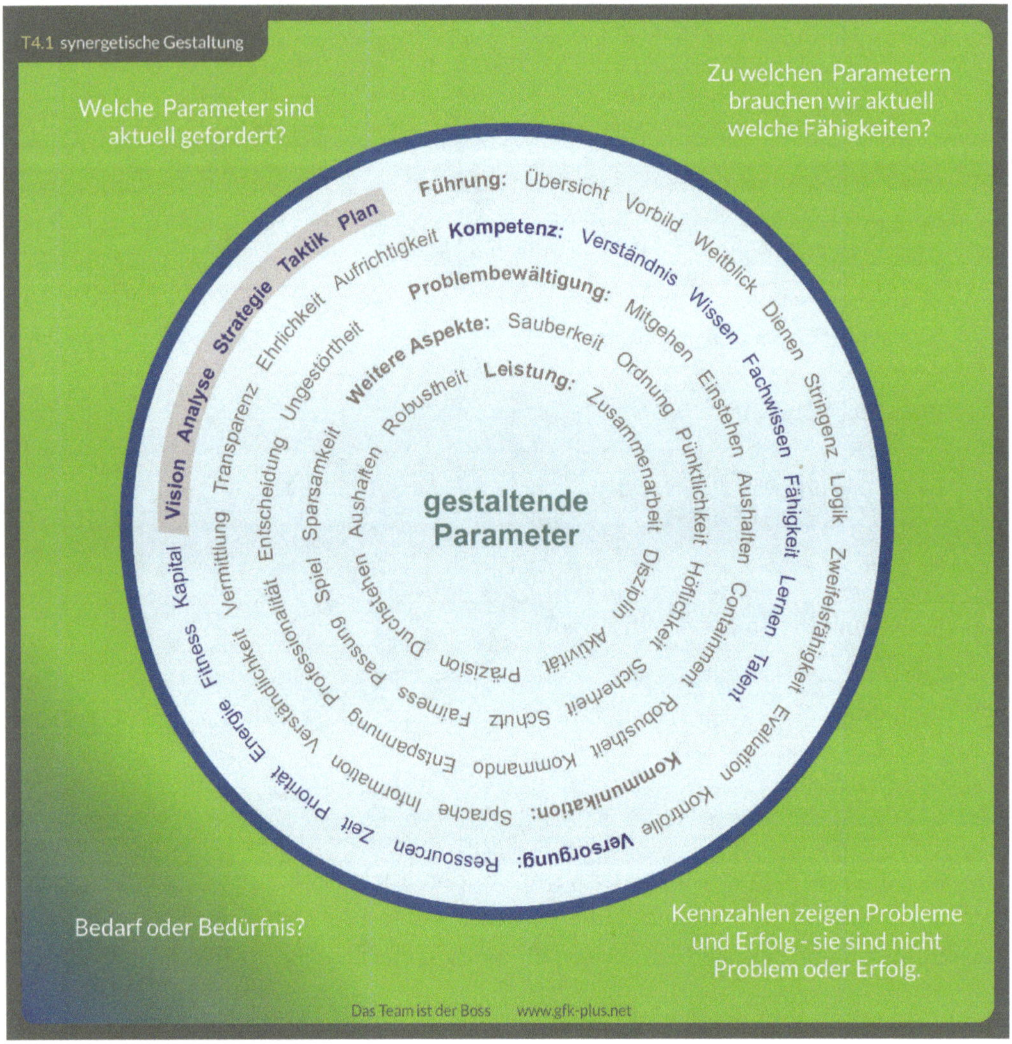

Diese Bedarfsworte sind eine vereinfachte Form der Bedarfsliste aus dem Anhang des Buches. Damit wir effektiv über Relevantes reden können, braucht es präzise Worte. Ohne die Worte bekommt der Verstand keinen richtigen Zugriff auf das Geschehen.

Anwendung: Im vierten Feld des Vier-Schritte-Kreises geht es um die Durchführung der anstehenden Arbeiten. Dabei gibt es verschiedene Parameter zu beachten. Doch welche sind das genau? Wir lesen die Worte auf der Toolkarte T4.1 und überprüfen, welche Parameter entscheidend sein können. Gibt es noch weitere Stellschrauben, an denen wir drehen sollten? Vielleicht macht es Sinn, die differenziertere Bedarfsliste aus dem Anhang heranziehen, um dann eine eigene Liste von den paar zentralen Parametern für die aktuellen Projektschritte zu erstellen. Solche Parameter werden auch *Key Performance Indicators* (KPI) genannt. Die Idee dahinter ist, zu erfassen, anhand welcher Aspekte wir einen Fortschritt, einen Bedarf oder ein Risiko messen und verstehen können.

Karte T4.2 - synergetische Gestaltung

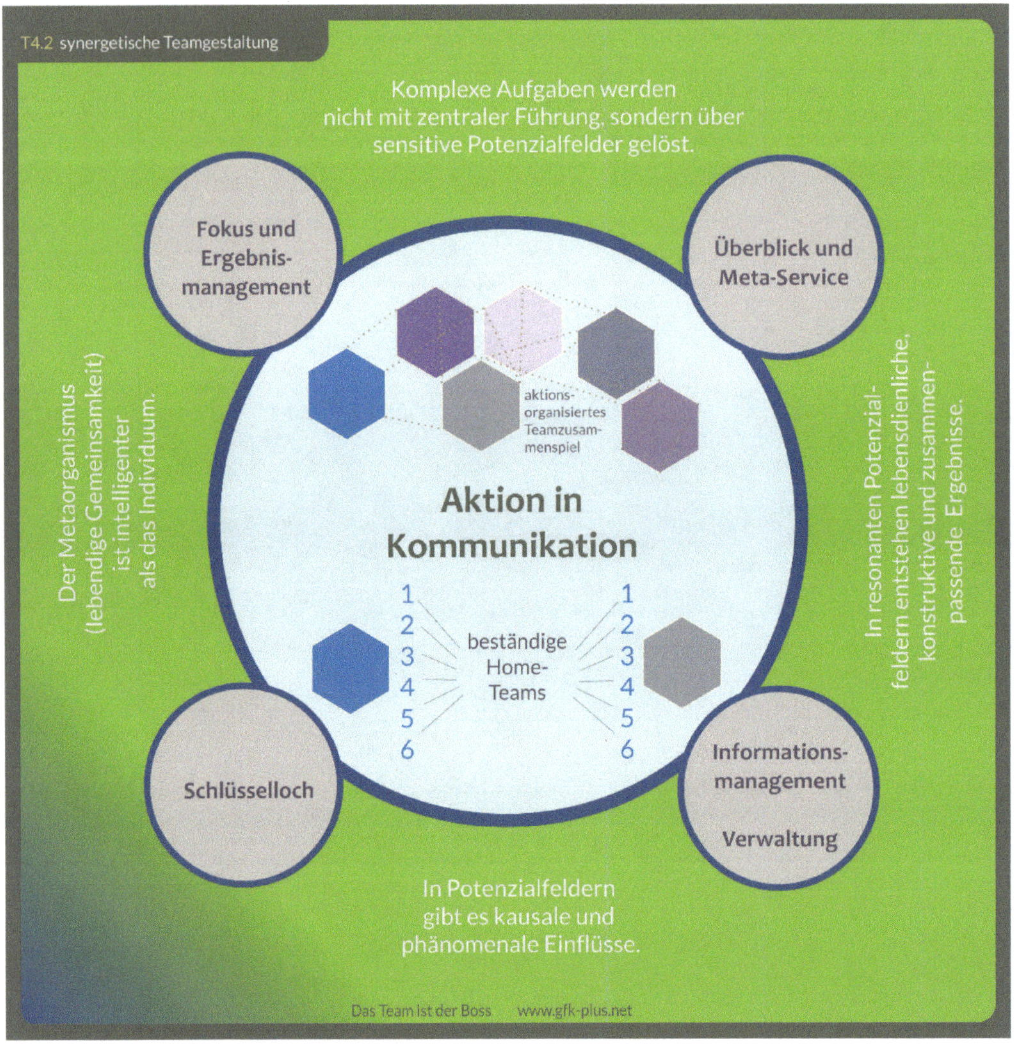

Diese Karte soll zu kleinen, selbstorganisierten Teams und zu vernetzten Teamstrukturen inspirieren. Die stimmige Konstellation soll sich aus dem Potenzialfeld der Gemeinschaft bilden[59]. Hometeams sind beständig, was den Vorteil hat, dass wir uns

[59] Mit Soziokratie, S3, *living organizations* und anderen, sehr funktionalen Ansätzen hat man verschiedene Teamstrukturen ausprobiert und versucht, die beste aller Einteilungen von Teams und Arbeitskreisen festzulegen. Ich glaube, dass man sich vielseitig inspirieren lassen kann, doch am Ende ist die flexibelste stabile Lösung für die Lage vor Ort mit dem aktuellen Projekt und den aktuellen Personen wahrscheinlich keine schlechte Wahl. Natürlich ist das eigentlich eine

in ihnen bald blind verstehen. Daneben gibt es auch aktionsbasierte Teamzusammenstellungen, die sich wieder auflösen, sobald sie ihr gemeinsames Projekt oder ihren Projektabschnitt abgeschlossen haben. Wenn man bei kleinen Waben von bis zu 6 Personen (im Kernbereich) bleibt, kann man die Kommunikation untereinander noch recht gut leisten.

Jedes Team braucht eine Art Metaposition für den Überblick und die Teampflege. Gestaltungsprozesse und Ergebnisse fordern Beachtung. Doch auch die Verwaltung und das Kommunikationsmanagement nach innen und außen gehört gepflegt. Schließlich sollten Ergebnisse auch mitgeteilt und relevante Informationen verfügbar sein, weil das für ein vernetztes Miteinander unabdingbar ist.

Über die freie Position „Schlüsselloch" können Außenstehende (Shareholder, Experten, Auszubildende, Kollegen) immer mal sinnvoll in die Teamprojekte involviert werden bzw. sie mitverfolgen. Das garantiert, dass das Team keine wasserdichte Verschlossenheit kultiviert, in der es auf Dauer stagnieren würde und in der sich zu eigene Teamrealitäten bilden, die am Ende nicht mehr sonderlich real wären.

Die Grafik soll euch zu eurer eigenen Einteilung und Zuteilung anregen, die ihr je nach eurem Projekt, eurer personellen Zusammensetzung, der Unternehmensgröße, der Komplexität der Aufgaben etc. bestimmen werdet. Vielleicht arbeitet nur ein Teil des Unternehmens mit „Das Team ist der Boss" oder ihr seid ein Start-Up mit 5 Mitarbeitern bzw. eine Initiative mit viel Kreativität und wenig Produktivität. Solange ihr mit einem einzelnen Projektteam beginnt, braucht ihr euch sowieso noch nicht groß den Kopf darüber zerbrechen und nach einiger Zeit werdet ihr ein Gespür für eine gute Einteilung bekommen, die ihr dann laufend verbessern könnt.

Anwendung: Die Systemmitglieder organisieren sich selbst zu den Teams, die zu den jeweiligen Projektaufgaben am besten passen.

Strukturfrage, die prinzipiell auf dem 2. Feld im Vier-Schritte-Kreis zu klären wäre, doch sie wird sich vor allem bei der Arbeit auf dem 4. Feld auswirken, weil sich spätestens hier die aktuellen Teams formieren müssen.

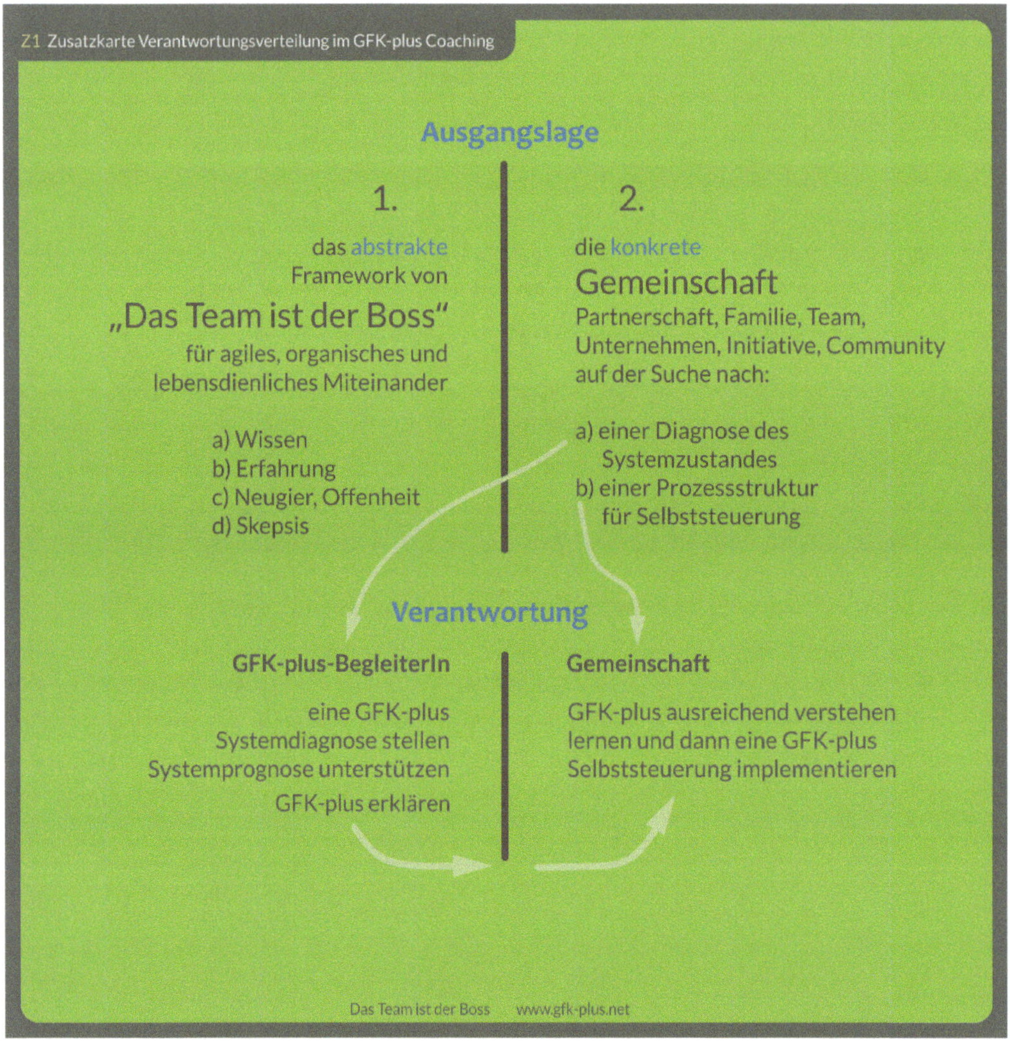

Hier sehen wir eine Zusatzkarte, welche die Verantwortungsverteilung bei GFK-plus zeigt. Die Prozessbegleiter, die als Facilitator eingeladen sind, einem Team als Boss bei einem Projekt zu helfen, haben die Aufgabe, ein System nach den Prinzipien von GFK-plus zu analysieren. Außerdem sollen sie dem Team bei der Implementierung helfen, indem sie GFK-plus erklären oder anfangs vielleicht durch einen Vortrag zur Selbstorganisation anregen.

Die Teammitglieder haben die Aufgabe, ihre Selbststeuerung zu trainieren. Dazu müssen sie sich ein ausreichendes Verständnis erarbeiten. Wollen sie jedoch nur die

Diagnose, dann ist ihre Aufgabe, diese zu unterstützen und anschließend zu verarbeiten.

Anwendung: Werde dir innerhalb des Projektes über deine Verantwortung bewusst und übernehme diese. Mache ein klares Commitment. Werde dir der Verantwortung anderer bewusst und überlasse sie ihnen. Dabei sind klare Worte und eine Übersicht immer mal hilfreich, damit alle wissen, wer sich um was kümmert und ob das entsprechend den Erwartungen läuft[60]. Hilfestellungen sind natürlich oft sinnvoll, doch das verschiebt nicht die Verantwortung. Das eine ist also die Verantwortung, das andere die Vernetzung der Prozesse.

Coacht man, dann sollte man vorsichtig sein, Verantwortung für die Qualität der Teamvernetzung zu übernehmen. Die Leute müssen selbst entscheiden, wie sie zusammenwirken wollen. Das ist Selbstorganisation.

---

[60] Zum Beispiel können Prozessfortschritte mittels Fieberkurven transparent werden. Das sind kleine Grafiken mit einem grünen, einem gelben und einem roten Bereich. Gerät ein Prozess in einen kritischen Zustand, können andere helfen, bei denen sich die Prozesse in einem grünen Bereich befinden oder bereits abgeschlossen sind. Siehe auch Kapitel 5.d, s.227: Bedarfsparameter.

Z2 Zusatzkarte Schmerzpunkte benennen

Schmerzpunkte benennen

In der Zusammenarbeit werden immer auch unsere kleinen und großen Schmerzpunkte berührt. Um sie in der gemeinsamen Vorwärtsbewegung mit berücksichtigen zu können, müssen sie bewusst werden. Von Zeit zu Zeit benennt z.B. jeder in einer Runde seine derzeit relevanten Schmerzpunkte. Diese werden nicht ausdiskutiert oder abgehandelt. Die Informationen dienen dem Team nur als optionale Steuerungsdaten im Projekt. Verständnisfragen dazu sind manchmal sinnvoll und können beantwortet werden, oder auch nicht (keine Warum-Fragen und Abers. Warum-Fragen bitte umformulieren). Konflikte sollte man allerdings klären, z.B. mit der klassischen Gewaltfreien Kommunikation. Sie sind keine Schmerzpunkte.

Gemeinsam kann man nun überlegen, ob man die Systemstrukturen justieren, das Feld verstärken oder die synergetische Gestaltung verändern möchte, damit der Schuh nicht mehr so drückt. Schmerzpunkte sollten benannt sein, sie müssen jedoch, anders als Must-Haves und No-Goes, nicht beachten werden.

Das Team ist der Boss www.gfk-plus.net

Diese Karte verweist auf die Fähigkeit, Schmerzpunkte zu benennen. Ein Schmerzpunkt sagt aus, dass uns zwar etwas gegen den Strich geht, er ist jedoch kein Ausstiegskriterium wie das No-Go. Die Schmerzpunkte zeigen an, wann wir uns jenseits der Komfortzone einer Person befinden und er ist deshalb immer personenbezogen. Wenn ein eigener Schmerzpunkt deutlich benannt wird, gibt das den anderen die Möglichkeit, auf eine geänderte Art achtsam zu navigieren. Sie müssen das jedoch nicht tun. Die Verantwortung für den Schmerzpunkt und die entstehenden Gefühle bleiben immer bei der Person. Fürsorglichkeit kann man nämlich nicht verschreiben und sie wird in Projektabläufen wohl auch eher selten jederzeit und von allen gewährleistet werden können. Doch durch die Kenntnis der Schmerzpunkte steigt die Sensitivität im Team und die Chance auf eine schrittweise Verbesserung des Miteinanders erhöht sich deutlich.

Manch einer braucht vielleicht Unterstützung oder eine Art Anlauf für die nötige Klarheit der Mitteilung. Es mag im Rahmen dieser Mitteilungen eine größere Behutsamkeit nötig sein. Wir kommen im nächsten Kapitel 5.b, S.213 noch mal detaillierter zu den Schmerzpunkten, denn sie sind ein gängiges Tool im Rahmen von „Das Team ist der Boss".

Diese Zusatzkarte ist weitgehend selbsterklärend. Wir können Reflexe und funktionale Fähigkeiten isoliert trainieren, wie z.B. beim Torwarttraining. Je komplexer allerdings das funktionale Zusammenspiel in einem System oder Projekt wird, desto weniger ist es isoliert trainierbar. Das kann man sehr gut anhand der Fußballspiele verstehen, bei denen es dann am Ende auf das gelungene Zusammenspiel in den permanenten Ausnahmesituationen des echten Spiels ankommt. Sobald es für den Erfolg stets Geistesqualitäten wie Kreativität, Bewusstheit, Präsenz, Ehrgeiz, Sensitivität, Achtsamkeit, Intuition, Sinnstreben, Ideale, Werteempfinden etc. braucht, benötigen wir für das Training gemeinsame Spielsituationen, die kein rein funktionales Training darstellen, sondern vor allem ein Geistestraining zur Team-Selbstorganisation sind. Der Teamgeist trainiert sich zum Teil auch selbst. Sobald es ein angemessenes Grundverständnis im Team gibt, ist es deshalb meist sinnvoll, einfach Realsituationen für das Training heranzuziehen und sich dabei für den Anfang leichtere Projekte auszusuchen.

Das ersetzt natürlich nicht gute Instinkte, Reflexe, eine robuste Konstitution und trainierte Fähigkeiten. Doch zur Blüte kommt das gemeinsame Potenzial erst im gelingenden Zusammenspiel. Jede Person sollte entscheidungsverantwortlich im Prozess ankommen und eine stets aktuelle Sensitivität für das Ganze entwickeln.

Es geht also darum, die Systeme (z.B. Unternehmen) den Projekten (Unternehmungen) hilfreich unterzuordnen und das Team zum Boss der Projekte zu machen. Das kann jedoch von außen bestenfalls unterstützt werden. Die Teammitglieder müssen schon für sich selbst, für das Projekt und für die anderen Teammitglieder einstehen wollen und können.

Mit „Das Team ist der Boss" sind dem Können methodisch gute Grundvoraussetzungen eröffnet, ohne die sich der Weg oft recht schwierig gestalten würde. Doch um als Team Boss sein zu wollen, braucht es vor allem das Herz dazu. Ohne geht es nicht.

Karte Z4 - Die drei Qualitäten des Miteinanders

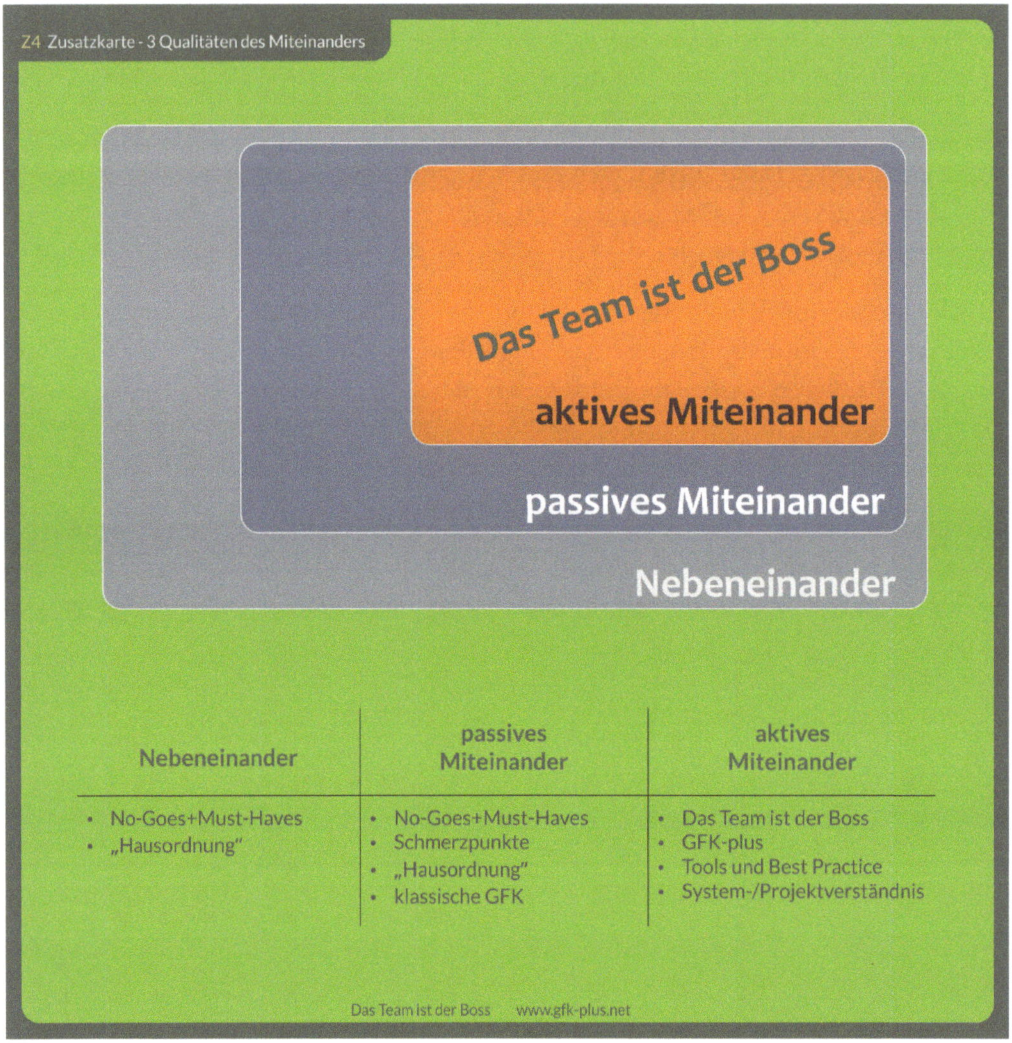

Diese Karte zeigt, dass sich ein Team dem aktiven Miteinander widmen sollte. „Das Team ist der Boss" braucht es nur für ein aktives Miteinander und nicht für ein passives Miteinander oder ein reines Nebeneinander. Für jedes gute und dauerhafte Miteinander braucht es allerdings immer auch kreative und konstruktive Projekte, denn so kommt Frische, Wachstum und Inspiration in die Gemeinschaft. Doch Aktivitäten sind nicht alles und sollten dosiert sein. Daneben erfordert eine jede Gemeinschaft sowohl ein gutes passives Miteinander (Beisammensein, Alltag, Dienst nach Vorschrift, Automatismen) als auch ein gutes Nebeneinander (Jedes Teammitglied widmet sich dem Eigenen). Für die letzten beiden Punkte kann man eine

Gemeinschaft recht gut über eine einfache Auflistung von Regeln (eine „Hausordnung“) organisieren. Ein paar GFK-plus Tools können sich zusätzlich als hilfreich erweisen, wie etwa die Must-Haves und No-Gos, die Schmerzpunkte oder der GFK-Zauberkreis, wenn es klemmt. Die klassische Gewaltfreie Kommunikation trainiert unsere Empathiefähigkeit und hilft uns, die Gefühle und Bedürfnisse aller besser zu verstehen.

5.b) Die Schmerzpunkte

Siehe auch: im Kapitel 5.a, Toolkarten s.208: Zusatzkarte Z2
und Kapitel4.d) Einwände, Ärgernisse, No-Gos und Must-Haves.

Bei einem Team als Boss gibt es die Möglichkeit, zu einer unliebsamen Situation Stellung zu beziehen, indem man die Schmerzpunkte benennt, die man erlebt. Ein Schmerzpunkt ist nicht einfach nur einen Einwand. Er ist auch kein No-Go, also kein Ausstiegskriterium, doch er zeigt, dass etwas jenseits meiner Komfortzone geschehen ist oder geschieht und wieder geschehen kann. Bei einem Schmerzpunkt spielen oft Sachthemen und persönliche Empfindsamkeiten zusammen. Das fordert uns an folgenden Qualitäten heraus: Geduld, Duldsamkeit, Toleranz, Robustheit, Widerstandsfähigkeit etc. und eben auch Transparenz. Manch einer braucht vielleicht etwas Unterstützung oder einen zweiten und dritten Anlauf, bis er seine Selbstmitteilung ausreichend klar vermitteln kann.

Wenn wir auf einen Schmerzpunkt hinweisen, gibt das den anderen Teammitgliedern die Möglichkeit, diesen für den weiteren Weg zu berücksichtigen. Allerdings ist dazu niemand verpflichtet, wie das bei einem No-Go der Fall wäre. No-Gos müssen beachtet werden, wenn man das Teammitglied nicht verlieren möchte.

Da jede Person die volle persönliche Verantwortung für die eigenen Schmerzpunkte übernimmt, bleibt kein Eindruck einer wie immer gelagerten moralischen Schuld. Diese Strategie gelingt besonders in Kombination mit den Must-Haves und No-Gos, mit denen eine Person auch noch ihre persönlichen Grenzen des Ertragbaren transparent macht.

Das Gute daran, mittels Schmerzpunkten Stellung zu beziehen, ist, dass man die Verantwortung für eine unangenehm erlebte Situation übernimmt und sie damit nicht auf andere projiziert oder auf die Umstände schiebt. Man sagt also nicht: „Du hast ja wieder nicht das Licht in der Kammer ausgemacht. Denkst du denn nie an die Umwelt?! Das geht gar nicht!" In diesem Satz kommt der andere, die Kammer und die Umwelt vor. Nur man selbst hat darin keinen Platz gefunden. Der argentinische Trainer Fred Koffman bezeichnete das als die *position of nowhere*, eine *Ich-Bin-Garnicht-Da*-Position. So erscheint der Satz als dominanter, allgemeiner Anspruch. Alternativ kann man sagen: „Du hast schon wieder das Licht in der Kammer angelassen. Das ist ein Schmerzpunkt von mir. Das ist für mich schwer zu ertragen, weil ich dabei automatisch an die Umwelt denke." Jetzt hat man einen Platz in der Aussage eingenommen und spricht für sich selbst.

Je mehr man sich weigert, mit Einwänden, Schmerzpunkten, Must-Haves und No-Gos eine eigene Stellung zu beziehen, umso schlechter wird das Miteinander zu verstehen und zu organisieren sein. Man wird versuchen, auf Grund von allgemein klingenden Aussagen generelle Regeln zu bestimmen, die am Ende zu einem immer engeren Korsett für das Team werden.

Wir wollen bei GFK-plus lange Diskussionen vermeiden, denn das bringt im Verhältnis zum Ergebnis viel zu wenig. So reicht meist ein klarer Satz, um anderen die Information zu der eigenen Schwäche oder Sensitivität zu geben, damit sie die Klippe umschiffen zu können. Wenn sie das nicht wollen, wird man im Rahmen des gemeinsamen Projektes die Schmerzen und die Enttäuschung als souveräner Mensch aufrecht ertragen.

Abseits des Projektgeschehens kann man dann das Thema zur rechten Zeit vielleicht mit der klassischen gewaltfreien Kommunikation noch einmal neu und detaillierter ansprechen. Die Tools hier sind für das fürsorgliche Miteinander konzipiert und sie werden weder im dominanten noch im funktionalen Miteinander perfekt funktionieren können. Mir ist durchaus klar, dass es zurzeit noch eher selten gelingen wird, durch und durch fürsorgliche Teams und Unternehmen zu bilden. Uns allen steckt die Dominanz und Funktionalität noch in den Knochen. Es wird immer mal zu Spannungen kommen. Dann ist es wichtig, geduldig mit uns, unseren Schwächen und Sensitivitäten zu sein, innezuhalten und vielleicht gemeinsam mit dem GFK-Zauberkreis auf die Situation zu blicken.

Bei größeren Spannungen und Konflikten kann man sich eine Fachperson aus dem Bereich der klassischen GFK zur Unterstützung heranziehen und die Situation mit ihr besprechen, besonders wenn es sich primär um persönliche Erregungen und weniger um sachliche und fachliche Bedenken handelt.

5.c) Entscheidungen konsensieren

Konsensieren ist eine neue und sehr feine Art des Abstimmens. Doch bevor wir dazu kommen, wollen wir den Entscheidungsprozess als Ganzes verstehen. Der läuft nämlich in drei Phasen ab.

Die drei Phasen der Entscheidungsfindung

Ein guter Entscheidungsprozess braucht drei unterschiedliche Phasen, die jeweils eine etwas andere Haltung und ein anderes Vorgehen erfordern. Diese Phasen bauen auch noch logisch aufeinander auf, sodass es Sinn macht, sie nicht zu vermischen. Es ist oft auch günstig, sie mit Pausen zeitlich voneinander zu trennen. Hier werden Meinungen in einem forschenden Prozess gemeinsam geformt und nicht einfach nur als individuelle Instant-Ansichten mitgebracht. Dazu sind die ersten beiden Phasen da.

1. Bildformung	- Eine angemessene Vorstellung von der Herausforderung bekommen
2. Meinungsformung	- Man spielt Szenarien durch und argumentiert Aspekte
3. Beschlussformung	- Man bestimmt den Weg, auf den man momentan setzen möchte

1. **Die bildformende Phase**: Man macht sich ein Bild von der Lage, sammelt Fakten und Informationen, versucht diese zu analysieren und sich so einen Eindruck zu erarbeiten. Welche Parameter erlauben eine angemessene Einschätzung? Welche Fachbereiche sind betroffen? Öfters mal die Perspektive wechseln. Wenn möglich interdisziplinär vorgehen.
2. **Die meinungsformenden Phase**: Die Beteiligten erarbeiten sich Standpunkte, Thesen und Ideen, bleiben dabei jedoch möglichst offen und flexibel. Diese Stellungen sind Spielpositionen und keine Schützengräben. In dieser Phase findet eine Auskristallisierung von Ansichten statt. Dabei soll man immer für überraschende Wendungen offen sein.
3. **Die Beschlussformungsphase**: Das ist der Moment, in dem das Projekt festgeklopft wird. Es macht Sinn, einen ausreichenden zeitlichen Abstand zu den

anderen Phasen zu haben. Manchmal hilft es, wenn man ein Thema nochmal überschläft. Während wir vorher offen und dadurch auch unbestimmt waren, setzen wir in dieser Phase auf eine Karte, auf einen Weg, auf eine Vorgehensweise oder auf ein Projekt. Gehen wir erst einmal Schritte in diese Richtung, wird es immer schwieriger, sich noch einmal umzuentscheiden. (Das Gesetz der Pfadentwicklung). Haben wir bereits den Koffer für den italienischen Sandstrand gepackt, wird der Schwenk zur Arktiskreuzfahrt aufwendiger. Je länger man einen Weg verfolgt hat, desto problematischer können richtungsändernde Grundsatzentscheidungen werden. Was nicht bedeutet, dass man immer auf sie verzichten kann.

Klassisches Konsensieren

Welche Qualität haben unsere Entscheidungen? Das ist eine sehr zentrale Frage für die Zusammenarbeit und gerade ein Team als Boss, das auf Augenhöhe agiert, braucht hier gute Antworten und die Fähigkeit, schnell und effektiv zu klugen Entscheidungen zu kommen, und zwar weil und nicht obwohl alle mitreden dürfen.

Das Problem ist bekannt. Um das Jahr 2000 haben die beiden Österreicher Erich Visotschnig und Siegfried Schrotta das Konsensieren (SK-Prinzip) entwickelt[61], das die Zukunft des Entscheidens gerade nachhaltig verändert. In Anerkennung der Qualitäten dieser Methode empfehle ich das Konsensieren auch für „Das Team ist der Boss". Außerdem biete euch noch das leicht veränderte GFK-plus Konsensieren an. Damit habt ihr die Antwort, wie das Team als Boss zu sehr guten Entscheidungen kommen kann, was bedeutet, dass ein Team sein verschränktes Potenzial in die gemeinsamen Beschlüsse hineingelegt bekommt. Doch wie bei allen GFK-plus Tools steht es jedem Team frei, das Konsensieren zu verwenden, wann immer das passt, oder zu anderen Tools zu greifen, die für sie eben gerade besser funktionieren.

Ein Team will in seinen Entscheidungen gemeinsam klüger sein als jeder Einzelne und nicht dümmer. Beim Konsensieren geht es darum, in Gruppen, Teams und Gemeinschaften die jeweils beste Entscheidung zu treffen bzw. im Entscheidungsprozess weiterzuentwickeln.

Begonnen wird mit der Suche nach Lösungsvorschlägen. Der Vorschlag, der im Team die geringste Ablehnung erzeugt, gewinnt, also weder der Vorschlag mit den meisten Ja-Stimmen noch der mit den wenigsten Nein-Stimmen (Ja-Nein Dualität), sondern der

---

[61] Visotschnig, Erich; Schrotta, Siegfried: Systemisches KONSENSIEREN: Der Schlüssel zum gemeinsamen Erfolg, Danke-Verlag; 6. Auflage 2022, ISBN-10: 3980863549

mit dem wenigsten Nein-Potenzial. Dazu werden die Nein-Stimmen nach einer Skala gewichtet: Wie sehr ist man gegen einen Lösungsvorschlag in der aktuellen Fassung?

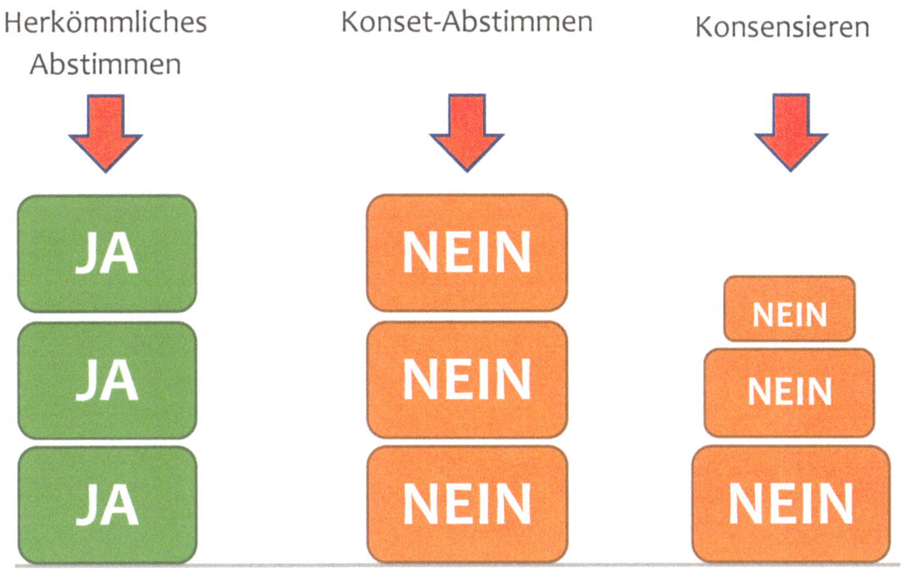

Es wird also für jede einzelne Lösung das Ausmaß des gesamten Widerstands der Gruppe ermittelt. Der Vorschlag mit dem geringsten Widerstand gewinnt.

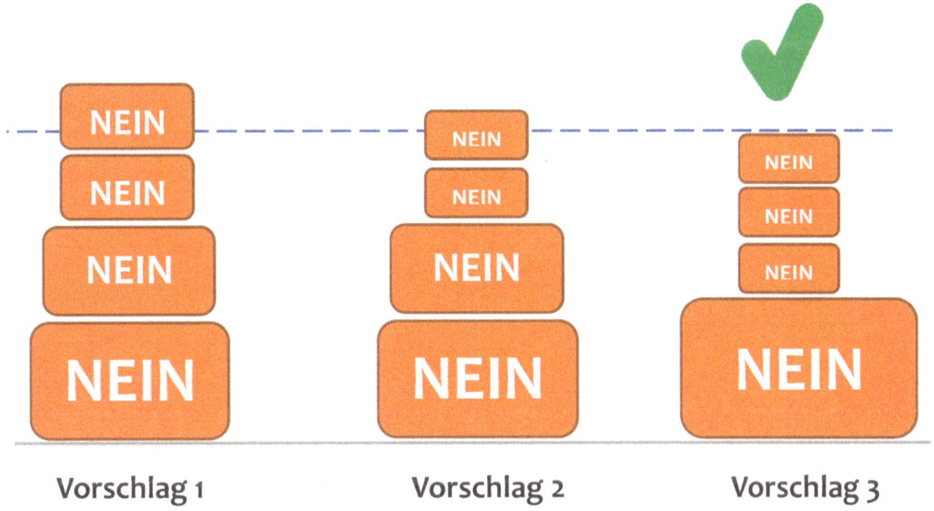

Vorbereitung der Praxis – den Ablauf klären

- Kartenabfrage? Handzeichen? Mit einer App konsensieren? Mit einem Tool? Anonym? Wer schreibt auf, wer moderiert, wer zählt?
- Widerstandsskala von 0-5 / 0-10?
- Wie viele Runden möchte man abstimmen? (2, 3, 4?)
- Haben alle gut verstanden, wie Konsensieren geht? Testdurchlauf mit harmloser Aufgabe?
- Eine Null-Lösung definieren. Wie sieht diese aus: Nichts machen, alles so wie immer weitermachen, die Dinge laufen lassen?

Konsensieren beginnen

1	Was genau ist das Problem – als Frage formuliert	Diese Frage sollte nicht mit Ja oder Nein beantwortbar sein (also keine Entscheidungsfragen formulieren!)
2	Welche Lösungsvorschläge gibt es aktuell?	Wie beim Brainstorming werden die Vorschläge nicht kritisiert, sondern gesammelt und nummeriert.
3	Wie viel Widerstand erzeugt jeder Vorschlag bei wem?	Jeder Lösungsvorschlag wird von allen mit Widerstandspunkten bewertet. Null Punkte = kein Widerstand bzw. kein Problem mit der Lösung, bei max. 5 bzw. 10 Punkte = 100% Widerstand. Kann man auch mit Smileys u.ä. machen.
4	Welche Lösung hat den geringsten Widerstand?	Man rechnet die Widerstandspunkte zu jeder Lösung zusammen und vergleicht die Ergebnisse. Der Vorschlag mit dem wenigsten Widerstand ist momentan der Beste für das Team.
5	Alle können jetzt ihre Lösung verwerfen, anpassen, erweitern oder so belassen.	Man kann sich beraten, worauf der Widerstand beruht, um den Lösungsvorschlag zu verbessern oder klarer vorzutragen. Dann beginnt eine zweite und eventuell eine dritte Rund. In diesen Runden reifen die Lösungsvorschläge schnell aus und passen sich optimal an die Gruppe an.

6	Wiederhole von Punkt 2 ab den Vorgang zwei oder drei Mal. Am Ende akzeptiert man den Vorschlag mit den wenigsten Widerstandspunkten	Durch die Wiederholung entsteht die Ausreifung der Vorschläge. Auch hier wird es in einer fürsorglichen Teamkultur zumeist die besten Ergebnisse geben. Auch fördert die Methode die Kultur der Fürsorglichkeit.

Vorteile

- Schnelle Entscheidungen
- Nimmt alle mit
- Kreative Lösungsfindung
- Auch zurückhaltende Menschen können gut mitmachen

GFK-plus Konsensieren

Für das GFK-plus Konsensieren sucht man nicht unterschiedliche Lösungsvorschläge für ein Problem und konsensiert diese anschließend, wie das beim klassischen Konsensieren üblich ist. Stattdessen bestimmt man das Problem und überlegt sich, welche Parameter jede Lösung erfüllen müsste, damit die Lösung auch eine Lösung sein kann. Man denke an das Stuttgarter Bahnhofsprojekt S21. Hier braucht es u.a.:

1. Ausreichende, zukunftsfähige Kapazitäten
2. Gute Anbindung an Fern- und Regionalstrecken
3. Umweltverträglichkeit
4. Finanzierbare Lösung
5. Brandsicherheit

Dabei zeigen sich auch individuelle No-Gos und Must-Haves. Man kann versuchen, diese an Parameter zu knüpfen. (z.B. Barierefreiheit, Schutz des Baumbestands, Artenschutz, Denkmalschutz)

Das Problem wird nun als Rahmen für unterschiedliche Utopien/Visionen angesehen. (Kopfbahnhof, Tiefbahnhof, etc.) Und genau solche Visionen oder Utopien werden nun zum GFK-plus Konsensieren gesucht, aufgelistet und anschließend wie üblich konsensiert. Dabei reifen die Utopien/Visionen aus und verbinden sich teilweise mit anderen Utopien/Visionen. Wir haben uns also nicht auf das vorgegebene Problem fokussiert, sondern unsere eigenen Wege und Ziele bestimmt, bei denen die Probleme nebenbei auch noch gelöst werden.

Der Vorteil dabei: Es entstehet in der Gruppe nicht nur eine Problemlösestimmung, sondern eine positive vitale Strömung, die eine Community, ein Unternehmen oder ein Team weiterbringt.

Vorbereitung

- Persönliche Konflikte untereinander zuerst angemessen lösen oder gut parken. Sich für den Frieden entscheiden, auch wenn es ein angespannter Frieden sein sollte. Diese Anspannung als Kreativspannung nutzen. Nicht in Opposition gehen, offen bleiben und kreativ mitmachen.
- Eventuell Ausgangslage und erste Änderungsvorschläge zur Vorbereitung rumschicken. Dabei die Fakten und deren Quellen nicht vergessen, da sie die Eckpunkte der Ausgangslage markieren. Die Informationen gut verständlich aufbereiten. Nötige Lösungsparameter benennen.
- Eventuell bereits individuelle Must-Haves und No-Gos sammeln.
- Einen Termin für die Zusammenkunft finden. Wer moderiert?
- Eventuell schon im Vorfeld recherchieren, diskutieren und visionieren. Dabei aber offen bleiben. Statt eine klare Meinung einzunehmen, eher Meinungs-optionen erproben. Bei der Zusammenkunft wird man vielleicht noch einiges erfahren, das die Perspektive verändert. Also sowohl der individuellen als auch der interaktiven Intelligenz vertrauen.
- Eine Null-Lösung definieren. Wie sieht diese aus: Nichts machen, alles so wie immer weitermachen, die Dinge laufen lassen?)

GFK-plus Konsensieren für kleine Teams beginnen

Vorarbeit	1. Ausgangslage und Problemstellung konkret beschreiben. Individuelle Must-Haves und No-Gos mitteilen. Den ermittelten Lösungsbedarf möglichst anhand von Bedarfsparametern transparent machen. (Umfragetool?)	(siehe: GFK-plus Bedarfsliste) Das ausreichende Verständnis der Teilnehmerinnen ist sicherzustellen.
	2. Die Lösungsutopien aller erfragen und daraus eine oder mehrere gemeinsame Visionen erarbeiten. Wenn das gar nicht klappt, kann man in Gruppen oder für sich allein Visionen ausarbeiten. Diese dann im Plenum vorstellen.	Der Intelligenz des Moments vertrauen. Spannungen aushalten und den Impulsen folgen.
	3. Visionen sacken lassen bzw. eventuell zu einem späteren Zeitpunkt noch einmal weiter visionieren.	Es macht Sinn, diese bild- und meinungsformende Phase von der Entscheidungsphase zu trennen.
Entscheidung	4. Bei unterschiedlichen, wenig vereinbaren Visionen und Strategien konsensiert man.	Siehe: Das SK-Prinzip www.sk-prinzip.eu

GFK-plus Konsensieren für große Teams und Gruppen

Vorarbeit	1. Ausgangslage und Problemstellung konkret beschreiben. Individuelle Must-Haves und No-Gos mitteilen. Den ermittelten Lösungsbedarf möglichst anhand von Bedarfsparametern transparent machen. (Umfragetool?)	Eventuell die GFK-plus Bedarfsliste verwenden. Das ausreichende Verständnis der Teilnehmerinnen ist sicherzustellen.
	2. Kleingruppen bilden. In diesen Lösungsutopien erfragen und daraus eine gemeinsame Kleingruppenvision erarbeiten. Wenn das gar nicht klappt, kann man die Kleingruppen teilen, neu formieren, jeder kann sich selbst eine andere Gruppe suchen, bzw. eine eigene bilden und zu ihr dann einladen.	Der Intelligenz des Moments vertrauen. Spannungen aushalten und den Impulsen folgen. Die Gruppengröße kann begrenzt werden.
	3. Die erarbeiteten Visionen im Plenum vorstellen.	Positive Parameter benennen (siehe: GFK-plus-Bedarfsliste).
	4. Wieder zurück in den Kleingruppen die Visionen noch mal hinterfragen und auf neuen Stand bringen. Eventuell verwerfen und anderen/neuen Visionen folgen. Wer sich von der Vision einer anderen Gruppe sehr angesprochen fühlt, kann auch die Gruppe wechseln. Visionen können bereits mit einer strategischen Umsetzungslogik erweitert werden.	Damit die Vision Bestand hat, ist die Umsetzbarkeit anzudenken. Sich dabei jedoch nicht von Schwierigkeiten irritieren lassen.
	5. Noch mal im Plenum zusammenkommen, verbesserte/ erweiterte Visionen und Strategieansätze vorstellen.	Jeder kann Werbung für seine Sicht machen, ein Plädoyer halten. Es ist nicht so, dass eine Gruppe nur eine Vision haben muss.

Entscheidung	6. Visionen konsensieren. Das mag direkt im Anschluss erfolgen oder mit ausreichend Abstand geschehen. Bei größeren Uneinigkeit noch mal bei Punkt 2 beginnen. Die Spannungen werden dadurch in den Kleingruppen ausgehandelt.	Siehe: Das SK-Prinzip www.sk-prinzip.eu

Checkliste zur Vermeidung von sinnlosen Oppositionen bei Entscheidungen

- ❏ Sind die No-Gos und Must-Haves aktuell (GFK-plus Karte T2.1)?
- ❏ Sind die Schmerzpunkte benannt und gehört worden (GFK-plus Karte Z2)?
- ❏ Haben alle ihre relevanten, wichtigen und dringlichen Bitten, Fragen und Statements mitgeteilt?
- ❏ Gibt es eine Anspannung, die mit etwas ganz anderem zusammenhängt (mit einem anderen Projekt, System, Problem) und hier hineinspielt?
- ❏ Gibt es eine verdeckte Agenda, eine fremde Interessensgruppe oder eine verdeckte Strategie, die, zumindest was die dahinter stehenden Bedürfnisse und Bitten betrifft, transparent zu machen wäre?

Abb. 36: Konsensierungskarten findet ihr im Kapitel Tool-Depot 5.f, s.235 zum Download und Ausdrucken auf Ordnertrennstreifen in zwei Varianten

5.d) Die Bedarfslisten

Reden wir effektiv über den Bedarf?

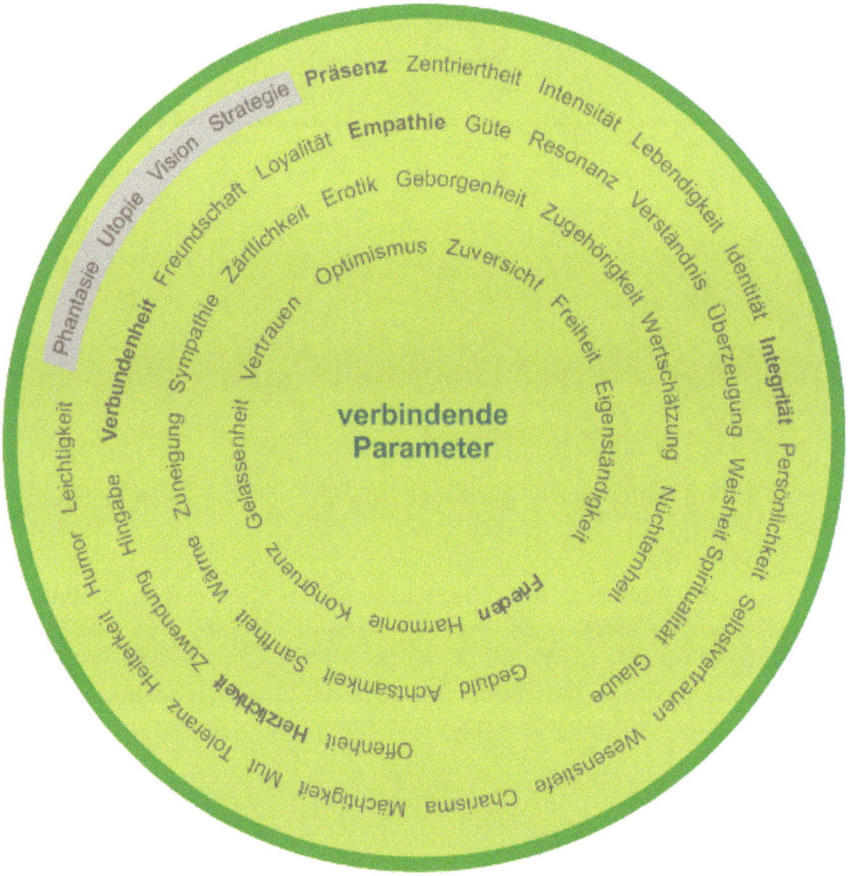

Abb. 37: Die Toolkarte 3.2

Es gibt Parameter, anhand derer wir ein System verstehen und bemessen können. In der klassischen Gewaltfreien Kommunikation verwenden wir Bedürfnisworte als Parameter des persönlichen Innenlebens. Sie zeigen, was ein bestimmter Mensch in einem bestimmten Zusammenhang seinem Erleben nach braucht. Für unser Team als Boss wollen wir jedoch nicht nur die persönlichen Bedürfnisse der Menschen, sondern den sachlichen Bedarf unseres Projekts erfassen. Wozu ist das wichtig? Wenn man z.B. eine Uhr bauen möchte, dann ergeben sich durch dieses Ziel unter anderem gewisse Bedarfsparameter für die Werkstatt und das zu verwendende Material. Die Werkstatt braucht nicht groß zu sein, muss aber ausreichend sauber gehalten werden. Die Werkzeuge müssten eine angemessene oder zumindest ausreichende Präzession gewährleisten. Das Material sollte sich bei Temperaturschwankungen nicht stark ausdehnen. Die Industrie bezeichnet das teilweise als *Key Performance Indicators* (KPI), also Kennzahlen, mit denen die Leistung von Aktivitäten ermittelt werden kann. Für GFK-plus suchen wir allerdings nicht nur die Parameter der Prozesse, sondern Parameter für alle Felder des Vier-Schritte-Kreises. Vereinfacht können wir erst einmal zwischen den Parametern des Weges und den Parametern des Zieles unterscheiden.

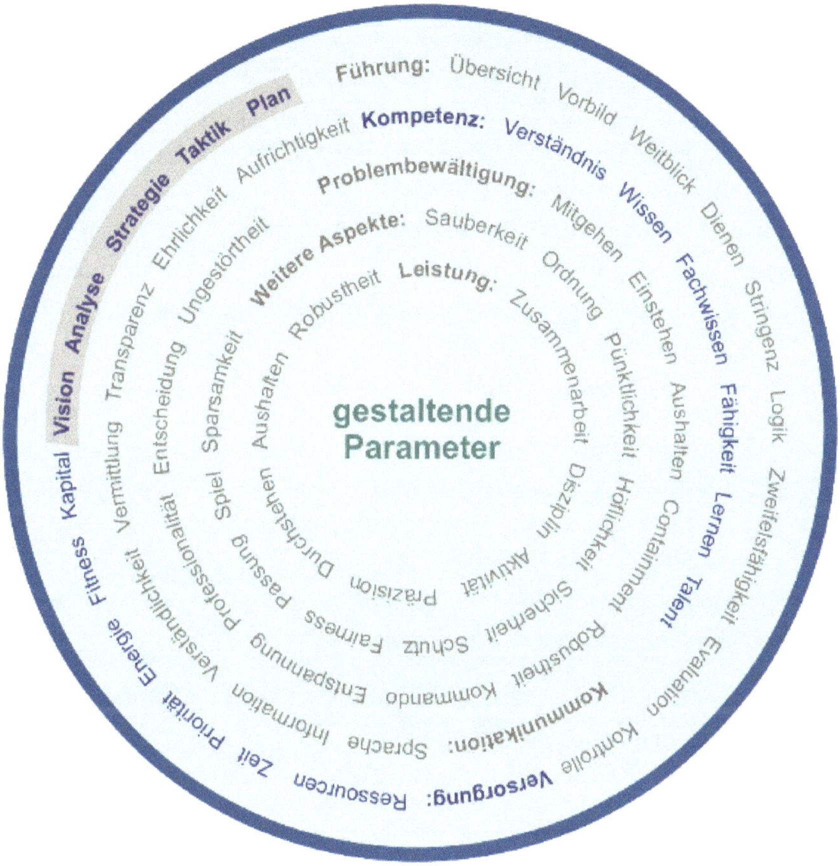

Abb. 38: Die Toolkarte T4.1

Ihr könnt im Rahmen eures Projekts für jedes Feld vom Vier-Schritte-Kreis eine eigene Parameterliste anlegen. Damit das einfacher fällt, haben wir schon mal eine allgemeine Liste der Bedarfsparameter erstellt und die findet ihr in der Downloadliste in diesem Buch oder auf der Webseite www.gfk-plus.net. In der Liste könnt ihr wichtige

Parameter herausstreichen, sie mit euren zentralen Parametern ergänzen und dann mit diesen arbeiten.

Zur Inspiration haben wir zwei Toolkarten angelegt, auf welchen wir einerseits die Parameter des gemeinsamen synergetischen Feldes (T3.2) und anderseits die Parameter des gemeinsamen Gestaltens (T4.1) aufgeführt haben. Diese exakten Begriffe lenken unseren Geist auf die zentralen Qualitäten des Prozesses und machen diese bewusst (qualitative Parameter) und/oder messbar (quantitative Parameter).

So werden Besprechungen und Meetings deutlich effektiver, weil wir genauer auf die zentralen Punkte zu sprechen kommen. Wir suchen die dominanten Parameter heraus, die beteiligt sind und beachten diese angemessen. Machen uns die Parameter der blauen Toolkarte T4.1 (4. Feld: Gemeinsames Gestalten) größere Probleme, dann kann das mit unbeachteten Paramatern der grünen Toolkarte T3.2 (Feld 3: Gemeinsames Potenzialfeld) zusammenhängen. Entwickelt sich im Team ein gutes zwischenmenschliches Potenzialfeld aus, das sich durch Parameter wie z.B. Zuwendung, Offenheit und Vertrauen qualitativ beschreiben lässt, dann wirkt dieses Potenzialfeld stärkend und stabilisierend auf die gemeinsamen Arbeitsprozesse (Feld 4 des Vier-Schritte-Kreises). Dadurch kann man sich auf die Gestaltparameter konzentrieren und effektiv über z.B. Sauberkeit, Zuordnung oder Transparenz sprechen.

Bei den Bedarfslisten findet ihr detaillierte Parameter für alle Felder des Vier-Schritte-Kreises und könnt mit ihnen viele Diskussionen abkürzen. Teilt die Liste aus, streicht, vielleicht schon im Vorfeld der Besprechung, die momentan relevanten Bedarfsparameter zu dem Thema an und fügt fehlende hinzu. Danach überlegt ihr gemeinsam, welche Parameter die wichtigsten sein könnten und wie man diese im weiteren Vorgehen angemessen beachten kann.

In der klassischen GFK verbindet man die unterschiedlichen Bitten der Menschen zu einer gemeinsamen Strategie. Bei GFK-plus verbindet man die Utopien der Individuen zu einer gemeinsamen Projektvision, die man über eine Projektstrategie zur taktischen Umsetzung bringt. Dazu verschränken sich die Potenziale der Individuen zu einem Potenzialfeld.

Präzise Worte geben der Sprache erst ihre Effizienz und verhindern eine destruktive Sprachlosigkeit. Durch die Wortlisten sind schnelle Punktdiagnosen möglich. Diese Punktdiagnosen ankern nicht in konkreten Situationen und Handlungen, sondern in abstrakten Qualitäten und Bedürfnissen.

Kleine Übung zum Verständnis: Denke an ein Sachproblem, das durch eine Handlung hervorgerufen wurde und überlege dir, mit welchen Bedarfsparametern sich der Kern des Problems gut anvisieren lässt. Schaue dazu auf die zwei Toolkarten T3.2 und T4.1.

Bei „Das Team ist der Boss" steht die Utopie/Vision sehr zentral im Fokus, weshalb das Team weniger geneigt sein wird, sich z.B. durch Schuldgedanken und Vorwürfen in eine unliebsame Vergangenheit zu verstricken. Stattdessen kann es sehr gezielt konstruktiv und kreativ an der gewünschten Zukunft arbeiten. In der klassischen GFK ist man den gleichen Weg bereits seit vielen Jahren mit Erfolg gegangen. Bei ihr bezieht man sich zwar auf eine vergangene Situation, die für die gegenwärtige Ist-Situation verantwortlich zeichnet, leitet von diesem Krisenbeginn dann jedoch gleich die aktuellen Bedürfnisse der Personen ab. Diese will man als Qualitäten in der Zukunft erfüllt sehen und findet über die Bitten der Menschen zu einer günstigen gemeinsamen Strategie. Bei GFK-plus braucht man keine Probleme, um gemeinsam kreative und konstruktive Qualitätsfelder zu errichten. Auch limitieren wir uns nicht auf persönliche Bedürfnisse. Anhand der Bedarfsparameter erkennt man leicht den Bedarf an Qualitäten und Potenzialen, die es braucht, um ein Ziel erreichen und ein gemeinsame Projekt verwirklichen zu können.

Bedarfsparameter sind die für das Projekt kritischen Qualitäten, die beachtet werden sollten oder müssen. Sie können in Fülle oder im Mangel sein (Bedarf gedeckt/nicht gedeckt). Jede Qualität hat dabei mindestens eine Balancequalität, die ihr komplementär gegenübersteht (siehe nächste Abbildung: Das Werte- u. Wachstumsquadrat nach Schulz von Thun drückt diesen Zusammenhang perfekt aus). Qualitäten haben also ihre Ausgleichsqualitäten, die ebenso vorhanden sein müssen, weil es sonst zu einseitigen Verzerrungen und Überzeichnungen kommen kann. Generell kann man sagen, dass Qualitäten in einer Wechselwirkung zueinander stehen und wir deshalb von Qualitätsfeldern sprechen können.

Für eine gute Zusammenarbeit sollten wir die relevanten Qualitäten mit den Qualitäts- bzw. Bedarfsparametern im Auge behalten. Leicht können wir einzelne Qualitäten gezielt anheben und damit das Feld insgesamt stärken. Die Balancequalitäten sollten dabei nicht unter den Tisch fallen. Auch muss der Projektraum in seinen Qualitäten gut auf die Teammitglieder zugeschnitten sein und das auch bleiben.

Hier ein Beispiel von der lebendigen Polarität zwischen Sparsamkeit und Freigiebigkeit. Sie sollte nicht in eine Dualität von entweder Geiz oder Verschwendungssucht fallen:

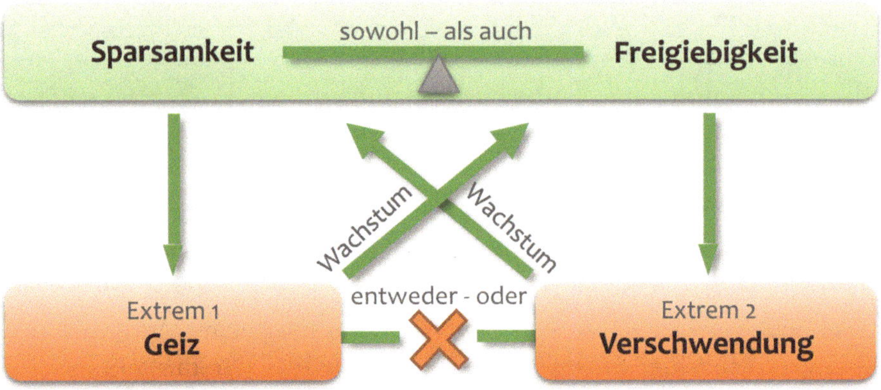

Abb. 39: Das Werte- und Wachstumsquadrat von Schulz von Thun zeigt die Balance zweier komplementärer Werte, die bei Einseitigkeit auch in eine Überkompensation der Extreme fallen kann. In diesem Fall gilt es, den Balancewert zu stärken.

Praktisches Anwendungsbeispiel: Diese Bedarfsliste kann für Entscheidungen in größeren Gruppen benützt werden, z.B. für das Konsensieren (siehe Kapitel 5.c, s.215: Entscheidungen konsensieren). In Kleingruppen von je 5-6 Personen überlegen sich die Teammitglieder, was der Bedarf einer jeden Problemlösung sein könnte. Welche Bedarfsparameter beschreiben diesen Bedarf angemessen. Bei quantifizierbaren Befarfsparametern versucht man kritische Schwellenwerte anzugeben (z.B. Bedarf an *Volumen:* Mindestens 5 m^3, *Maßtoleranz / Passung* der Welle: f7. Getränke: 5l Kaffee, 3l Apfelsaft.). Dann visionieren die Kleingruppen einen konkreten und möglichst inspirierenden Vorschlag. Die Vorschläge werden kurz im Plenum präsentiert, worauf sich die Kleingruppen wieder zurückziehen, um ihren eigenen Ansatz anhand der Lösungsansätze der anderen weiterzuentwickeln oder zu verwerfen. Es erfolgt eine erneute Präsentation der jetzt schon ausgereifteren Vorschläge. Wenn man mag, kann man noch einen Skeptikerrundgang machen, bei dem die größten Skeptiker durch die Kleingruppen gehen und mit ihren Argumenten gehört werden. Noch einmal kann jede Kleingruppe ihren Beitrag aufpolieren oder verwerfen. Dann werden die Vorschläge präsentiert und am selben Tag oder an einem der darauffolgenden Tage nach etwas mehr Ausreifungszeit konsensiert.

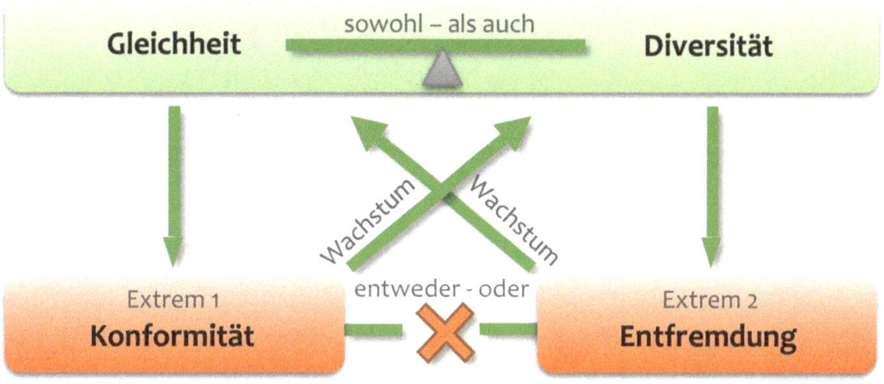

Abb. 40: Ein zweites Beispiel. Jeder Wert hat einen oder mehrere komplementäre Balancewerte.

Was bei technischen Besprechungen in der traditionellen funktionalen Zusammenarbeit bereits häufig genutzt wird, ist für selbstorganisierte Teams manchmal noch ungewohnt. Denn jetzt geht es nicht nur um die Maßtoleranz einer Welle, sondern um die Toleranz gegenüber Lärm. Auch wenn es sich um *Engagement*, *Freiraum*, *Geduld* oder *Hilfsbereitschaft* handelt, haben wir es mit einem Bedarf zu tun, der nicht leicht zu quantifizieren ist. Die Menschen sind dabei selbst die Messfühler. Gleichzeitig sprechen wir nicht von einem momentan akuten Bedürfnis einer Einzelperson, sondern vom sachlichen Bedarf des Projektes, der Organisation und des Teams. Dabei müssen wir darauf achten, dass wir Bedürfnisse und Bedarf gut trennen, denn sonst versuchen wir, für individuelle Bedürfnisse generelle Regeln einführen zu wollen. Es käme zu einer Verantwortungsübergabe vom Individuum zur Gemeinschaft, wie wir das heute vielerorts sehen. Hypersensitive Sprachräume, Schuldkonzepte und intolerante Framings zerstören die Lebendigkeit des Miteinanders, oft ohne stimmige Lösungen anbieten zu können. Haben wir eine ausreichende Klarheit darüber, wer wie persönlich betroffen ist, besonders, was die leiseren Stimmen betrifft? Die Befindlichkeiten von marginalen Minderheiten dominieren mit Lautstärke die sozialen und funktionalen Systeme, um nicht mehr ausgegrenzt zu sein. Die gute Intention führt zu einem Schritt in die falsche Richtung. Dazu kann man sich auch die Abb. 29: Mit z.B. dem Programm XMind kann man sich eine Mindmap erstellen und mit ihr die Systemstruktur (Schritt 2 im Vier-Schritte-Kreis) genauer betrachten. – die Mindmap zum zweiten Schritt im Vier-Schritte-Kreis. Hier sind die persönlichen Aspekte und die Sachaspekte klar getrennt. Nur so finden wir im fürsorglichen Miteinander zu umfassend guten Lösungen.

Die zentralen Parameter des Bedarfs geben uns auch wichtige Signale für selbstorganisierte Fertigungsprozesse. So kann man z.B. für die einzelnen Prozesse Fieberkurven zeichnen und bekommt eine aktuelle Idee, welcher Prozess zeitlich im grünen, gelben oder roten Bereich ist. Diese Fiberkurven werden a) immer aktuell gehalten und b) allen Beteiligten zur Verfügung gestellt. So lenken die Signale im gelben und roten Bereich die gemeinsame Aufmerksamkeit auch Schwachstellen und das Team kann seine Ressourcen nach dem Bedarf umverteilen. Selbstorganisation braucht also eine Intelligenz, die sich an bestimmten Bedarfsparametern orientiert.

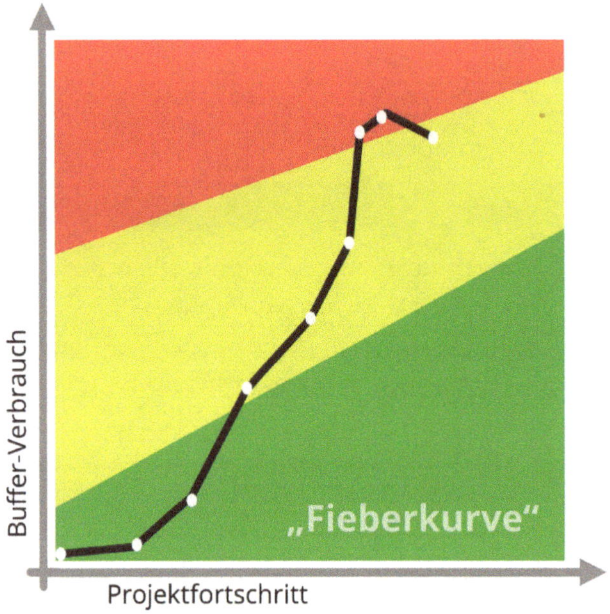

Abb. 41: Mit solchen Fieberkurven zeigt man, wie ein Prozess im Zeitplan ist. Das ist besonders für die Prozesse im Engpass oder für die längste Prozesskette (Critical Chain) wichtig zu wissen. Einen sich problematisch verknappenden Zeitbuffer kann man begrenzt durch den Einsatz zusätzlicher Ressourcen wieder ins Lot bringen, indem man z.B. mehr Manpower, mehr Maschinen, mehr Kapital, mehr Arbeitszeit etc. ins Rennen wirft.

5.e) Tools für Utopien und Visionen

„Wenn du könntest, wie du wolltest, was würdest du tun?“

Utopien und Visionen sind zentrale Elemente für „Das Team ist der Boss“. Wie findet man eine inspirierende Utopie und kommt im Team dann mit den unterschiedlichen Utopien weiter zu einer realistischen gemeinsamen Vision? Wie gelingt die Überleitung von der anregenden Vision zur nüchternen Strategie? Wie finden sich die geeigneten Taktiken zur Umsetzung? All das sind Fragen und Aufgaben, die einen weiteren Blick in das Tool-Depot nahelegen.

Im ersten Schritt sollte sich das inspirative Potenzial im Team in Form von Utopien und Visionen zeigen, bevor es zu Konstruktion einer Strategie und Taktik weiter gehen kann. Denn die individuellen Utopien und das latente utopische Potenzial im Team liefert das Baumaterial für die gemeinsame Vision. Die Vision stellt das Ziel dar, für das man mit einer geeigneten Strategie dann einen Weg vorzeichnet. Taktische Konzepte helfen den Teammitgliedern, diesen Weg auf ihre eigene Art und mit den aktuell vorhandenen Möglichkeiten erfolgreich zu gehen.

Es sind bereits einige gute Methoden im Umlauf, die ihr für die Arbeit mit Visionen verwenden könnt und vielleicht schon verwendet. Das Vision-Board ist so ein Tool, auch wenn man Ziele von Visionen unterscheiden sollte. Dazu könnt ihr auch den **Zielfindungsprozess** verwenden, ein einfacher Prozess auf vier Fußmatten aus meiner Werkstatt. Mit ihm könnt ihr zwischen reinen Zielideen und euren inspirativen Zielvisionen unterscheiden. Folgt ihr dem QR-Code, dann kommt Ihr zum Handout und könnt ihn ausprobieren.

PDF Zielfindungs-prozess

Im Internet lassen sich alle möglichen Anleitungen zur Visionsarbeit finden, wie etwa „Die 10 Schritte zu einer kraftvollen Unternehmensvision“. Und ihr selbst mögt auch noch einige Methoden kennen oder euch einfach direkt euren Utopien und Visionen zuwenden – in einer inspirierenden Umgebung und bei einer entschleunigenden Tasse Kaffee oder Tee. Denn Visionsarbeit braucht die richtige Atmosphäre. Man befindet sich auf der richtigen Spur, sobald die kreative Energie merklich anzusteigen beginnt.

Ich habe für „Das Team ist der Boss“ allerdings noch ein neues Visions-Tool designt, dass ich euch gerne vorstellen will: Den Utopie-Zauberkreis.

Der Utopie-Zauberkreis

Die Anwendung vom Utopie-Zauberkreis ist sehr einfach. Man geht mehrmals über die vier Felder: 1. Sinn, 2. Gespür, 3. Verständnis und 4. Plan. Schon taucht eine Utopie zauberhaft aus dem Nichts auf, wenn das nötige Potenzial dafür vorhanden ist. Auf der Webseite vom Utopie-Zauberkreis findet ihr dazu drei Online-Kartensets mit jeweils einer Karte für jedes Feld. Die Aussagen auf diesen Karten helfen immer wieder, das Bewusstsein besser auszurichten und schneller zu Ergebnissen zu kommen. Das klappt recht häufig und ist eine wertvolle Unterstützung für eure selbstorganisierte Visionsfindung.

Bereits auf dem ersten Feld kommt die Frage auf, um welchen Sinn es geht. Wird *Sinn* etwa mit Zweck, Nützlichkeit oder Bedeutung gleichgestellt? Hat er etwas mit *Purpose* zu tun, dem großen *Why*, das bei den neuen Methoden des Managements so eine Rolle spielt?

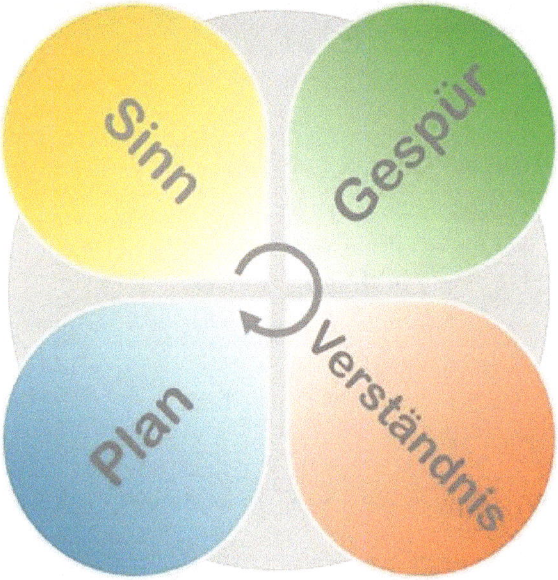

Abb. 42: Der Utopie-Zauberkreis

Sinn ist das, was unsere bewusste Innenwelt mit der tatsächlichen oder der zukünftigen Außenwelt lebensdienlich verbindet. Wir haben die gelungene Verbindung von Innensystem und Außensystem als "organisch" bezeichnet. Dabei spielt der Sinn eine initiale Rolle. Insofern startet der Utopie-Zauberkreis mit diesem Feld. Im Sinn beginnt sich unser Wesen zu offenbaren, sich in uns auszudrücken und eine erste Position zu beziehen. Was ist dein Sinn im Projekt? Welches Projekt macht auf welche Weise für dich welchen Sinn? Spürt nach, was euch anregt und geht nicht nur nach logischer Nachvollziehbarkeit. Denn nur weil sich etwas logisch perfekt nachvollziehen lässt, muss für Euch noch keinen Sinn machen. Ihr werdet das spüren, wenn ihr euch in einem angemessen fürsorglichen und konfliktfreien Miteinander gemeinsam dem Thema widmet.

Nur ein sich selbst bewusstes Wesen wie der Mensch kann einen Sinn nicht nur erspüren, sondern auch beschreiben, ausformulieren und mitteilen. Trotzdem machen z.B. die Blüten für die Bienen und auch die Bienen für eine Blütenpflanze unglaublich viel Sinn. Wissen sie darum? Sie denken wohl eher nicht darüber nach oder philosophieren in kleinen angeregten Gruppen, nachdem die Sonne untergegangen ist. Die Schöpfung scheint auch ohne ihr und unser bewusstes Wissen eine sinndurchtränkte Komposition zu sein.

Wie können wir Sinn verstehen? Und noch mehr als das: Wie können wir uns von ihm ergreifen und lenken lassen – auch als Team? Können wir ihn angemessen in Worte fassen und somit beschreiben? Dabei mögen wir versucht sein, den Sinn einer Situation darin zu sehen, was wir von ihr haben, welche unserer Bedürfnisse also erfüllt werden. Doch Sinnerfüllung geht über die Befriedigung von Bedürfnissen hinaus. Viele Situationen können Bedürfnisse erfüllen, ohne Sinn zu machen, beispielsweise Rauchen und etwas Alkoholisches trinken. Sinn ist auch nicht objektiver Zweck, denn rein objektiv ist es sogar schwer zu sagen, ob wir als Menschen selbst Sinn machen, bei all dem Chaos, was wir anrichten und bei der kosmischen Winzigkeit und Kurzlebigkeit, die unser Schicksal ist.[62] Doch es gibt ein Gespür für die Stimmigkeit unseres Weges in den Situationen, die wir erleben oder planen. Es ist die Resonanz unseres Wesenskerns in Bezug auf die Außenwelt und eine Resonanz der Außenwelt mit uns. Wir gehen in den Wald und etwas in uns sagt „ja", das bis dahin still war. Was ist das? Ein Sinnempfinden? Wann sagt der Wald ja zu dir, dem Waldläufer? Ab wann lassen sich die Vögel auf deiner Schulter nieder?

Versuche also mit dem Utopie-Zauberkreis den Sinn nicht nur für dich selbst zu hinterfragen, in Form von: "Was bringt mir das Ganze?" Stattdessen kann man sich mit dem Projekt und System verbinden und positive Veränderungen für das Projekt und das System suchen. Die Buddhisten starten ihren Weg der inneren Befreiung nicht mit dem Wunsch, selbst Erleuchtung zu erfahren, sondern, dass ihr Weg allen Wesen dient. Sie wollen, dass ihre Suche für das gesamte System Sinn macht.

Wenn Sinn die Schöpfung saturiert, dann nehmen wir unbewusst oder bewusst an dem Gesamtsinn teil. Das bleibt uns wohl ein Mysterium, doch wir sind mehr als nur Zuschauer dabei. Wir sind mitten drinnen.

Damit wir nicht an zu großen Rädern zu drehen versuchen, blicken wir auf den Projektsinn bzw. den Projektetappensinn. Er bietet uns die Grundlage für das *Gespür* (Feld 2 im Utopie-Zauberkreis). Sobald wir eine Sensitivität entwickelt haben, kann ein tieferes *Verständnis* (Feld 3) auftauchen. Bereits vorhandene Gefühle und Gedanken lösen sich ab oder aktualisieren sich. Wir befinden uns auf der Suche nach den, was

---

[62] Wie kommt übrigens das Paradies ohne uns zurecht? Habt der Mensch dort Freunde zurückgelassen? Hat er dort auch Bäume umarmt und Fröschen über die Straße geholfen? Werden wir vermisst oder sind alle froh, dass sie uns los geworden sind. Vielleicht hat die Schlange ja nur im Auftrag der anderen Wesen gehandelt.

wir noch nicht haben. Am Ende taucht – im Laufe mehrerer Runden – ein immer besserer *Plan* oder zumindest ein Ansatz für einen *Plan* auf (Feld 4).

Mit der Webplattform haben wir den Utopie-Zauberkreis sehr praktisch unterbaut. Ihr findet dort nicht nur den Zauberkreis zum Ausdrucken, sondern auch die drei Kartensets mit Fragen, die euch den Prozess leichter machen können. Des Weiteren gibt es ein Video mit einer genauen Erklärung und ein weiteres Video, das euch anfangs durch den Zauberkreis leiten kann. Nützt dieses gratis-Tool und gebt es gerne weiter. Viel Erfolg.

5.f) Download Tool-Depot für freies Arbeitsmaterial

Profis erkennt man an ihrem Werkzeug. Damit ihr euer Arbeitsmaterial für das Team als Boss nicht komplett selbst erstellen müsst, stelle ich euch hier einige Hilfsmittel bereit. So seid ihr gut gerüstet, um gleich loslegen zu können.

Die Rechte für das Material liegen beim Autor Gabriel Fritsch/Mannheim und bei Michaela Fritsch/Wien. Sie stellen das hier angeführte Material, die Bilder und Texte als creative commons cc bis auf Weiteres zur freien Verfügung. Ihr könnt also alles, ohne Einschränkung privat und beruflich einsetzen. Entwickelt ihr selbst ein wertvolles Tool für organische Selbstorganisation, dann lasst es uns wissen. Vielleicht nehmen wir es als GFK-plus Tool mit auf.

File	Kurzlink	QR-Code
GFK-plus Kartenset PDF	https://t1p.de/anx4d	
Checkliste PDF	https://t1p.de/b1ga5	
Bedarfsliste PDF	https://t1p.de/s8fda	
Bedarfsliste online	https://t1p.de/w0mmw	

Gefühls- und Bedürfnisliste
PDF

https://t1p.de/euao

Gefühls- und Bedürfnisliste
online

https://t1p.de/8wbk2

Präsentationsmappe: Das Team ist der Boss mit Infoblätter
PDF

https://t1p.de/2kwo8

Diskurskreis und Diskurspyramide
Handout
PDF

https://t1p.de/wg3q

Karten zum Konsensieren
PDF

https://t1p.de/x374v

GFK-plus Matrix
PDF

https://t1p.de/xb4e4

GFK-plus Matrix
Excel

https://t1p.de/tx6mq

GFK-Zauberkreis
Online Tool-Plattform

https://t1p.de/mt96

Utopie-Zauberkreis Online Tool-Plattform	https://t1p.de/v3om
Herz-Kopf-Bauch-Prozess Handout PDF	https://t1p.de/umw2o
Zielfindungsprozess Handout PDF	https://t1p.de/7sljq
Newsletter, Infos, Veranstaltungen erhalten	https://t1p.de/xfjao
GFK-plus YouTube Kanal	https://t1p.de/wbjpr
Startpaket für den Schnellstart	https://t1p.de/9r511
„Das Team ist der Boss“ StrategieMap PDF	https://t1p.de/2soy9
Klassische GFK StrategieMap PDF	https://t1p.de/2t1a7

Dieses und weiteres Material findest du im Tool-Depot auf der Webseite.

Webseite Das Team ist der Boss	https://t1p.de/pblwz
Webseite GFK-plus	https://gfk-plus.net

6. Integrales Management

Werden die Projekte größer, sind immer mehr Menschen an ihnen beteiligt. Wir werden dann mehrere Teams und (Teil-)Projekte selbstorganisiert managen müssen. Das macht die Lage schnell unübersichtlich. Während man beim weitläufigen sozialen Netzwerken in unterschiedlichen Gruppen und auf verschiedenen Plattformen kaum Probleme bekommt, sieht das beim produktiven Arbeiten schnell anders aus. Die Abhängigkeiten, Verantwortlichkeiten und Risiken sind dabei eben um einiges konkreter. Aus losen *Networks* bilden sich konzentrierte *Communities of Practice*, also Teams, die sich einem Projekt, einem Teilprojekt oder auch nur einem bestimmten Prozess innerhalb eines Projektes widmen. Als Ergebnis arbeiten einige Teams innerhalb eines Projektrahmens zusammen.

Früher hätte man das einfach Unternehmen genannt, es sauber strukturiert, am Markt ausgerichtet und in eine solide Form gebracht. Als das schwieriger wurde, hat man outgesourced und konnte so den soliden Strukturen weiter treu bleiben. Doch heute soll dieser Interessens- und Potenzialverbund weit flexibler, vielschichtiger und wandelbarer sein, sodass eine solide Festlegung teilweise weder möglich noch sinnvoll wird. So einen konkret an Projekten zusammenwirkenden Netzwerk-Verbund kann man *Meshwork* nennen, jedenfalls hatte Don Beck diese Bezeichnung im Rahmen seines Modells *Spiral Dynamics* gewählt. Mir gefällt die Bezeichnung *Metaorganismus* besser. Die Interessen der unterschiedlichen Zellen (Individuen) und Organe (Teams) werden in einem Körper (Metaorganismus) nicht nur berücksichtigt, sondern erzeugen durch ihre Verbundenheit auch noch höhere Ebenen von Bewusstheit und Interesse. Der Gesamtkörper ist mehr als nur die Summe seiner Teile und als *Liquid Metaorganism* ist er auch nicht immer die Summe der selben Teile, so wie ein biologischer Körper neue Zellen und ein Garten neue Pflanzen und Tiere heranbildet.

Wir bleiben mit dem Team als Boss auch in größeren Projekten unserem Projektfokus treu. Es geht nie um eine Organisation als Selbstzweck, sondern immer nur um das Organisieren von Projekten, die wir schrittweise begreifen und realisieren können, auch in größeren Verbünden. Dazu reicht der Vier-Schritte-Kreis zum Management jedoch nicht mehr aus. Es fehlen ihm die teamübergreifenden Elemente. Wie kann also auch ein größeres System mit umfangreicheren Projekten sich selbst organisieren?

Dazu braucht es ein integrales Management. Und wir dürfen uns fragen, was uns in unserer konkreten Teamumgebung bereits an Wissen und Tools dafür zur Verfügung steht und was wir noch hinzunehmen wollen.

1. Wie arbeiten mehrere Teams selbstorganisiert zusammen?
2. Was können mögliche Probleme sein?
3. Welche Tools und Methoden eignen sich?
4. Was ist integrales Management?

Selbstorganisierte Teams sind der Schlüssel zu organischem bzw. integralem Management. Doch wie können unterschiedliche selbstorganisierte Teams miteinander agil zusammenarbeiten? Wie kommen starke Führungsqualitäten ins Spiel, ohne dass es dazu bestimmte Chef-Personen und Chef-Teams braucht?

Wie kann sich ein Team oder sogar ein ganzes Unternehmen aus sich selbst heraus wie ein Metaorganismus organisieren? Wie können einzelne Großprojekte ein Meshwork hervorrufen, das ein klassische Unternehmen transzendiert, ohne es zu schädigen? Wie können all die vielseitigen Potenziale der Menschen zu einem gemeinsamen Erfolg beitragen, ohne sich gegenseitig einzubremsen? Wie kann das Ganze weit mehr als die Summe seiner Teile sein? Damit ihr leichter praktische Antwort auf all diese Fragen findet, habe ich für das integrale Management eurer Projekte einige weitere GFK-plus Tools entwickelt.

Was ist integrales Management?

Integrales Management bedeutet, dass sich ein oder mehrere Teams selbst managen. Die Führung der Projekte und Prozesse geschieht flexibel, aktuell und dynamisch durch die Teams und nicht durch statische Vorgaben, Abteilungen, Gremien oder Leitstellen. Mit dem integralen Ansatz soll das Team außerdem nicht nur das Projekt, sondern auch die Umgebung mitbeachten.

Integrales Management wirkt sich ermächtigend, integrierend und inspirierend aus, wenn es zur rechten Zeit mit den rechten Teams und den adäquaten Projekten durchgeführt wird. Wichtig ist sowohl die Methodik als auch die Bereitschaft der Einzelnen zur Selbstorganisation. In der Praxis zeigt sich, dass auch einzelne Teams immer wieder die Tools des integralen Managements gut brauchen können.

Für wen eignet sich integrales Management?

Integrales Management eignet sich überall dort, wo Menschen aktiv miteinander zusammenarbeiten, wie z.B. in Teams, Start-Ups, Unternehmen und Initiativen. Auch Partnerschaften und neue Wohnprojekte können davon profitieren. Grundlage ist der

Wunsch nach selbstbestimmter produktiver Zusammenarbeit in einer allgemein fürsorglichen Grundhaltung. Echte Selbstorganisation geht auf das Selbst einer jeden aktiven Person zurück. Deshalb führt Selbstorganisation automatisch auch zu einem Empowerment von Personen und Teams. Die bisher aufgeführten 5 Hürden für „Das Team ist der Boss" sollten den Mitgliedern bereits einigermaßen klar geworden sein.

Wie kann integrales Management aussehen?

Integrales Management steht vor der Herausforderung, die vielen unterschiedlichen Impulse von unterschiedlichen Menschen miteinander in eine klug organisierte, gemeinsame Bewegung zu bringen. Die Macht und das Engagement der Einzelnen sollen möglich hoch sein, ohne sich deswegen dominant auszuwirken. Der Kommunikationsaufwand soll möglichst niedrig bleiben, denn er ist ein kritischer Faktor bei der Selbstorganisation. Das alles gelingt recht gut mit „Das Team ist der Boss".

Was ist als Ergebnis zu erwarten:

- mehr Sinn, Glück und Zufriedenheit
- mehr Power und Visionen
- mehr Flexibilität und Kreativität
- weniger Konflikte und Reibungen
- ein schneller sich bildendes Problembewusstsein
- schnellere Krisenbewältigung
- mehr Entscheidungspotenzial genau dort, wo die aktuellen Aufgaben sind

Hier sind das, was ich für das integrale Management anbiete:

1. Ein Verständnis der wirkenden Prinzipien
2. Die StrategieMaps
3. Die GFK-plus Matrix
4. Den Sachdiskurs

6.a) Die Prinzipien des Integralen Managements

Was man bisher kaum beachtet hat

Da funktional orientierte Unternehmen Mitarbeitende und nicht Menschen suchen, wird seit jeher viel menschliches und zwischenmenschliches Potenzial aus den Teams herausgefiltert. Das geschieht nicht nur durch das Unternehmen, sondern auch von Seiten der Personen selbst, die in die Unternehmen eintreten und die Selbstbeschränkung spätestens seit ihren Schulzeiten verinnerlicht haben. Integrales Management kann mit den Potenzialen der Menschen umgehen, auch auf höherer Projektebene[63]. Die Mitarbeitenden müssen bereit sein, sich wirklich auf ihre Projekte und Kollegen einzulassen. Weil ihre Potenziale nur von ihnen selbst verwaltet werden können, braucht es auf jeden Fall eine geeignete Form der Selbstorganisation. Die Prozesse werden auf diese Weise lebendiger, leichter und natürlicher.

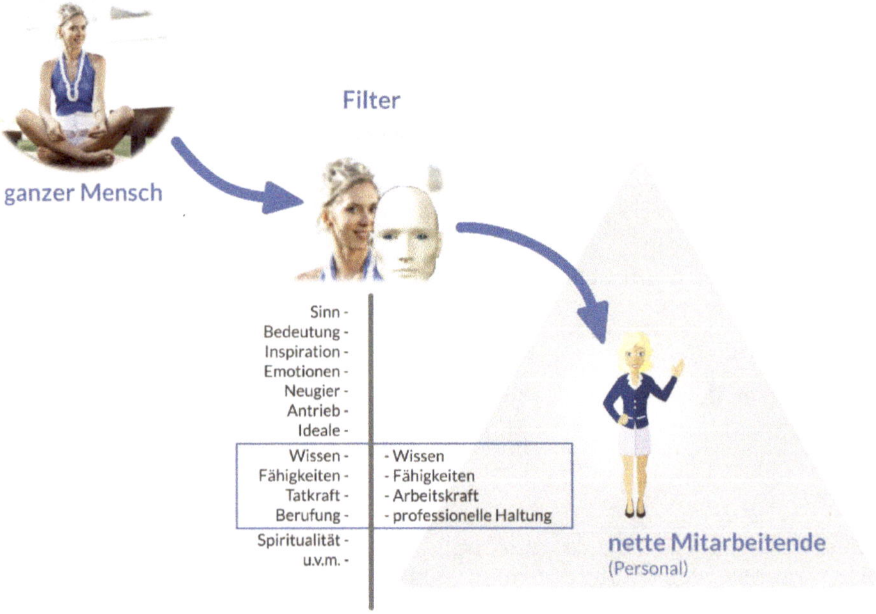

Abb. 43: Hier nochmal die Doppelbödigkeit der funktionalen Kultur: Der Mensch erscheint in einem funktionalen System funktional reduziert als Personal. Er wird reduziert erfasst und wandelt sich auch selbst brav vom Menschen zur formalen Mitarbeitenden. Jetzt gibt es unterschiedliche Interessen auf beiden Seiten der Linie, ein Problem für die Selbstorganisation.

---

[63] Das bedeutet allerdings nicht, dass man sinnvoller Weise Menschen, die sich wie kleine Kinder oder sogar wie Tiere verhalten, in anspruchsvolle Projekte integriert. Ein Onboarding-Prozess ist immer mal sinnvoll. Jedes Fußballteam braucht Spieler, die auf ihrem Niveau mitspielen können.

Bei all den wesentlichen Verbesserungen im modernen Management bleiben die Menschen und viele ihrer Potenziale hinter einer geschäftsmäßigen Fassade verborgen. Von ihrem kompletten inneren Potenzial fließt nur wenig durch die Filter des Geschäftslebens in die Arbeit mit ein. Das ist nicht so, weil das ihr persönliches Optimum wäre. Meist halten sich die Menschen nur aus einer unterschwelligen Furcht und einer Art Schutzbedürfnis zurück. Der Preis dafür ist für alle recht hoch.

Bei genug Vertrauen kann das ursprünglich dominante und heute hauptsächlich funktionale Miteinander in eine fürsorgliche Zusammenarbeit umschwenken. Erst dann kommen Menschen in einen Frieden, ihre inneren Potenziale entfalten sich und verschränken sich untereinander zu einem kraftvollen Potenzialfeld.

Fazit: Potenzialfelder sind Kraftfelder und Felder einer übergeordneten und kreativen Team-Intelligenz: Sie sind der Schlüssel für die Selbstorganisation und für eine neue Qualität des integralen Managements.

Integrales Management gründet sich auf offen gelebter Menschlichkeit. Es ist nicht gleichzusetzen mit den neuen Methoden von GFK-plus oder anderen Ansätzen. Diese werden nur benutzt, um die natürliche Dynamik von kreativer, konstruktiv vernetzter Menschlichkeit anzuregen und zu erhalten. Das Ergebnis ist deshalb weniger methodenlastig als vielmehr menschlich. Wir können es auch die natürliche, sich systemisch klug wirkende Menschlichkeit nennen.

Fazit: Irgendwann merken wir, dass eine rein funktionale Optimierung von Organisationsabläufen weder uns Menschen, unseren Produkten, Projekten und Prozessen noch unserer Umwelt gerecht wird. Wenn wir echten Nutzen mit Profit, echten Sinn mit Zweck, echte Fürsorge mit Respekt und echte persönliche Ideale mit abstrakten Werten verwechseln, dann hat das einen Preis, den unser Herz zahlen muss. Mit dem Übergang zum integralen Management wird es in und mit den Unternehmen menschlicher und lebenswerter.

Ganz Mensch oder nur Personal?

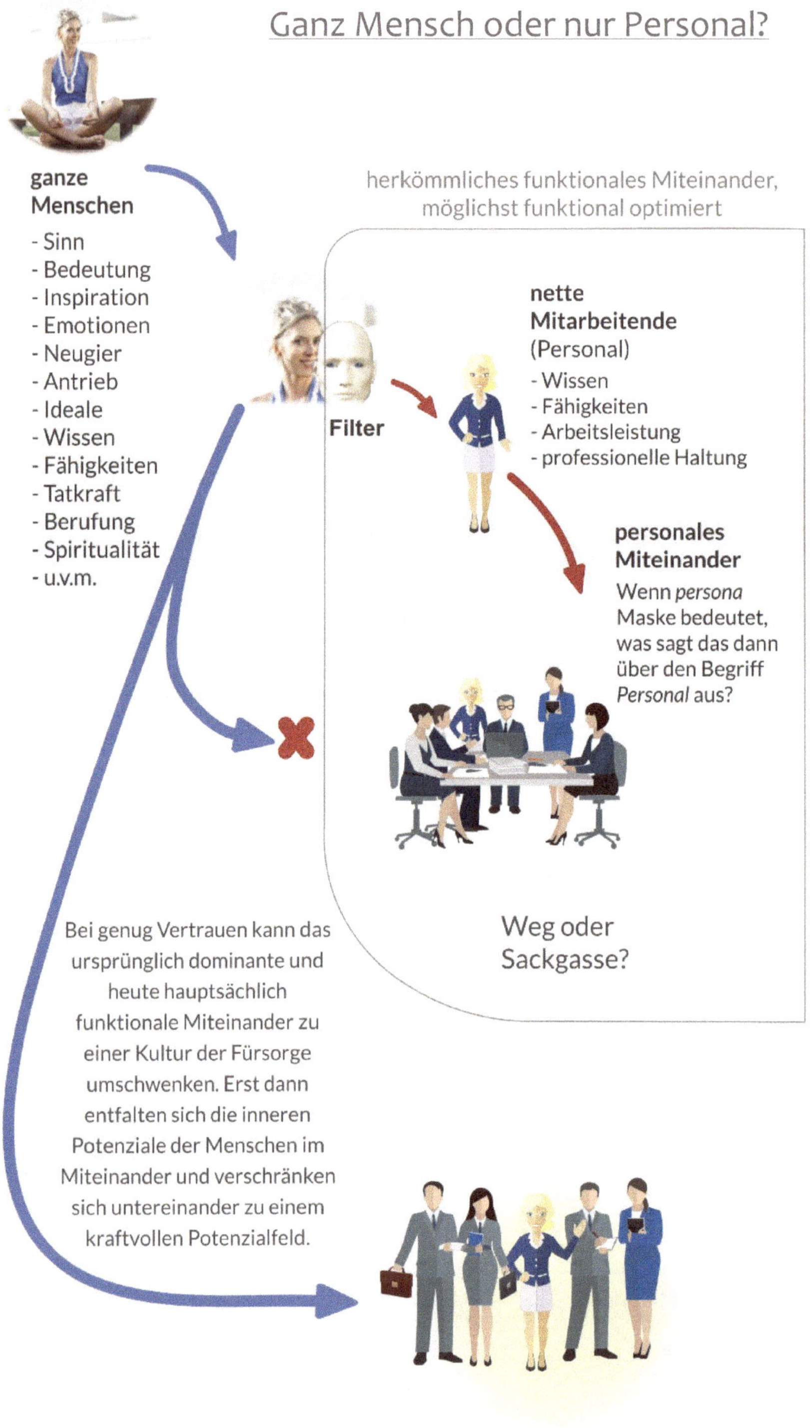

Herkömmliches funktionales Miteinander

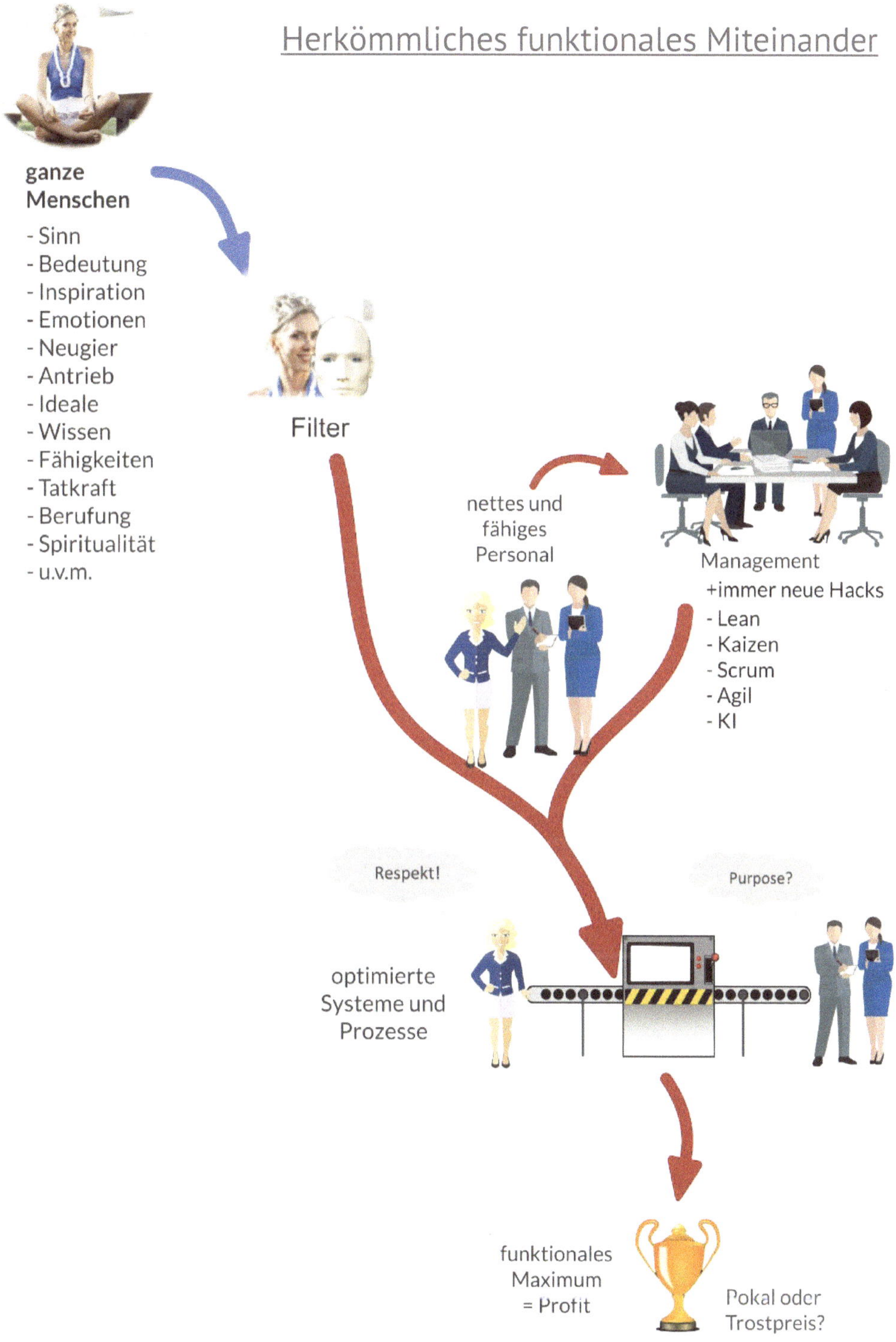

Integrales Management

ganze Menschen

- Sinn
- Bedeutung
- Inspiration
- Emotionen
- Neugier
- Antrieb
- Ideale
- Wissen
- Fähigkeiten
- Tatkraft
- Berufung
- Spiritualität
- u.v.m.

Integrales Management der Systeme und Prozesse

A Vision + Strategie

- Utopie-Zauberkreis
- Vier-Schritte-Kreis
- GFK-plus Matrix
- StrategieMap
- Bedarfsparameter

Selbstorganisierte Führung als gemeinsame Aufgabe. Führung der Prozesse und nicht der Menschen.

B Taktik + Ausführung

Agiles Managen aus dem Prozess heraus (in Unternehmen mit z.B. ToC (*Theory of Constraint*), CCPM (*Critical Chain Process Management*) u.Ä.

Bedürfnis- und sinnorientierte Herstellung von Produkten

C Wert + Freude

Die Verbindung zwischen dem Innen und Außen stärken. Ergebnisse und Produkte in ihren Auswirkungen verstehen und feiern.

6.b) StrategieMaps

Die festgelegte Strategie darf der Freiheit nicht widersprechen

Solange man genug Macht über Menschen hat, kann man sie für Strategien einspannen, die sie nicht mitentwickelt haben, die sie nicht mögen und die zu Ergebnissen führen, welche sie nicht gutheißen. Es ist wie bei einem Schachspiel. Einer denkt nach und verschiebt seine Figuren auf dem Feld. Wenn sich heute ein Unternehmer darüber aufregt, dass sich die Mitarbeitenden wie Holzfiguren verhalten, nicht mitdenken und keine Eigeninitiative zeigen, dann hängt das unter Umständen damit zusammen, dass diese Leute zu lange auf Schachbrettern herumgeschoben wurden. Was ist da zu machen? Wenn man genau genug hinsieht, fragt man sich, wer überhaupt noch ein eigenmächtiger Spieler unter den vielen Figuren ist. Und noch ein anderes Problem zeigt sich. In den immer komplexer und vielfältiger werdenden Projekten überblicken vereinzelte lokale Strategen die komplette Situation nicht mehr ausreichend, um eine insgesamt günstige Steuerungslogik vorgeben zu können. Von einer einzigen zentralen Leitstelle aus lassen sich die Prozesse auch nicht mehr gut managen. Es braucht also ein neues und flexibles Strategieelement, mit welchem die Beteiligten ihre Planungsintelligenz stets aktuell in die Projektorganisation integrieren können.

Strategisches Talent

Es gibt nicht übermäßig viele Menschen in einer Gruppe, die über echtes strategisches Talent verfügen. Man könnte einwenden, dass im Prinzip jeder Schach spielen kann, der Weiß von Schwarz zu unterscheiden vermag und die Grundregeln des Spiels verinnerlicht hat. Darauf möchte ich antworten, dass natürlich so gut wie jeder im Schach verlieren kann. Zum Gewinnen auf einem ansprechenden Niveau braucht es jedoch einen entsprechend begabten, trainierten und befähigten Geist, der sich in den abstrakten strategischen Gefilden wohl fühlt. Da wird die Luft dann schon eher dünn. Genauso verhält es sich übrigens mit den Visionären einer Gemeinschaft. Die wenigen dieser visionären und strategischen Kompetenzträger im System sollten identifiziert und dann konzentriert für die gemeinsame Visions- und Strategieentwicklung eingesetzt werden. Will ein Unternehmen nun in die Selbstorganisation wechseln, dann taucht die Frage auf, ob das nicht im Widerspruch zum eben Gesagtem steht. Echte Selbstorganisation kann wohl kaum die simple Befolgung einer Strategie sein, die von jemand anderem entwickelt wurde. Um dieses Paradoxon aufzulösen, haben wir die GFK-plus Strategie entwickelt.

Die GFK-plus Strategie

Eine Strategie ist ein Fahrplan, mit dem ein Team oder ein Unternehmen im Rahmen eines Projekts zum Ziel gelangt. Dabei beschränkt sich GFK-plus nicht auf die technisch-funktionale Ebene. Mit der GFK-plus Strategie sollen sich die Teammitglieder mit ihren unterschiedlichen Ressourcen, Fähigkeiten und Potenzialen so organisieren können, dass sie einfach und schnell zum Erfolg kommen. Die Entscheidungsfreiheit aller soll erhalten bleiben, ohne dass dadurch unzumutbare Unsicherheiten entstehen und man vom Kurs abkommt. Wie machen wir das? Ganz einfach: mit einer StrategieMap. Eine solche StrategieMap besteht ausschließlich aus Fragen. Genauer gesagt ist es ein konzentrischer Zusammenhang von Leitfragen, die jeweils mit einem doppelten Fragezeichen gekennzeichnet sind. Im Zentrum der StrategieMap steht die zentrale Leitfrage des Projekts. Zum Beispiel: Wie sieht die Schule der Zukunft aus? Eine StrategieMap ist wie eine Mindmap gestaltet. Dafür verwende ich selbst das Programm XMind.

Abb. 44: Ein erster Ansatz für eine GFK-plus Strategie

Was ist die zentrale strategische Frage des Projekts? Vielleicht beginnen die Strategen einen ersten Versuch mit: „Wie sieht eine Bildung der Zukunft aus??“ Dann überlegen sie, dass Spiel und Lernen zusammenhängt und stellen die Frage: „Wie macht Bildung/Unterricht am meisten Spaß??“ Außerdem: „Wie messen wir den Fortschritt??“ Eine Frage kann sein: „Wie verbindet sich Spiel und Lernen??“ und „Welche existierenden Spiele wollen wir wie nutzen??“

Am Ende sollen möglichst wenige Leitfragen übrig bleiben und diese in eine sinnvolle Reihenfolge gebracht werden. Die Leitfragen verschwinden nicht mit der Beantwortung. Sie bleiben bestehen und können im Laufe der Zeit immer wieder neu beantwortet werden. Solange die Mitarbeiterinnen und Mitarbeiter mit ihrem Handeln gute „Antworten“ auf die strategischen Fragen geben, werden sie immer im Rahmen der Strategie handeln, ohne dass ihnen jemand etwas vorschreibt. Sie erreichen also alle eine strategische Steuerungsintelligenz, ohne einen Verlust an individueller Freiheit zu erleiden.

Im Laufe des Projekts geht es darum, diese StrategieMap ständig zu aktualisieren und zu optimieren, Leitfragen zu verbessern, zu verschieben, hinzuzufügen oder zu streichen. Dabei helfen den Strategen auch die Rückmeldungen aus der Praxis. Ziel ist es, einen möglichst kleinen Leitfragenkontext in Form einer StrategieMap zu erstellen, der dann für die Projektdurchführung zur Verfügung steht. Die StrategieMap kann für Teilprojekte verkleinert und fokussiert werden. Zum Beispiel kann sich jemand nur mit Spielen und Lernen beschäftigen. Er verwendet dann den dritten Zweig der StrategieMap. Die anderen Zweige kann er aber jederzeit einsehen, wenn dies von ihm gewünscht oder notwendig ist.

6.c) Die GFK-plus Matrix - das Steuerungsbord des Teams

Wenn es um mehr als nur ein einfaches Projekt geht, stellt sich die Frage, wie alle Projektbeteiligten im selbstorganisierten Unternehmen einen ausreichenden organisatorischen Überblick bekommen. Dafür gibt es die GFK-plus Matrix.

Download Excel

Download PDF

In klassischeren Unternehmensstrukturen arbeiten die Mitarbeitenden innerhalb ihrer Abteilungen in ihren festgeschrieben Positionen, Funktionen und Rollen. In moderneren Matrix-Organisationen wechseln Mitarbeitende zwischen ihren Abteilungen (z.B. Technik, IT,

Werkstatt, Büro, Verkauf) und den Projektteams (Projekt 1, Projekt 2, Projekt 3) hin und her. Die Projektteams werden sinnvollerweise mit allen nötigen Fachleuten aus mehreren unterschiedlichen Abteilungen besetzt. Daraus ergibt sich eine doppelte Zuordnung der Arbeitskräfte: einerseits fachlich durch die Abteilungsstruktur und andererseits projektbezogen durch die Aufgabenstellung, die eine Bündelung von Kompetenzen und die Zusammenarbeit verschiedener Abteilungen erfordert.

Auch bei GFK-plus kennen wir zwei Arten von Teams: Bei den stabileren **Home-Teams** kommen die immer gleichen Personen zusammen und verfolgen verschiedene Projekte nacheinander. **Aktionsbasierte Teams** bilden sich dagegen nur wegen einer bestimmten Aufgabe und lösen sich danach wieder auf.

In klassischen Unternehmen, Abteilungen und Teams wird die Führungsaufgabe und mit ihr die Verantwortung über wenige zentrale Positionen verteilt die alle mit einer Führungsperson besetzt werden. Bei agilen Teams möchte man von dieser Art Führung nach dem Prinzip „Wasserfall" (von oben nach unten) wegkommen. Die zentrale Leitungsperson mutiert dazu eher zum Unterstützer und Coach des Teams. Trotzdem handelt es sich immer noch um eine fest besetzte zentrale Leitungsposition für ein rein funktional organisiertes Teams. Bei GFK-plus verzichten wir auf eine fixe Besetzung der Führungsposition und deren feste Verankerung im System, aber nicht auf Führungspositionen und das Prinzip der Führung selbst. Die Führung des Projekts und Unternehmens ist supportiv und selbstorganisiert. Es braucht eine offene zentrale Führungslogik und die erzeugt sich das Team in Form einer GFK-plus Matrix. Mit ihr richten sich die Führungsaufgaben immer aktuell aus und verteilen sich auf die neun Bereiche innerhalb der Matrix. Jedes Team und das Unternehmen als Ganzes antworten auf die aktuellen Aufgabenstellungen mit dem besten Potenzial, über das sie aktuell verfügen. Damit entsteht eine 360° supportive Liquid-Guidance-Power, die vom gesamten Teampotenzial getragen wird. Ob eine bestimmte, sich durch die Prozesse ergebende Führungsposition dabei gerade mit einer oder mit mehreren Personen besetzt ist, entscheidet sich im Team und oft auch im bestimmten Moment. Alle übernehmen projektführende Verantwortung nach ihren Möglichkeiten. Das ist in dominanten oder funktionalen Umgebungen kaum vorstellbar, doch in fürsorglichen Teams die beste Lösung. Fürsorglichkeit ist sowieso immer mit persönlicher Verantwortung und Führung gekoppelt. Deshalb ist sie primär eine Frage der ausreichenden Bewusstseinsentwicklung. Für integrales Management sollte man sich die Crew insofern entsprechend aussuchen.

Während die Selbstorganisation eines einzelnen simplen Projekts auch ohne weiteres Mittel gut funktionieren mag, ist man bei größeren Projekten und bei mehreren Teams von einem Tool abhängig, weshalb wir dieses in Form der GFK-plus Matrix entwickelt haben.

Die GFK-plus Matrix teilt sich in drei separate Steuerungsbereiche auf.

1. Die Organisation des Miteinanders an sich
2. Der Innovationsbereich
3. Das laufende Geschäft in Form von Produktion und Verwaltung

Und es gibt in der Matrix noch eine weitere, vertikale Dreigliederung. Sie bringt die Visionen, Strategien und taktischen Konzepte der Menschen ins Spiel. So ergibt sich folgende 3x3 Matrix:

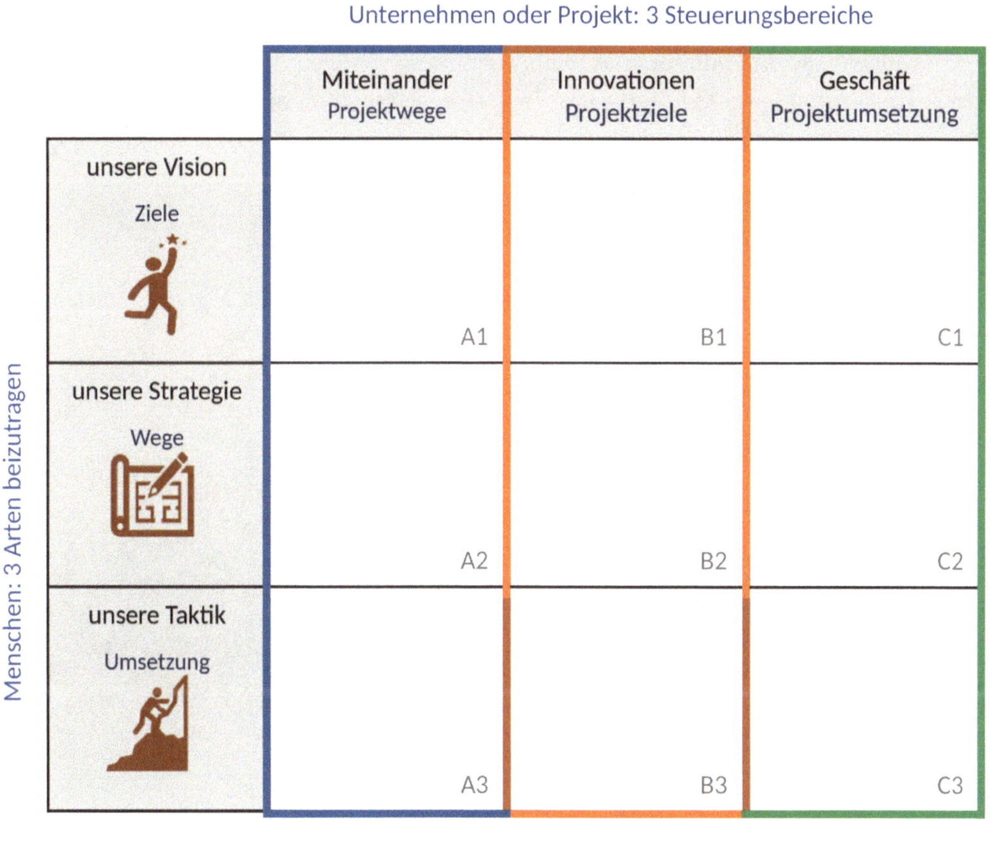

Abb. 45: Die drei vertikalen Ebenen in der GFK-plus Matrix

Die GFK-plus Matrix[64] bildet ausgefüllt ein gemeinsames Steuerungsboard, bestehend aus drei separaten Steuerungsbereichen (Spalten) und drei Arten der Aufgaben in

[64] Die GFK-plus Matrix mag etwas an das Viable System Model (VSM) des britischen Universitätsprofessors Stafford Beer erinnern. Auch das VSM zeigt mehrere Ebenen und Prozessbereiche, allerdings nicht in einer Matrix. Das Umfeld wird im VSM gesondert dargestellt. Bei der GFK-plus Matrix ist die Systemumgebung in allen Feldern und Projekten zu beachten. Insgesamt

diesen Bereichen (Zeilen). Es ergeben sich damit 9 völlig unterschiedliche Organisationsbereiche mit jeweils sehr eigenem Charakter, in denen die Projekte beschrieben und aktualisiert werden.

Alle Teammitglieder können jederzeit frei dazu beitragen und Impulse setzen. Die Pflege der GFK-plus Matrix sollte das Team allerdings den Personen überlassen, welche die Fähigkeiten dazu besitzen. Es eignen sich dafür Menschen mit einem visionären und strategischen Mindset (Siehe dazu auch das entsprechende Kapitel 6.b, s. 247: Strategisches Talent).

Der Manifestationsbereich: Unter der 3x3 Matrix kann man noch eine weitere Zeile anführen, welche den laufenden Arbeitsvorgang und die erzielten Ergebnisse aufzeigt. Denn für eine gelingende Steuerung braucht es natürlich auch die Auswertung der konkreten Prozesse und ihrer Ergebnisse.

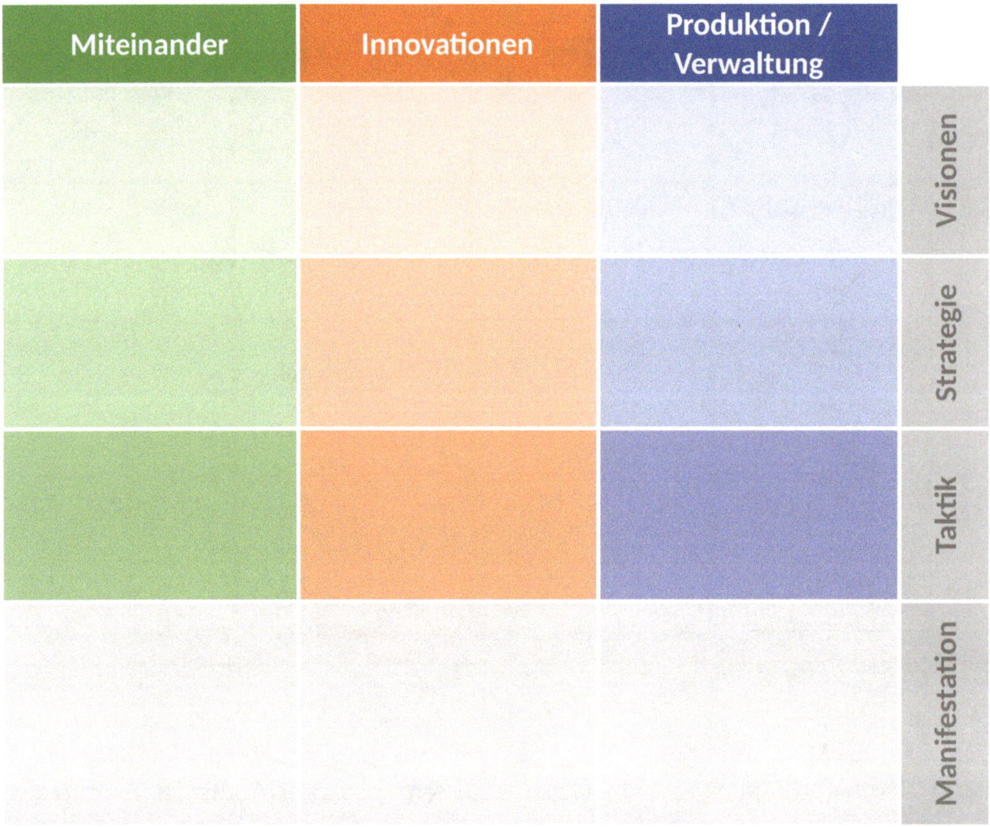

---

kann man sagen, dass sich das VSM eher auf eine dominanzfreie Unternehmensarchitektur fokussiert und Integrales Management sich eher auf die Architektur selbstorganisierter Projekte bezieht. Beides lässt sich wohl auch kombinieren.

Abb. 46: Die GFK-plus Matrix zum Ausfüllen. Dazu eignet sich Excel, Google Tabellen, etc.

Man kann die GFK-plus Matrix auch einfach als Diagnose- und Prognose-Tool anwenden und sich mit ihr der Frage widmen, welche der neun Felder wie gut beachtet werden. In einem Tabellenprogramm wie Excel lässt sich die GFK-plus Matrix gut als Arbeitsblatt darstellen. Bei virtuellen Konferenzen eignen sich vielleicht auch mal die Google-Tabellen. In dem von uns bereitgestellten Download im Download Tool-Depot Kapitel 5.f. s.235 haben wir auch weitere Detail-Arbeitsblätter für die einzelnen Bereiche beigefügt.

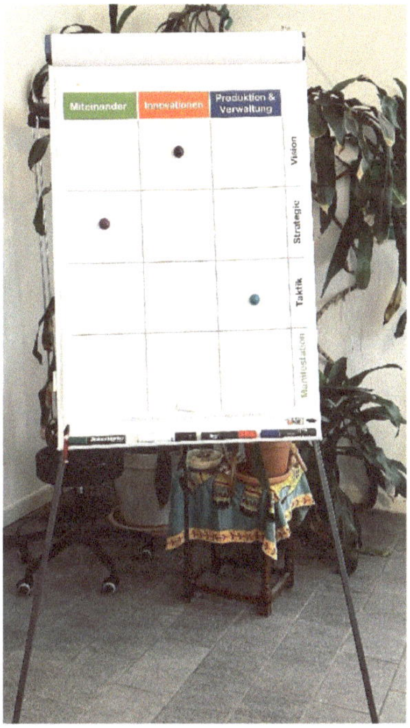

Abbildung 47: Die GFK-plus Matrix als Flipchart zum Brainstormen

Doch auch ein simples Whiteboard kann ausreichen. Jedes Team mag seine eigene Kreativität spielen lassen und die ihm gewohnten Tools dafür verwenden. Das Mindmapping Tool XMind bietet dazu nicht nur die Möglichkeit, online gemeinsam an Mindmaps zu arbeiten. Die Mindmaps lassen sich damit auch in Tabellen darstellen.

Durch die neun Steuerungsfelder und die drei Manifestationsfelder wird die Zusammenarbeit eines Teams selbstorganisierbar. Das Team kann seine blinden Flecken ausmachen und dort die geeigneten Planungsschritte einleiten[65].

Nicht alles, was sich manifestiert, ist auch direkt vom Team produziert. Ein Traktor verdichtet z.B. mit seinem Gewicht den Erdboden, was der Traktorhersteller mit seiner Produktion weder direkt bewirkt noch beabsichtigt hat. Die Verdichtung manifestiert sich durch das Fahren des Traktors auf dem Acker. Der Hersteller kann dies zur Kenntnis nehmen und versuchen, Gegenkonzepte zu entwickeln. Auch das, was ein Team nicht aktiv produziert hat, soll also mit einbezogen werden. In der Praxis eines integralen und organischen Managements bedeutet das, dass auch externe Personen Steuerung-

[65] Wer sich mit dem Logical Thinking Process beschäftigt hat, der versteht, dass es Kausalitäten und Potenzionalitäten gibt. Habe ich einen Stift in der Hand und lasse ihn los, dann bedingt das seinen Fall nach unten. Habe ich einen Stift in der Hand, ermöglicht mir das zu schreiben. Das eine ist ein kausaler, das andere ein potenzionaler Zusammenhang. Um innovativ zu sein, sollten wir unsere Potenziale nutzen. Um eine Produktion zu automatisieren, sind Kausalitäten in einen guten Zusammenhang zu bringen. Beides ist wichtig. Mehr unter der Wordpressseite von Chris Hohmann: https://t1p.de/w6zq1

simpulse für die Matrix einbringen können und sollen. In GFK-plus Teams fokussieren wir uns nämlich lieber auf die zukunftsgerichtete Verantwortung, anstatt die in der Vergangenheit verankerten Schuldideen zu kultivieren.

Interaktives Management führt die sensitiv vernetzten Prozesse in Richtung einer besseren Zukunft, auch über die Grenzen des eigenen Unternehmens hinaus.

In der dreigeteilten Matrix fehlt eine übergeordnete Position für eine zentrale Führungsposition. Das Team führt sich selbst über die GFK-plus Matrix, die ihr Steuerungsboard ist. Das bedeutet nicht, dass nicht immer mal eine Person den Ton angibt, solange das gewollt und akzeptiert wird. Aber es gibt kein ausschließendes Recht auf eine der Positionen und damit wird sich diese Person in einem flexiblen

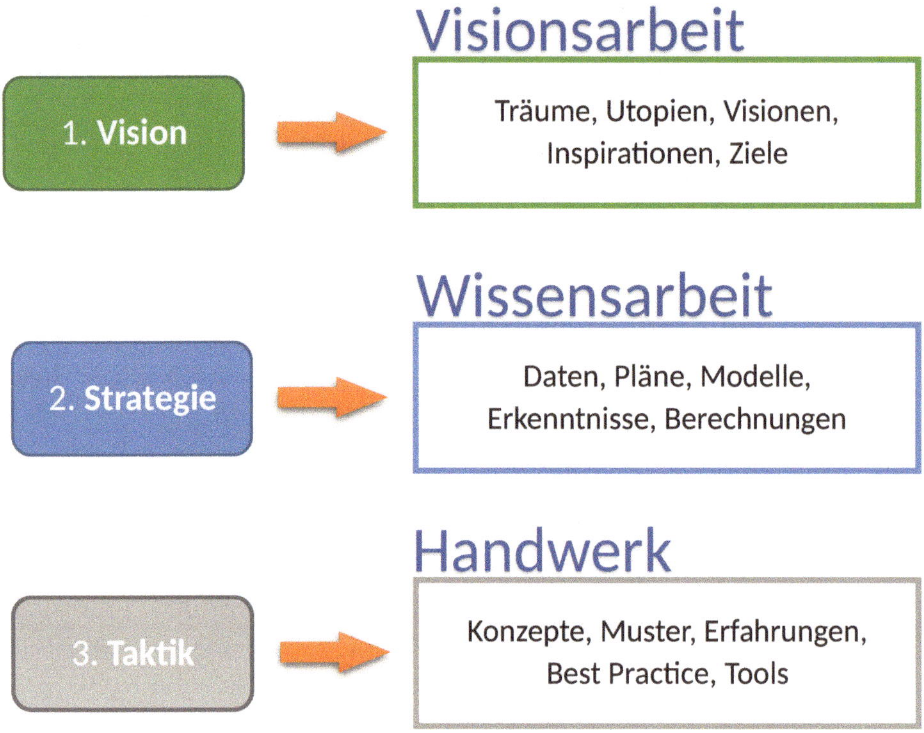

Abb. 48: Die drei Ebenen von Handwerk, Wissensarbeit und Visionsarbeit

System flexibel verhalten. Es gibt bei der Art „betreutem Arbeiten", das momentan üblich ist, die seltsame Vorstellung, dass jemand Boss über die Mitarbeitenden wäre („mein Chef", „mein Team", „meine Untergebenen"). Diese Idee wandelt sich in der neuen Realität dazu, dass Prozesse von Menschen und nicht Menschen für Prozesse geführt werden. Die Teammitglieder lernen voneinander, leiten sich an und unterstützen sich gegenseitig im Rahmen der Projektführung. Damit kommt auch die Verantwortung bei den Menschen an und wird als geteilte Verantwortung wahrgenommen.

Durch die schrittweise Einführung der GFK-plus Matrix im Rahmen kleinerer Projekte kann sich das nötige Verständnis und Bewusstsein leichter ausbilden.

Zur Erinnerung: Wichtig dabei ist es, sich noch mal die Organisationsbereiche in Erinnerung zu rufen. Mit der Matrix organisieren sich die Menschen und Teams in Bezug auf ihre Projekte *fürsorglich* zueinander, um diese dann besser *funktional* organisieren zu können, in Beachtung der natürlichen *Dominanz* der Gegebenheiten (z.B. Ausgangssituation, Rechtslage, vorhandene Mittel, Ressourcen und Schwachstellen).

Abbildung 49: Zur Erinnerung noch einmal die drei Bereiche der Organisiertheit

Gesellschaften, Gemeinschaften und Teams sind auf der Suche nach ihrem Zentrum. Das gilt auch für das produktive Miteinander in einem Unternehmen und wirft für uns die Frage nach der nötigen Zentrierung eines selbstorganisierten Projektes auf. In klassischen Unternehmen ist ein jedes Projekt per se durch die Führungskraft bzw. Führungsstruktur zentriert. Eine Pyramide hat ein klares Zentrum. Auch bestimmte Personen finden sich schnell im Fokus ihrer Kollegen wieder. Sie werden wie von selbst gesucht, um zur Führung der Prozesse beizusteuern. Andererseits gibt es auch zentrale Leitgedanken oder ein bestimmtes Commitment, das alle Beteiligten teilen. Bei idealistischen Projekten folgen die Beteiligten einem Ruf, der sie ereilt hat und verbindet. In agilen Settings taucht als weiterer Fokuspunkt der Kunde mit seinem Bedürfnis auf, teils durch einen Stellvertreter, den *Product Owner*. Bei der *Theory of Constraints* sucht man den Engpass der Produktionskette, um den herum man alles andere organisiert.

Bei „Das Team ist der Boss" steht die GFK-plus Matrix im Mittelpunkt und erlaubt eine sehr vielschichtig organisierte Projektzentrierung. Die gemeinsame Vision und die geteilte Strategie ist dabei nicht lokal gebunden und kann Projekte auch international und teamübergreifend auf Kurs halten.

Wer sich mehr mit Selbstorganisation beschäftigt, wird folgendes bemerken: Menschen und ihre Produktivität brauchen eine Zentrierung und auch immer mal gewisse Zentren. Doch auch diese Zentrierung sollte selbstorganisiert sein und sich durch das Team und angepasst an das jeweilige Projekt ergeben.

Für einen guten Projektstart kann man eine GFK-plus Projektmatrix erst einmal probeweise ausfüllen. Damit kommt es zu einer Grundordnung und einer ersten Ausrichtung im Projekt. Dabei müssen nicht alle Betroffenen beteiligt sein, denn sie können später stets verändernd eingreifen. Wenn es um eine inspirierende Startvision, eine gute Anfangsstrategie oder eine optimale Taktik geht, hilft es, sich mit den jeweils richtigen Leuten zusammenzusetzen und die vorläufigen Ergebnisse dann allen zeitnah zugänglich zu machen. So wird der Kommunikationsaufwand geringer und die Teamarbeit effektiver. Wendet man zusätzlich den Vier-Schritte-Kreis an, geht es noch besser.

Wenn sich die Prozesse standardisieren und automatisieren und die Kreativität zunehmend zurückweicht, kann sich das „Team als Boss" zurückziehen und überlässt der IT und den Maschinen das jetzt das in die reine Funktionalität abgesunkene Projekt. Nun ist nicht mehr das Team, sondern der erprobte Algorithmus Boss. Die Organisation spielt sich jetzt weitgehend auf den Matrixfeldern C2 (erprobte Produktionsstrategie) und C3 (erprobte Umsetzungs- und Verwaltungskonzepte), sowie in der laufenden Manifestation M3 ab.

	Miteinander Projektwege	Innovationen Projektziele	Geschäft Projektumsetzung
unsere Visionen Ziele	A1	B1	C1
unsere Strategien Wege	A2	B2	C2
unsere Taktik, Pläne Umsetzung	A3	B3	C3

Manifestation	M1	M2	M3

Abbildung 50: Die kreative Projektorganisation (Innovation, Spalte B) sinkt nach und nach in eine produktive Funktionalität (C2+C3) ab. Jetzt ist es Zeit, Neues anzugehen.

6.d) Der Sachdiskurs

Wenn das Team Boss sein will, müssen die komplexeren Sachverhalte eines Projektes gemeinsam diskutiert und verstanden werden, damit gute Entscheidungen getroffen werden können. Das geht über das bloße Konsensieren von Entscheidungen hinaus. Vorbereitende Gespräche werden notwendig. Man spricht auch von Wissensarbeit. Der von uns so geliebte Meinungsaustausch ist dafür leider wenig geeignet und bei weitem nicht mit einem echten Diskurs zu vergleichen. Mit Meinungen kann man bestenfalls eine Debatte oder eine Diskussion führen. Das liegt unter anderem daran, dass sich der schöpferische Sinn des Gesprächs vor allem in sinnvollen neuen Zusammenhängen zeigen kann. Unterschiedliche Meinungen lassen sich aber nur sehr begrenzt in sinnvolle Zusammenhänge bringen. Bestenfalls kann man im Meinungsaustausch die weniger begründeten Meinungen aussortieren, indem man andere von der eigenen Meinung überzeugt. Man subtrahiert sozusagen Unnötiges. Mit einem Diskurs wollen wir dagegen eher unser gemeinsames Wissenspotential vermehren.

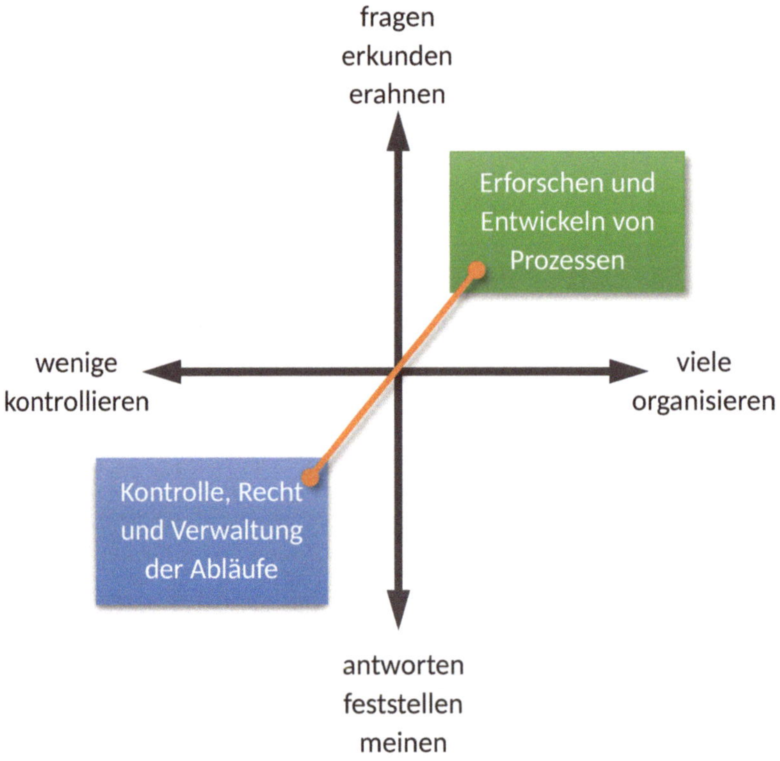

Abb. 51: Was kreativ beginnt (grün), kristallisiert sich mit der Zeit aus (blau).

Meistens wird es bei einem Meinungsaustausch auch noch ein Patt geben, weil Menschen gerne auf ihren Meinungen beharren. Das führt im Weiteren dazu, dass entweder die Dominanz- oder die Toleranzkarte gezogen wird. Eine Toleranz gegenüber anderen Meinungen und sogar Ideologien ist sicher nicht verkehrt doch kommt das Team bei der Organisation eines gemeinsamen Projektes so nicht wirklich weiter. Es wird sich nämlich auf der Basis unterschiedlicher Ansichten selten ein klarer gemeinsamer Weg konstruieren lassen. Sobald das Team zum Boss geworden ist und sich die Meinung eines übergeordneten Chefs nicht mehr in Form von grundlegenden Vorgaben, Zielen, Ausrichtungen und diktierten Anweisungen durchsetzen kann, würden unterschiedliche Ansichten schnell zu auseinanderdriftenden Zielen, Wegen und Vorgehensweisen führen. Das Team oder Projekt würde nach wenigen Schritten auseinanderfallen. Das gilt umso mehr, wenn Projekte gerade nicht mehr ganz rund laufen und das Team angespannt auf eine Krise zusteuert. Klar haben dann alle Teammitglieder viele Meinungen. Doch mit diesen lässt sich der Kurs eines Projekts nur dann bestimmen, wenn sie ausreichend ähnlich und deshalb auch kombinierbar sind. Was aber, wenn nicht? Oder wenn nur eine Person widerspricht? Und machen unterschiedliche Meinungen das Team stetig klüger? Meinungen sind ja oft nur die Burgmauern gegen eine unangenehme Realität, der Versuch, die eigene Unwissenheit zu kaschieren oder die eigenen Interessen zu verteidigen. Deshalb setzt man in wissenschaftlichen Umfeldern lieber auf einen sachlichen Diskurs. Die Diskursfähigkeit ist eine der Kernkompetenzen der Wissenschaftler – jedenfalls in der Theorie. Doch was bedeutet das für unsere Praxis? Wie geht Diskurs eigentlich?

Sachdiskurs ist eines der Zauberworte für das Team als Boss. Immer dann, wenn es um sachliche Vorgänge und Themen geht (!), für die es eine geteilte Klarheit und gemeinsame Beschlüsse braucht, sollte das Team einen Diskurs anstreben. Bereits bestehende Meinungen werden zur Seite geschoben und man begibt sich gemeinsam auf eine Suche. Nur so wird man klüger. Damit das Team auch wissen kann, wie sich so ein Diskurs praktisch bewerkstelligen lässt, habe ich zwei sehr einfache Modelle für euch entwickelt: Den Diskurskreis und die Diskurspyramide.

Bevor wir allerdings zum Diskurs kommen, ist es vielleicht günstig, sich vorher noch mal im Kapitel 5.c, s.215 die drei Phasen der Entscheidungsfindung vor Augen zu führen. Sie gelten nämlich für Besprechungen aller Art.

Nicht immer braucht es Diskurse. In vielen Meetings wird es ausreichen, sich an den drei Phasen der Entscheidungsfindung zu orientieren. Doch sobald sich eine Herausforderung verdichtet, sollte ein Team in der Lage sein, tiefer in das Thema einzutauchen und ernsthafte Diskurse offen zu führen.

Auch im Sachdiskurs finden wir die drei Phasen der Entscheidungsfindung, die ich bei der Konstruktion des *Diskurskreises* beachtet habe. Wir können im Diskurskreis acht wichtige Schritte ausmachen, die ein guter Diskurs braucht. Einige dieser Schritte dienen der Vorbereitung und andere dazu, nach dem zentralen Diskurs direkt ins Handeln zu kommen.

Für „Das Team ist der Boss" ist der Sachdiskurs ebenso wichtig wie ein relevanter Austausch und Abgleich der persönlichen Themen. Bei persönlichen Themen gründet die Wahrheit allerdings in der erlebenden Person. Nur sie kennt ihr Erleben, ihre Gefühle, Bedürfnisse und Ziele. Bei Sachfragen dagegen zeigt sich die Wahrheit in den Gesetzmäßigkeiten, Fakten und Ergebnissen. Durch sie sehen wir, ob unsere Annahmen richtig sein können oder nicht. Die Wahrheit liegt bei Sachfragen also außerhalb von uns und nicht in unserer inneren Erlebniswelt. Wir besitzen oder verwalten die Wahrheit nicht, sondern versuchen, uns ihr von verschiedenen Seiten und Perspektiven aus zu nähern. Eben weil ein persönliches Gespräch und ein Sachdiskurs so verschieden voneinander sind, sollten wir sie nicht vermischen, auch wenn die meisten Themen sowohl eine persönliche als auch eine sachliche Komponente beinhalten.

Vielleicht braucht es deshalb vor dem Sachdiskurs noch mal ein Blitzlicht, also eine Runde, in der die persönlichen Aspekte, Betroffenheiten und Anliegen zur Sprache kommen. Ein GFK-Zauberkreis (Kapitel 2.d, s.101 und Kapitel 3.d. s.126) kann einzelnen Menschen oder einem Team zur Vorbereitung dienen, um im Sachdiskurs die nötige Distanz und Nüchternheit zu bekommen. Emotionen sollen in uns gefasst sein, wir sollten also „die Fassung bewahren" können ohne deshalb zu emotionslosen Robotern zu werden. Wir brauchen unsere Sensitivität und unser Gespür. Und auch wenn der Diskurs nüchtern geführt wird, sollten die Wege und Ziele nicht gegen die eigene Überzeugung gewählt werden. Am Ende kommt nämlich das Persönliche und das Sachliche wieder zusammen, denn es sind ja eure Projekte und Prozesse.

Einen Diskurs trotz heftiger Emotionen gefasst, sachlich, offen und fair zu führen, kann man fast als Meisterdisziplin bezeichnen. Manche Dinge gehen uns eben nahe. Wir sollten uns insofern nicht überschätzen. Das gemeinsam erzielte Ergebnis ist die unbestechliche Richterin, ob uns ein Diskurs gelungen ist. Gelingt der Diskurs nicht, brauchen wir trotzdem Lösungen und keine psychiatrische Diagnosen der Teammitglieder. Zur Unterstützung kann man sich einen externen Moderator suchen. Dieser solle allerdings vorab verstehen, was ein Sachdiskurs ist und welche acht Etappen er beinhalten sollte.

Sachdiskurse gelingen mit dem Diskurskreis

Bei „Das Team ist der Boss“ können wir den Diskurskreis heranziehen, um zu lernen, wie man einen Diskurs sinnvoll aufbaut. Die meisten Leute glauben an ihre Fähigkeiten zu diskutieren. Doch das ist oft nichts als eine Selbstüberschätzung, die im Rahmen einer umfassenden kulturellen Blindheit entsteht, weil es kaum Vorbildsituationen und Übungsmöglichkeiten für gelingende Diskurse gibt. Nur der gemeinsame Erfolg gibt uns recht. Ein Diskurs ist das Treffen der gemeinsam Suchenden und Forschenden und nicht ein Treffen von sich strategisch durchsetzenden Meinungsvertretern.

Download PDF

Es geht nicht darum, dass eine Person die anderen irgendwie überzeugt oder dass am Ende irgendwie ein Kompromiss beschlossen wird. Wichtig ist, dass eine angemessene Informiertheit in einem angemessenen Forschungsprozess zu einer angemessenen Überzeugtheit im Team führt, wodurch sich Wege zu öffnen beginnen und sich die nächsten Schritte organisch abzuzeichnen beginnen.

Du siehst in der Grafik vom Diskurskreis, dass der eigentliche Diskursvorgang erst auf der **Position 6** los geht. Ein guter Diskurs braucht eine solide Basis und fußt dafür auf gesammelten Zahlen, Daten, Fakten, (quantitativ, empirisch) sowie auf Prinzipien und Gesetzmäßigkeiten (qualitativ, logisch) (**Position 4**). Die Daten sollte man immer auch mal überprüfen, denn sie sollten nicht nur richtig, sondern auch umfassend genug, relevant, sauber erhoben und aussagekräftig sein. Was relevant ist, das entscheidet sich in großen Teilen durch den Fokus auf das Thema/Projekt/Problem. Unterschiedliche Quellen können unterschiedliche Daten liefern. Paradoxe Daten sind zu beachten, nicht zu ignorieren.

Um Daten als relevant zuordnen zu können, braucht es drei Dinge: Erstens sollten wir wissen, um welches Problem oder Projekt es geht (**Position 1**). Dann sollte klar sein, in welchem System wir dieses Problem betrachten (**Position 2**). Ginge es z.B. um ein Problem bei gewissen Windrädern, dann können wir manchmal den Betrachtungsfokus auf z.B. die Landschaft mit oder ohne Fauna begrenzen, oder auf die Gesetzeslandschaft oder auf die soziale Umgebung. Auch die regionalen oder überregionalen Energiestrukturen könnten als Betrachtungsebene zur Lösung eines Problems ausreichen. Vielleicht geht es jedoch um Wirtschaftlichkeit und wir müssten die Betrachtungsebenen anders wählen und Börse und Aktienkurse mit einbeziehen. Sind die Rohstoffe und Produktionswege betroffen, ist das etwas anderes, als wenn der Transport der gefertigten Teile in Frage steht. Unterschiedliche Windkraftansätze brauchen dabei unterschiedliche Betrachtungsrahmen, welche unterschiedliche Ebenen mit einbeziehen müssen.

Am Ende soll natürlich jedes Projekt bei „Das Team ist der Boss“ organisch organisiert sein, was bedeutet, dass die Projektumgebung und alle Betroffen angemessen berücksichtigt werden. Dazu zählen auch Tiere und Pflanzen. Es gilt also, sich durch technische oder finanzielle Trivial-Vorteile nicht vom großen Bild ablenken zu lassen.

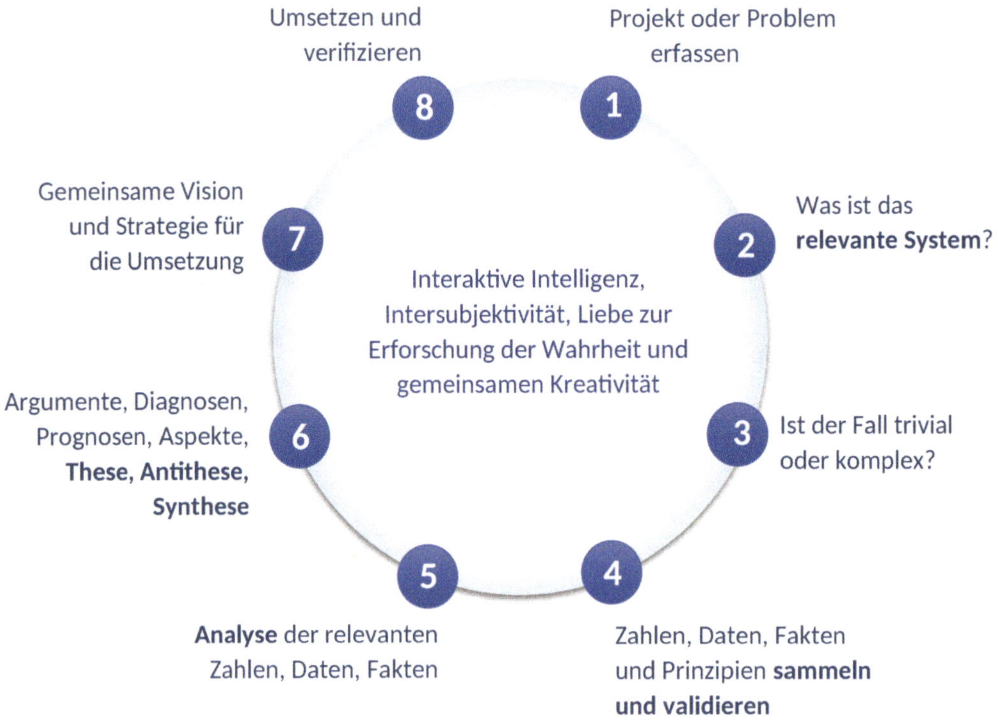

Abb.52: Der Diskurskreis mit seinen acht Positionen

Auf was fokussiert man sich und welche Unterebenen ergeben sich dann innerhalb des betrachteten Systems. Wie stark man das Betrachtungssystem und auch damit das Problem überhaupt reduzieren kann, hängt davon ab, ob das Problem als komplex oder als trivial anzusehen ist (**Position 3**). In komplexen Systembetrachtungen müssen wir damit leben, dass wir nie eine komplette Übersicht über das betrachtete System bekommen. Deshalb ist die Kombination der Perspektiven und Ansätze so wichtig. Wir bleiben dann im Diskurs stetig Forschende. Können wir ein Problem dagegen trivialisieren, wird es viel einfacher. Oft braucht es dann keine großen Diskurse. Doch wenn wir zu viel trivialisieren, ist am Ende unser ganzes Projekt trivial geworden und bietet keinen Halt mehr für unsere Vision. Dann wären wir mit unseren Herzen raus aus dem

Spiel und es braucht auch kein Team als Boss mehr. Hier gilt es, aufmerksam zu bleiben, ab wann durch die unzulässige Trivialisierung einer Aufgabe nur eine scheinbar einfachere und schnellere Abkürzung gewählt werden würde, um „komplizierte“ Planungen und „unnötige“ Diskurse zu umschiffen. Allein deshalb ist es wichtig, dass genug Friede im Team ist und die Diskurse leicht von der Hand gehen, denn sonst sträuben sich alle und das Team wird de facto nicht Boss sein können.

Auf der **Position 5** kommt es zur Analyse der Fakten. Analysieren Fachleute aus mehreren Richtungen, können solche Analysen durchaus sehr unterschiedlich ausfallen, was eher interessant als ein Problem ist. Die Analyse ist noch nicht der eigentliche Diskurs. Dieser beginnt auf der **Position 6**. Auf den faktenbasierten Analysen spielt man mit bestimmten Aspekten, baut Thesen auf und untermauert sie mit Argumenten. Argumente können mit Gegenargumenten angegriffen werden, wobei der persönliche Ausdruck von Widerstand, Zweifel oder Unglaube noch kein Argument ist. Es geht rein um Sachargumente und unterschiedliche Thesen, die immer mit Argumenten zu stützen sind.

Am Ende sollten dabei Synthesen herauskommen, oder wenigstens ein größer werdendes Konsensfeld, nach dem man dann die nächsten Entscheidungen ausrichten kann. Wichtig ist, dass es eben nicht um ein persönliches Durchsetzen oder Nachgeben geht. Genau das soll nicht geschehen. Die gemeinsame Erforschung soll allen Beteiligten mehr sachliche und daraufhin vielleicht auch mehr persönliche Klarheit bringen.

Ein guter Diskurs soll praktische Lösungsbewegungen ermöglichen (**Position 8**). Irgendetwas soll ja am Ende herauskommen. Damit das Team jedoch nicht problemzentriert arbeitet, nehmen wir die Lösung des Problems nicht als Ziel, sondern nur als eine weitere Rahmenbedingung auf unserem visionären Weg an. So taucht auf der **Position 7** im Diskurskreis die positive (Lösungs-)Vision als unser zentrales Element bei GFK-plus auf. Jetzt kommt nach dem sachlichen Diskurs wieder die persönliche Ebene hinzu.

Da Menschen im Allgemeinen weit weniger diskursfähig sind als sie glauben und deshalb schnell in einen ideologischen oder meinungszentrierten Schlagabtausch abgleiten würden, empfiehlt es sich, Diskurse gut moderiert abzuhalten. Fachdiskurse erfordern vielleicht neben der Ablauf-Moderation auch noch eine Fach-Moderation, um einer unbewussten Naivität oder blinden Flecken vorzubeugen. Das Team als Boss sollte sich das Potenzial heranziehen, das es für gute Ergebnisse benötigt.

Sind viele Menschen beteiligt/betroffen/interessiert, dann kann der Diskurs auch im Fischbowl-Setting ablaufen. Hierbei führen nur wenige Personen den Diskurs, während die anderen Teammitglieder als Publikum darum herumsitzen. Soll eine Person aus dem Publikum hinzugezogen werden, sollte gleichzeitig ein Person die

Diskursrunde verlassen. (Vielleicht auch nur ein oder zwei flexibel besetzte Stühle aufstellen.) Man kann zwischendurch auch immer mal eine offene Frage/Bitte/Statement-Runde machen oder einen Publikumsjoker festlegen. Mehrere Termine sorgen dafür, dass neue Fakten herausgesucht oder bestimmte Daten evaluiert werden können. Vielleicht werden auch Prototypen gebaut oder Präsentationen gestaltet. Wichtig ist zu verstehen, dass eine Gruppenbildung einer These nie mehr Gewicht geben wird. Es reicht ein Argument einer Person aus, um einen Irrtum aus dem Weg zu räumen. Das bessere Argument zählt. Doch am Ende braucht es immer noch die visionäre Basis für die nächsten Schritte. Wir sollten also immer konstruktiv bleiben und uns der größeren Rahmen bewusst sein.

Diskurs und Wissensstandard

Damit ein Diskurs überhaupt Sinn macht, braucht es ein angemessenes oder zumindest ausreichendes Wissen und Verständnis im Team. Deshalb wird es immer mal einige Vorträge oder Präsentationen brauchen, die das Wissensniveau zu bestimmten Themen entsprechend anheben und nivellieren. Es handelt sich dabei um sogenannte „Transferevents", die den „Dialogevents", also den eigentlichen Diskursen vorausgehen oder sie begleiten. Für solche Transferevents braucht es erfahrene Fachpersonen oder Fachgruppen, die bereit sind, andere zu unterweisen. Ich bezeichne so eine Unterweisung gerne als *Lehrrede*. Zumeist eine Person berichtet und präsentiert so lange wie nötig und die anderen hören zu. Nach einem Frage-Antwort-Teil kann dann der gemeinsame Diskurs sinnvoll wieder fortgesetzt werden.

Immer dann, wenn man das Wissensniveau anheben möchte, um zu einem Erfolg zu kommen, braucht es solche Transferevents oder Transfermomente. Obwohl es Sinn macht, sich widersprechende Fachmeinungen und auch unterschiedliche Herangehensweisen anzuhören, sollten die Transferevents doch alle jenseits von Ideologien abgehalten werden. Ideologien sind nicht diskursfähig und erzeugen auch keine gute Basis für Diskurse. Auch politische und religiöse Strömungen sind in ihrem ideologischen Spektrum leider keine Ausnahme. Fakten werden hierbei im Geflecht unterschiedlicher Interessensströme immer unwichtiger. Verdeckte Agenden und Dogmen lenken die Schritte unterschiedlicher Interessensverbände und Gruppen. So wird weder ein Individuum noch ein Team je wirklich zum Boss und fruchtlose Debatten sind das Schicksal dieser bedauernswerten Kollektive, die ihre Zeit damit nur verschwenden. (Das Kollektiv ist die Organisationsform der dominanten Kulturstufe). Eine neue Zeit braucht Diskurse und genug visionäre und kreative Menschen, die sie auch frei und offen führen können und wollen.

Diskurskreistabelle als Arbeitsblatt

1	Projekt/ Problem:	
2	Welches ist das **relevante System**?	
3	Ist der Fall trivial oder komplex?	
4	Zahlen, Daten, **Fakten, involvierte Prinzipien**	
5	**Analyse** der Zahlen, Daten, Fakten	
6	**These, Antithese, Synthese** Argumente, Diagnosen, Prognosen, Aspekte	
7	**Vision, Strategie**, Planung	
8	Umsetzen und verifizieren	

Die Diskurspyramide

Ein Problem kann verschiedene Dimensionen umfassen. Diese müssen keineswegs gleichwertig sein. Wir können die unterschiedlichen Dimensionen des Themas als die Ebenen einer Pyramide aufzeichnen und erhalten so eine Diskurspyramide.

Welche Dimensionen/Ebenen gibt es im Projekt zu beachten? Was ist die beste Ordnung dieser Diskursebenen zu Lösung z.B. eines Problems? Welche Schichtung wirkt sich am konstruktivsten auf den Diskurs aus? Die Diskurspyramide bewirkt eine von oben nach unten gehende Ergebnisverdichtung (Dimensionen-Top-Down). Die erzielten Ergebnisse einer Ebene gelten für die jeweils unteren Ebenen als Leitstruktur für den weiteren Diskurs.

Abb. 53: Die Diskurspyramide erlaubt es, thematische Ebenen günstig zu schichten und dann nach und nach durchzuarbeiten.

Das bedeutet z.B., dass die Wirtschaft sich an der Ethik und nicht die Ethik an der Wirtschaft orientiert, wenn wir das so schichten.

Unterschiedliche Schichtungsreihenfolgen bringen unterschiedliche Ergebnisse. Wir dürfen uns fragen, welche Schichtung denn die beste wäre für:

- die Konstruktion einer Lösung
- individuellen oder partizipativen Interessen
- das enger oder weiter gefasste Gemeinwohl
- den schnellen oder fundierten Fortschritt
- die Umwelt und die Integration in die Umgebung
- die übergeordnete Vision
-

Bei „Das Team ist der Boss" versuchen wir, uns möglichst nicht in einer pyramidalen Kompetenzschichtung, sondern in einer horizontalen Kompetenzverschränkung zu organisieren. Trotzdem sehen wir für die Diskurse ganz klar auch die Pyramidenform vor uns und dürfen uns fragen, welche Schichtung die beste wäre. Das Team als Boss kann sich diese Pyramide selbst zurechtlegen und bleibt so der Boss.

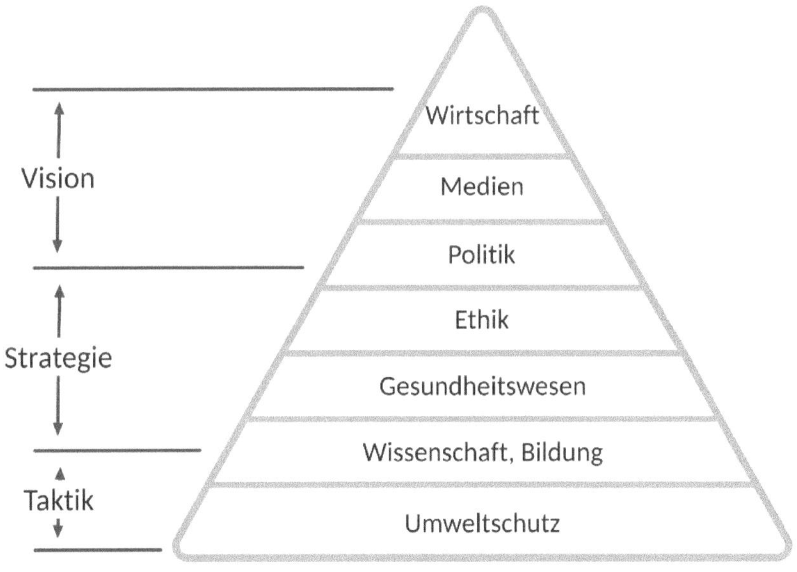

Abbildung 54: In der Diskurspyramide sollten eher taktische Bereiche zumeist unten und eher visionäre Bereiche zumeist oben angeordnet werden. Der beste Platz für strategische Elemente ist meist die Mitte.

Ist in dieser Abbildung der Diskurspyramide die Ethik überhaupt als Ethik wirksam, wenn sie unter anderen Themenbereichen steht und von diesen beeinflusst wird? Wie wird die Theoriebildung in so einer Diskurspyramide aussehen? Wie frei ist die Wissenschaft, bzw. wie limitierend sind die Rahmen, welche der Wissenschaft von höherstehenden Ebenen zur Begrenzung gesetzt werden? Sind eher taktische Ebenen in strategische oder visionäre Bereiche verschoben worden?

Wenn man mit unterschiedlichen Ebenen-Schichtungen spielt und dann auf unsere aktuelle Weltsituation blickt, dann wird vielleicht so einiges klar. Viele Themen werden zwar öffentlich besprochen, doch die Ebenen werden nicht beachtet und die Diskussionen werden fruchtlos bleiben. Welche Schichtung wäre lebensdienlich und wahrheitsfähig? Die Fürsorglichkeit, Transparenz und Aufrichtigkeit, wie sie von Seiten der religiösen Würdenträger, Wissenschaftler, Mediziner und Philosophen erwartet wird, ist in manchem politischen und gesellschaftlichen Setting illusionär. Man möchte etwas sehen, das in der gegebenen Schichtung per se nicht existieren kann.

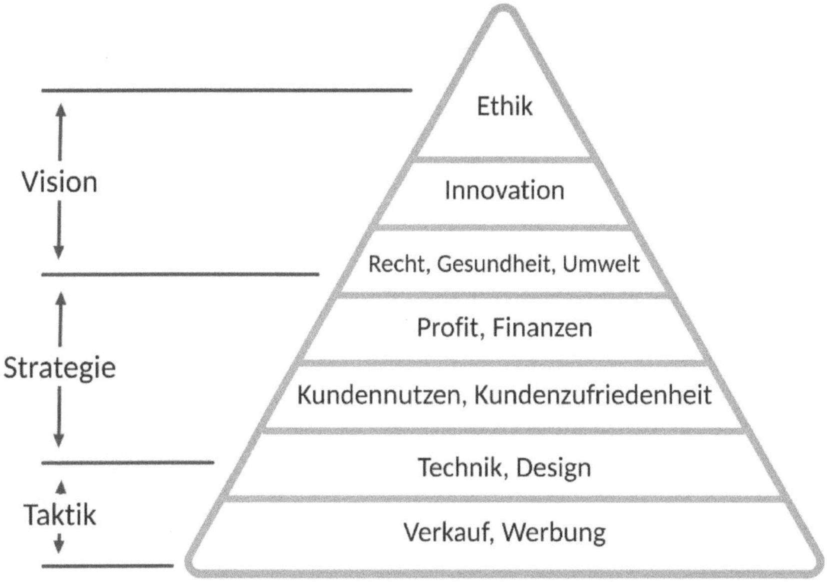

Abbildung 55: Eine weitere Diskurspyramide. Welche Schichtung von Themenbereichen macht am meisten Sinn?

Wenn taktische Elemente nach oben und visionäre Elemente nach unten rutschen, wird es per se schwierig. Auch muss die Mitte von strategischen Elementen besetzt bleiben. Diese Pyramide kann man gerne auch als „dienende Pyramide" umkehren, also die Spitze nach unten zeichnen. Wie würde die Diskurspyramide für Windräder aussehen?

Diskurspyramide Arbeitsblatt zum Ausfüllen

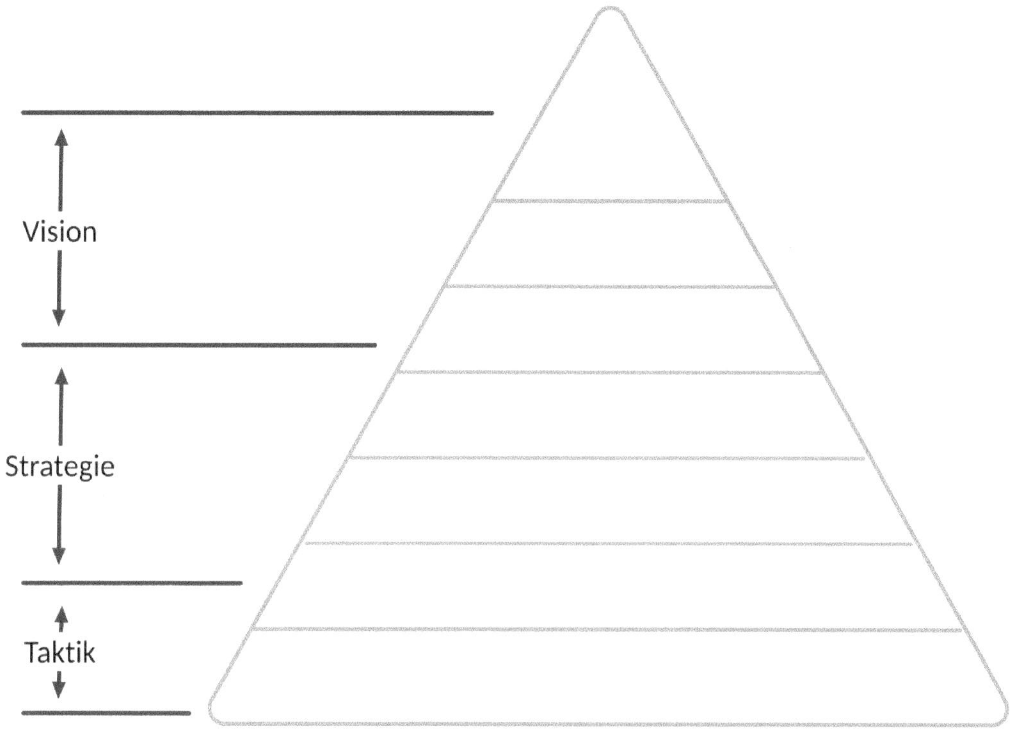

Abbildung 56: Arbeitsblatt, Diskurspyramide zum Ausfüllen

Bestimme die relevanten Ebenen deines Diskurs-Themas und zeichne sie in optimaler Schichtung ein.

Auch hier wieder Fragen statt Meinungen

Mit der StrategieMap können wir strategisches Vorgehen in komplexen Situationen unterstützen. Auch bei der Diskursführung kann das relevant sein. Formuliert das zentrale Problem als Frage und gruppiert dann nach und nach weitere Fragen um diese rum. Über Fragen kann man schlecht streiten. Meinungen und andere Antworten bleiben erst mal Randnotizen, ebenso wie wichtige Infos und andere Parameter. Es entsteht eine StrategieMap. Unter diesem Link findet ihr so eine StrategieMap, die sich auf die klassische Gewaltfreie Kommunikation bezieht: StrategieMap zur klassischen GFK

Wenn ihr das Tool XMind verwendet, könnt ihr leicht solche Mindmaps erstellen. Auch andere Programme wie z.B. Miro und MindMeister bieten sich an.

Der supernette, hypersensible Sprechraum

Eines Tages hörte ich mir einen Beitrag an, in dem es darum ging, was denn Störungen in der Kommunikation seien und wie man diesen vorbeugt. Alle Beteiligten in der Runde haben sich als zwar sehr kompetent und souverän, aber doch als nicht völlig perfekt und deshalb lernwillig dargestellt, wie man das eben so macht. Die Moderatorin hat eingangs noch einmal auf ihre Moderationsregeln hingewiesen: Nicht unterbrechen, einen Redebeitrag bringen, wenn man aufgerufen wird, dann die Moderatorin sprechen lassen und sich per Handzeichen melden, sobald man etwas beitragen möchte. Alle haben sich auch ganz lieb daran gehalten.

Der Vorteil: Dadurch entsteht eine simple Gesprächsstruktur. Besonders für Zuhörende bleibt eine Ordnung erhalten, der man gut folgen kann. Der Nachteil: Eben diese Regelung wird bei Spannungen im Raum - und damit meine ich durchaus auch die positiv inspirierten Momente - zu einem funktionalen Korsett. Die Gesprächsordnung sollte sich auf den aktuellen Moment abstimmen, sonst dominiert sie uns in unserer Lebendigkeit und bremst diese unnötig aus, anstatt sie organisch zu lenken. Insofern bin ich nur begrenzt ein Freund von zu brav-linearer Moderation.

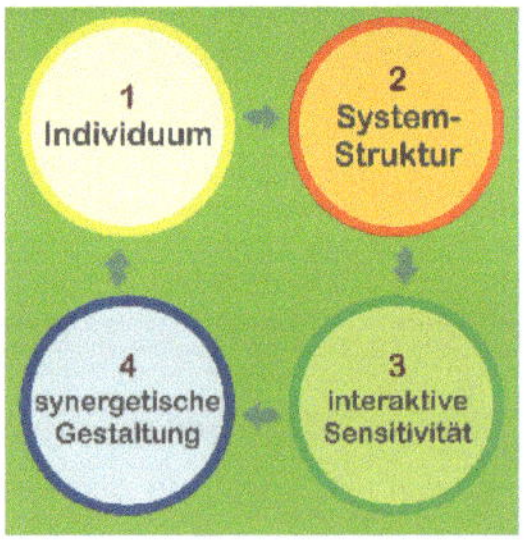

Abb. 57: Vier-Schritte-Kreis

Bei GFK-plus verfügen wir über einen strukturierten Raum (Feld 2 im Vier-Schritte-Kreis), bevor wir uns zusammen auf das Projekt einstimmen (Feld 3) und mit dem Diskurs loslegen (Feld 4).

Wir ändern und aktualisieren die Struktur (Feld 2) in Bezug auf menschliche Faktoren (Inspirationen, Bedürfnisse, Must-

Haves, No-Gos, Schmerzpunkte) und sachliche Faktoren (Ressourcen, Gegebenheiten, Potenziale, Bedarfsparameter, etc.). Geht es z.B. um das Ins-Wort-Fallen während einer Besprechung, so kann das für eine Person zu einer bestimmten Zeit oder bei einer bestimmten Person zum No-Go werden – weil sie das nicht mehr erträgt. Andererseits kann dieses Verhalten auch zum sachlichen Hindernis werden, wenn zu viele Menschen einander unterbrechen und mehr gesprochen als zugehört wird. Das zentrale Prinzip bleibt bei GFK-plus die Fürsorglichkeit in Bezug auf:

1. Das Projekt mit seinen Prozessen
2. Die Beteiligten und Betroffenen
3. Die Umgebung

Ich stelle mir gerade Marshall Rosenberg vor, wie er sagt: „Unterbrich mich nicht, das macht man nicht und es ist unhöflich!" Er selbst hat lebensdienliches Unterbrechen gelehrt und angewendet. Nach ihm geht im Kern darum, damit eine Aussage zu unterstützen und nicht zu verhindern.

In der Endphase der Kultur der Funktionalität versucht man, mehr und mehr Fürsorglichkeit ins Miteinander zu bringen, und zwar durch eine immer stärker werdende funktionale Ordnung. Das führt zur Übersteuerung, die alles andere als funktional ist. Konventionelle Nettigkeit, gutes Benehmen, verordnete Toleranz und Solidarität sollen uns einander näher bringen. Nettigkeit ist jedoch etwas anderes als Herzlichkeit. Und die Signatur der Dominanz, die am Grund der Kultur der Funktionalität immer noch gut spürbar ist, lauert direkt neben dem Herdentrieb in unseren Zellen. Der *homo-netticus* bewegt sich zivilisatorisch auf dünnem Eis. Kontrollierte Menschen werden schnell aggressiv, wenn ihnen etwas nicht passt. Die eigenen Dominanzausbrüche werden völlig anders argumentiert als die des Gegenübers. Regel- und Strukturdominanz werden allgemein begründet, z.B.: "Man unterbricht nicht." Oder: „Da könnte ja jeder kommen". Diese Regeln gelten dann immer, egal ob sie Sinn machen, oder nicht. So entsteht eine scheinbar sinnvolle und kausal argumentierte Dominanz der Strukturen und Konventionen, welche anfangs die system- und prozessunbewussten Menschen in Zaum hält und am Ende in ein Überregulierung des sozialen Raumes mündet. Wir können das funktionale Erziehung nennen.

Dabei gibt es zwei Arten von Kausalität, A) die faktische und B) die erzieherische:

A) "Wenn du diese Tasse in der Luft loslässt, dann bedeutet das, dass sie auf den Boden fällt und wahrscheinlich zerbricht." (Kausalität)

B) "Wenn du diese Tasse hast fallen lassen, dann bedeutet das, dass du nicht mehr fernsehen darfst." (Willkür)

Wir erkennen den Unterschied zwischen sachlicher Folge (A) und Willkür (B). Es gibt Gesetzmäßigkeiten und Gesetze, unabänderliche Tatsachen und veränderbare Reaktionen. Oft verstecken wir uns einfach hinter Regeln und limitieren damit unsere wirkliche Mächtigkeit, die sich in einer Kultur der Fürsorglichkeit ausbreiten könnte.

"Ich liebe mein Tasse, sein bitte achtsam mit ihr. Ich würde ihren Verlust nur schwer verschmerzen."

Wir werden uns von der dressierten Nettigkeit der Räume verabschieden müssen, wenn wir selbst mehr und mehr auftauchen und selbstorganisiert tätig werden wollen. In einem meiner Beiträge ging es darum anzuerkennen, dass wir alle nicht über eine große emotionale Reife verfügen. Das ist in der dominanten und funktionalen Kultur der natürliche Grundzustand der Menschen, auch wenn wir uns sicherlich alle irgendwie bemühen. Im experimentell fürsorglichen Raum sollte sich ein Gespür und eine gewährende Sensitivität entwickeln. Und die Lebendigkeit sollte in fürsorgliche Machtbewegungen münden und diese Machtbewegungen sollten gefördert, verschränkt und in das Projekt integriert werden. Das Resultat ist die gemeinsame, vernetzte fürsorgliche Mächtigkeit. Das bedeutet, liebevoll zu sein, eine liebevolle Mächtigkeit zu leben, die sich nicht auf konventionelle Nettigkeit herunterregeln lässt.

Mir sind die hypernetten Gesprächsräume zunehmend zuwider, denn sie bremsen die Lebendigkeit der Menschen aus und verhindern den Moment als einzigartigen Gestaltungsmoment voll zu nützen.

Man sagt, dass das japanische Schriftzeichen für Krise auch Chance bedeutet. Eine Krise wird schnell mit zu wenig netter Anpassung erklärt. Diese generelle Erklärung ist allerdings weit mehr das Problem als die Krise selbst.

In funktionalen Räumen lernen Menschen zu funktionieren. Das ist durchaus wichtig. Man kann nur einen Schritt nach dem anderen gehen. Sobald ihnen ihr Funktionieren langweilig wird, kann es weiter gehen, in die lebendige Kommunikation hinein. Ohne das Gespür für ein gutes Zusammenspiel und gute funktionale Ergebnisse wird es natürlich nicht gehen – das ist die Voraussetzung. Aber lasst uns da nicht stehen bleiben.

Nur Mut!

Der Autor und Entwickler

Gabriel Fritsch

Wassermann, 1968. Ich habe die Methode GFK-plus mit vielen neuen Tools und darauf aufbauend das Programm „Das Team ist der Boss" in etwa fünf langen Jahren entwickelt. In den verschiedenen Phasen des Projekts haben mich unterschiedliche und sehr besondere Menschen begleitet. Ohne sie gäbe es das alles jetzt nicht.

Davor habe ich, die Erkenntnisse meines Vaters Dr. Hans Fritsch weiterführend, zwei Jahre lang das Modell der Quanten-Matrix in die Welt gehoben und in einem eigenen Buch beschrieben („Tanz der Quanten"). Das entpuppte sich, wie viele andere Arbeiten und Forschungen davor, als eine Art Vorbedingung für das Methodendesign von GFK-plus. So war diese Arbeit nicht nur eine sinnvolle Herausforderung, sondern auch ein Schicksal, dem ich kaum entrinnen hätte können. Doch das war nicht immer von Leichtigkeit geprägt, um es mal in einem einfachen Satz zu sagen.

Vor GFK-plus habe ich einige bereits verschiedene Modelle, Prozesse und Methoden ausgearbeitet, z.B.:

1. **Emo-Step®** - zwischen Gefühlen wählen können
2. **Angst-Stopp-Prozess** – alte Ängste loswerden
3. **Zielfindungsprozess** – zwischen Ideen und inspirativen Zielen unterscheiden
4. **Yin-Yang-Prozess** – die primären Polaritäten ins Gleichgewicht bringen
5. **Interaktionskreis** – Das Wesen von Interaktion verstehen
6. **Quanten-Matrix** - wie der Geist die Welt erschafft
7. **Systemischer Entkopplungsprozess** –Systembindungen lösen
8. etc.

Ein weiterer Prozess ist in Arbeit.

Allein zu GFK-plus konnte ich folgende praktische Modelle und Tools entwickelt, die alle auf der Webseite www.gfk-plus.net zu finden und bis auf das GFK-Philosophieren in diesem Buch beschrieben sind:

1. **Vier-Schritte-Kreis** – wie man Projekte auf Augenhöhe organisiert
2. **GFK-Zauberkreis** - Sich in den Projekten und Zusammenhägen klären
3. **Utopie-Zauberkreis** – Inspirationen sich manifestieren lassen
4. **GFK-plus Matrix** – Selbstorganisation von Teams und Communities
5. **Der Diskurskreis** – Sachdiskurse gut strukturieren
6. **Die Diskurspyramide** – Die Diskursebenen auftrennen und schichten
7. **GFK-Philosophieren** – die Philosophie der GFK entstehen lassen

Als Autor habe ich neben einigen Artikeln jetzt also vier Bücher und ein E-Book veröffentlicht:

1. Abschied, Trennungen und Verluste - Die Gefühle der Veränderung, für Männer erklärt.
2. Tanz der Quanten - Wie der Geist die Welt erzählt
3. GFK-plus für Paare, Gruppen und Teams
4. Das Team ist der Boss – Erfolg durch Selbstorganisation
5. Die Sprache der freien Menschen (E-Book)

Für einige Methoden und Ansätze anderer Entwickler, wie z.B. die Gewaltfreie Kommunikation von Dr. Marshall Rosenberg, die Theorie U von Otto Scharmer, die Dreigliederung des sozialen Organismus von Rudolf Steiner, die Integrale Theorie von Ken Wilber oder die Positive Psychotherapie von Prof. Nossrat Peseschkian, habe ich weiterführende Elemente und Ansätze entwickelt.

Ihr könnt bei Bedarf versuchen, mich für einen Vortrag, Workshop oder eine Projektbegleitung zu gewinnen.

Danksagung

Meine Dankbarkeit gilt **allen meinen Lehrern**, meiner Partnerin **Martina Weickel** und jenen, die vielseitig zu meiner Inspiration beitragen. Besonders danken möchte ich im Rahmen dieses Buches den Fachfrauen:

- **Dr. Monika Weber**
  (Psychologie, Psychiatrie, ...)

- **Anja Ufermann**
  (Gewaltfreie Kommunikation, Konflikt- und Friedensmanagement, GFK-plus, ...)

- **Vanessa Schneider**
  (MBA, Gewaltfreie Kommunikation, Qualitätsmanagement, Teamprozesse, ...)

Sie haben den Inhalt gegengelesen, korrigiert und verbessert.

Dank an das Team 1: Den versierten GFK-Trainern **Monika Flörchinger**, **Klaus-Peter Kilmer Kirsch** und **Stephan Seibert**. Ohne sie gäbe es wahrscheinlich heute kein GFK-plus und damit auch kein „Das Team ist der Boss". Zusammen haben wir Grundsteine gelegt.

Dank an das Team 2: **Anja Hermes**, **Susanne Kühn** und **Frank Hansen**. Mit ihnen fand die Ausreifung von GFK-plus statt, was am Ende zum Programm „Das Team ist der Boss" geführt hat.

Dank an **Wolfram Müller**, dem Gründer von **DolphinUniverse**, der mit seinem Herzen, seiner Erfahrung und einem Netzwerk von Fachleuten die handfesten Grundlagen für einen soliden, weitgehend selbstorganisierten Wandel im Projektmanagement geschaffen hat. Mit einem ToC/CCPM-Ansatz geleitet das Dolphin Netzwerk die gestressten, sich am Anschlag befindlichen und wenig changefreudigen Unternehmen schnell in entspanntere und gleichzeitig effektivere Gewässer. Ohne diesen Gewinn an systemischer Entspannung und organisatorischer Logik hätte das Team als Boss mit Sicherheit oft einen schweren Start. Es braucht eben sowohl die Kunst, Fertigungsprozesse in den Fluss zu bringen (DolphinUniverse) als auch die Kunst, ein Team in den Flow zu bringen, das Prozesse in den Fluss bringt („Das Team ist der Boss"). Seine Arbeit ist insofern für mich ein Geschenk des Himmels.

Dank an **Prof. Dr. Hermes Kick** und an das breit aufgestellte interdisziplinäre Expertennetzwerk rund um das Ethik-Institut **IEPG/Mannheim**. Die unermüdliche Arbeit für die Belange einer Gesellschaft, die auch in schwierigen Zeiten ihren ethischem Idealen verpflichtet bleibt, sind mir mehr als nur Inspiration. Der Arbeitskreis erlaubt mir immer wieder, das Potenzial liebevoller gemeinsamer Forschung zu erleben.

Dank an all jene, die den Schritt in die Zukunft wagen!

Anhang 1: Bedarfsliste GFK-plus

Download PDF

Parameter der Selbstorganisation für GFK-plus

Vier-Schritte-Kreis allgemein

Ziel: lebensdienliche, organische und selbststeuernde Gemeinsamkeit · Agilität · Anpassungsfähigkeit · Komplexitätsfähigkeit · Lebensfreude

Auswirkung: Steuerungsintelligenz · emotionale Intelligenz · Systemintelligenz · Systemstabilität

Grundlagen: Leben · Bewusstheit · Menschlichkeit · Fürsorglichkeit · Frieden · Respekt · Gemeinschaft · Anteilnahme · Kooperationswille

Weitere Aspekte: Angemessenheit · Aktualität · Zukunftsfähigkeit · Fehlerfreundlichkeit · Verwirklichung · Gemeinwohl

Kritische Aspekte: Unbewusstheit · Abhängigkeit · Zwang · Dominanz · Gewalt · Kränkung · Sprachlosigkeit · Hörigkeit · Verweigerung · Passivität · Petrifizierung · Konservatismus · Konkurrenz · Wettbewerb · Verdienst · Entlohnung · Besitzdenken · Gerechtigkeit · Unfriede · Gegeneinander · Ich-Bezogenheit · Ich-Verlust · Ideologie · Dogmatismus · In-the-Box-Denken · Struktur- · und · Kulturdominanz · Gewohnheitsdominanz

Feld 1 Individuum

Ziel: Erholung · Entspannung · Integrität · Stabilität · Festigkeit · Gesundheit · Neuausrichtung · Zukunftsausrichtung · Selbstbesinnung · Selbstklärung · Konfliktklärung · Lebensoffenheit · Selbstermächtigung · Gestaltungswille · Responsivität · Anreiz · Utopie

Auswirkung: Frieden · Energie · Vitalität · Inspiration · Motivation · Kreativität · Bewegtheit · Integration · Verinnerlichung · Verarbeitung · Resilienz · Containment · Reife · Ausreifung · Selbstvertrauen · Sinnhaftigkeit · Wesenstiefe · Würde ·

Grundlagen: Sicherheit · Nahrung · Schlaf · Obdach · Unabhängigkeit · Ungebundenheit · Freiheit · Freiraum · Befreiung · Ungestörtheit · Stille · Spiritualität · Systemwechsel · · Evaluation ·

Weitere Aspekte: Trost · Geborgenheit · Vergebung · Versöhnung · Trauern · Feiern · Vergnügen · Hoffnung · Privatsphäre · Abwechslung ·

Kritische Aspekte: Druck · Stress · Ablenkung · Sorge · Verzweiflung · Defizitdenken · Pessimismus · Unversöhnlichkeit · Destruktivität · ungesunde · Lebensführung · Ohnmacht · Wut · passive · Sehnsucht · Krankheit · Trauma

Feld 2
System-Struktur

Ziel: Aktionsraum · Kontext · Rahmen · Struktur · Position · Positionierung · Ordnung · Orientierung · Standards · Schnittstellen · Halt · Funktionalität · Verstehbarkeit · Planbarkeit · Kultur des Zusammenwirkens · Anregung · Dämpfung · Ermöglichung · Erleichterung · Verhinderung

Auswirkung: System · Bezüge · Systembezüge · Weltbezug · Weltverständnis · Passung · Definitionen · Normierung · Skalierung · Regulierung · Formierung · Formatierung · Einrichtung · Eingrenzung · Einfriedung · Begrenzung · Rasterung · Status · Recht · Privilegien · Arbeitsstil · Stil der Zusammenarbeit · Lebensstil · Realisierbarkeit · Kultur des Miteinanders · Infrastruktur

Grundlagen: Zugriff · Zutritt · Mitbestimmung · Gestaltungsspielraum · Raum · Platz · Ort · Plattform · Umgebung · Zone · Grenzregion · Framing · Grenzen · Leitlinien · Wegweiser · Kodex · Must-Haves · No-Gos · positive Spannung · Einladung · Aufnahme · Ausschluss · Regeln · Gesetze · Gesetzmäßigkeiten

Weitere Aspekte: Vorbereitung · Festlegung · Teilung · Einteilung · Spaltung · Expansion · Reduktion · Kombination · Strukturspannung · Limitierung · Bindung · Fassung · Bereich · Box · Bühne · Arena · Marktplatz · Heim · Heimat · Land · Welt

Kritische Aspekte: Selbstbezogenheit · Enge · Verstrickung · Haltlosigkeit · Strukturlosigkeit · Verweigerungshaltung · Verständnislosigkeit · Disziplinlosigkeit · Wankelmütigkeit · Unentschlossenheit · Maßlosigkeit · Grenzenlosigkeit · Grenzüberschreitung · Entgleisung · dissonante Umfeldsysteme · dunkle Ecken

Feld 3
interaktive Sensitivität

Ziel: Interaktive Sensitivität · Einheit · Einbindung · Verbundenheit · Team-Integrität · Meta-Integrität · Synergie · Fluss · Verschränkung · Kraftfelderzeugung · Emergenz

Auswirkung: Abstimmung · Anregung · Mächtigkeit · Feldrealität · Systemrealität · Stimmung · Atmosphäre Identität · Persönlichkeit · Charisma · Harmonie · Vertrauen · Zuversicht · Optimismus · Gelassenheit · Solidarität · Treue · Zusammenhalt · Rückhalt

Grundlagen: Frieden · Mut · Achtsamkeit · Akzeptanz · Toleranz · Resonanz · Zuwendung · Empathie · Verständnis · Ankommen · Gesehen-Werden · Wahrgenommen-Werden · Gemeint-Sein · Kontakt · Zugehörigkeit · Verbindung · Verbundenheit · Wahrheit

Weitere Aspekte: Vertrauen · Präsenz · Zentriertheit · Intensität · Lebendigkeit · Heiterkeit · Freundlichkeit · Wahrhaftigkeit · Nähe · Zutrauen · Zuneigung · Sympathie · Zärtlichkeit · Humor · Leichtigkeit · Geduld · Sanftheit · Wärme · Ausgewogenheit · Berührung · Emotionalität · Intimität · Erotik · Liebe · Einklang · Kongruenz · Wertschätzung · Anpassung · Übereinstimmung · Autonomie · Eigenständigkeit · Distanz · Abstand · Nüchternheit · Unterschiedlichkeit · Verschiedenheit

Kritische Aspekte: Übergriffigkeit · Verstrickung · Fixierung · Isolation · Dissonanz · Neid · Scham · Schuld · Unterlegenheit · Ansehen · Verehrung · Verstrickung · Voreingenommenheit · Unversöhntheit · Feindbilder

Feld 4
synergetische Gestaltung

Ziel: Erfolg · Gestaltung · Umsetzung · Wirksamkeit · Wirksamkeitserleben · Wachstum · Problembewältigung · Zielerreichung · Verwirklichung · Steigerung

Auswirkung: Fortschritt · Machbarkeit · Produktivität · Entwicklung · Heilung · Erfahrung · Spiel · Verständniserweiterung

Grundlagen: Sicherheit · Schutz · Fairness · Konsens · Entscheidung · Verantwortung · Eigenverantwortung · Einstehen · Engagement · Aktivität · Initiative · Zielstrebigkeit · Austausch · Kommunikation · Diskurs · Sprache · Information · Dokumentation · Kommando · Verständlichkeit · Vermittlung · Transparenz · Klarheit · Ehrlichkeit · Aufrichtigkeit · Unterstützung · Dienen · Sauberkeit · Ordnung · Höflichkeit · Kairos · Zeitmanagement · Timing · Taktung · Pünktlichkeit · Priorität · Ausdauer · Beharrlichkeit · Kontinuität · Abschluss · Ressourcen · Zeiteinsatz · Energieeinsatz · Fitness · Kompetenz · Wissen · Fachwissen · Fähigkeit · Talent · Anerkennung · Förderung · Unterrichtung · Anleitung · Lernen · Zusammenarbeit · Beitragen

Weitere Aspekte: Besonnenheit · Übersicht · Weitblick · Vernunft · Logik · Stringenz · Sachlichkeit · Realismus · Zweifelsfähigkeit · Verschwiegenheit · Vorbild · Mitgehen · Einstehen · Aushalten · Robustheit · Anstand · Disziplin · Rückgrat · Loslassen · Selbstbeherrschung · Zurückhaltung · Mäßigung · Pragmatismus · Diskretion · Verzicht · Sparsamkeit · Großzügigkeit · Balance · Abwechslung · Stabilität · Fragilität · Qualität · Schönheit · Einfachheit · Verlässlichkeit · Teilhabe · Gastfreundschaft · Zuverlässigkeit · Beständigkeit · Leistung · Effizienz · Effektivität · Präzision · Professionalität · Seriosität · Inszenierung · Vielfalt · Herausforderung · Starten · Durchstehen · Abschließen · Beenden · taktische Analyse · Feedback · Führung · accountability · constructive disagreement

Kritische Aspekte: Kontrolle · Kapital · Geld · Bezahlung · Belohnung · Kompromiss · Zwangslage · Durchsetzung · Kampf · Krieg · Niveau · Eigendünkel · fehlende · Fähigkeiten · Ressourcenknappheit · Zeitknappheit · Prioritätenverschiebung · Wankelmütigkeit · Abbruch · Gefälle · Bequemlichkeit · Dummheit · Naivität · Wissensmangel · Informationsdefizit · keine geeigneten Werkzeuge/Mittel · verdeckte Interessen · Schwarz/Weiß-Denken · finale Zielsehnsucht

Anhang 2: Teambarometer

Download PDF
https://t1p.de/eap2g

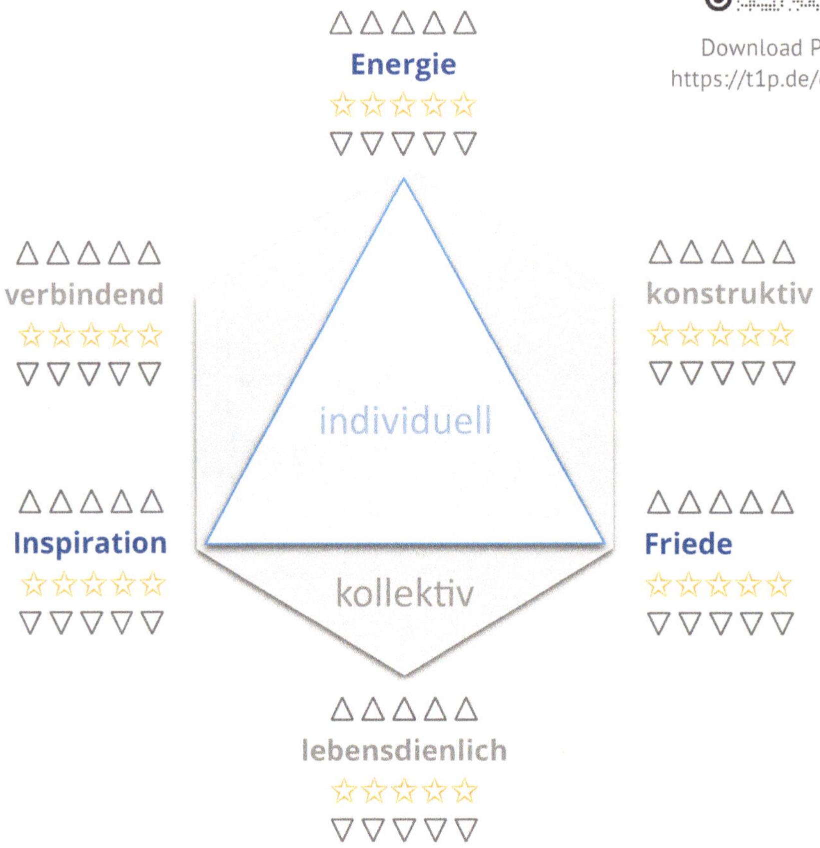

Name:

Datum:

Projekt:

Bemerkung:

Steigt oder fällt der Friede, die Energie und die Inspiration? Wird euer Miteinander lebensdienlicher, verbindender und konstruktiver oder passiert das Gegenteil? Auf welchem Weg seid ihr unterwegs? Fülle die nach oben oder unten weisenden Dreiecke zur Bewertung der jeweiligen Parameter aus.

Auf welchem Niveau seid ihr gerade, was die einzelnen Parameter betrifft? Dazu fülle die Sterne aus.

Anhang 3: Kulturentwicklung in Bezug auf Haben und Sein

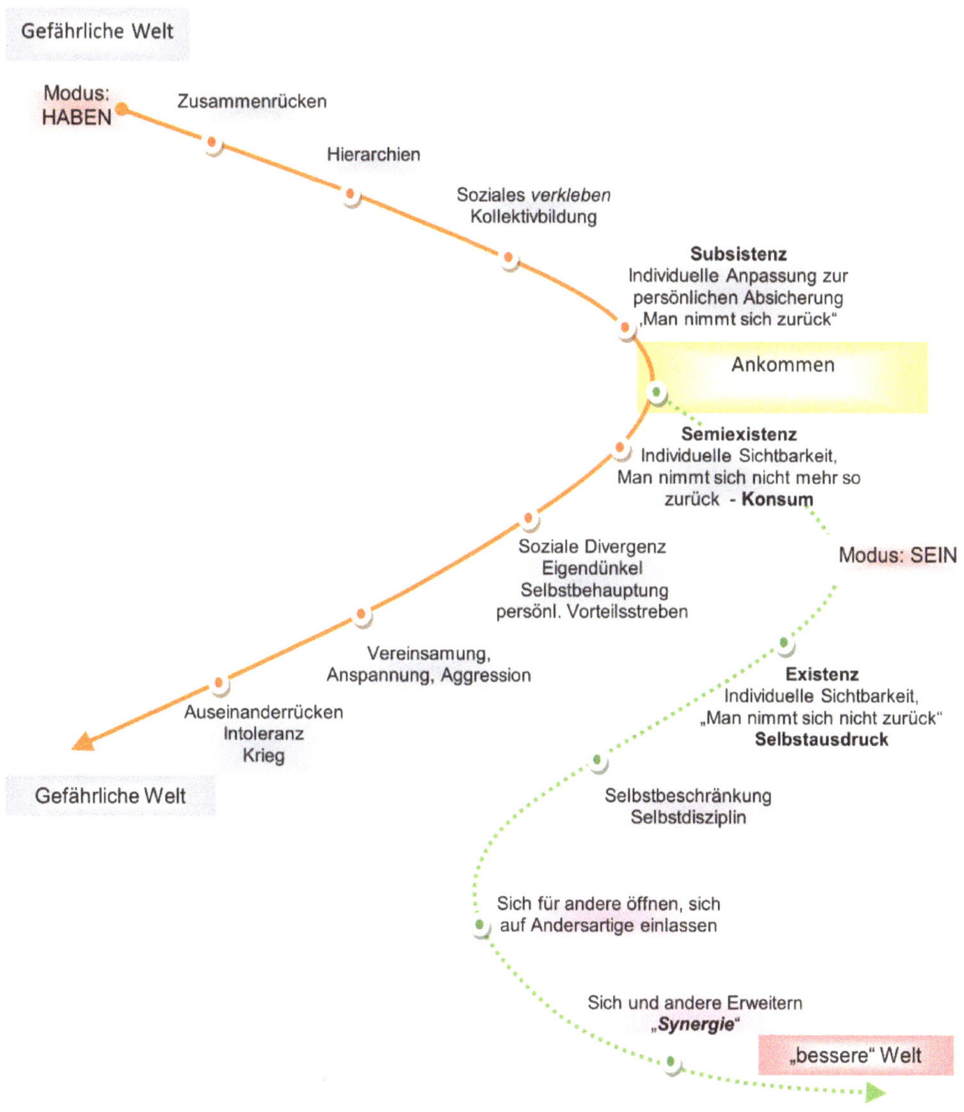

Anhang 3: Vom ICH zum DU zum WIR in der Kulturentwicklung

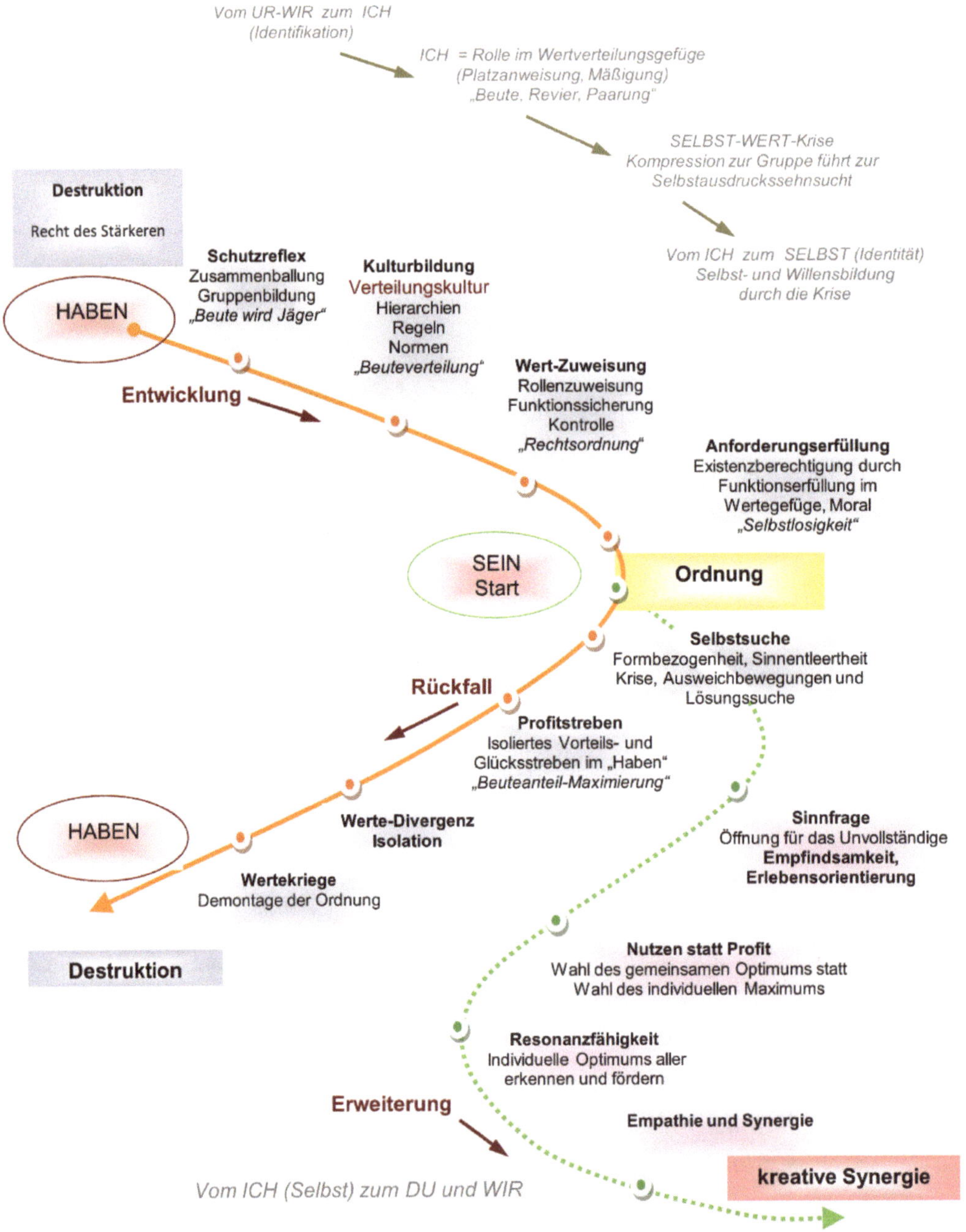